머스크 리스크
위험한 신화의 실체

HUBRIS MAXIMUS: The Shattering of Elon Musk
Copyright © 2025 by Faiz Siddiqui
Published by arrangement with St. Martin's Publishing Group.
All rights reserved.
Korean translation copyright © 2025 by Sangsang Academy ALL RIGHTS RESERVED.

이 책의 한국어판 저작권은 임프리마 에이전시를 통해
St. Martin's Publishing Group과 독점 계약한 ㈜상상아카데미에 있습니다.
저작권법에 의하여 한국 내에서 보호를 받는 저작물이므로
무단 전재와 무단 복제를 할 수 없습니다.

머스크 리스크
위험한 신화의 실체

1판 1쇄 펴냄 2025년 10월 10일

지은이 페즈 시디키
옮긴이 이경남
발행인 김병준·고세규
발행처 생각의힘
편집 박승기·정혜지 디자인 이소연·김경민·권명희 마케팅 김유정·신예은·최은규

등록 2011. 10. 27. 제406-2011-000127호
주소 서울시 마포구 독막로6길 11, 2, 3층
전화 편집 02)6953-8342, 영업 02)6925-4187 팩스 02)6925-4182
전자우편 tpbook1@tpbook.co.kr 홈페이지 www.tpbook.co.kr

*책값은 뒤표지에 있습니다.
*잘못된 책은 구입하신 서점에서 교환해 드립니다.

ISBN 979-11-94880-24-0 (03320)

머스크 리스크
위험한 신화의 실체

페즈 시디키

이경남 옮김

생각의힘

세계 곳곳에서 소식을 전해주는 기자 여러분,

특히 너무 많은 사람들이 죽어가는 가자지구에 하나뿐인 목숨을 가지고 뛰어들어

매의 눈을 켜고 있는 동료 여러분께 이 글을 바친다.

여러분이 곧 언론이다.

차례

출간에 부쳐　　　　　　9

0　들어가는 말　　　　　　　　　　　11
1　워싱턴과 벌인 일론 머스크의 전쟁　　29
2　"힘들고 고통스러웠던 한 해"와 두둑한 보상　　55
3　수포로 돌아가다　　　　　　　　　89
4　마비된 이성　　　　　　　　　　113
5　군비 경쟁　　　　　　　　　　　131
6　"끝까지 싸워야 한다"　　　　　　155
7　테슬라 대 어린이　　　　　　　　181
8　"아예 정부를 갖고 노는군"　　　　205
9　분위기 깨는 사람들　　　　　　　227

10	트위터 매입의 대가	251
11	출구 전략	273
12	구명줄	291
13	"단지 트위터를 다시 재미있게 만들고 싶을 뿐"	311
14	"지옥의 레벨 2에 오신 것을 환영합니다"	331
15	"일론 머스크 정도면 하고 싶은 대로 다 하고 나 몰라라 해도 되는 겁니까?"	369
16	제한적인 오토파일럿	385
17	벌거벗은 테크노킹	391

다 하지 못한 말   407

감사의 말   415
주   421
찾아보기   481

일러두기

1. 이 책은 *Hubris Maximus: The Shattering of Elon Musk*(2025)를 우리말로 옮긴 것이다.
2. 단행본은 겹화살괄호(《》), 영화, 잡지, 방송 프로그램, 보고서 등은 홑화살괄호(〈〉)로 표기하였다.
3. 옮긴이 주는 본문에서 '─옮긴이'로 밝혔다. 미주는 출처를 밝힌 원서의 주이다.
4. 인명 등 외래어는 국립국어원의 표준어 규정 및 외래어 표기법을 따르되 일부는 관례와 원어 발음을 존중하여 그에 가깝게 표기하였다.
5. 국내에 소개된 작품명은 번역된 제목을 따랐고, 국내에 소개되지 않은 작품명은 원어 제목을 독음대로 적거나 우리말로 옮겼다.

출간에 부쳐

이 책이 출판사에서 인쇄에 들어갈 무렵, 일론 머스크Elon Musk는 새로 창설된 미국 정부효율부U.S. DOGE Service의 수장을 맡았다. 그는 트럼프 행정부로부터 전권을 부여받아 연방 정부를 적합하다고 생각되는 규모로 재편하려는 것 같다. 그가 하려는 것은 연방 공무원 감축과 낙후된 연방 기술의 현대화와 연방 지출의 1조 달러 삭감 등이다. 그렇게 해서 그의 수하들은 여러 연방 기관으로 쳐들어갔다. 일부의 행위는 명령을 크게 벗어난 경우도 있었다. 동기가 분명하지 않았지만 그들의 탈선을 막을 방책도 없었다. 일부는 신원을 밝히길 거부했다. 머스크는 자신을 위해 일하는 사람들의 신원을 확인하려는 시도 자체가 범죄가 될 수 있다고 우겼다.

그는 자신의 사업과 이해 충돌이 있을 수 있다는 우려에도, 이를 완화하려는 어떤 노력도 하지 않았다. 그러는 사이에 그가 애초에 획책했던 일 중 많은 부분에서 법적 문제가 불거졌다. 그런 일 중 일부는 언젠가 법정에서 위법 판정을 받을지도 모른다. 물론 그렇지 않을지도 모르지만. 그런 문제와는 별개로 그것이 미국 국민과 미국의 국제적 위상에 미치는 부정적 영향은 즉각적이고 실질적이다.

이 모든 일을 두고 그저 예상치 못한 일이라고 말하면 나도 편할 것 같다. 하지만 나는 기자의 한 사람으로서 여러 해 동안 일론 머스크의 활약을 추적해 왔다. 그리고 이번 일이 정작 뜻밖인 것은 이것이 평소 그의 행적과 어울리지 않아서가 아니라, 오히려 그가 지난 여러 해에 걸쳐 보여준 행동이나 사업 경영 방식과 놀라울 정도로 일치하기 때문이다. 머스크는 미국에서 가장 열심히 일하는 사람이자 능력주의의 마지막 보루라는 외관상 이미지를 만들어왔다. 헌신적이고 유능한 충성파들의 지지를 받아 그 가면을 강화했고, 그런 이미지를 이용해 자신의 그런 개입을 실존적 위협에 맞서기 위한 중요한 대응이라며 과격한 행동을 정당화한다. 예전과 다른 것이 있다면 그가 장악한 권력과 그것이 미국 국민에게 미칠 수 있는 잠재적 영향력의 범위가 상상 이상으로 크다는 것뿐이다.

그가 앞으로 어떤 행보를 보일지 짐작할 수 있는 가장 좋은 방법은 지금까지 그가 자신의 권력을 어떤 식으로 휘둘렀는지 살펴보는 것이다.

들어가는 말

거대한 묘지가 있다. 그곳은 나의 적들로 가득하다.
– 일론 머스크[1]

"돌이켜보면, 피할 수 없는 결과였다."[2]

목요일에 전개된 일은 하나같이 그들의 입가에서 웃음기를 거둬 갔다. 하지만 일론 머스크는 테슬라의 실리콘밸리 본사 내부에 길게 늘어선 컴퓨터 화면 끝머리에 그가 신임하는 직원들과 옹기종기 앉아 있었다. 그는 웃고 있었다. 신경질적으로.

캘리포니아의 테슬라 프리몬트 공장에서 유난히 바쁜 하루를 보내던 직원들에게도 그 일은 무척 당황스러웠다. 공장은 팔로알토 본사에서 쏟아져나온 직원들로 가득 찼다. 머스크는 개방된 사무실에서 참모들과 섞여 있었다. 그는 하얀 벽으로 된 함선의 사령관이었다. 휑하고 썰렁해 보이는 그 배에는 흔히 볼 수 있는 책상과 인체공학적 디자인을 구현한 의자들이 늘어서 있었다. 그곳이 주주의 가치를 창출하는 현장이었다.

분위기는 너무 긴장된 나머지 차라리 장례식장에 가까웠다. 적어도 처음에는 그랬다. CNBC는 자신의 평판에 취한 이 자동차 회사의 뒤를 수시로 캤지만, 2018년 9월 27일의 보도는 평소처럼 주식 차트를 띄워놓고 이러쿵저러쿵하던 분석과는 거리가 멀었다. 이 날은 머스크가 고스란히 감수해야 할 비난이 예상되는 날이었기에, 모든 시선은 TV를 향했다.

머스크는 최근에 저지른 실언으로 연방 당국을 자극했다. 상장 기업의 임원이 아니더라도 그렇게 시선이 집중되면 정신이 번쩍 들 것이다. 그러나 그의 유쾌한 태도를 보면 그다지 신경을 쓰지 않는 눈치였다.

머스크와 그의 브레인인 자문단은 증권거래위원회SEC 집행 공무원들이 예고한 기자 회견에 촉각을 곤두세웠다. SEC는 머스크가 저지른 실수, 즉 테슬라를 비공개 회사로 전환하는 데 필요한 "자금은 확보됐음funding secured"이라는 근거 없는 트윗의 심각성을 따져 묻기로 했다. SEC는 머스크를 사기 혐의로 고소했다. 그들의 고소장에는 해당 혐의의 심각성과 그것이 유발할 잠재적 결과가 명시되었다. SEC 집행국 공동 국장 스테파니 아바키안Stephanie Avakian은 "자금은 확보됐음"처럼 잘못된 정보에 의해 일어날 일을 방지하기 위한 명령뿐 아니라, 그로 인한 "부당 이득" 회수, 벌금 부과, 그리고 무엇보다 "머스크가 향후 상장 기업의 임원이나 이사로 재직하지 못하도록 막는 제재"를 받아내려는 조치라고 설명했다.

그러더니 엄중하던 뉴스의 성격이 경박하게 바뀌었다. CNBC는 화면을 둘로 나누어 한쪽에는 SEC의 기자회견을, 다른 한쪽에는 최근에 팟캐스트 〈조 로건 익스피리언스Joe Rogan Experience〉에 출연한 머스크의 모습을 나란히 보여주었다. 화면 속의 머스크는 마리화나에 취해 알 듯 모를 듯한 표정으로 연기를 내뿜었다.[3] 머스크는 여전히 기죽지 않은 모습으로 폭소를 터트렸다. 박장대소하는 웃음소리가 너무 요란해 사람들은 화면에서 잠깐 시선을 뗐다.

테슬라 CEO의 변덕스러운 행동은 몇 주째 헤드라인을 장식했다. 두 달 동안 머스크는 세상이 다 인정하는 선한 사마리아인을 '페도 가이 pedo guy (소아성애자)'라고 부르는가 하면, 트윗으로 SEC를 놀라게 하고, 수백만 명이 시청하는 팟캐스트 방송에서 마리화나를 피워 눈살을 찌푸리게 했다.⁴ 그래도 그는 거센 반발을 용케 헤쳐 나갔다. 그러나 머스크의 행동이 초래한 결과가 분명해진 이상, 그것이 머스크와 그의 이사회와 모든 직급의 직원에 미치는 영향의 의미를 언제까지고 미화할 수는 없었다. 이사진에는 이 어수선한 시기에 자주 방문했던 동생 킴벌Kimbal도 포함되어 있었다. 최소한 징계는 피할 수 없을 것이고, 최악의 경우엔 굴욕을 감내해야 할지도 몰랐다.

머스크는 주당 420달러에 테슬라를 비공개회사로 전환한다는 소문을 흘렸다. 420은 마리화나를 의미하는 숫자였다. 이 장난 같은 별난 숫자는 그가 대형 사고를 칠 때마다 그런 실수를 관통하는 하나의 주제 같은 역할을 한다. 몇 해 뒤 그는 그때까지 했던 실수 중 가장 얼빠진 짓을 저지른다. 그건 아마 그의 경력에서 가장 큰 실수로 남을 것이다. 바로 트위터를 주당 54.20달러에 인수한 것이다(여기에도 420이라는 숫자를 끌어들였다). 하지만 SEC가 그를 무릎 꿇리려는 순간에도 머스크는 그저 웃기만 했다. 직원들이 모르는 뭔가가 있나?

이 행위가 증권 사기로 밝혀지면서 머스크는 테슬라 이사회 의장직에서 해임되고 그와 테슬라는 각각 2,000만 달러의 벌금을 부과받지만, 결국 머스크 자신은 더 부유해지고 더 강력해진다.

나는 오래전부터 권력자에 남다른 매력을 느꼈다. 10대부터 청년 시절까지 나는 수상한 구석이 많고 경멸할 만한 인물들에 관한 책을 탐독했다. 그들은 법적, 도덕적, 윤리적 책임의 경계를 교묘히 넘나들며 오로지 의지력 하나로 사회에 커다란 족적을 남겼다. 시카고 시장 리처드 데일리Richard Daley, 뉴욕이란 도시를 막후에서 기획한 로버트 모지스Robert Moses, 린든 B. 존슨Lyndon B. Johnson 부터 조지 W. 부시George W. Bush, 도널드 트럼프Donald Trump 에 이르는 대통령, 스티브 잡스Steve Jobs 같은 기술계 거물들이 그랬다.

나는 〈워싱턴 포스트The Washington Post〉에서 경력을 시작했는데, 그곳에서 지역 대중교통을 취재하는 비트 리포터beat reporter(특정 분야를 심층 취재하는 기자―옮긴이)로 일하던 중 얼마 안 가 일론 머스크의 야심과 부딪혔다. 그것은 우리의 이동 방식뿐 아니라 사회를 형성하는 최고위층의 의사 결정 방식을 어지럽히는 야심이었다.

머스크가 기술 산업계에서 발판을 마련할 수 있었던 여건은 분명했다. 내가 실리콘밸리에 처음 발을 들여놓았던 2019년만 해도 기술 혁신은 지지부진했다. 애플은 "주주 가치는 끌어 올렸지만" 다음 혁신 제품을 찾지 못해 전전긍긍했고, 소셜 미디어 기업들은 사용자 데이터를 악용해 고객으로부터 외면당하고 있었으며, 기술 창업자들이 보기에 자율주행차는 그저 막연한 꿈일 뿐이었다. 우버Uber는 착취적이고 수익성이 낮은 사업 모델이라는 인식이 널리 퍼진 데다 창업자의 실수까지 겹치면서 스스로 이미지를 크게 실추시켰다. 제2의 스티브 잡스를 바라는 사람들의 갈증이 고조되었을 때 유력한 후보로 떠오른 것이 머스크였다. 그는 화석 연료를 사용하지 않고도 눈이 휘둥그레지는 가속 기능을 갖춘 인상적인 테슬라를 들고나왔다. 테슬라는 아이폰을 처음 손에 넣었을 때 같은 마법의 경험을 고객에게 선사했다.

일론 머스크 역시 한계를 밀어 올리는 힘 있는 인물이라는 모델에 적합해 보였다. 우리는 규칙과 규제, 모두가 인정하는 원칙의 지배를 받는 사회에 살고 있다고 믿는다. 그는 그런 우리의 집단적 의식과 우리의 체제를 시험하기 위해 최근에 등장한 스트레스 테스트였다. 우리는 그가 약속한 것을 얻기 위해 그런 원칙을 기꺼이 희생할 준비가 되어 있을까? 그의 약속은 대단해 보인다. "세계가 지속 가능한 에너지로 전환할 수 있도록 속도를 내는 것," 그것이 테슬라의 사명이다. 거추장스러운 사회적 규범 몇 가지보다 그것이 더 중요하지 않겠는가?

나는 테슬라에서 자동차와 기술 분야에서 눈부시게 혁신적이고 견줄 대상이 없는 첨단 기업의 모습을 보았지만, 아울러 눈에 띈 것은 편집증적이고 감시하는 상대를 적대시하는 그들의 태도였다. 테슬라는 투명성이나 책임감 따위는 아랑곳하지 않고, 자신들을 감시하려는 존재들을 자신이 해방하려는 사회의 걸림돌로 여기는 사람이 이끌고 있었다. 그의 이런 태도는 조직 전체에 스며들었다. 그런 사고가 지배하는 테슬라는 외부의 어떤 기관이나 전문가보다 더 똑똑했다. 테슬라는 그들보다 데이터가 더 많았다. 그리고 테슬라의 사명은 올바른 것이었다. 그런데 왜 공격을 받아야 한단 말인가?

머스크는 내가 권력의 실체를 탐구하면서 알게 된, 하지만 아직 실제로 만나본 적은 없는 그런 위인이었다. 그는 아인 랜드Ayn Rand 소설에서 막 튀어나온 실물의 영웅으로, 자신이 추구하는 길이 진실하고 올바르다고 확신하는 한 자신의 행동이 낳은 결과나 부작용 같은 사소한 후유증은 개의치 않는 사람이었다. 자신의 앞길을 가로막는 관료나 평범한 사람들을 향한 은근한 경멸, 코앞의 사익 추구를 고결한 목적으로 정당화하는 경향, 세상의 수많은 문제를 능력주의를 포기한 무능으로 돌리는 그의 모습은 랜디안Randian(아인 랜드의 소설에 자주 등장하는, 사회의 규범을 무시하고 스스로 영웅적으로 행동하기 좋아하는 자기중심적 인물들—옮긴이)의 특징 바로 그것이었다.

"생존은 유기체의 궁극적인 가치이자 '최종 목표 또는 목적으로, 그 아래에 있는 목표들은 모두 생존을 위한 수단이기 때문에' 생존은 곧 다른 모든 가치의 기준이다. 즉 '생명을 촉진하는 것은 선이고, 생명을 위협하는 것은 악이다.'" 〈스탠퍼드 철학 백과사전 Stanford Encyclopedia of Philosophy〉이 아인 랜드의 핵심 사상 중 한 부분을 요약해 놓은 내용이다.[5]

이에 비해 머스크는 이렇게 트윗했다. "여러 행성에서 생명 현상이 가능해지면 우리의 의식의 범위와 규모가 확장된다… 인간은 생명의 청지기이다. 다른 어떤 종도 생명을 화성으로 옮겨줄 수 없기 때문이다. 우리가 그들을 실망시킬 수는 없다." 또 이렇게도 트윗했다. "화성이 자급자족할 수 있기 전에 문명이 붕괴한다면, 그때는 다른 어떤 것도 중요하지 않다."[6]

머스크는 심지어 '선악 대결'이라는 프레임까지 들고나왔다. "워크 마인드 바이러스woke mind virus('워크 마인드'는 '깨어난 정신'이란 뜻으로, 과도한 정치적 올바름을 위선적이고 불온한 사상이라고 보는 사람들이 만든 용어—옮긴이)를 막지 못하면 결국 이 바이러스가 문명을 파괴할 것이고 인류는 화성에 도달하지 못할 것이다."[7]

하지만 결정적으로 머스크는 보다 실용적인 문제에서 랜디안의 생각을 그대로 되풀이했다. 스탠퍼드 사전을 인용하면 이렇다.

랜드가 제시한 기본 덕목 목록이 특이한 점은 친절, 자선, 관대함, 용서 같은 '박애의 덕목'이 부재하다는 사실이다… 다른 사람을 도와야 하는지, 도우면 어느 정도 도와야 하는지는 자신이 합리적으로 규정한 가치 위계에서 자신의 처한 위치와 고유한 상황에 따라 달라질 수밖에 없다… 자신의 합리적 이기심에 비해 자신의 가치가 클수록 자발적인 도움을 더 많이 주게 된다… 희생하는 것, 즉 자신에게 별로 중요하지 않거나 아예 가치가 없는 어떤 것을 위해 정작 자신에게 중요한 것을 포기하는 행위는 결코 도덕적으로 적절하지 않다.[8]

머스크의 사업에 아무리 높은 점수를 준다고 해도, 그가 자신이 추구하는 사업과 그 사업의 주요 부분에서 엄청난 이득을 챙겼다는 사실은 무시하기 어렵다. 물론 머스크는 자신이 축적한 부와 권력을 목적을 위한 수단으로 정당화했고, 자선에 소홀한 것처럼 보이는 자신의 행동은 도덕을 내세우지 않는 자신의 신념 때문이라고 변명해 왔다. 그래서인지 그는 이렇게 썼다. "겉으로만 선한 척하는 게 아니라 실제로 선에 관심이 있는 사람들은 좀처럼 큰돈을 기부하지 않는다."[9]

그는 인류를 화성에 데려가고, 친환경 에너지 시대를 열고, 최근에는 인터넷 광장에서 '표현의 자유'를 회복하는 방식으로 자신의 궁극적인 가치를 세상에 제시한다고 생각한다. 정부 규제와 지출에 막강한 영향력을 행사하려는 외부 단체인 정부효율부에 대한 그의 계획은 이런 논제의 또 다른 연장선에 있다.

내가 그에 대한 기사를 내는 동안에도 머스크는 내 글을 달가워하지 않는다고 분명히 밝히면서, 내가 논평을 요청할 때마다 이런 식으로 답했다. "당신의 꼭두각시 사주에게 안부나 전해주시오." 〈워싱턴 포스트〉의 오너이자 라이벌 기술 재벌인 제프 베이조스Jeff Bezos를 겨냥한 발언이었다.[10]

1971년 6월 28일에 남아프리카공화국 프리토리아에서 태어난 머스크는 조숙했던 소년으로, 어린 시절 괴롭힘과 '심리적 고문'으로 설명되는 경험을 준 세상을 이해해보려 독서에 눈을 돌렸고, 12살 때는 컴퓨터 프로그래밍을 하고 글을 쓰고 비디오 게임을 팔면서 심리적 안정을 찾았다.[11] 그는 종교 경전보다는 아이작 아시모프Isaac Asimov 와 더글러스 애덤스Douglas Adams 같은 SF 작가들의 작품에서 답을 찾았다.[12] 10대 때 캐나다로 이민을 가 킹스턴의 퀸즈대학교에 입학한 후 펜실베이니아 대학교에서 학부 과정을 마치고 물리학과 경제학 학위를 받았다.

1995년에 그는 Zip2를 설립했다. 신문사들이 웹 기반의 지역 정보 디렉터리를 제공할 수 있게 하고 광고도 추가할 수 있게 해주는 온라인 지역 정보 플랫폼이었다. 때마침 불기 시작한 닷컴 붐을 타고 등장한 Zip2는 온라인 광고가 시들해질 때까지 존속했다. 컴팩Compaq이 3억 달러가 넘는 돈을 주고 Zip2를 인수하면서 머스크는 2,000만 달러가 넘는 수익을 챙겼고, 그 중 약 1,000만 달러를 다음 벤처 사업에 투자했다. X.com이라는 이름으로 시작한 온라인 결제 서비스로, 이 도메인 이름은 사업 초기부터 지금까지 그의 사업을 하나로 꿰는 이름이 된다.[13] 머스크는 X.com에서 처음으로 큰돈을 벌었는데, 이 결제 서비스는 경쟁자인 벤처 자본가 피터 틸Peter Thiel의 회사와 합병해 페이팔PayPal로 이름을 바꾼다. 머스크는 페이팔을 이베이eBay에 매각했고, 거기서 나온 수익금 약 1억 8,000

만 달러를 오늘날 우리가 '일론 머스크'하면 떠올리게 되는 두 개의 대형 벤처 기업에 투자했다. 스페이스X Space Exploration Technologies, SpaceX 와 테슬라Tesla 였다.[14] 그는 2002년에 스페이스X를 설립하고 2004년에 테슬라에 투자했으며, 테슬라의 초기 모델 로드스터 Roadster가 출시되던 2008년에 CEO에 올랐다. 여러 해를 거치는 동안 머스크는 잠자고 있던 미국의 우주 프로그램에 활기를 불어넣고 오래전부터 약속해 온 미래의 자동차를 대중에게 제공한 공로로 나무랄 데 없는 명성을 누렸다.

그는 이제 유명 인사였고 주류 대중문화가 소비하기에 딱 좋을 만큼 걸출하고 안전한 인물이었다. 머스크는 TV 시리즈〈빅뱅 이론The Big Bang Theory〉과 영화〈아이언맨Iron Man〉시리즈 속편에도 출연했다. 이 영화의 주인공은 정교한 기술로 제작된 슈퍼 수트를 입고 하늘을 종횡무진으로 날아다니며 강력한 적들을 물리치는 억만장자 사업가다.

완벽한 설정이었다. 그는 아이언맨이거나 적어도 아이언맨에 가장 가까운 사람이었다. 테슬라는 자동차 업계 동료들의 도움과 에너지부Department of Energy에서 받은 4억 6,500만 달러를 비롯한 정부의 인센티브에 힘입어 대침체Great Recession의 수렁에서 용케 살아남아 새로운 도약을 맞았다.[15]

테슬라를 대량 판매 시장으로 이끈 것은 모델 S 세단과 궁극적으로는 모델 3, 모델 Y였다. 머스크의 힘은 점점 커졌다. 그러는 사이에 스페이스X는 재사용 로켓이라는 신개념을 입증하는 한편, 사람들을 우주 궤도에 올린 최초의 민간 기업으로 우뚝 섰다.

머스크의 성공은 대부분 그의 과도한 오만hubris에서 비롯된 것이다. 앞으로 살펴보겠지만 그것은 그의 초능력이자 동시에 그의 가장 큰 아킬레스건이다. 언젠가 그는 스페이스X를 가리켜 길이가 120미터에 가까운 이 로켓이 인간을 화성에 데려다주기 바란다며 이렇게 말했다. "스타십Starship이 탈출 속도에 도달할 수 있을지는 확신할 수 없지만, 확실히 나의 오만은 이미 도달했다."[16]

머스크가 테슬라를 성공으로 이끌 수 있었던 것은 기존의 전기차 공식을 과감히 버렸기 때문이다. 테슬라가 현기증을 일으킬 정도의 가속 능력과 자율주행에 대한 약속을 내놓기 전까지만 해도 전기자동차는 좀처럼 판매 차트에 오르지 못하는 종목이었다. 전기차는 주행 거리에 대한 불안감을 해소해주지 못했고 기껏해야 정치적 메시지로나 기능하는 둔중한 경제적 차량에 불과했기에, 제조업체들은 전기자동차를 단지 배출량 목표를 지키기 위한 용도로만 생각했다.

테슬라는 갑작스러운 성공으로 공학 천재들의 메카가 되었다. 소셜 미디어의 시대가 실망감만 야기하며 뚜렷한 천재 지도자 없이 방향성을 잃은 실리콘밸리에서 테슬라는 선망의 대상이었다. 수많은 인재들이 일하고 싶다며 테슬라를 찾았지만, 그들은 회사의 핵심 접근법이 별로 과학적이지 못하다는 것을 금방 깨닫게 된다. 그곳은 한 사나이에 의해 지배되었고 시장 조사나 제품 출시 전에 꼭 거쳐야 하는 엄격한 내부 실험을 피했다. 이런 접근법은 언젠가 그 한계를 드러낼 수밖에 없었다.[17]

머스크 곁에서 적지 않은 시간을 보낸 직원들은 그런 경험에 좋은 인상을 받지 못할 때가 많았다. 그래도 그의 목표의 고귀함은 웬만한 기업 리더들이 탐내기 힘든 유형의 충성심을 유발했다. 돌연한 상황 변화로 회사를 떠난 사람들도 여전히 그를 응원하고 그의 비전과 추진력을 높이 평가하면서 여전히 그의 궁극적인 사명을 믿었다. 그들이 테슬라에서 가졌던 마지막 기억은 머스크와 벌인 격렬한 논쟁이었을지 모른다. 그때 기술적인 면에서는 그들이 이겼을지 모르지만, 그 때문에 그 직책에서 물러나야 했을 것이다. 머스크가 생각만큼 대단한 인물이 아니라는 것을 대중이 깨닫기 시작한 것은 그가 트위터라는 폭탄을 떠안았을 때였다. 그때부터 그의 지적 게으름이 알려지기 시작했으니까. 그래도 내게 그는 여전히 매력적인 대상이었다. 그의 영웅심이나 어리석음, 서툴고 어설픈 말투, 사람들에게 영감을 주는 그의 능력이 별나서가 아니라 그가 자신의 권력을 휘두르는 방식이 특이했기 때문이다.

내가 《머스크 리스크》를 쓰기 위해 자료를 뒤지고 다닐 때에도 트위터 사태는 아직 많은 사람들의 뇌리에 생생하게 남아 있었다. 그때 나는 우연히 작가이자 팟캐스트 진행자인 피터 카프카Peter Kafka의 트윗을 보게 되었다. "갈수록 트위터의 미래에 대한 나의 관심이 옅어져 간다. 그 미래라는 것이 한동안 뚜렷했기 때문이다. 좀 더 관심이 가는 것은 이런 질문이다. 일론 머스크에게 무슨 일이 생긴 것일까? '원래 그런 사람이었다'라고 답한다면, 또 묻게 된다. 어떻게 그런 사람이 테슬라와 스페이스X를 만들었지?"[18]

토머스 에디슨Thomas Edison의 재래再來라고 추앙받으며, 살아 있는 액션 영화의 히어로이자 논란의 여지가 없는 천재라는 소리를 들었던 이 남자는 어쩌다 본업은 소홀히 하고 딴 데 한눈이나 파는 CEO로, 분열과 양극화를 조장하는 인물로, 좀 더 박하게 표현하면 온라인의 놀림감으로, 우익 몽상가로, 인류 역사상 가장 좋은 기회를 제 발로 차버린 사람으로 전락했을까? 실제로 그랬다. 머스크는 현재 개인 재산을 가장 많이 잃은 사람으로 기네스북에 올라 있다.[19] 그래도 어쨌든 그는 이를 만회해 테슬라의 가치를 1조 달러 이상으로 끌어올렸고, 자신의 순자산을 다시 최고점에 되돌려 놓았다. 여기엔 때맞춰 선거에 건 승부수도 한몫 했다.

이런 일들이 모두 어떻게 벌어졌는지 그 과정을 살펴보면 꽤 흥미로운 부분이 많다. 갈수록 사회에 큰 영향을 미치는 머스크의 종잡을 수 없는 행동을 설명해보고 싶지만, 그렇다고 트위터 인수 때문이라고 할 수는 없다. 마약으로 뇌가 어떻게 되었기 때문도 아니다. 그가 어느 날 갑자기 공화당의 도구로 변신해서도 아니고, 국내외 정치적 이해관계의 매개체가 되어서도 아니다. 무성의한 설명일지 모르지만 그는 사람들을 도발하려고 나온 트롤도 아니었다.

일론 머스크는 자신의 제국 전체를 위험에 빠뜨렸고 대중적 평판을 실추시킨 뒤, 하나의 정치 세력으로 부상했다. 비결은 간단했다. 자기 자신을 제어하지 않았기 때문이었다. 그는 전통적 개념의 CEO였던 적도 없지만, 가장 큰 힘을 가졌을 때는 더더욱 사회의 규범에 구애받지 않았다. 그는 트위터의 브랜드를 바꿔 거대하고 번쩍거리는 X 로고를 샌프란시스코 한복판에 세우는 대중적 구경거리를 제공했다. 누가 내게 말한 대로 그렇게 "요란한 밝기의 조명"을 노인과 저소득층과 장애인들이 사는 고층의 공동주택 단지에 쏘아댈 때도, 그가 어떤 실질적 결과를 맞이하리라 예상한 사람은 아무도 없었다.

샌프란시스코에 거주하는 크리스티나 디에도아르도Christina DiEdoardo는 내게 이렇게 말했다. "미스크라면 그리고도 적당히 넘어갈 수 있겠지만, 그래도 그러면 안 되죠." 디에도아르도는 도시의 인허가 규정 같은 기술적 문제를 파헤치는 변호사다. "이건 대놓고 법을 무시하는 최근의 사례일 뿐이에요. 원래 다른 사람을 전혀 의식하지 않는 사람이잖아요."

놀랄 일도 아니지 않은가? 그런 유형의 '법 무시' 행태를 여러 해 동안 반복할 수 있었던 것은 그런 짓을 해도 별다른 처벌이 없다는 사실을 알기 때문이었다. 이 책에서 차차 밝히겠지만 그를 제지할 사람은 찾기 힘들었다. 그를 말릴 사람도 없었다.

6년 사이에 머스크는 전기차를 주류에 올려놓고, 테슬라를 세계에서 가장 가치 있는 자동차 제조업체로 만들고, 스스로 세계 최고 부호의 반열에 오르고, 제조업과 국방과 기술과 정치에 영향을 미치는 미국의 가장 야심 찬 사업의 중심에 서면서 스스로 없어서는 안 될 중요한 전략적 인물로 변신했다. 머스크는 자신이 인류의 잠재적 구원자인 양 행세했다. 그것은 화석 연료에 의존하는 세상의 인습에 제동을 걸고 우리 의식의 범위를 우주로 확장하는 등, 자신의 재산을 자신의 고귀한 사업과 연계시키는 이타주의자로서의 모습이었다. 그는 사회적, 환경적 타락이라는 운명의 고리에 갇힌 많은 사람들에게 낙관적인 사고를 심어주었다. 그런가 하면 그는 평론가들이 미다스의 손길이라 칭송해마지않는 성공의 기록과 함께 손익계산서를 개의치 않는 비전과 그것을 실현하기 위한 무서운 추진력을 가진 보기 드문 인물이었다.[20]

그 과정에서 그는 자신을 가로 막는 사람들을 해고하고, 규제 당국이나 감시단체를 무시하고, 내부고발자를 쫓아내고, 자신에게 의문을 제기하는 사람들과 관계를 끊고, 그 자리에 충복을 임명하는 등 커가는 자신의 권력을 즐겼다.

머스크의 빠른 상승과 급격한 평판 하락은 몇 가지 점에서 주목할 만한 사례 연구감이다. 오만한 리더십 유형이 보여주는 한계, 부실 경영과 한 사람에 대한 흔들림 없는 충성심에 감추어진 함정, 이러지도 저러지도 못한 채 중립적인 태도만 취하는 정부(때로는 과학적으로 도전받는 원로정치)의 무기력, 실적 보고서의 단기적 도파민 자극에 지배되는 기업 환경에서 드러나는 전문성 고갈 등을 잘 보여준다. 그것은 또한 화면에서 눈을 떼지 못하는 세상에서 조용히 역량을 입증하기보다는 대중적 서사를 만들어가고 스스로 자신만의 영웅담을 써가는 플랫폼의 위력을 보여준다. 어쨌든 자신의 명성과 재산을 충분히 활용할 수 있는 사람들에게는 능력주의의 규칙도 적용이 안 된다.

확실히 머스크는 21세기 CEO의 역할을 완전히 재창조했다. 그는 자신의 지위가 갖는 선전효과를 이용해 테슬라를 이끌며 필요하면 규제도 무시하고 관료주의의 속박을 끊어냄으로써, 오로지 이윤만 신봉하거나 관료주의에 꼼짝 못 하는 주체성 없는 기업인이라는 CEO의 이미지를 완전히 부숴버렸다. 한때 있는 그대로 진짜 모습을 드러내며 설익은 듯했던 머스크의 방식이 꽤 참신해 보였던 적이 있었다. 나는 그와 경쟁 관계에 있던 한 대형 자동차 제조업체의 CEO와 이야기를 나눈 적이 있는데, 그는 머스크의 권력이 부럽다고 했다. 매우 효율적인 지배와 독재적인 그의 경영 방식 때문에 그와 경쟁하는 것 자체가 힘들다는 하소연이었다.

자신의 가장 야심 찬 베팅을 실행에 옮기려는 머스크에게 이사회의 승인 따위는 필요 없었다. 그는 차량 100만 대를 자율주행차로 바꾸겠다고 약속하고, 기존의 것과 전혀 다른 모습의 미래형 픽업트럭을 만들고, 팬데믹이 한창인데도 세웠던 생산 라인을 재가동하고, 이런 업적을 발판으로 소셜 미디어를 깜짝 인수한 다음, 직원의 75%를 해고한 상태로 계속 운영해 나갔다.[21] 이 과정에서 머스크는 강력한 정부 규제 당국자들에게 꺼지라고 소리치고 영향력 있는 기업 광고주들에게 욕설을 퍼부었다.[22]

이런 권력을 꿈꾸지 않는 자가 누가 있겠는가?

동시에 머스크는 직원들을 협박으로 다스리고, 멋대로 해고하고, 즉흥적으로 일정을 제시하면서 엄청난 목표를 불가능한 시간 내에 달성하도록 요구했고, 결국 그들은 회복할 틈도 없이 계속되는 업무에 견디다 못해 기록적인 이직률을 초래했다.

얼마 안 가 직원들은 대부분 정밀함과는 거리가 먼 문제 해결 방식에 너무 익숙해져, 머스크의 명령이라면 무슨 교리 받들 듯 맹목적으로 추종했다. 결국 얼마 안 가 문제점이 연이어 드러나기 시작했다. 철학적으로 뜻을 같이했던 동료들은 머스크의 일관성 없는 태도 변화에 당황했고, 투자자들은 그의 충동적인 행동에 지쳤으며, 직원들은 세상을 바꾸겠다는 요란한 약속에 솔깃해 입사했다가 하루아침에 쫓겨나는 씁쓸한 결말을 맞았다. 과거의 결과는 미래의 성공을 알려주는 지표가 되어, 월스트리트와 실리콘밸리의 투자자들은 얼마간의 지분을 차지할 욕심에 머스크의 뒤를 따라 절벽으로 향했다.

대표적인 사례가 있다. 당시 어려움을 겪고 있던 소셜 미디어 회사 X, 즉 이전의 트위터를 인수하기 위해 그가 크라우드 펀딩을 통해 형성한 엄청난 지지 세력이 그것이다. 머스크가 덤비지 않았다면 트위터가 감히 440억 달러라는 가격을 내세울 수는 없었을 것이다. X의 가치에 영향을 미칠 수 있는 선거가 있기 전인 2024년 후반, X의 대주주들은 수억 달러의 투자 손실을 입었고 일부는 공개적으로 머스크에게 등을 돌렸다.[23] 〈월스트리트 저널 Wall Street Journal〉의 선언적 보도는 이런 실수의 규모를 분명히 드러냈다. "일론 머스크의 트위터 인수는 금융 위기 이후의 은행으로서는 최악의 인수 사례다."[24]

머스크의 대중적, 사업적 평판이 파탄 나리라는 것은 이미 오래전부터 예견된 일이었다. 이제 문제는 이것이었다. 그가 내린 결정의 후유증이 더 심각한 결과를 초래하기 전에 누구라도 그를 설득해야 하지 않겠는가? 그러기엔 이미 너무 늦은 것일까?

어쩌면 그런 징후는 보려고 마음만 먹으면 누구라도 알아차릴 수 있을 만큼 언제나 뚜렷했는지도 모른다. 《머스크 리스크》에서 내가 보여주려는 것이 바로 그런 사례들이다. 그것은 머스크의 가장 열렬한 지지자, 트위터에 투자한 사람들, 머스크의 인수를 지원한 모건스탠리Morgan Stanley의 은행가들, 지금은 환각에서 깨어난 자율주행 기술의 신봉자, 그의 거짓 약속으로 피해를 입은 고객, 또 다른 스티브 잡스가 절실해 머스크의 아우라를 무턱대고 따르려 했던 대중이 본다면 도움이 됐을 법한 사례들이다. 이들의 눈에 그는 혼란스럽고 암울한 세상에 질서를 가져다주는 미국의 위상을 다시 한번 확인시켜주는 증거로 보였을 테니까.

나는 머스크 세상의 주민들에게 특히 불편할 수 있는 곤란한 몇 가지 질문에 답을 제시할 것이다. 모두가 그에게 속았다면?

일론 머스크가 실제로는 천재가 아니었다면?

"나폴레옹이 프랑스 혁명의 쓰레기더미를 치울 동안에는 모두가 그를 좋아했지만, 막상 정상에 오르자 일은 동생과 삼촌들에게 모두 떠넘깁니다. 그러더니 아무나 붙들고 싸움을 벌이죠. 나폴레옹에게 일어난 일이 바로 머스크에게 일어나고 있는 겁니다." 한때 머스크의 가장 열렬한 지지자였던 투자자 로스 거버Ross Gerber는 내게 그렇게 말했다.

"자기를 시저라고 생각하는 사람도 있고 나폴레옹이라고 생각하는 사람도 있어요. 자기는 잘못할 수 없다고 생각하는 사람도 있고요."

이 글을 쓰는 지금, 자동차 구매자들은 머스크 포트폴리오의 핵심 사업인 테슬라를 갈수록 믿지 못하겠다는 신호를 보낸다. 그래서인지 최근 10년여 만에 처음으로 테슬라의 연간 판매량은 감소세로 돌아섰다.[25] 거기엔 분명 적어도 몇 가지 이유가 작용했다. 머스크가 트위터를 인수하면서 입은 피해, 이민을 반대하는 강경한 발언 등 인정머리 없고 논란을 일으키기 쉬운 정치적 행보, 이기심이나 무능함을 드러내거나 아니면 그보다 더 형편없다고 느끼게 만드는 반복되는 자책골 등을 보면, 아무래도 그가 협잡꾼이 아닌가 생각하게 되기 때문이다.[26] 머스크는 로봇이나 인공 지능, 자율주행차에 회사의 미래를 걸고 일부 핵심 전직 동료들의 회의론이나 퇴짜 맞은 투자자들의 우려나 한때 팬이었던 사람들의 분노를 잠재우려 하지만, 반면에 지지자들은 이를 그저 가만히 앉아 어제의 성공 공식이 가져다준 보상을 누릴 여유가 없는 예측 불가능한 천재의 또 다른 재기의 발현이라고 본다.

그래도 이 글을 쓰는 현재, 테슬라의 기업가치는 그의 기민한 정치 전략 덕분에 1조 달러가 넘을 정도로 회복되었다. 그래서 머스크는 과거의 실수로부터 교훈을 얻기가 더욱 힘들게 됐다. 게다가 머스크는 이전에 자신을 제어하려 했던 정부 기관에 영향력을 행사할 수 있는 지위까지 얻었다.

이제부터는 실리콘밸리의 카이사르, 테크노킹 Technoking이라 자칭하는 이 인물이 탄생하게 된 경위와 그의 정신세계를 차근차근 분석하려 한다.

처음부터 예측하고 막을 수 있었던 일을 어떻게 태연하게 내버려 두었는지 그 경위를 밝히고, 그에 대해 가차 없는 사후 비판을 가할 것이다.

워싱턴과 벌인
일론 머스크의 전쟁

38세의 아빠는 아들을 유치원에 내려준 다음 일터를 향해 차를 돌렸다. 그는 최근 팰컨 윙 도어를 뽐내는 억대의 SUV 테슬라 모델 X P100D를 새로 뽑았다. 그동안 모아 두었던 돈으로 생일을 맞아 자신에게 선물한 꿈의 차였다.[1]

월터 황Walter Huang은 테슬라를 신뢰했다. 그는 오토파일럿 Autopilot 모드로 놓은 자신의 테슬라가 사람이 운전하는 차보다 더 안전하리라 생각했다고 나중에 그의 변호사는 말했다.

그는 페이스북의 모델 X 차주 모임에 가입하고, 한 친구와 주기적으로 오토파일럿 소프트웨어의 성능에 대해 얘기를 나눌 정도로 열성적인 테슬라 애호가였다.[2] 그의 아내는 그가 틈만 나면 오토파일럿 관련 유튜브 동영상을 시청했다고 진술했다.[3]

여기서 소개하는 그날 황의 주행은 대부분 미국 연방교통안전위원회National Transportation Safety Board, NTSB의 사고 기록을 바탕으로 재구성한 것이다.

그의 모델 X는 최근에 몇 가지 말썽을 일으켰다. 그는 오토파일럿 모드를 자주 사용했는데 출근길로 매일 이용하는 101번 하이웨이 특정 지점에서 차가 반복적으로 방벽을 향해 방향을 틀어 그때마다 경로를 수정해야 했다(하이웨이는 우리나라의 고속도로와 국도가 혼합된 개념으로 경우에 따라 신호등이나 교차로가 있다.—옮긴이).

2018년 3월 23일 오전 9시경에 애플의 소프트웨어 엔지니어인 황은 출근길에 아들 트리스탄을 유치원에 내려준 다음 몇 분 뒤 오토파일럿을 켜고 101번 하이웨이를 따라 남쪽으로 향했다. 동시에 그는 자신이 늘 하던 모바일 전략 게임인 '삼국지Three Kingdoms'를 켰다.[4]

운전자가 집중하지 않자 차는 그의 반응을 유발하기 위해 성가실 정도로 경고음을 계속 높이는 동시에 시각적 경고도 반복해 내보냈다. 테슬라는 운전자가 핸들을 잡지 않았다는 점을 확인했지만, 황은 경고에 따른 어떤 핸들 조작도 하지 않았다. 이는 자동화된 시스템의 경고를 아무렇지도 않게 무시하는 운전자들이 흔히 저지르는 행위이다. 차선을 따르고 앞차와의 거리를 유지하도록 프로그래밍 된 오토파일럿은 그래도 할 일을 계속했다.

운전을 시작한 지 약 27분 뒤에 101번 하이웨이와 산호세 북쪽 85번 하이웨이 사이의 인터체인지 근처에서 황의 차는 문제의 지점에 도달했다. 이전에 방향을 벗어났던 곳이었다. 그는 신속하게 반응하지 않았고 차는 차선을 이탈했다. 거기서부터 차는 "거의 지워져 희미해진" 차선을 따라가다 차선 2개가 그려진 사이의 공간으로 들어갔다. 앞에는 통행량이 많은 101번 하이웨이와 85번 하이웨이의 진입 램프를 나누는 콘크리트로 된 중앙분리대가 버티고 있

었다.[5]

전방에 인적도 차량도 없는 무인 지대에 들어서자 황의 SUV는 프로그램에 따라 운전자가 설정해놓은 최대 속도까지 가속했다. 시속 95킬로미터로 달리던 차는 2초 후에 105킬로미터로 속도가 붙었고, 다시 1초 후엔 110킬로미터, 마지막 1초에는 시속 113킬로미터까지 올라갔다.[6]

황은 오토파일럿 모드에서 시속 120킬로미터까지 달리도록 설정해놨지만 그의 차는 거기까지 도달할 시간이 없었다. 황의 차는 제어할 수 없는 힘으로 달리다 곧 움직이지 않는 물체를 마주했다. 황은 시속 114킬로미터로 중앙분리대를 들이받았고 다른 차들이 달리고 있던 차선 안으로 튕겨 들어가 다른 두 대의 차량과 충돌한 후 멈춰 섰다. "SUV는 시계 반대 방향으로 돌면서 차체 앞부분과 차량 뒤쪽이 분리되었다"고 조사관들은 말했다. 테슬라와 충돌한 2대 중 하나인 마쓰다 3는 앞쪽 운전석 쪽 펜더가 크게 파손되었지만 25세의 운전자는 가벼운 상처만 입었다. 테슬라는 배터리 격실이 파열되면서 곧 불길에 휩싸였다.[7]

목격자들은 운전석 안전벨트에 묶여 있는 황을 발견했다. 그들은 부서진 차에서 그를 끌어냈고, 그는 구급차에 실려 스탠퍼드 헬스케어 병원Stanford Health Care Hospital으로 이송됐다.

오후 1시 2분, 월터 황은 사망 선고를 받았다.

로버트 섬월트Robert Sumwalt는 NTSB에서 10년 넘게 근무하는 동안 처참한 비행기 추락 사고 외에 열차 탈선 사고나 기반 시설 파손 현장 등을 누빈 베테랑이었다.

하지만 워싱턴 DC에 있는 그의 사무실, 그러니까 랑팡 플라자L'Enfant Plaza로 알려진 건물 내 연방 기관들이 미로처럼 얽혀 있는

6층 한 구석 회의용 테이블에 앉아 통화를 하던 미국 최고의 연방 안전 조사관은 어이없는 표정으로 자신의 아이폰을 멀뚱히 내려다 봤다. 이런 경우는 처음이었다.

"전화를 그냥 끊더군요."

"네, 그랬어요." 테이블 건너편에 앉아 이 문제를 다루던 40년 경력의 베테랑 데니스 존스Dennis Jones도 그렇게 말했다.

나중에 섬월트가 되살린 기억에 따르면, 2018년 4월 11일에 일론 머스크는 27분이 넘도록 안전 조사관들과 말싸움을 벌이다 그들이 방침을 굽히지 않자 화를 버럭 내며 항의하더니 고소하겠다고 협박한 후 갑자기 전화를 끊었다고 했다. 그가 공공 기관을 얼마나 하찮게 여기는지 보여주는 전형적인 사례였다. 공공 기관은 자신에게 신 같은 권력을 부여해준 곳이었지만, 그 권력을 남용하지 못하도록 감시하는 안전 관리 기관을 그는 경멸했다.

머스크는 오토파일럿이 교통의 안전성을 개선하는 데 중추적 역할을 수행해, 더는 도로에서 사람이 죽지 않아도 되는 미래를 열어주는 기술이라 믿었다. 오토파일럿은 애초에 테슬라의 자체 회의에서 한 엔지니어가 연간 교통사고 사망자 수를 화이트보드에 적은 것이 그 발단이었다. 그때 내걸었던 교통사고 사망자를 뿌리 뽑자는 주제는 엔지니어들의 마음을 사로잡았다. 이미 구글Google이나 우버 같은 대형 기술 기업들도 도로를 자율주행 차량으로 채울 계획을 마련하고 있지만, 개인 소유의 차량을 통해 자율주행을 추구한다는 점에서는 테슬라가 독보적이었다. 그리고 테슬라는 가능한 한 빨리 이를 실현하려 했다.

오토파일럿은 운전자가 물리적으로 정보를 입력하지 않아도 고속도로 진입로부터 진출로까지 정교하게 유도해줄 수 있는 일련의 운전자 지원 기능으로, 다른 자동차 제조업체보다 테슬라가 기술적으로 앞서 있다는 것을 소비자에게 보여줄 수 있는 일종의 첨단 크루즈 컨트롤 시스템이다. 이 기능은 차량의 속도와 다른 차량과의 거리를 제어하고 차선을 유지하며 필요에 따라 차선을 변경하기도 한다. 한편 완전자율주행Full Self-Driving, FSD 은 이런 기능을 도심과 주택가 도로에도 적용해 회전이나 적신호, 정지표지판에서 정지, 턴-바이-턴turn-by-turn 지시를 따르는 기능 등이 추가되었다.

테슬라는 오토파일럿에 대한 논의를 끌어내기 위해 편리한 논리를 하나 만들었다. 충돌 데이터를 비교했을 때 오토파일럿이 일반 주행보다 안전하다는 논리였다(이 주장은 근본적으로 문제가 있었다. 오토파일럿은 고속도로에 적용하는 기능으로, 고속도로 주행 환경은 기본적으로 그다지 복잡하지 않다). 하지만 몇 년이 지나도 머스크의 입장은 변하지 않았다. 그는 같은 논리를 완전자율주행 기능에도 그대로 적용했다. 완전자율주행은 오토파일럿을 좀 더 발전시킨 버전으로, 훨씬 더 복잡한 도시나 주택가 도로 주행에 사용하도록 설계된 기능이었다. 좋게 봐줘도 여기서 말하는 머스크의 논리는 입증된 적이 없었고, 나쁘게 말하면 터무니없이 무모한 논리였다. 그러나 그는 조금 편하자고 장착하는 시스템을 충돌 사고를 예방할 수 있는 획기적인 기술이라며 운전자들을 현혹했다.

어쩌다 그 과정에서 몇 사람이 목숨을 잃는 경우가 없지는 않겠지만 그래도 미래를 향한 자신의 비전을 반대하는 사람들은 기술 발전을 가로막는 장애물이라고 그는 생각했다. 그는 몇 해 뒤 2022년에 열린 자율성을 주제로 한 행사에서 이런 자신의 철학을 분명하게 밝혔다. "자율성을 추가해 부상과 사망을 줄일 수 있다고 다들 믿는다면, 많은 사람들로부터 고소당하고 비난을 받더라도 자율성을 도입하는 것이 우리의 도덕적 의무라고 나는 생각합니다. 그렇게 해서 목숨을 구한 사람들은 그것 때문에 자신의 목숨이 무사하다는 사실을 모르겠죠. 하지만, 어쩌다 죽거나 다치는 사람들은 그 사실을 분명히 압니다. 그렇지 않더라도 정부는 알겠죠."[9]

자동차 사고를 예방하기 위해 사회가 수립한 절차는 비효율적이고, 더 나아가 이런 도덕적 의무를 수행하는 데 장애가 될 뿐이라는 것이 그의 입장이었다. 머스크가 거느리는 수많은 추종자들과 온라인 팬들도 이런 신념의 타당성을 인정해 주는 편이어서, 그의 방식이 옳고 그의 길만이 앞으로 나아가는 유일한 길이라고 생각했다. 그런데 이를 가로막는 정부는 뭐란 말인가? 정부가 어떻게 그의 주장을 훼손할 원 데이터나 기술적 노하우, 필요한 지식을 확보할 수 있겠는가? 그들이 뭘 만든 적이 있기나 한가?

머스크와 테슬라에게는 이미 워싱턴의 규제 당국과 불미스러웠던 과거가 있었다. 테슬라는 완전자율주행 차량을 고객에 제공한다는 세기적 인공지능 베팅에 자신들의 미래를 걸고 있었다. 그것은 구글이나 애플 같은 빅 테크 경쟁업체들이 대부분 상업적 야심으로 추구하는 로보택시 프로젝트와는 또 다른 혁신적 프로젝트였다. 실리콘밸리의 실험실처럼 철저하게 통제된 공간에서 이루어지는 소규모 실험을 규제하기 위해 일련의 규정을 만들고 있던 연방 정부의 규제 당국과 안전 담당 관료들은 2014년 말부터 테슬라가 자동차에 자율주행과 유사한 기능을 추가하기 시작하자 크게 당황했다.

머스크는 워싱턴의 간섭에 분개했을지 모르지만, 사실 테슬라가 성공할 수 있었던 것은 대부분 그런 간섭 덕분이었다. 2009년 대침체 기간에 가격이 높은 전기자동차 수요가 사라질 것으로 예상되자, 테슬라는 파산 직전까지 몰렸다. 테슬라는 매끈하게 빠진 스포츠카 로드스터를 생산했다. 엔진이 중간에 놓인 스포츠카 로터스 엘리스Lotus Elise에서 착상했지만, 전기 구동 시스템으로 순간 가속 토크의 짜릿함을 제공하는 차량이었다.[10] 이 차의 가격은 약 10만 달러로 엘리스의 가격의 두 배가 넘었다. 나중에 테슬라를 자동차의 명차로 만들어주는 모델 S의 생산력을 위협할 정도로 경제가 안 좋아졌을 때, 테슬라에 구명줄이 두 개 내려왔다. 메르세데스-벤츠Mercedes-Benz를 거느리는 자동차 그룹 다임러Daimler가 테슬라에 접근해 전기차 스마트Smart의 파워트레인power train 제작을 의뢰한 것이다. 파워트레인은 전기차에 동력을 전달하는 장치다. 또 하나의 구명줄인 미국 정부는 대중에게 전기자동차를 보급할 목적으로 테슬라에 베팅했다. 그렇게 해서 에너지부는 테슬라에 4억 6,500만 달러를 대출해주었다. 생존 여부가 불확실한 시기에 이런 현금은 테슬라의 동아줄이 되었다.

2011년 〈디 애틀랜틱The Atlantic〉과의 인터뷰에서 머스크는 테슬라가 정부에 의존하고 있음을 인정했다. "테슬라는 정부로부터 대출을 받았습니다." 그는 털어놓았다. "GM, 포드, 크라이슬러 같은 업체들은 정부로부터 막대한 자금을 지원받습니다. 이들과 효과적으로 경쟁해야 하는데 우리가 이 게임에 뛰어들지 않는다면 가뜩이나 어려운 일이 더욱 꼬일 겁니다. 그러니 우리가 그걸 뿌리친다면 정말 현명하지 못한 짓이죠."[11]

이후 몇 해 동안 테슬라는 또 한 번의 전략적 승리를 거두게 된다. 정부는 대형 자동차 제조업체에 전기자동차 생산체제로 전환할 것을 권하고 있었지만, 업체들은 그렇게 할 여력도 의지도 없었다. 경기 침체기에는 특히 그랬다. 반면에 테슬라는 이 시기에 분기당 수천 대의 전기차를 쏟아내게 된다. 왜 디트로이트는 그런 기회를 갖지 못했을까? 크라이슬러Chrysler 같은 자동차 제조업체는 테슬라로 부터 '규제 크레딧regulatory credits(환경 기준을 지키는 기업에 부여하는 일종의 점수로, 기업 간에 사고팔 수 있다.—옮긴이)'을 구매하기 시작했다. 연방 청정대기법Clean Air Act이 정한 주별 배출량 요건을 채우기 위해서였다. 이 계약은 테슬라에 큰 수익을 안겼고 머스크를 세계 최고의 부자로 만드는 데 도움을 주었다.[12] 이후 머스크의 회사는 타사와의 경쟁에서 수년간 앞서 나갈 수 있을 뿐 아니라 그 회사들이 적응하지 못한 실패의 대가를 현금으로 받게 된다.

머스크는 실리콘밸리와 디트로이트의 경쟁자들에게 책략으로 우위를 점했을지 모르지만 여전히 그에게는 규제의 위협이 따라다녔다. NTSB의 안전 조사관들의 임무는 미국 도로교통안전국 National Highway Traffic Safety Administration, NHTSA의 조사관들과 다르지만, 섬월트는 머스크가 이 두 기관을 구분하지 않고 워싱턴의 모든 소송을 다 똑같이 여긴다는 느낌을 받았다. 2016년에 비슷한 충돌 사고가 났을 당시 NHTSA 규제 당국이 머스크에게 전화를 걸자 그는 화부터 냈다. 오토파일럿 모드로 달리던 그 차가 시속 110킬로미터로 트레일러를 들이받아 운전자를 사망에 이르게 한 사건에 대한 테슬라의 설명은 사고 차가 트레일러와 뒤쪽 하늘을 구분하지 못했기 때문이라는 것이었다.

민감한 사안이라 익명을 요구한 한 전직 안전담당자는 규제 당국이 개입했다는 말을 들은 머스크가 전화에 대고 고함을 지르며 소송하겠다고 으름장을 놓았다고 말했다.[13]

머스크의 생각은 간단했다. "우리가 모두 자기를 두들겨 팬다는 겁니다." 데니스 존스는 그렇게 회상했다.

그가 자율주행을 밀어붙이던 매우 중요한 그 5년 사이에 규제 당국이나 안전 당국과 머스크의 관계는 완전히 틀어지고 말았다. 보급형 로보택시에 대한 비전을 홍보하면서, 머스크는 온라인 팬덤이나 때로는 열성적 투자자를 활용하는 전략을 실험했다. 이들 악성 디지털 공격대의 목적은 공매도 투자자나 반대파의 입을 닫게 만드는 것이었다. 이들을 앞세워 오토파일럿과 그 동반 모드인 완전자율주행의 개발을 늦추겠다고 위협하는 사람들과 싸우게 하고, 이를 방해하는 사람들의 삶을 악몽으로 만드는 전략이었다. 머스크는 이 모든 것이 안전이라는 대의 아래에서 이루어졌다고 주장했다. 어떤 공무원은 NHTSA 고문으로 임명된 후 테슬라 팬들이 거세게 항의하고 머스크까지 이들 공격에 공개적으로 동참하자, 위협의 수준이 심각하다고 판단한 지역 당국의 권유에 따라 결국 집을 떠나야 했다. 이 외에도 어떤 정부 관계자에 대한 공격이 온라인 트롤의 단순한 비판에 그치지 않고 신변 위협으로 이어져 당국이 개입한 사례도 있었다.[14]

머스크가 화를 내며 전화를 끊는 일이 일어나기 전이었던 2018년 4월 6일 금요일에 로버트 섬월트는 썩 내키지 않는 임무가 자신에게 주어졌다는 사실을 알게 되었다. 최근 테슬라의 오토파일럿과 관련된 치명적인 충돌 사고에 대해 CEO에게 전화하는 일이었다. 처음 대화는 아주 정중한 분위기로 시작했다. 하지만 섬월트는 지난 여러 해 동안 머스크의 행보에 이의를 제기한 많은 사람들이 배웠던 것 같은 교훈을 얻게 된다. 수억 달러의 억만장자는 자신의 제국 안에서 힘을 행사하는 사람들에게는 나긋하고 친절하지만, 그들이 자신의 앞길을 가로막는다고 생각하는 순간 금방 달려든다는 사실 말이다.

연방 안전 조사관은 치명적인 충돌 사고를 일으키는 오류가 반복되지 않도록 조치하고, 나아가 그런 오류가 안전에 중요한 시스템에 심어지지 않도록 감시해야 할 의무가 있다. 조사관들은 대부분 이런 책임을 깊이 인식한다. 섬월트도 마찬가지였다. 그는 느긋하지만 할 얘기는 돌려 말하지 않는 성격이었다. 그는 또한 직접 상업용 항공기를 수십 년간 운항한 조종사 출신이었다. 그런데도 이 문제를 논의하기 위해 머스크의 휴대전화 번호를 처음 눌렀을 때 섬월트는 스타를 만나는 기분이었다.

"실제로 대단했죠. … '이거 아주 신나는데. 내가 일론 머스크와 통화를 다 하다니.'" 지금은 안전위원회를 그만두었지만, 섬월트는 최근에 플로리다의 크래커배럴Cracker Barrel에서 나와 함께 저녁 식사를 마친 후 당시의 대화를 그렇게 회상했다.

두 사람은 가볍게 인사를 주고받았다. 섬월트는 자신의 사무실 밖에 놓인 소파에 앉아 워싱턴 공무원들을 옆에 세워둔 채 스피커폰으로 머스크에게 설명했다. 테슬라를 조사해야겠다는 설명이었다. 엄청난 양의 자체 데이터를 보유한 테슬라에게 이는 특별히 중요한 문제였다. 게다가 자체 시스템에 대한 그들의 기술적 이해도는 안전 당국의 이해 수준을 크게 능가했다. 오래 동안 NTSB의 국장으로 일해온 데니스 존스도 평소 자신들이 하는 일이 여객기 한 대만 팔아도 우리 예산 전체를 충당할 수 있는 비행기 제조업체를 조사하는 것이나 다름없다며 자조 섞인 농담을 하곤 했다. 테슬라의 경우도 다르지 않았다. 이 회사가 도와주지 않으면 조사관들로서는 자신들만의 힘으로 그들이 보유한 컴퓨터에서 그들만의 독점적 데이터를 찾아내 해독할 방법이 없었다. 머스크는 이런 정보 격차를 잘 알고 있었을 것이다.

그러나 그 조사는 테슬라에게도 좋은 점이 있었다. 테슬라가 조사에 참여하면 자신들에 손해가 될 정보를 미리 알아낼 수 있고, 유죄가 될 만한 조사 결과가 나온다 해도 의견을 제시하고 자신들의 입장을 명확하게 설명하면 그만이었다. 궁극적인 목표는 대중의 안전을 보장하는 것이어서, 잘못을 덮을 생각이 없는 회사라면 협조하지 않을 이유가 없었다.

또한 NTSB의 조사를 받는 당사자는 조사에 영향을 미칠 수 있는 정보를 일방적으로 외부에 공개할 수 없다는 규정도 있었다. 나는 그달 초에 황의 충돌 사고에 대해 테슬라가 공개한 조사 정보를 두고 NTSB가 "불쾌한" 의사를 드러냈다는 기사를 쓴 적이 있는데, 그 정보가 황의 부주의가 사고의 한 요인임을 암시했기 때문이었다.[15]

기본적으로 테슬라가 안전 당국에 성실하게 협력할 생각이라면 사고에 대한 자체적인 해석을 내놓아서는 안 되었다. 섬월트는 테슬라가 조사 대상인 데이터를 선제적으로 공개하는 것을 우려했으며, 머스크가 이 규정을 이해하는지 확인하고 싶었다.

그해 봄 어느 날 머스크는 섬월트와 전화 통화에서 정중한 어조와 전문적인 태도로 일관하며 허심탄회하게 협조하겠다고 했다. 테슬라도 조사를 해주기 바란다고 그는 말했다. 섬월트는 이를 규정을 따르겠다는 뜻으로 받아들였다. 그렇게 일론 머스크와 미국 최고의 교통안전 조사관은 합의를 보았다.

업무와 관련된 대화가 마무리되자 섬월트의 질문이 많아졌다.

머스크가 아직 지구상에서 가장 부유한 사람이 된 것은 아니지만, 그는 이미 유명 인사이자 유명 CEO로 사람들은 이미 그를 현실의 토니 스타크Tony Stark로 여겼다.

섬월트는 일론 머스크에게 하루를 어떻게 지내는지 물었다.

업무 일정이 너무 빡빡하다고 설명하는 그의 목소리는 무척 피곤해 보였다. 그는 여전히 테슬라 공장 바닥에서 잠을 잤다. 2018년은 머스크의 경력에서 가장 고통스러운 해였다. 그해 테슬라는 대중 시장용 모델 3의 생산 문제로 고심하고 있었다.[16] 그는 자신의 시간 중 약 75~80%는 테슬라에, 약 20%는 스페이스X에, 나머지 5%가 안 되는 시간은 다른 회사들에 쏟는다고 섬월트에게 일러주었다. 그 수치를 더해보니 100%가 넘는다고 섬월트는 내게 웃으며 말했다. "의도적이었던 것 같아요."

머스크와의 대화는 30분 정도 이어졌다.

대화를 끝낸 섬월트는 기분이 좋았다.

그러나 그 후 며칠 사이에 테슬라가 그 사고에 대한 정보를 계속 공개하고 심지어 사고 원인에 대한 추측까지 내놓으면서 상황은 안 좋아졌다. 사고의 처참한 세부 내용이 드러나면서 테슬라가 부담을 느낀 것이다. 물론 다른 충돌 사고들도 NTSB의 관심을 끌었다. 이후에 플로리다 델레이비치에서 발생한 사고와 그보다 앞서 플로리다 윌리스턴에서 발생한 사고 등이 그것이었다. 그중 가장 문제가 되었던 것은 윌리스톤에서 발생한 사고였다. 오토파일럿 모드로 달리던 테슬라가 트랙터 트레일러의 측면과 밝은 색 하늘을 구별하지 못한 것이다.[17]

이 충돌로 2015년형 테슬라 모델 S를 몰던 40세의 조슈아 데이비드 브라운 Joshua David Brown이 목숨을 잃었다. 트럭이 좌회전하며 앞으로 지나갈 때 속도를 줄이지 못했기 때문이었다. 충돌하는 순간 테슬라의 상단 부분이 잘려 나갔는데, 안전 당국의 발표에 따르면 화면에서 주의를 기울이라는 신호를 보내는 등 최소 7번의 시각적 안전 경고가 있었지만 운전자가 딴 데 한눈을 팔아 이를 무시했다고 밝혔다.[18] 조사관들은 브라운이 자동차의 소프트웨어 외에, 자동차의 '운행설계범위operational design domain, ODD' 즉, 오토파일럿이 작동할 수 있는 조건과 위치라는 좀 더 생소한 개념에 과도하게 의존했다고 발표했다. 그 과정에서 NHTSA 규제 당국은 테슬라의 책임을 대부분 면제해주었고, 머스크는 당국의 조사 결과를 "매우 긍정적"이라고 평가했다.[19]

하지만 황과 관련된 사고로 테슬라는 주도권을 빼앗길 위험에 처했다. 오토파일럿은 이제 막 테슬라의 포트폴리오에서 가장 중요한 제품으로 자리 잡으려는 단계였는데, 그 잠재적 가치는 그들의 자동차 사업을 모두 합친 것보다 더 컸다. 머스크는 그 일로 회사 이미지가 타격을 받게 될 현실을 실감한 것 같았다. 그래서 테슬라는 다른 대형 자동차 제조업체들이라면 엄두도 못 낼 전략을 선택했다. 조사를 방해하기로 한 것이었다. 또 다시.

머스크가 전화 통화로 기본적인 규칙에 동의한 지 며칠 지나지 않았을 때, 갑자기 NTSB가 조사 중이던 해당 사고에 대한 세부 정보가 쏟아져 나오기 시작했다. 출처는 테슬라 홍보 부서였다.[20]

"(황의) 가족의 말에 따르면 황은 오토파일럿이 완벽하지 않다는 것을 잘 알고 있었으며, 특히 그는 차가 바로 그 사고 지점에서 믿기 힘든 이상 행동을 한다고 말했다. 그런데도 그는 그 지점에서 오토파일럿을 켜놓고 있었다." 〈포춘Fortune〉, 〈ABC 뉴스ABC News〉 등의 매체의 보도에서 인용한 테슬라의 주장이다.[21] "사고는 시야가 수백 미터에 달하는 맑은 날에 발생했다. 그렇다면 사고가 일어날 원인은 단 한 가지뿐이라는 얘기가 된다. 차량이 여러 차례 경고를 했음에도 황이 도로에 주의를 기울이지 않았다면, 사고가 일어날 수 있는 원인을 달리 찾을 방법이 없다."

테슬라의 발표가 나온 다음 날 언론 기사를 접한 섬월트는 눈을 믿지 못했다. 섬월트가 머스크에게 관련 규정을 분명하게 경고했는데도, 테슬라는 황을 죽음으로 몰고 간 충돌 사고의 책임을 운전자에게 돌리고 있었기 때문이다. 이건 부적절한 정도가 아니었다. 아예 양심이 없었다.

그는 머스크에게 전화를 걸었지만 그때 머스크는 전화를 받을 수 없었다.

그날 오후 존스가 섬월트를 찾아갔을 때, 마침 섬월트의 전화가 울렸다.

존스는 그 순간을 선명하게 기억한다.

"와, 일론 머스크네." 섬월트가 존스에게 말했다.

섬월트는 존스에게 기다리라는 신호를 보냈다. 통화부터 한 뒤 하던 얘기를 마저 하자는 신호였다. 섬월트는 존스가 대화를 지켜보는 것이 자신에게 도움이 된다고 생각했다.

그들은 스피커폰으로 머스크의 전화를 받았고 섬월트는 바로 본론으로 들어갔다.

"일론, 당신은 우리가 맺은 당사자 합의를 위반했어요. 지난주에 한 얘기 아닙니까. 우리의 요구 사항을 지켜주겠다고 동의했잖소."

아무 말 없이 10초 가까이 흘렀다.

그러더니 머스크는 흥분한 듯 점점 말이 짧아지면서 장광설을 늘어놓기 시작했다. "그건 국장님이 크게 잘못 판단하시는 겁니다. 그렇게 하면 죽는 사람이 더 많아진다고요. 국장님 때문에 말입니다." 섬월트는 그가 그렇게 주장했다고 기억했다.

테슬라는 이미 방대한 양의 데이터를 바탕으로 사고에 대한 결론을 내렸고 그래서 운전자의 과실이 확실하게 밝혀졌는데, 굼뜬 관료적 절차를 따지며 뒤처진 방식을 고집하는 조사관들의 행태가 도를 넘었다는 식의 말투였다.

"그러더니 폭언을 하기 시작하더군요." 섬월트는 그렇게 말했다. "'우리 차는 오토파일럿을 사용할 때 더 안전한데 당신들이 안전성을 떨어뜨리는 겁니다. 오토파일럿 덕분에 목숨을 잃는 사람보다 생명을 건지는 사람이 더 많은데, 조사에서 우리를 배제함으로써 안전도를 떨어뜨린다'는 얘기였습니다."

머스크는 그러면서 소송하겠다고 위협했지만, 확정적으로 말하지는 않았다.

"잘 됐군요. 그렇게 해보시죠." 섬월트가 응수했다.

머스크는 다시 오토파일럿의 안전성을 들먹이더니 그것의 잠재적 인명 구조 기능을 또 다시 설명했다. 섬월트는 어이가 없었다. 이 친구 도대체 몇 번을 말해야 알아들을 작정이야?

머스크의 말이 끝나자 섬월트는 존스에게 거들라는 신호를 보냈다. 존스는 양측이 어떤 식으로 협력해야 하는지, 당국이 조사 대상에 오른 자동차 제조업체와 어떤 식으로 생산적인 관계를 유지해야 하는지 설명하면서, 과거에 스페이스X와 맺었던 원만한 관계도 언급했다. 머스크는 당장 반응을 보이지는 않았다.

"나도 우리가 조사 대상에서 제외되는 것은 바라지 않습니다." 마침내 방금 27분 동안 아무 일도 없었다는 듯 머스크가 말했다.

"그러기에는 너무 늦었소." 섬월트가 뚜벅 대꾸했다. 테슬라의 전문 지식에 의존해 데이터를 해독해야 하는 그로서는 적지 않은 위험을 감수하며 내지른 말이었다.

전화가 툭 끊겼다.

섬월트와 존스는 얼이 나간 표정으로 서로를 바라보았다. 그들은 방금 벌어진 일을 정리해보려 했다. 전화를 갑자기 끊은 것 때문만은 아니었다. 섬월트는 머스크의 품행이나 태도나 같은 말을 반복하는 설득력 없는 주장 따위엔 전혀 관심이 없었다. 오토파일럿은 그 명칭마저 눈길을 끄는 운전자 지원 기능 세트이지만, 그것이 머스크가 떠벌리는 대로 인명 구조 역량을 갖춘, 혁신적이고 세상을 변화시키는 시스템이라는 것을 입증할 만한 증거는 충분하지 않았다. 이 특정 사례만 해도 치명적인 충돌 사고의 핵심은 오토파일럿이고, 그 사고는 안전 조사관이 특정 기술과 운전자의 주의력 부족과 속도와의 관계에서 뭔가 새로운 사실을 알아내야 할 첨단 기술 관련 재난이었다.

두 사람이 함께 확인한 것은 머스크가 NTSB의 안전 조사관과 NHTSA의 규제 당국자의 역할 차이를 인식하지 못한다는 사실이었다. 그것은 자동차 제조업체를 운영하는 사람이라면 반드시 알아두어야 하는 중요한 사항이었다(NTSB는 수사 기관으로 조사 후 권고만 할 뿐, 규제 등 강제적 조치를 취할 권한은 없다.—옮긴이).

나중에 테슬라는 자신들이 조사에서 배제된 것이 아니라 스스로 빠졌다고 주장했다.[22] CNBC를 비롯한 여러 매체가 보도한 성명을 통해 테슬라는 조사에서 빠지기로 한 이유를 상세히 설명했다. "NTSB와의 대화를 통해 분명해진 것이 있습니다. 그들이 실제로 안전을 강화하는 문제보다 언론의 헤드라인에 더 관심이 있다는 사실입니다." 테슬라의 주장이 그랬다. "무엇보다도 그들은 지기네 규정을 위반한 사실과 관련해 불완전한 정보를 조금씩 언론에 끊임없이 흘렸고, 동시에 우리가 사실 전반을 설명하지 못하도록 막으려 했습니다."[23]

"해고될 것 같으니까 그만두었다는 식이었죠." 섬월트가 헛웃음을 지었다.

섬월트 이야기는 머스크와 워싱턴의 감독관들과의 거친 관계가 앞으로 어떻게 전개될지 암시하는 예고편에 불과했다.

2021년 말, 미시 커밍스Missy Cummings는 노스캐롤라이나에 있는 자신의 집을 나와 애팔래치안 트레일을 향해 출발했다. 그녀의 티어드롭 캠핑카에는 며칠 동안 자급자족하는 데 필요한 물품이 실려있었다. 그녀는 노스캐롤라이나와 테네시 경계에 누워있는 애팔래치아 산맥 한가운데서 차를 멈추었다. '그녀만의 브레이킹 배드 Breaking Bad'였다.

1인승 전투기 조종사에서 대학 교수로 변신한 커밍스도 NHTSA에서의 역할이 쉽지 않으리라고는 어느 정도 짐작했다. 그러나 그 때문에 낯선 사람들로부터 자신과 가족을 죽이겠다는 이메일까지 받게 될 줄은 짐작도 못했다.

그녀가 NHTSA의 안전 담당 수석 고문으로 임명되었다고 〈로이터Reuters〉가 보도한 게 불과 며칠 전이었다.[24] 그렇지 않으면 조 바이든 대통령이 발표한 여러 직책의 지명자 명단에 묻혀 눈에 띄지도 않았을 것이다. 공학 교수인 커밍스는 듀크 대학에서 인간과 자율성 연구소Humans and Autonomy Lab의 소장을 역임했으며 거기서 자율주행 차량을 폭넓게 연구해왔다. 그녀는 실리콘밸리와의 경쟁에서 늘 밀리던 이 기관에 요긴한 전문 지식을 제공할 수 있는 인물이었다. 얼마 안 가 트위터에서 테슬라를 옹호하는 사람들, 특히 테슬라 인플루언서가 된 오마 카지Omar Qazi라는 이름의 머스크 팬이 그녀의 기록을 조사하기 시작했다. 소프트웨어 엔지니어이자 캘리포니아 출신으로, 비슷한 나이와 배경을 가진 사람들과 진보적 정치 성향을 공유하던 카지는 2018년에 테슬라 모델 3를 구입한 후 일련의 친 테슬라 계정을 만들기 시작했다. "어떤 의미에서 인생의 전환기를 겪고 있는 지금 나는 곧 성인기에 접어들고 있다." 그 당시 그의 말이다. 그는 산타클라라 대학교에서 컴퓨터공학과 경제학을 전공했지만 공부를 마치지는 못했다.

어느새 테슬라를 두둔하는 일이 그의 전부가 되었다. 그는 온라인에서 테슬라를 비방하거나 테슬라 주식을 공매도하는 사람들과 틈나는 대로 싸우는 한편, 기후 변화라는 중요한 문제에서 세계를 변화시키고 있다고 생각한 차량과 회사에 대한 공격에 적의를 드러냈다. 무엇보다도 카지의 테슬라는 그의 삶에서 성격을 형성하는 시기에 그를 우쭐하게 만들어 준 동반자였다. 테슬라를 위해 자진해 위험을 무릅쓰면서 온라인에서 반대편 사람들과 싸우는 그의 모습은 곧 머스크의 눈에 띄었다.

"솔직히 어쩌다 여기까지 왔는지 모르겠어요." 카지는 그렇게 말했다. "사실 내게 정작 중요한 건 그 차를 정말 사랑했다는 사실이에요. 살다 보니 어쩌다 그때 그 차를 타게 되었고, 그 차를 운전하는 게 좋았어요. 음악과 오토파일럿이 있어 어디든 갈 수 있고 여러 가지 경험을 할 수 있으니까요. 그런데 사람들이 '아, 회사는 망할 거야, 이런 회사는 없어지게 돼 있어'라는 말을 들으면 정말 화가 났어요. 그 자동차와 회사가 없어질지도 모른다고 생각만 해도 미치겠더라고요."

카지와 팬들은 커밍스를 표적으로 삼았다.

그들은 그녀가 과거에도 테슬라를 비판했다는 사실을 금방 알아냈다. 커밍스의 발언 중에는 객관성을 잃은 것 같은 주장도 있었다. 예를 들어 테슬라가 최첨단 운전자 지원 소프트웨어인 완전자율주행을 출시했을 때 그녀는 이렇게 말했다. "나 같으면 돈을 돌려달라

하겠다."²⁵ 그녀의 다른 댓글들도 그런 지위에 있는 사람에겐 어울리지 않아 보였다. 그녀는 한 트윗에서 머스크와의 논쟁에 대해 "나 좀 말려줘"하며 주먹을 날리는 애니메이션 GIF를 함께 실었다.²⁶

그들의 눈에 더 거슬렸던 것은 그녀가 라이다LiDAR를 개발하는 회사의 이사로 재직한 사실이었다. 라이다는 테슬라와 머스크가 싫어하는 센서 기술이었다.²⁷ 그들은 테슬라가 카메라 전용 방식을 사용하면 간단하고 낮은 비용으로 자율주행을 달성할 수 있다고 믿었다.

상황은 이미 도를 넘고 있었다. 커밍스는 자신의 트위터에 증오와 여성 혐오 발언이 넘쳐나자 트위터 계정을 폐쇄했다. 카지는 자신의 트위터 계정(@wholemarsblog)으로 이 문제에 대한 사람들의 관심을 불러 모았고, Change.org에서 탄원 서명을 시작해 수만 명으로부터 커밍스의 임명을 재검토하라는 동의를 받아냈다.²⁸ (한 인터뷰에서 카지는 커밍스에 대한 혐오를 부추긴 그 청원에 대해 유감을 표시했다.) 커밍스 입장에선 이 청원이 커밍스에 대한 악의적인 명예 훼손 캠페인이라기보다 홍보 공세의 성격으로 받아들여지는 것 같아 당황스러웠다(커밍스는 결국 테슬라 관련 문제에서 손을 떼기로 합의한다).

그러나 그 문제는 훨씬 더 안 좋은 쪽으로 향하고 있었다.

일론 머스크는 자신의 트위터에 글을 올렸다.

"객관적으로 말해 그녀의 지난 행적을 보면 테슬라에 대한 혐오가 지나칠 정도로 편파적이다." 머스크는 커밍스의 임명이 보도된 지 몇 시간 뒤 이렇게 썼다.²⁹

이 한 문장이 미시 커밍스의 삶의 방향을 바꿔놓았다. (머스크는 신상털기doxxing에 늘 민감하게 반응했다. 그는 신상털기가 대부분 온라인 인물의 사적 정보를 올리는 데만 치중한다며 이렇게 말했다. "신상털기는 사람들을 위험에 빠뜨린다."[30] X가 정의하는 신상털기는 넓은 의미로, "학대할 의도, 집단 괴롭힘 또는 그에 대한 선동을 암시하는 문맥뿐 아니라 정서적 또는 신체적 위해를 초래할 수 있는 미디어의 배포를" 포괄했다.[31] 당시 머스크의 행동이 신상털기까지는 아니었을지 모르지만, 그로 인해 유발된 반응은 그에 대등한 수준이었을 것이다.)

이제 커밍스는 자신을 '악마'라고 부르는 트윗만 받는 것에 그치지 않고 실제로 신변의 안전까지 위협받게 됐다.

머스크라도 낯선 사람들의 온라인 행동을 통제할 수는 없었을 것이다. 그러나 그는 "자금은 확보됐음"이라는 말 한 마디로 주식시장을 요동치게 하고 그로 인해 SEC의 개입을 자초했다. 이 사건은 그에게 트위터라는 확성기의 힘을 확실하게 깨닫게 해주는 계기가 되었다. 그리고 커밍스를 공격한 그의 트윗은 예상되는 이해 충돌에 대한 우려를 훨씬 넘을 정도로 파장이 컸다.

2018년에 SEC와의 충돌을 대수롭지 않은 처벌이라 생각해 가볍게 넘긴 머스크는 이후 트위터 팔로워 수천만 명을 이용해 사람들을 직접 공략하는 데 재미를 붙였다. 그 결과는 분명해지기 시작했다. 현직이든 전직이든 후임 예정자이든 어떤 관료도 그의 비판에서 자유로울 수 없었다. 하지만 이미 이때쯤이면 공인이자 CEO이고 트위터상에서 가장 저명한 인물이 된 시점이었기에, 머스크 자신도 자신의 지위를 이용한 부적절한 영향력을 언제까지 모른 척하기는 어려웠을 것이다. 워싱턴과 캘리포니아 공무원들의 사례에서 보듯, 표적을 정한 머스크의 트위터 공격에 가장 큰 피해를 입은 쪽은 주로 여성이었다. 머스크의 팬 군단이 시작한 집단 괴롭힘은 그냥 저절로 일어난 현상이 아니었다. 유해하긴 해도 인터넷의 한 구석에 흥밋거리로 머물렀을 논쟁이 머스크가 끼어드는 순간 갑자기 많은 사용자의 트위터 피드에서 상단을 차지하곤 했다. 이 기간에 이런 패턴은 반복적으로 나타나, 머스크는 기술적인 문제나 심지어 보험 규정 같은 사소한 문제까지도 공무원들을 상대로 한 매우 공개적이고 지저분한 온라인 논쟁으로 확대시키곤 했다.[32] 머스크의 이런 행태는 사소한 말다툼을 좋아하는 또 다른 셀럽의 행동을 닮았다.

커밍스는 머스크에게 트윗을 보내 견해 차이를 대화로 풀자며 화해의 손을 내밀어 봤지만 소용이 없었다.

10월 21일 오전 12시 31분, 커밍스는 이메일을 받았다.

> 우리는 당신이 라이다 회사를 소유하고 있다는 것을 알고 있다. 당신이 NHTSA 고문직을 수락하면 우리는 당신과 당신의 가족을 죽일 것이다.

열세 살 딸의 안전이 걱정된 커밍스는 경찰에 전화를 걸었다. 당국은 걱정을 이해한다며 집에 머물지 말라고 충고했다. 집을 지키는 것이 좋은 생각이 아닐 수도 있다는 데 그녀도 동의했다. 커밍스는 10대 딸을 아빠의 집으로 보내고, 짐을 싸 캠핑카에 싣고 야영을 떠났다. 무슨 일이 생긴다면 며칠 안에 일어날 것이라고 그녀는 확신했다. 상황이 진정되고 나면 일상으로 돌아갈 수 있을 것이다.

"나만 이런 일을 겪은 게 아닙니다." 2023년 초 나와 인터뷰할 당시 그녀는 이렇게 말했다. "나는 그가 어떤 부정적인 발언을 한 여러 대상 중 한 명일 뿐입니다. 그리고 그것은 누군가의 삶을 완전히 망가뜨렸습니다."

워싱턴 공무원들 사이에서 커밍스 사례는 누군가 테슬라나 머스크를 함부로 언급할 때 어떤 일이 벌어질 수 있는지, 그리고 그들의 사소한 비판에도 머스크의 온라인 팬덤이 얼마나 민감하게 반응하는지를 보여주는 하나의 경고로 받아들여졌다. 이런 집단에 보내는 머스크의 트윗은 일련의 진격 명령으로, 불길에 부채질하는 역할을 한다. 오늘날 머스크에 대해 강경한 의견을 가진 사람들은 자칫 벌집을 건드렸다가, 머스크의 확성기로 증폭된 온라인 비방이라는 벌떼를 부를까 두려워 노골적인 표현을 자제한다.

"나는 1인승 전투기를 몰았고 자립심도 누구 못지않게 강합니다." 커밍스는 그렇게 상기시켰다. "그래서 '어디 와서 잡아가 보시지'하는 태도로 나갔었죠."

하지만 커밍스는 곧 정신적 평화를 택했다.

그녀는 인터넷에서 트위터 계정을 지웠다. 커밍스는 경력이 있는 전문가였기 때문에 시궁창에서 헤맬 필요가 없다고 생각했다.

황의 사고 이후 테슬라는 연방 정부가 권고한 변경 조치, 특히 오토파일럿을 기획된 장소와 조건으로 제한하라는 명령을 대부분 거부했다. 월터 황이 사망한 지 거의 1년이 지났을 때, 또 다른 남성 제러미 배너Jeremy Banner가 오토파일럿으로 테슬라를 몰다 시속 110킬로미터로 세미트럭 트레일러의 측면을 들이받아 사망했다.[33]

그래도 테슬라는 곧 소프트웨어를 정해진 이외의 장소에서도 작동할 수 있도록 했고, 그 때문에 도시와 주택가에서 수천 대의 차량이 '자율주행' 기능을 마음대로 활성화했다.

제니퍼 하먼디Jennifer Homendy는 어이가 없었다.

NTSB 위원장과 충돌한 지 몇 년이 지났을 때 일론 머스크에게 비판적인 새로운 인물이 워싱턴에 나타났다. 하먼디는 NTSB에서

10년 넘게 재직하고 은퇴한 로버트 섬월트의 후임으로 등장했다.

2020년 10월에 테슬라는 최신 기술의 운전자 지원 시스템인 완전자율주행Full Self-Driving을 출시했다. 그 달부터 사용할 수 있는 새 기능이었다. 아이콘을 터치하기만 하면 테슬라는 현지 경로에 따라 주행하며 방향을 바꾸고 교통 신호에 주의를 기울였다.[34] NTSB의 새로운 위원장 하먼디는 오래전부터 예견해 온 우려를 떨치지 못했다. 2016년 플로리다주 윌리스턴에서 오토파일럿 모드로 달리던 차량이 트랙터 트레일러와 충돌한 사고와 캘리포니아주 마운틴뷰에서 일어난 월터 황의 사망 사고 이후에도 테슬라는 여전히 권고 사항을 따르지 않고 있었다. NTSB는 테슬라가 좀 더 확실한 안전 장치를 만들어 오토파일럿을 예정된 지역에서만 작동하게 하고, 운전자의 주의가 분산됐을 때는 오토파일럿을 사용할 수 없게 해주기를 원했다.[35] 차들이 교차하는 도로에서는 오토파일럿이 절대 작동해선 안 되기 때문에, 테슬라가 세미트럭의 측면을 들이받는 것 자체가 일어날 수 없는 일이었다. 월터 황의 차가 주의를 기울이라는 경고를 반복적으로 보내는데도 오토파일럿 모드가 계속 유지된 것도 애초에 불가능한 일이었다.

하먼디는 테슬라가 안전위원회의 권고 사항을 무시한 채 더욱 정교한 제품을 운전자에게 제공하고 있다는 사실에 경악했다. 그녀는 완전자율주행이 "사람들에게 오해를 불러일으킨다"고 경고했다.[36]

"테슬라는 우리의 요청에 어떤 응답도 하지 않았습니다." 그녀는 2021년 9월 〈워싱턴 포스트〉와의 인터뷰에서 그렇게 말했다. "우리를 무시한 겁니다. 어떤 반응도 보이지 않았으니까요."[37]

"이런 문제가 해결되지 않은 상태에서 추가 업그레이드가 이뤄진다면 그건 보통 문제가 아니죠." 그녀가 덧붙였다.

평소처럼 머스크는 〈워싱턴 포스트〉의 보도가 나온 당일에 트윗으로 대응했다. 이번에는 군중을 움직이기 위한 어떤 말도 필요 없었다. 완전자율주행에 대한 하먼디의 〈월스트리트 저널〉 기고문을 요약한 보도에 대한 그의 대답은 하먼디의 위키피디아 페이지 링크를 걸어놓은 게 전부였다.[38]

하먼디는 그 일이 시작되었을 때 자신이 있던 곳을 기억하고 있었다. 갑자기 그녀의 트위터는 욕설과 협박, 여성 혐오 등으로 가득 찼다. 토요일 아침, 노스캐롤라이나주 에메랄드아일에 임시로 빌린 집에 앉아 자신의 피드를 가득 채우는 악성 게시물을 보면서 그녀는 이상하게도 평온함을 느꼈다고 기억을 더듬었다. 그래도 무차별 공격 시도 때문에 위키피디아 페이지는 폐쇄해야 했다. 다른 사용자들도 공격을 예고하면서 경고했다. "머스크가 당신을 위협하고 있으니 몸조심하는 게 좋을 거요." 하먼디는 게시물 중 하나를 그렇게 기억했다.

머스크 팬들의 공격을 받아본 경험이 있는 기자 리넷 로페즈Linette Lopez도 하먼디에게 그 여파를 경고했다. 하먼디는 버지니아주 스팟실베니아카운티의 지역 보안관에게 연락해 사람들이 자신의 집 앞으로 오겠다고 협박하는 특정 게시물들을 신고했다. 어렴풋한 기억이지만 폭탄에 대한 언급도 있었다.

NTSB의 특수 작진 책임자는 그녀와 관련된 보안 상황을 보고받았다.

위협은 곧 사라졌다. 그러나 테슬라를 향한 하먼디의 초점은 과녁을 놓치지 않았다.

한 달 가까이 지났을 때 하먼디는 모닝커피를 마시고 음악을 들으며 트윗을 올렸다. "모든 안전 챔피언들을 위한 '힘의 찬가'입니다." 그렇게 쓴 그녀는 유튜브 링크를 걸어놓았다. 톰 페티와 더 하트브레이커스Tom Petty and the Heartbreakers 의 "아이 원 백 다운I Won't Back Down"이었다.³⁹

사흘 후 하먼디는 머스크에게 엄중한 내용의 서한을 보냈다.

"국가교통안전위원회NTSB는 다양한 충돌 및 사고 조사 과정에서 테슬라의 기술 직원이 우리 조사관들에게 제공한 생산적이고 전문적인 협력에 감사드립니다." 그녀는 그렇게 시작했다. "그러나 매우 우려스럽게도 NTSB의 중요한 안전 권고 사항을 이행하기 위한 테슬라의 조치, 아니 그 태만은 그와 같은 생산성이나 전문성을 보여주지 못했습니다."⁴⁰

서한을 보낸 지 몇 달 뒤에 하먼디는 랑팡 플라자 6층 그녀의 사무실에 있었다. 워싱턴 DC에서 근무하는 테슬라의 공공정책 담당 글로벌 수석이사 로한 파텔Rohan Patel이 요청한 회의에 NTSB가 응한 것이다.

머스크는 뭐든 잘 잊었고 늘 실리 위주였다. 워싱턴의 공직자들과 반목해서 좋을 것이 별로 없다는 것을 그는 잘 알았다. 장기적으로 볼 땐 특히 그랬다. 그는 트윗을 올릴 때도 충동적이었으며, 온라인에서 드러나는 거친 성격에도 가끔은 장기적인 비전을 제시할 줄 아는 잠재력이 있었다. 파텔의 초대장은 머스크가 정신을 차린 뒤 가끔 나타나는, 일종의 정리 작업 같은 인상을 주었다.

하먼디의 기억에 따르면 그 만남의 목적에 대해서는 별로 언급된 것이 없었다. 파텔은 테슬라가 최근 개발한 내용을 브리핑하면서, 최첨단 안전 기능과 오토파일럿 시스템에 대한 최신 통계와 함께 회사의 현황을 설명했다. 하먼디는 테슬라의 신중한 안전 개발을 칭찬하며 그것은 결국 안전벨트와 에어백 같은 장치로 탑승자의 사망을 막는 것이 목표이며, 이 분야에서는 테슬라가 선두주자라고 치켜세웠다. 이는 흥미롭기는 해도 테슬라가 NTSB의 지침을 따르지 않았다는 핵심 문제와는 별로 관련이 없는 얘기였다. 파텔은 곧 4년 전의 권고가 반복되는 것에 실망을 드러냈다.

"저로서는 납득이 가지 않습니다." 그는 그렇게 항변했다. 파텔이 보기에 그런 명령은 테슬라의 현재 기술에 부적절할 뿐 아니라 조사 주체인 NTSB도 그 문제에 대해서는 테슬라에 이래라저래라 할 권한이 없다는 주장이었다. 그런 문제라면 하먼디는 NHTSA의 국장에게 얘기해 봐야 한다는 것이 파텔의 생각이었다.

"(국장님이) 규정을 만들기 바라시고 … NHTSA가 규정을 만들어야 한다고 생각하신다면 … 거기가 논의하기 … 좋은 장소 아닐까요?"

또 그는 하먼디가 지상파 방송에 나가 테슬라가 온당치도 않은 명령을 따르지 않았다고 비난한 것에 대해서도 실망감을 감추지 않았다.

"TV에서 테슬라에 대해 폭탄 같은 발언을 하기 전에 제게 먼저 전화하실 순 없었습니까?" 그가 그렇게 항의했다.

파텔은 브리핑을 마친 후 잠시 말을 멈췄다.

아, 한 가지 더 있었다.

"(우리는) NTSB와 관계를 좀 더 개선하고 싶은 마음입니다."

"힘들고 고통스러웠던 한 해"와 두둑한 보상

문자를 보낸 아이라 에렌프라이스Ira Ehrenpreis도 그것이 역사상 가장 비싼 문자 메시지가 될 줄은 몰랐을 것이다. 2017년 4월 8일에 테슬라의 선임 이사 에렌프라이스는 이사회가 매우 소중한 최고경영자와 장기 계약을 맺지 않았다는 사실이 걱정돼 일론 머스크에게 메시지를 보냈다.

내용은 평범했다. "이번 주말에 보상과 관련해 몇 가지 얘기하고 싶은데 잠깐 시간이 있을까요?"[1] 머스크는 지구상에서 가장 흥미로운 자동차 회사의 최고경영자로, 자율주행 기술을 소비자들 손에 직접 쥐여주기 위해 준비 중이었다. 그는 테슬라를 주류로 끌어올릴 대중형 세단을 곧 출시할 예정으로, 그만의 영향력을 행사할 수 있는 위치에 있었다.

두 사람은 다음 날 전화로 직접 대화를 나눈 뒤, 머스크를 곧 지구상에서 가장 부유한 사람으로 만드는 과정에 착수했다.

2017년에 그 메시지를 보낼 당시 에렌프라이스는 머스크가 회사에 대한 약속을 갱신할 준비가 되어 있는지 확인하려 했다. 회사의 가치가 특정 지점에 도달했을 때 머스크에게 테슬라 주식을 지급하기로 한 2012년의 패키지 기한이 끝나가고 있었기 때문이었다. 2012년 패키지는 후했다. "머스크가 보유한 (테슬라) 주식의 가치는 결국 약 9억 8,100만 달러에서 130억 달러로 증가했다." 나중에 법원은 그렇게 판결했다.[2]

머스크는 자신의 약속을 갱신하자는 제안에 솔깃해 전화로 구체적인 내용을 제시했다.

법원은 그것을 머스크 자신이 봐도 "정말 말도 안 되는" 제안이라고 요약했다.

"그는 오로지 성과를 기반으로 한 보상 계획을 그리고 있었다. 구성은 2012년 보상과 같지만 시가총액 목표는 한층 도전적으로 설정했다. 시가총액 500억 달러라는 목표를 달성할 경우 15회에 걸쳐 스톡옵션을 지급하는 방식을 제시한 것이다. 테슬라 발행 주식의 총 15%에 해당하는 보상이었다." 법원 기록에는 그렇게 되어 있다.

그것은 머스크가 즐기는 전형적인 리스크 게임이었다. 그는 결국 몇몇 작은 나라의 GDP보다 더 큰 가치를 가질 수 있는 혁신적인 계획을 이루기 위해 자신의 급여마저 포기할 셈이었다. 대신 머스크는 회사 가치가 500억 달러 증가할 때마다 테슬라의 1%에 해당하는 스톡옵션을 받게 된다.

이 과정이 안고 있는 본질적인 결함은 쉽게 가려낼 수 있었다. 그것은 머스크와 별도로 이루어진 독립적인 절차가 아니었다. 그래서 머스크로서는 월가를 향해 회사의 성장에 한계가 없는 것처럼 말해야 할 동기가 생긴 것이다. 그래야 테슬라를 최대한 과대 포장할 수 있으니까. 테슬라는 사실상 회사의 미래를 한 사람에게 맡겨버림으로써 상장된 공개 기업을 자동차 영주 한 사람의 봉토로 만들었다.

이런 아이디어를 책임지고 설계한 사람은 테슬라의 법률 고문이자 머스크의 전 이혼 변호사였던 토드 마론Todd Maron이었다. 그는 흔히 "머스크 말이라면 꼼짝못하는" 사람으로 묘사된다.[3]

이런 '타협'이 가능했던 것은 머스크에 대한 테슬라의 의존도가 비정상적이었기 때문이다. 나도 월스트리트 어떤 애널리스트로부터 여러 차례 들었지만, 테슬라는 곧 머스크였다. 이 회사의 가치는 다른 어떤 실체보다 그의 손에 달려 있었다. 머스크가 자신의 권력을 강화하면서 이런 소문은 점점 더 사실로 굳어졌고, 대형 기관 투자자들도 이 금언을 명심하게 되었다.

테슬라는 머스크의 사업 제국이 X와 인공 지능 베팅으로 영토를 넓히기 전부터 이미 수년간 연례 재무 보고서에 이런 사실을 담은 공시를 담았다.

그 첫 부분은 이렇게 시작한다. "우리는 최고경영자인 일론 머스크의 기여도에 크게 의존한다." 그런 다음 문서는 그 위험성을 지적한다. "머스크는 테슬라에서 상당히 많은 시간을 보내고 있고 또 회사 경영에 매우 적극적이지만, 그가 모든 시간과 관심을 테슬라에만 쏟는 것은 아니다. 머스크는 현재 우주발사체를 개발하고 제조하는 스페이스X의 최고경영자CEO 및 최고기술책임자CTO를 겸하고 있으며 다른 신흥 기술 벤처에도 관여한다."[4]

다른 공시는 더 많은 사실을 알려준다.

"우리가 핵심 인력들을 보유하지 못하거나 자격을 갖춘 인재를 고용하지 못하면 우리의 경쟁력은 손상될 것이다." 앞부분에는 그렇게 적혀 있다. "특히 우리는 일론 머스크의 기여에 대한 의존도가

2. "힘들고 고통스러웠던 한 해"와 두둑한 보상　57

매우 높다."

이 특별한 2017년 연차보고서에서 테슬라는 협상 기간에 회사의 심정적 분위기를 드러내며, 상상할 수 있는 최대의 위험을 설명했다. 머스크를 계속 붙잡지 못하면 어떻게 되는가? 그는 연봉을 포기하고 대신 성과 목표에 따라 올라가는 주식을 보상으로 받는 이례적인 계약을 선택했다. 2012년 계약이 거의 끝나가기 때문에 테슬라는 머스크에게 보수를 다시 지급할 때가 되었다고 말하며 이렇게 덧붙였다. "CEO 성과 보상제가 주주의 승인을 받을지는 보장하기 어렵습니다."[5] 바꿔 말해 주주들이 전기차를 대중화하려는 머스크의 노력을 좋게 평가하지 않는다면 그가 테슬라를 완전히 떠날 수도 있다는 얘기였다.

하지만 테슬라 이사회는 할 일을 하기로 했다. 나중에 판사도 언급하지만 "머스크는 자율주행 프로세스를 시작하면서, 자신이 적합하다고 판단하는 대로 속도와 방향을 재조정했다."[6]

이후 몇 달 동안 테슬라 이사들은 수시로 모여 보상 패키지를 논의했다. 법원에 제출된 서류에 따르면, 그 패키지는 주로 CEO 혼자 자신이 정한 일정에 따라 속도를 높이거나 낮출 권한을 가지고 만든 것이었다. 테슬라 이사회는 이 패키지의 천문학적 가치에 어떤 세부적인 정당성도 따지지 않고, 단지 머스크를 잃을 위험만 언급했다. 이 협상의 또 한 가지 특이한 면은 테슬라가 머스크와 합의를 통해 회사와는 전혀 별개의 야망에 자금을 지원했다는 점이다.

법원 문서에 따르면 머스크는 이혼 변호사에게 이렇게 말했다. "추가 보상금은 내가 테슬라를 세계에서 가장 가치 있는 회사로 만드는 데 성공할 경우, 화성에 투자해 가능한 한 존재적 위험을 최소화하기 위한 수단일 뿐입니다. 다소 미친 소리 같지만 사실이에요."[7]

머스크의 또 다른 주요 회사인 로켓을 만들어내는 스페이스X는 오래전부터 화성에 인간을 보내는 것을 목표로 삼아왔다. 화성은 머스크가 인류라는 종의 존속에 꼭 필요하다고 생각하는 행성이었다.[8] 이 부분은 주로 '토네타Tornetta 대 머스크 사건'의 재판을 맡은 판사 캐서린 매코믹Kathaleen McCormick의 의견을 기초로 한 것이다.

머스크는 회사에서 별다른 반발이 나오지 않자 자신의 급여 패키지를 계속 추진했다. 그는 심지어 조건을 완화하고 패키지를 단순화했다. 표면적으로는 고충을 줄이려는 시도였지만 그래도 터무니없기는 마찬가지였다. 머스크는 자신의 패키지에 담긴 자신의 야망을 테슬라의 법률고문인 마론에게 털어놓았다.

"이런 게 적어도 야심이라는 측면에서 보면 인류의 미래를 좋은 쪽으로 이끌 가능성을 극대화한다는 명분을 위한 것이고, 또 테슬라 주주들도 모두가 더할 나위 없이 만족할 테니 나는 이 패키지가 무난히 받아들여질 것으로 생각합니다." 머스크는 그렇게 썼다. "이 보상 패키지는 미래에 대한 매우 낙관적인 전망으로 받아들여져야 합니다. 내가 하려는 게 겨우 테슬라의 시가총액을 두 배로 늘리는 게 '전부'라면, 이런 패키지는 아무런 가치가 없을 테죠."[9]

결국 이사회는 테슬라의 가치가 500억 달러 증가할 때마다 머스크에게 발행 주식의 1%를 옵션 형식으로 부여한다는 거래에 동의했다. 법원 문서에 따르면 휴가 중이었던 이사 스티브 저벳슨Steve Jurvetson과 스스로 표결에서 빠진 머스크와 그의 동생을 제외하고는 만장일치로 그의 제안을 채택했다.[10]

이제 남은 것은 주주들의 승인뿐이었다. 테슬라 이사들은 주주들에게 패키지를 설명하는 재무 서류에서 머스크의 개입 정도를 축소했다.

"우리는 잘 알려진 외부의 보상 컨설턴트와 6개월 넘도록 신중하게 분석하고 또 머스크와 충분한 논의를 거쳐 이 패키지를 만들었다. 머스크는 킴벌과 함께 이사회 의결 절차에서 스스로 빠졌다." 그들은 나중에 이렇게 덧붙였다. "2012년의 성과 보상이 사실상 끝나가던 2017년 초에 이사회의 독립 이사들은 미스터 머스크가 테슬라의 다음 개발 단계도 이끌 수 있도록 지속적으로 인센티브를 제공하는 방법에 대해 예비 논의를 시작했다."[11]

하지만 머스크가 어떻게 자신이 생각하는 패키지의 범위를 보장하라는 조건을 제시하고, 법원의 기록대로 자신이 내키는 대로 그 절차의 속도를 높이거나 늦추었으며, "어떤 의미 있는 협상도 없이" 대부분 자신에게 "신세를 지거나" 자신과 "이해충돌" 관계에 있는 이사회 구성원들을 설득했는지에 대한 언급은 한마디도 없었다.[12]

2018년 3월에 치러진 주주 투표는 아슬아슬하지 않았다. 머스크는 약 73%의 동의를 얻어 보상 패키지를 받아냈다. 자신과 동생의 지분은 아직 계산에 넣기도 전이었다.[13]

같은 해에 리처드 토네타Richard Tornetta라는 투자자가 머스크와 이사회 구성원들이 신탁 의무를 위반했다며 델라웨어주 형평법원에 소송을 제기했다. 이 사건은 여러 해 동안 판결이 나지 않은 상태였다. 그 사이에 머스크가 총 12단계의 목표를 차례로 달성해 약속되었던 주식 보상을 전부 받아내고, 예정보다 훨씬 일찍 세계 최고의 부자가 되고, 주주들도 그들이 "매우 만족할 것"이라던 머스크의 당초 예측을 뛰어넘을 정도로 기뻐하리라 예측한 사람은 거의 없었다.

인류 역사상 최대 규모의 보상 패키지가 이루어진 2018년 중반, 머스크의 주변 사람들은 슬슬 걱정이 되기 시작했다. 테슬라의

CEO는 공장 바닥에 침낭을 깔고 밤을 보냈다. 도대체 잠이나 자는지도 모르겠고 그의 기분도 오르락내리락해 직원들은 조마조마했다. 어느 날 어떤 회의에 어떤 머스크가 나타날지 그들은 짐작할 수 없었다. 자율주행차의 난제를 해결하는 데 영감을 준 머스크일 수도 있고, 아니면 이를 해결하지 못해 불같이 화를 내고 자신들을 해고할 머스크일 수도 있었다.

약간의 호기심만 있어도 머스크의 퉁명스러운 태도는 뚜렷하게 간파할 수 있었다. 기자나 트위터의 낯선 사람, 심지어 테슬라의 실적 발표에 우호적인 분석가들과의 대화도 점점 더 적대적인 어조로 변해갔다. 실적 발표하는 자리에서도 머스크는 버럭 화를 냈다. 다른 기업 같으면 무심하고 지루한 자세로 분기별 결과를 듣는 자리였다. 애널리스트들의 질문을 머스크는 "멍청하다", "하찮다" 등의 단어를 들먹이며 비난했다. 애널리스트들이 겁도 없이 테슬라의 자기자본 요건과 테슬라의 모델 3 예약 현황을 따져 물었기 때문이었다.[14]

직원들은 내부적으로 단합해 머스크의 변덕스러운 행동으로부터 동료를 보호하기로 했다. 프레젠테이션이 마음에 들지 않거나 프로젝트가 잘못되거나 질문했을 때 나온 답이 어리석다고 생각해 머스크가 화를 내고 희생양을 찾으면 직원들은 똘똘 뭉쳐 실패에 대한 특정 개인의 책임 범위를 숨겼다. 머스크가 팀장들을 따로 불러서 누군가를 해고하려는 듯한 질문을 던지면 팀장들은 침묵으로 대응했다.

두 개의 일론 머스크가 있었다. 하나는 사려 깊고 칭찬을 아끼지 않으며 인류가 화성을 식민지로 만들 수 있다고 믿을 정도로 미래에 대해 변함없는 낙관을 가지는 머스크였다. 다른 하나는 화를 잘

내고 편집증적이며 다른 사람들과의 관계에서 본질적으로 유아독존적인 머스크였다. 직원들은 세상을 바꾸겠다는 머스크의 사명에 동참하고 싶었던 것이지, 직급이 낮은 직원을 상대로 눈물을 쏙 빼놓을 만큼 호통이나 치는 성미가 급하고 옹졸한 리더를 상대하려고 입사한 것이 아니었다.

리더라면 마땅히 지켜야 할 황금률, 즉 함께 일하는 동료 인간을 예의와 존중으로 대한다는 기본이 머스크에겐 없었다. 애널리스트들에게 불같은 화를 실컷 터뜨리고 난 뒤 이런 자신의 모습을 인정한 적도 있었다.

애널리스트들에게 실수를 하고 나면 그는 자신의 무례함을 수면 부족 탓으로 돌렸다. 실제로 여러 해 동안 그가 수면 문제를 들먹인 것은 한두 번이 아니었다. 〈비즈니스 인사이더Business Insider〉의 보도에 따르면 그는 언젠가 크게 뉘우치면서 이렇게 말했다고 했다. "솔직히 저의 무례한 태도에 변명의 여지가 없다고 생각합니다. 저 스스로 정한 규칙을 위반한 셈이죠. 거기에는 이유가 있습니다. 그때 전 한숨도 못 잤고 주당 110시간, 120시간씩 일했습니다. 그래도 변명의 여지는 없겠죠."[15]

머스크는 자신이 수면제를 복용하고 있으며 그 때문에 행동이 어떻게 달라지는지 공개적으로 털어놓은 적이 있다("앰비언Ambien을 먹고 나서 트윗하는 것은 현명하지 않다"). 무엇 때문에 그의 기분이 갑자기 좋아지거나 나빠지고 그래서 상황을 더 나쁘게 만드는지 의문을 갖는 사람들이 생기기 시작했다.[16] 그들은 궁금했다. 뭔가 다른 게 있는 건 아닐까?

이제 와서 얘기지만 그런 게 있었을지도 모른다. 그해 〈월스트리트 저널〉은 머스크가 보인 일련의 행동에서 조금 이상하다 싶을 정도로 비정상적인 면이 있었다고 보도했다. 그는 자신이 주최한 어떤 파티에서 "환각제를 여러 알 복용하는" 등 테슬라 이사들까지 걱정하게 만드는 행동을 여러 차례 보였다.[17] (머스크는 나중에 TV 진행자 돈 레먼Don Lemon 의 프로에 나와 "내 두뇌에 나타나는 부정적인 화학 상태, 가령 우울증 같은" 증세 탓에 의사의 처방에 따라 케타민을 제한된 용량으로 복용한다며 "격주로 작은 양"이라고 강조했다.)[18]

한 가지만큼은 솔직했다.

"약간의 레드 와인, 빈티지 레코드, 앰비언 조금 … 그러면 마법 같은 일이 일어난다!" 머스크는 2017년에 자신의 팔로워들에게 트위터로 이런 위험한 조합을 경고했다.[19]

더 큰 문제는 머스크가 도움을 뿌리치고 원래 습관으로 돌아갔다는 사실이다. 그는 청교도적 직업윤리와 관련된 순환 논리에 빠져 전문가의 충고를 무시하면서, 자신의 견해가 구태의연하다는 여러 과학적인 검사 결과를 받아들이지 않았다. 미디어 분야의 거물 아리아나 허핑턴Arianna Huffington 은 당시 머스크에게 보낸 공개서한에서 잠부터 챙기라고 촉구했다. "사람은 기계가 아닙니다." 그녀는 그렇게 썼다. "1차 산업혁명 때든 4차 산업혁명 때든 기계에게 가동 중단은 결함이지만 인간에게 활동 중지는 필수입니다. 과학은 틀린 데가 없습니다. 그리고 그것이 우리에게 알려주는 것은 힘이 다 빠진 상태로는 좋은 결정을 내릴 수도 세상을 바꾸겠다는 야망도 이룰 수 없다는 것입니다."[20]

머스크는 새벽 2시 32분에 트윗으로 답했다. "공장에서 방금 집에 돌아왔습니다." 그렇게 썼다. "당신은 이게 선택이라고 생각하시겠죠. 그렇지 않습니다."[21]

2016년에 수면의 중요성을 다룬 책을 발간한 허핑턴은 자신의 영웅적인 노력이 없으면 세상이 무너질 것이라고 확신하는 사람들로부터 이런 주장을 여러 차례 들었다고 했다. 하지만 머스크의 연기 같은 행동은 그 정도가 특히 놀라웠다.

머스크의 행동이 점점 더 종잡을 수 없게 되면서 친구와 가까운 지인들로부터 메시지가 쏟아졌다. 거기에는 적어도 한 가지 메아리처럼 반복되는 문구가 어김없이 담겼다. 제발 트윗 좀 그만하라. 머스크의 친구이자 테슬라 이사 안토니오 그라시아스Antonio Gracias 와 주요 참모인 샘 텔러Sam Teller 는 스트레스를 많이 받을 때일수록 특히 소셜 미디어를 피하라고 다그쳤다.[22]

"정말 화가 나는 일이 있으면 차라리 공장을 한 바퀴 산책하세요." 테슬라 투자자 론 배런Ron Baron 은 2018년 7월에 머스크에게 보낸 개인 이메일에 그렇게 썼다. "아이스크림콘이라도 사 드세요. 트위터에만 매달리지 말고."[23]

한 달도 채 지나지 않았을 때 머스크는 자신의 걸프스트림 G650ER 제트기가 계류되어 있는 로스앤젤레스 밴나이즈 공항으로 달려가고 있었다. 그는 차를 비행기에 가까이 댄 후 휴대폰을 확인했다.[24]

활주로에 도착할 때까지도 머스크는 중요한 이메일을 확인하지 못하고 있었다. 테슬라의 최고 커뮤니케이션 책임자 데이브 아놀드Dave Arnold 가 보낸 것이었다. 〈파이낸셜 타임스The Financial Times 〉는 사우디 국부펀드Saudi Public Investment Fund 가 테슬라에 대규모 자금을 투자하려고 계획한다는 내용을 상세하게 다룬 기사를 게재하려던 참이었다. 상당한 분량의 테슬라 지분이 석유 부국의 국부 펀드에 넘어간다는 얘기였다.[25] 머스크는 며칠 전부터 이 펀드의 수장 야시르 알루마얀Yasir al-Rumayyan 과 테슬라에 대한 투자 가능성을 놓고 논의 중이었지만 정해진 금액도 확고한 보장도 아직은 없었다.

사우디가 테슬라에 관심을 보인다는 뉴스가 발표되면 시장에 큰 충격파가 될 것이 분명했다. 테슬라는 현존하는 주식 중 가장 많은 사람들이 지켜보고 또 공매도하는 주식 중 하나였다.[26] 투자자들은 이 회사의 실패에 기록적인 수준으로 베팅하며 앞으로 주가가 하락하게 되면 돈을 챙길 수 있다고 믿었다.

머스크는 투자자들에게 사우디 투자와 관련된 내용을 직접 자신의 입을 통해 알려주고 싶었다. 법정 증언에 따르면, 그는 전후 사정에 대한 설명 없이 사실이 폭로되면 너무 많은 의문이 제기될 수 있다고 생각했다. 그런데 〈파이낸셜 타임스〉가 그들이 흘린 사실, 예를 들어 테슬라를 비공개로 전환하는 문제를 논의했다는 것 이상으로 더 많은 내용을 알고 있다면?

머스크는 잠시 멈춰 다음에 해야 할 일을 생각했다. 그는 곧 비행기에 탑승해야 하기에, 하늘에서 연결이 끊어지기 전에 바로 대응하고 싶었다.

그는 이사회와 상의하지 않았다. 테슬라의 누구와도 상의하지 않았다. 대신 그는 트위터 앱을 열었다.

공항에 도착한 차에서 머스크는 61자짜리 트윗으로 상황을 명확히 해두기로 했다.

"420달러에 테슬라를 비공개로 전환하는 것을 고려 중." 그는 낮 12시 48분에 그렇게 썼다. "자금은 확보됐음."[27]

그리고 머스크는 비행기에 올랐다.

며칠 뒤에 있은 〈뉴욕 타임스〉와의 인터뷰에서 머스크는 "내 경력에서 가장 힘들고 고통스러운 한 해"를 보내고 있다고 토로했다.[28] 테슬라는 생존을 위해 사투를 벌이는 중이었다. 모델 3 세단의 생산이 뜻대로 되지 않기 때문이었다. 대중 시장을 겨냥해 3만 5,000달러 가격으로 예정된 자동차였다. 머스크는 주로 자동화 중심적인 시각에서 접근했기에, 자동차를 조립하는 과정에서 인간의 손이 갖는 유용성을 크게 과소평가했다. 그리고 그로 인한 문제점이 뚜렷하게 드러나기 시작했다. 테슬라는 주당 5,000대 생산이라는 목표를 달성하기 위해 본사 밖에까지 천막을 치고 조립 라인을 확장했다.[29]

"새 건물을 짓는 건 불가능해서 대형 천막을 2주 만에 세웠습니다." 머스크는 그렇게 말했다.[30]

그보다 몇 달 전에 도장 공장에서 발생한 화재로 모델 3 생산은 또 차질을 빚었다.[31] 머스크는 크라이슬러Chrysler 이후로 미국의 신생 자동차 회사들이 왜 하나같이 실패했는지 그 이유를 조금씩 알 것 같았다.

그는 문제 해결에 강박에 가까울 만큼 집착을 했다. 생산 과정에 그가 직접 관심을 기울이지 않아도 될 만큼 사소하거나 중요하지 않은 부분은 없었다. 이런 전략이 가진 내재적 결함은 명백하다. 이처럼 두더지 잡기식 경영 방식으로 접근하다 갑자기 모든 것을 쏟아부어야 할 문제가 생기면, 그 자체가 극복하기 힘든 새로운 도전이 되어 결국 당면 문제의 표면만 건드리고 만다는 것이다. 하지만 머스크의 큰 그림에 대한 장악력은 좀처럼 의심을 받지 않았다. 한 번 어떤 아이디어나 야망에 사로잡히면 그는 이를 실현할 전담팀을 꾸려 투입했다. 이들은 함께 밤 늦게까지 문제 해결을 위한 회의를 진행하고, '해커톤식 이벤트'(전담팀을 투입해 짧은 시간에 결과물을 만들어내는 방식—옮긴이)를 열어 회사의 인재와 자원을 그런 혁신적 과제에 투입했다.

하지만 모든 문제가 혁신적 과제는 아니었다.

그래도 머스크는 어떤 공학적 난제에 흥미를 느끼게 되면 자신의 전문 분야를 벗어난 문제라도 이를 해결하는 것이 개인적인 사명이라 여겼다. 머스크는 자신의 천재성을 확신했고, 어떨 때는 자신의 감독을 받는 실무 전문가보다 자신이 중요한 문제를 더 잘 해결할 수 있다고 생각했다.

그런데 생산 문제가 잘 해결되지 않자 머스크는 아예 테슬라 공장의 도장 작업장으로 거처를 옮겼다. 특히 청소를 자주 해야 하는 시설이지만, 테슬라는 그곳에서 나오는 먼지와 부스러기로 인한 오염 같은 문제를 제대로 처리하지 못해 애를 먹고 있었다. 생산목표에 맞추기 위해 작업을 서두르다 보니 도장에 충분한 시간을 할애하지 못했던 것이다. 당연히 품질 관리가 심각한 문제로 대두되었다. CEO로서 대형 기업 두 곳을 이끌다 보니 머스크는 깨끗하게 반짝여야 할 도장 표면이 울퉁불퉁해지는 오렌지필 현상과 클리어코트clear coat(도장제를 보호하기 위한 최종 투명 코팅―옮긴이) 문제를 해결하는 데 2주를 허비하고 말았다. 그리고 얼마 안 가 그는 훨씬 더 큰 문제를 마주하게 된다.[32]

머스크가 테슬라를 비공개로 전환한다는 트윗을 올린 지 12분 후인 8월 7일 오후 1시, 그의 참모인 샘 텔러는 월스트리트와 연락을 담당하는 IR 책임자로부터 한 통의 문자를 받았다. "이 문자 진짭니까?"[33]

또 다른 테슬라 투자자도 역시 의아해하며 1시 13분에 텔러에게 문자를 보냈다. "일론의 트윗이 무슨 얘기요? 전혀 이해할 수 없군요. 그렇게 오랫동안 버텨온 주주들을 이렇게 실망시킬 작정인가요?"[34] 이들 헌신적인 투자자들은 대부분 장기적인 안목으로 테슬라에 투자한 것이지, 주당 420달러의 비공개 거래 같은 수단으로 단기 수익을 노린 것이 아니었다. 이것이 "지속 가능한 에너지로의 세계 전환을 가속화"한다는 테슬라의 사명과 어떻게 양립한다는 말인가?

테슬라의 최고재무책임자CFO 조차도 영문을 몰랐다. 디팍 아후자Deepak Ahuja는 1시 23분에 머스크에게 문자를 보내 테슬라가 새로 비상장 기업으로 전환한다면 직원들과 잠재 투자자들에게 공식 통고서를 준비해야 하는 것 아니냐고 물었다. 이들은 쉽게 지분을 팔아 넘기고 떠날 생각이 전혀 없는 열성 지지자들이었다. 이는 CEO가 주식시장에서 상장 폐지를 공개적으로 발표하기 전에 흔히 벌어지는 일이었다.[35]

"그래요, 그게 좋겠네요." 머스크는 대답했다.

"준비되는 대로 곧 보내드리겠습니다." 아후자가 대답했다.[36]

테슬라의 주가는 치솟고 있었다. 투자자들에게 머스크의 발표는 355달러 안팎에서 거래되던 주식이 갑자기 420달러짜리가 된다는 신호였지만, 일부 사람들은 여전히 마리화나를 빗댄 장난이 아닌지 의심을 버리지 못했다.[37]

나스닥 관계자들은 웃을 기분이 아니었다. 거래일 중에 주요 정보를 공개할 때는 10분 전에 거래소에 알려야 한다는 규정이 있었기 때문이다.[38] 그것은 정보가 더 큰 시장으로 흘러 들어가 시장을 광란의 도가니로 만드는 일을 미리 막기 위한 장치였다. 테슬라 주가의 급변은 기술주나 기타 고가의 주식에 파급 효과를 일으킬 수 있지만, 그것은 영향을 받는 기업들의 경제 현실과 거의 무관한 사태가 될 것이다. 그러나 머스크가 주당 420달러라는 잠재적 가치를 발표했기 때문에, 현재 시장 가격 대비 차익을 볼 수 있을 거라는 생각에 투자자들이 매수에 뛰어들었다.

오후 2시 8분에 나스닥은 테슬라의 거래를 중단했다.[39]

머스크의 트윗은 끝나지 않았다.

테슬라의 거래가 중단되고 나서 5분 뒤에 머스크는 비행기에 이미 탑승한 것으로 추정되는 시간에 첫 번째 게시물에 트윗을 추가했다. 그것을 본 주주들은 버티면 420달러를 받을 수 있을지도 모른다는 희망을 갖게 되었다.

"주주들은 420달러에 주식을 팔 수도 있고, 아니면 보유한 채 비공개로 전환할 수 있습니다." 그는 그렇게 적었다.[40]

머스크의 말이 사실이라면, 테슬라 주식이 420달러 선을 확보할 가능성도 없지 않다고 주주들은 생각했다. 물론 투자자들은 거래가 성사되지 않을 가능성에 대비해 주식을 분산할 수도 있었다. 그러면 테슬라가 비공개로 전환되는 순간까지 주가는 그 수치 아래를 맴돌겠지만, 거래가 성사될 가능성이 높아지면 주식 가치가 더 높아져 머스크의 트윗이 약속한 420달러를 향해 상승할 수 있을 것이다.

티머시 프라이스Timothy Fries 나 글렌 리틀턴Glen Littleton 처럼 머스크의 말 한마디에 매달리는 투자자들로서는 그의 발언에 따라 수천 달러(리틀턴의 경우 수백만 달러)의 재산이 왔다 갔다 할 가능성도 있었다.[41]

문제가 하나 있다면 이 모두가 사실이 아닐 수도 있다는 것이었다.

머스크의 행동이 왜 그렇게 큰 소란을 초래했는지 이해하려면 월스트리트의 법칙을 알 필요가 있다. 테슬라처럼 자리는 잡았지만 아직 젊은 기업들이 뉴욕증권거래소나 나스닥 같은 거래소에 주식을 상장하면 새로운 노출 기회와 현금 조달의 세계가 열린다. 소액 주주, 즉 개인 투자자들이 돈을 들고 들어오기 때문이다. 하지만 동시에 그들은 공개 보고 요건을 준수해야 하는 입장에 놓인다. 그러면 성장 속도를 높여야 하는 초기 단계에 얼마나 많은 현금을 소진하는지 더는 숨길 수 없다. 주식을 공개적으로 거래하는 기업은 이를 주주에 설명할 책임이 있다. 다시 말해 분기별로 실적을 발표해야 하고, 재무제표를 공개하고, CEO나 CFO 같은 임원을 통해 공개적으로 질문에 답변하고 회사의 전망을 제시하며, 기대에 미치지 못할 경우 직접 해명해야 한다. 또한 이사회를 유지해야 하고, 이사회는 CEO의 목표 실적을 정해주고 감독하며 주주의 이익을 보호할 수 있는 권한을 가진 지배 위원으로 역할을 다해야 한다.

머스크는 이를 "상장 기업이 될 때 따라붙는 기생적 부담"이라고 표현했다.[42] 상장 기업은 연방증권법, 즉 증권거래법 Securities Exchange Act으로 알려진 일련의 규정을 준수해야 한다.

이런 규정은 투자자들에게 공평한 경쟁의 장을 보장하기 위한 장치이기 때문에, 트레이더는 다른 투자자들이 모르는 내부 정보로 주식을 매매해 부당한 이득을 취할 수 없다. 또한 '선별적 공시 selective disclosure'라는 문제도 있다. 선별적 공시를 하게 되면 어떤 투자자 집단이 다른 집단보다 먼저 중요한 정보를 알게 되어 남들보다 유리한 입지에 서게 된다.

머스크의 트윗은 확실히 이례적이었다. 머스크처럼 거래일에 회사 정보를 공개적으로 트윗하고, 투사사들이 이에 즉각적으로 반응해 몇 초 만에 주가가 급등하거나 급락하게 만드는 CEO는 이제껏 월스트리트에는 없었다. 몇 해 전에 넷플릭스 CEO 리드 헤이스팅스 Reed Hastings가 자신의 페이스북 페이지에 스트리밍 서비스 월 시청 시간이 10억 시간을 돌파했다고 게시해 SEC가 조사에 착수한 일이 있었다. SEC는 회사가 투자자들에게 그런 정보를 아무 때나 찾을 수 있는 곳을 알려주기만 하면, 회사 정보를 소셜 미디어에 공개할 수 있다고 판단해 사건을 마무리했다.[43]

2018년이 되자 테슬라 투자자들은 습관처럼 머스크의 개인 트위터 계정에서 테슬라에 대한 정보를 확인했다. 그러나 그 어떤 대책도 "자금은 확보됐음"라는 핵폭탄에 비할 바는 아니었다.

머스크의 트윗이 올라오자 몇 분 안 가 투자자, 애널리스트, 기자들은 법석을 떨며 해명을 요구했다. 그러나 이 테슬라 CEO는 이 날 두 번째 트윗을 올렸다. 그것은 의문만 더욱 증폭시켰다. "투자자들의 지지를 확인했습니다." 그는 그렇게 썼다. "이것이 확실하지 않다면 그것은 오로지 그 문제가 주주 투표에 달려 있기 때문입니다."[44]

이런 내용도 테슬라 이사회로서는 처음 듣는 일이었다. 머스크가 사우디 측과 사전에 논의를 했고 그 대화 내용이 테슬라의 지분과 관련되었을 수 있다는 것은 이들도 알고 있었다. 투자를 석유에 국한하지 않고 그 범위를 확대하려는 사우디아라비아 펀드로서는 딱히 이례적일 것도 없는 시도였다. 하지만 이사들은 비공개 전환을 승인한 적이 없었다.

다음 날인 8월 8일, 〈월스트리트 저널〉은 머스크의 트윗을 곧이곧대로 받아들이는 사람들로서는 믿기 어려운 불길한 헤드라인을 달았다. "SEC, 테슬라 CEO 머스크의 트윗을 조사."[45] 규제 당국은 머스크의 "자금은 확보됐음" 주장의 사실 여부를 확인하기 위해 분주히 움직였다. 만약 트윗이 사실이 아니고, 테슬라가 그 허위 진술을 기반으로 한 주가 폭등의 일시적인 수혜자라면, 머스크와 테슬라는 사기 혐의로 기소될 수 있었다.

이틀 뒤 한 투자자는 머스크와 테슬라를 상대로 집단 소송을 제기했다. 그는 이들이 "중대한 허위 및 오해의 소지가 있는 발언"을 했다고 주장하며, "주가 조작"에 해당하는 행위를 했을 뿐 아니라 투자자들에게 수억 달러의 손해를 입혔다고 덧붙였다.[46]

8월 13일에 테슬라와 머스크는 수습에 나섰다. 머스크는 테슬라 웹사이트의 블로그에 게시물을 올렸다. 보통 부정적인 뉴스 기사나 임박한 악재 등 위기 상황을 공지할 때 나오는 이례적인 조치였다. 게시 내용은 며칠 전인 8월 2일에 주당 420달러에 테슬라를 비공개로 전환하고 싶다는 의사를 이사회에 알렸다는 것이었다. 같은 게시물에서 머스크는 7월 31일 사우디와 진행했던 자금 조달 논의에 대해서도 이사회에 새로 보고했다고 말했다. 트윗할 때보다는 언어가 좀 더 신중했지만, "자금은 확보됐음"이라는 명백한 선언을 정당화하기 위한 노력은 달라진 것이 없었다.

"분명히 사우디 국부펀드는 그런 거래를 이행하는 데 필요하고도 남을 만큼의 자본을 보유하고 있다." 그는 그렇게 말했다.[47]

그러나 머스크의 블로그 게시물은 논의 결과가 확정된 것이 아님을 분명히 드러냈다. 말인즉슨 사우디 펀드가 과거에 테슬라를 비공개로 전환하는 데 관심을 보였다는 얘기였다. 7월 31일 회의에서 이 펀드의 책임자는 이전의 비공개 거래가 실현되지 않은 것에 실망감을 표시했다. 그리고 거기에 대한 머스크의 발언은 그들이 이번에는 그 거래가 성사되기를 간절히 바라고 있다는 얘기였다.

"7월 31일 회의장을 나설 때 나는 사우디 국부펀드와의 거래가 성사되리라는 사실을 한 치도 의심하지 않았습니다. 남은 건 절차상의 문제뿐이었습니다." 머스크는 그렇게 썼다. "내가 8월 7일 발표에서 '자금은 확보됐음'이라고 언급한 것은 그 때문입니다."[48]

8월 24일, 머스크는 또 다른 블로그 포스트를 올렸다. 이번 제목은 훨씬 더 명확했다. "상장을 유지합니다."

투자자들과 이야기를 나눠본 결과 그들이 비공개로 전환하지 말도록 촉구했기 때문에 상장 상태를 유지하기로 했다고 머스크는 전했다. "그렇게 하지 말라"는 쪽이 압도적이었다고 했다.

물론 한발 물러서 애매한 태도를 보이는 머스크 특유의 수법도 있었다. 하지만 상장 상태를 유지하기는 해도 "테슬라를 비공개로 전환하고도 남을 자금이 있다는 내 믿음은 이런 과정을 거치는 동안 더욱 확고해졌습니다." 그는 그렇게 썼다.

결과적으로 "자금은 확보됐음"은 지난달 이후 머스크가 올린 트윗 중 가장 피해를 많이 입힌 트윗에 불과했다. 연이은 조심스럽지 못한 행동과 공공연한 실수에도 머스크는 조금도 기가 죽지 않았다.

공학적 차원의 도전보다 그가 더 탐을 내는 유일한 것이 있다면 그것은 대중의 갈채였다. 그해 초여름 태국의 한 동굴의 물속에 어린이 12명이 갇힌 사건은 이 두 가지를 한꺼번에 이룰 수 있는 기회였다.

6월 말에 태국의 한 산악지대에서 어린이 축구팀과 코치가 동굴 탐험을 위해 깊숙이 들어갔다가 폭우로 물이 불어나는 바람에 동굴에 갇히는 사고가 발생했다. 곧이어 이 사실이 기사를 통해 알려지자 전 세계의 이목이 그 동굴로 집중되었다. 이들 축구팀의 위치는 7월 초에 처음 확인되었지만, 구조 작업은 매우 위험했고 결국 사망자까지 나오게 된다.[49]

머스크의 영웅 콤플렉스 기질이 또 한 번 발동했다. 그런 기질은 이후 몇 해를 지나면서 갈수록 심해지지만, 당장은 스페이스X 팀에 "어린이용 소형 잠수함"이라는 잠수함을 제작하도록 지시하는 것으로 나타났다. 처음에는 그도 태국 정부가 알아서 상황을 해결할 수 있으리라 생각했지만, 나중에 어떤 팬의 제안을 보고 트위터를 통해 돕겠다고 나선 것이다.[50]

머스크가 "매우 견고한" 로켓 튜브라고 설명한 이 기구는 스페이스X 로켓 부품을 기반으로 개발한 장비였다.[51] 7월 초에 튜브가 완성되자 머스크를 비롯한 일행은 이를 전달하기 위해 태국으로 떠났다.[52] 그러나 이 기구는 실제 쓰이지 않았다. 수색 작전 책임자가 실용성이 없다는 이유로 거절했다고 〈뉴욕 타임스〉는 보도했다.[53] 실제 구조 작업은 매우 위험해, 태국 네이비실 대원을 포함한 잠수사 100여 명이 시간을 다퉈 소년들에게 최대한 접근한 후, 한 명씩 들것에 뉘여 로프와 도르래를 이용해 동굴의 여러 틈새를 통과해 빠져나오는 고난도 작전이었다. 동굴은 다이버들도 길을 찾기가 어려울 정도로 험하고 복잡했다. BBC 보도에 따르면 "때로 그들은 몸통이 간신히 빠져나갈 정도로 엄청나게 좁은 구간을 통과해야 했다".[54]

동굴 작전을 거들었던 자원봉사자 버논 언스워스Vernon Unsworth는 구조 작전이 끝난 후 CNN과 가진 인터뷰에서 잠수함을 생각한 머스크의 아이디어에 대해 질문을 받았다. 언스워스의 반응은 시큰둥했다.

"그 양반 거기에나 꽂으라지요." 언스워스는 그렇게 비꼬았다. "그런 걸로는 어림없습니다." 그는 덧붙였다. "잠수함이 1.6미터 정도인 걸로 아는데, 그걸로는 코너나 장애물을 돌지 못합니다. 동굴 잠수를 시작하고 나서 50미터도 들어가지 못했을걸요." 그는 머스크의 이런 노력을 일축했다. "그저 홍보 쇼일 뿐이에요."[55]

게다가 머스크는 "(동굴에서) 속히 나가달라는 요청을 받았다".[56]

이 인터뷰 소식은 트위터를 통해 순식간에 퍼졌다. 2018년 말에 머스크는 팔로워 수천만 명에게 밈이나 정치색을 띤 발언, 중학생이나 할 법한 농담, 자신의 회사에 대한 노골적인 뉴스 등을 뒤섞어 올리며 이 사이트의 주인공이자 선동자가 되었다. 공방은 주로 그의 트윗에 대한 답글에서 이루어졌다. 머스크의 열렬한 팬과 그를 비방하는 사람들은 그의 입에서 최근에 나온 즉흥적인 발언을 두고 논쟁을 벌였고, 머스크는 수시로 극히 선동적인 트윗을 올렸다. 트위터의 일대일 특성 덕분에 전 세계에서 가장 유명한 이 기업가는 팔로워가 100명도 되지 않는 익명 계정의 조회수를 높여주거나 자신의 타임라인에 올라온 어떤 비판조에도 즉각 반응하는 등 글로벌 권력 구조를 대등하게 만들었다. 비판에서 자유로운 사람은 없겠지만, 갑자기 머스크는 자신의 확성기를 사용해 수백만 명 앞에서 자신을 비판하는 사람들에게 본때를 보일 수 있었다.

〈워싱턴 포스트〉의 지적대로 애초에 머스크가 잠수함을 만들 생각을 한 것은 트위터에 올라온 한 게시물 때문이었는데, 이런 식의 행동은 언스워스 인터뷰 이후에도 계속 반복되었다.[57] 동굴 구조에서 머스크의 역할, 아니 역할이 없다는 사실이 드러나자 그는 관련자 중 한 사람에게 답답한 분노를 터뜨리기로 했다.

그는 토끼굴로 들어갔다. 인터넷을 샅샅이 뒤진 것이다. 그리고 언스워스가 사는 곳을 알아냈다. 그리고 그는 그곳이 태국의 한 지역이라는 사실과 그곳이 아동 매춘과 성매매와 관련되어 있다고 주장하는 기사를 우연히 발견했다.[58]

그것으로 충분했다. 머스크는 언스워스를 향해 창끝을 세웠다. 다시 트위터였다.

반격은 머스크 자신의 기준으로 보면 그리 대단할 것도 없는 시작이었다. 그는 태국에 있는 동안 현장에서 언스워스를 본 적이 없다며 그를 "서스sus"라고 불렀다. '수상쩍은 인물suspect' 또는 '의심스럽다suspicious'를 줄인 말이었다.[59] 다음으로 그는 동굴과 관련된 언스워스의 설명에 문제를 제기했다. 물의 수위가 "실제로 매우 낮고 고요했다(흐름이 없었다)"고 그는 주장하며, 조건이 아주 좋아 자신의 잠수함이 문제의 동굴에서 임무를 '문제없이' 해낼 수 있었을 것이라고 했다.[60] 그러나 세 번째로 올린 트윗의 마지막 줄이 결정타였다.

"미안해요, 소아성애자 양반pedo guy, 이건 당신이 자초한 일이야."[61]

머스크는 도움을 주지 못해서 화를 낸 것이 전혀 아니었다. 그리고 그는 아무런 근거 없이 어린이 12명의 구조에 참여했던 사람 중 한 명을 소아성애자로 매도했다.

머스크는 곧 한술 더 떴다. "이게 사실이라는 데 1달러를 건다." 그는 몇 시간 뒤에 그렇게 트윗했다가 곧바로 글을 삭제했다.[62] 거의 동시에 사방에서 반격이 쏟아졌다. 그를 의심하거나 비방하는 부류뿐 아니라 그의 공개적인 행동에 실망한 테슬라 팬과 투자자들까지 합세했다. 그가 배런의 메일을 받았던 것은 바로 이런 벌떼 같은 비판이 쏟아질 때였다. 가서 아이스크림콘이라도 사 먹으라는 이메일을 보냈던 테슬라 투자자였다. "뉴스나 트위터에 올라오는 어떤 비판에도 대응하지 마세요." 배런은 그렇게 썼다.[63]

"소아성애자" 운운하는 모욕적인 트윗을 날린 지 이틀 후 머스크는 제임스 하워드James Howard 라는 사립 탐정으로부터 이메일을 하나 받았다. 그는 언스워스가 "숨기고 싶어 하는 비밀이 있다"고 했다. 그러면서 머스크가 주장한 내용을 추적해 입증해 주겠다고 제안했다. 머스크는 자신의 패밀리 오피스를 관리하는 제러드 버철 Jared Birchall을 통해 하워드에게 5만 달러를 건네면서 조사를 의뢰했다.[64]

이때 머스크는 자신이 저지른 일로 비판에 시달리고 있었다. 테슬라의 열성 주주를 대변한다고 자처하는 투자자 진 먼스터 Gene Munster는 머스크에게 공개서한을 보내 언스워스를 향한 모욕이 "선을 넘었다"며 경고했다.[65]

"트위터에서 해당 글을 삭제한 마당이니 당신도 동의하리라 생각되지만, 투자자들의 신뢰를 회복하려면 그 이상의 노력을 해야 할 겁니다." 그는 그렇게 썼다. "당신의 행동은 당신의 리더십에 전혀 도움이 되지 않는 어떤 인식에 기름을 부었습니다. 얄팍하고 성미가 급하다는 인식 말입니다."

멈추지 않는 비판의 메시지는 머스크에게도 전달된 듯했고, 자신의 비난이 갖는 잠재적 파장을 뒤늦게 깨닫는 것 같았다. 모욕적인 발언을 한 지 사흘 뒤인 7월 18일에 머스크는 사과문을 냈다. 그는 언스워스가 "허위사실을 몇 가지 들먹이며, 내가 그 소형잠수함과 무슨 성적 행위라도 하는 듯한 암시를 했지만, 그건 순전히 친절에서 비롯된 행동이었다"라고 둘러댔다. 그래도 머스크는 한발 물러섰다. 그렇다고 "언스워스에 대한 나의 행동을 정당화할 수는 없으며, 언스워스와 내가 대표하는 회사에 사과한다. 잘못은 나의, 오로지 나의 책임이다".[66]

문제가 그렇게 끝날 수도 있었다. 그러나 머스크는 언스워스를 계속 조사하는 하워드를 제지하지 않았다.

8월 6일에 언스워스의 변호사 L. 린 우드 L. Lin Wood는 머스크에게 요구서를 보냈다. 언스워스 측은 명예훼손 소송을 준비하면서,

머스크가 공개 기록을 수정하고 언스워스와 연락해 이 문제를 논의할 것을 요구했다.[67] 몇 주 뒤에 이 편지를 본 당시 〈버즈피드 뉴스BuzzFeed News〉의 기자 라이언 맥Ryan Mac은 머스크에게 이메일을 보내 논평을 요청했다. 답이 없자 맥은 하루 뒤에 다시 논평을 재촉했다.

곧 머스크로부터 답변이 왔다. 그 답장의 머리에는 "오프 더 레코드"라는 말이 붙어 있었다. 맥은 이런 조건을 애초에 합의한 적이 없었다. 그다음 줄은 이렇게 시작했다. "태국에 있는 당신 지인들에게 전화해서 실제로 무슨 일이 일어나고 있는지 좀 알아보시지. 그리고 아동 강간범을 옹호하는 일은 그만두라고, 이 개자식아."[68]

그 이메일에는 언스워스에 대한 새로운 주장이 담겨 있었다. 폭발력은 매우 강하지만 근거는 전혀 없는 주장이었다. "그는 영국 출신의 늙은 독신 백인 남성으로, 30~40년 동안 태국을 여행하거나 거주했으며 주로 파타야 해변에서 살다가 당시 12세 정도였던 어린 신부와 결혼하기 위해 치앙라이로 이사했다고." 머스크는 맥에게 그렇게 썼다. "그는 동굴 잠수를 할 줄 안다고 주장하지만, 동굴 다이빙 구조팀에 그는 없었고 실제 잠수대원들도 대부분 그와 어울리기를 거부했다고."

"나도 망할 그가 고소해 줬으면 좋겠어." 이메일은 그렇게 끝을 맺었다.

며칠 전 하위드는 버철에게 자신이 찾아낸 사실을 보고한 바 있었다. 그는 태국 신문 기사를 하나 찾아냈다며, 언스워스는 아내가 18살이나 19살일 때 결혼했지만 실제로 만난 것은 그보다 몇 해 전으로 성인이 되기 전이었다고 주장했다. 몇 시간 뒤에 버철은 확인되지 않은 그 내용을 머스크에게 전했다.

버철은 머스크에게 언스워스가 섹스 관광으로 유명한 지역을 자주 다녔다고 말했다.[69]

그 뒤 며칠 사이에 머스크가 보인 행적을 보면 그가 가장 신임하는 측근 중 한 명인 버철과 나눈 대화에 영향을 받은 것으로 보인다. 맥에게 근거 없는 주장을 이메일로 보내기 전에 머스크는 다른 기자들의 언스워드와 관련된 질문에 트위터로 답했다. "그 친구가 나를 고소하지 않은 것이 이상하다고 생각하지 않나요? 그는 무료 법률 서비스도 제안받았다고요."[70]

9월 4일에 〈버즈피드 뉴스〉는 머스크 관련 기사를 발표하면서 이런 헤드라인을 달았다. "일론 머스크, 새 이메일에서 동굴 구조자를 '아동 강간범'이라고 비난하며 소송하기 '바란다'고 자극."[71]

거의 동시에 머스크는 자신이 쓸데없이 지저분한 소동을 일으켰다고 생각한 것 같았다. 테슬라 CEO는 외부 홍보 담당자 줄리아나 글로버Juleanna Glover에게 이메일을 보내 후회하는 마음을 털어놓았다.

"그래요. 이건 정말 한심한 짓이죠." 그는 그렇게 썼다. "버즈피드가 비공개로 해달라는 이메일을 공개할 줄은 전혀 예상하지 못했어요. 그가 직접 조사해서 스스로 결론을 내리라는 취지였지, 내 이메일을 직접 공개하라는 게 아니었다고요."[72]

"그래도 난 바보 천치예요."

머스크는 자신에게 불리할 주장을 잇달아 접하고 있었기에 이들 주장에 대한 실질적인 조사가 이루어지기를 바랐다. 그는 "아무도 조사할 생각을 하지 않는 것에 화가 난다"고 말했다. 그리고 〈버즈피드 뉴스〉가 예전과 달리 자신이 당부한 "오프 더 레코드" 전제를 존중해 주지 않았다고 주장했다.

"그래도 이건 내가 한 일 중 가장 멍청한 짓이었습니다. 그것도 더 없이 안 좋은 시기에 이런 사달이 나고 말았습니다." 머스크는 "자금은 확보됐음"이라는 실수를 저지른 직후에 터진 헛발질에 대해 그렇게 썼다.[73]

겉으로나마 참회를 했지만 그렇다고 그가 더 신중해진 것 같지는 않았다. 머스크는 이틀 뒤에 조 로건의 팟캐스트에 나와 다시 한번 뉴스거리를 던져주었다. 방송의 첫 2시간 10분 동안 머스크와 로건은 책상을 마주하고 앉아 이런 저런 잡다한 주제로 얘기를 나눴다. 머스크 회사에서 만들어 '화염방사기 아님Not-a-Flamethrower'이란 문구를 붙여 광고하는 화염방사기 모양의 장비부터 구조가 복잡한 기계식 손목시계에 이르기까지 주제도 다양했다. 그러던 어느 순간 로건은 마리화나에 불을 붙이더니 알다가도 모를 표정을 지으며 게스트를 바라보았다.

"당신은 주주들 때문에 안 되겠죠?"

전에도 이런 식으로 마리화나를 피운 적이 있다고 인정했던 머스크는 약간 신중한 모습을 보였다.

"이거 합법 아닌가요?" 머스크가 물었다.

"당연히 합법이죠." 로건이 답했다.

"그걸 하면 어떻게 됩니까? 당신이 어떤 걸 하면 사람들이 화를 내나요?" 로건이 물었다.

머스크는 질문을 못 들었다는 듯, 마리화나를 집어 들고 그것을 수상쩍은 눈으로 보았다. 그러고는 코에 대고 냄새를 맡아본 뒤 흡족한 표정으로 입술에 물고 한 모금 들이마신 후 연기를 내뿜었.

그러고는 어깨를 으쓱했다.

팟캐스트는 주제를 바꿔 테슬라의 제동 능력, 말에서 휘발유 자동차로 바뀌는 교통수단의 이행 등을 얘기했다. "맨해튼에 말이 30만 마리 돌아다니던 시절은 이런 추론이 가능해요. 말의 수명을 15년 정도로 보면 매년 2만 마리의 말이 죽는 셈이죠." 머스크는 격의 없이 팟캐스트의 분위기를 잡아가며 가끔 위스키 잔을 홀짝거렸고 로건의 책상 위에 있는 병을 장난삼아 잠깐씩 만지작거렸다.

마리화나를 피운 지 7분 정도 지났을 때 머스크는 휴대전화를 들여다보고 말했다. "친구들이 문자를 보내오는데요? '마리화나도 피우고 도대체 뭔 짓'이냐는데요?" 그는 그렇게 말했다.

최근 몇 해 사이에 마리화나를 공개적으로 피우는 건 물론이고, 피우는 것 자체에 거부감이 크게 완화되었다는 사실을 지적할 필요가 있다. 기분 전환용으로 피우는 정도는 인정하는 주가 늘어나는 추세이고, 많은 직장에서 시행하는 약물 검사 규약에서도 마리화나는 빼놓는 분위기 때문이다. 하지만 그 팟캐스트를 진행할 때는 2018년이었고 머스크는 라이브 방송에서 공개적으로 마리화나를 피워, 연방 계약업체는 말할 것도 없고 포춘 500대 기업 CEO들의 금기를 아무렇지도 않게 깨뜨렸다. 애초에 그것이 논란거리가 될 문제인지 여부는 놔두고라도, 연방 정부 아니 자신의 회사에서조차 직급이 낮은 직원이 똑같은 행동을 했다면 그와는 다른 결과를 맞았을 것이 분명하다.

누군가 테슬라나 스페이스X 공장 바닥에서 마리화나를 피웠다면 어떻게 됐겠는가?

가을이 시작될 무렵, 결국 머스크는 연이은 논란과 비정상적인 행동에 발목이 잡혔다. 그렇지 않다고 해도 적어도 그렇게 보였다.

2018년 6월 5일에 한 투자자(나중에 〈뉴스위크Newsweek〉의 보도에 따르면 리처드 토네타라는 스래시 메탈 드러머였던 것으로 밝혀졌다)가 머스크가 받는 거액의 급여 패키지가 무효라며 제기한 소송은 그가 자초한 사건이었지만 그런 자업자득은 이후 몇 달 동안 그 소송 하나로 그치지 않았다.[74]

9월 17일에 태국 동굴 사고의 구조대원으로 참가했던 언스워스는 머스크가 아무런 근거 없이 자신을 소아성애자로 몰아세웠다며, 명예훼손 혐의로 미국 지방법원에 소송을 제기했다. 열흘 뒤에는 SEC가 머스크에게 책임을 묻고 나섰다. SEC는 9월 27일에 머스크를 증권 사기 혐의로 기소했다는 보도자료를 발표했다.[75] 그리고 이틀 뒤 머스크와 테슬라, SEC는 합의를 발표했다.[76]

머스크에게 부과된 벌금은 가혹했다. 머스크와 테슬라는 각각 2,000만 달러의 벌금을 납부하라는 명령을 받았다. 결정적으로 머스크는 자신의 권력 중에도 핵심인 자리를 내놔야 했다. 21세기의 가장 중요한 자동차 제조업체를 일방적으로 통제하던 지위에서 물러난 것이다. "합의에 따라 일론 머스크는 더는 테슬라 이사회의 의장직을 맡지 않게 되었습니다." SEC 집행부 공동 국장 스티븐 페이킨Steven Peikin은 성명을 발표했다.[77]

머스크는 트윗 탓에 자신의 회사에 수천만 달러의 피해를 입히고, 자신의 가장 중요한 직책 하나를 잃었다.

머스크가 테슬라 CEO 자리에서도 물러나야 한다는 요구가 커지고 있었다. 그의 편을 굳게 지켰던 월스트리트 투자자들조차도 그가 회사에 피해를 주고 있어 최고경영자 역할에 적합하지 않다고 생각했다. 이런 비판 세력 중에 진 먼스터가 있었다. 그는 나중에 월스트리트에서 테슬라를 가장 공개적으로 지지하는 투자자로 변신하게 된다. 먼스터는 언스워스 사건에서 머스크가 보인 행동을 비판한 데 이어, 머스크가 전략과 제품 개발에만 집중한다면 테슬라

는 "훨씬 더 건강한 입지"에 서게 될 것이라고 충고했다.[78]

"이런 일만 없었다면 회사는 목표를 달성하기에 더 좋은 위치에 있었을 것"이라 했다고 〈비즈니스 인사이더〉가 전했다.[79]

머스크의 "자금은 확보됐음"이 일으킨 재앙은 아직까지도 별다른 해명이 없는 상태다. 나쁘게 해석하면 시가총액 목표에 따라 자신의 급여가 결정되는 그로서는 무슨 일이 있어도 테슬라의 주가를 끌어올려야 할 동기가 충분했고, 실제로 그렇게 해도 별 탈 없이 넘어갈 수 있다는 것을 알게 되었다고 볼 수 있다. 머스크는 대중이 기억하는 몇몇 사람들과 마찬가지로 자신의 잘못을 입증하는 증거가 나오면 더 강하게 나가는 경향을 뚜렷이 드러냈다.

아니면 단순히 자신의 실수를 인정하고 싶지 않았을 수도 있다. 어떤 식으로 설명하든, 머스크는 "자금은 확보됐음"으로 투자자들의 신뢰를 흔들었다. 또한 질투심에 사로잡혀 분별없이 선한 사마리아인을 중상모략했다.

머스크의 돌발 행보로 피해를 입은 것은 테슬라만이 아니었다. 11월 20일에 〈워싱턴 포스트〉는 NASA가 스페이스X에 안전 점검을 명령했다고 보도했는데, 이는 로건의 팟캐스트에서 "스페이스X의 설립자 일론 머스크가 최근에 보인 행위가 촉발한" 조치로, 그는 거기서 "마리화나를 피우며 위스키를 홀짝였다".[80] NASA는 "마약 없는 환경"을 준수하라고 요구했다.

세상이 늘 관심을 가지고 지켜보는 기업을 이끄는 일론 머스크가 쉴 새 없이 일으킨 물의는 어떤 상장 기업 CEO이든 자리에서 끌어내릴 수 있는 수준으로, 사실상 사회가 무한한 재정적 능력을 가진 사람의 방만한 운영을 막겠다고 마련한 안전장치가 얼마나 취약한지 확인해 주는 사건들이었다. 그런 물의는 여러 시스템에 대한 스트레스 테스트로, 가령 금융 규제 당국이 간섭할 능력, 돈이 목적이 아닌 사건에서 법원이 정의를 실현할 능력, 경기가 좋을 때 기업 지배구조의 한계, 소비자와 투자자 권리의 허약함 등을 시험하는 기회가 되었다. 머스크가 규정 위반을 대수롭지 않게 여기는 이런 윤리관을 자신의 근로자와 생산 목표, 자동차의 안전에 중요한 시스템, 전 세계에서 벌어지는 사건이나 선거에 관한 정보를 전파하는 중요한 매개체 역할을 하는 소셜 미디어 네트워크에도 적용한다면 어떤 일이 벌어질까?

가령 일반적으로 CEO가 오해를 살 만한 트윗, 즉 자신이 저지른 실수나 막을 수 있었던 실수로 인해 이사회 의장직을 상실했다면 상장 기업, 특히 테슬라처럼 중요한 기업의 지배구조에 대한 광범위한 내부 검토를 촉발했을 것이다. 그러나 머스크의 경우, 더는 CEO와 이사회 의장을 겸직하지 않게 되었기 때문에 그는 자신의 의무를 명확하게 규정해 테슬라에 대한 장악력을 더욱 굳힐 수 있었다. 머스크는 곧 세계에서 가장 가치 있는 자동차 제조업체가 될 회사에 대한 지배력을 강화함으로써 SEC의 징계를 만회하게 된다.

2018년 11월 7일에 테슬라는 호주 최대 통신사의 CFO였던 로빈 덴홈Robyn Denholm이 자리에서 물러나 테슬라 이사회의 의장을 맡게 된다고 발표했다.[81] 그렇게 머스크 특유의 인사가 시작되었다. 신임이 두텁지만 잘 알려지지 않은 충신들을 고위직에 임명하는 수법으로, 이들은 그의 성과를 감독하는 위치로 가거나 그의 사업을 성공시키는 데 중요한 역할을 맡았다. 머스크의 친동생이나 안토니오 그라시아스, 아이라 에렌프라이스 같은 그의 친구들이 보수가 두둑한 이사직을 맡은 것이 그런 인사 스타일을 말해준다. 덴홈은 언론의 관심을 싫어하는 독립적인 이사로, 패널에 "안정적인 리더

십"을 가져올 수 있는 잠재력으로 높은 평가를 받았다.[82]

그녀가 그 자리를 차지한 것은 함께 물망에 올랐던 또 다른 잠재적 후보인 제임스 머독James Murdoch을 제쳤기 때문이었다. 하이테크 분야의 기자들은 미디어 제국을 세운 머독이 후임으로 거론되자 이를 "일론 머스크에게 나쁜 소식"이라고 표현했다.[83] 나중에 어떤 텔레비전과 인터뷰한 자리에서 머스크는 덴홈을 직접 발탁한 사실을 인정했다.[84]

머스크는 트위터 때문에 이사회 의장직에서 물러났을지 모른다. 의장직은 테슬라 지배권의 고삐를 쥐고 최고경영자로서 자신의 행보에 걸림돌이 될지 모르는 견제 세력을 제거하는 자리였다. 하지만 그는 고분고분한 이사회를 확보함으로써 CEO로서 완전한 재량권을 행사할 수 있게 되었다. "덴홈의 재산 대부분은 테슬라 이사로서 받은 보수였다." 머스크의 보상 계약에 의견을 냈던 바로 그 법원은 그 금액이 그녀의 "인생을 바꿀" 정도라고 설명했다.[85]

2018년 그의 리더십에 의문을 갖게 한 그 모든 행동이 있기 불과 몇 달 전, 머스크가 '사상 최대'라는 기록적인 보상 패키지를 받았다는 사실을 기억할 필요가 있다. 수많은 논란을 겪고 결국 회사에 대한 자신의 지배력을 단단히 굳히기 훨씬 전에, 테슬라 이사회에 대한 그의 통제력을 가장 잘 보여주는 것은 아마도 그의 두둑한 보상 패키지였을 것이다. 2024년 법원의 견해에 따르면 그것은 약 560억 달러에 해당하는 금액이었다. 그것은 "당시 같은 직급의 평균 보상 액수의 250배이고 가장 가까운 비교 대상인 머스크의 전임자의 보상 패키지의 33배가 넘었다."[86] 델라웨어주 형평법원의 수석판사 캐서린 세인트 제이 매코믹Kathaleen St. J. McCormick이 판결한 결정문에는 덴홈을 비롯해 머스크의 절친한 친구 안토니오 그라시아스, 오랜 동료 에렌프라이스, 그의 친동생 킴벌 등 테슬라를 감독해야 할 임원들을 상대로 머스크가 어떻게 지배력을 행사했는지 확실하게 설명되어 있다. 이에 비해 실리콘밸리에서 고액 연봉을 받는 기술 기업의 CEO들은 급여와 주식을 합쳐봐야 수천만 달러가 대부분이었다. 예를 들어 우버의 CEO 다라 코스로샤히Dara Khosrowshahi의 2019년 고용 계약은 기본급 100만 달러에 최소 200만 달러의 보너스가 전부였고, 몇 해 뒤에 전체 보수가 크게 오르지만 그것도 수천만 달러였다.[87] 〈액시오스Axios〉는 2022년에 애플 CEO 팀 쿡Tim Cook이 제시한 금액에 주주들이 당혹감을 드러냈다고 보도했지만, 그 액수도 9,900만 달러였다. 그는 결국 그 액수를 받아냈다.[88]

"CEO 보상이라는 것이 어느 정도가 되어야 과하다고 할 수 있는가?" 이 기사는 물었다. 머스크의 급여 패키지는 연간 기준으로 팀 쿡의 약 100배에 해당하는 금액을 그에게 안겨주게 된다.

머스크의 조치는 그가 더는 테슬라 이사회를 책임지지 않는다는 의미였을지 모르지만 실제로 그는 회사를 상당히 강력하게 통제했다. 그리고 회사는 기업에 기여하는 그의 가치에 천문학적 가격표를 붙여줌으로써 누가 쇼를 진행하는지 더는 의심을 갖지 않게 만들었다.

호주 출신의 경영자 덴홈은 테슬라 이사회 의장으로 취임하자 〈월스트리트 저널〉이 '가족 같은 분위기'라고 묘사한 회의를 열었지만, 그녀를 엄청난 부자로 만들어준 사람에 대한 조사는 거의 하지 않았다.[89] 과연 머스크의 권력을 견제할 것인가 라는 의문은 그녀가 그 역할을 맡는다는 사실을 발표하는 순간 사실상 사라졌다.

"나는 이 회사를 믿고, 이 회사의 사명을 믿으며, 머스크와 테슬라 팀을 도와 지속 가능한 수익성을 실현하고 장기적인 주주 가치를 추진하도록 힘을 다할 것입니다." 그녀는 머스크의 세 가지 스캔들이 터진 이후에 서면으로 발표한 성명에서 그렇게 말했다. 그러자 머스크도 후임자를 지지한다고 호응했다. "저도 지속 가능한 에너지의 도래를 꾸준히 가속화하면서 로빈과 더욱 긴밀하게 협력하기를 기대합니다."[90]

그해 머스크는 〈60분60 Minutes〉과의 인터뷰에서 구체적인 합의 내용을 밝혔다. 머스크는 더없이 솔직했다.[91]

"직접 발탁하셨습니까?" 레슬리 스탈Lesley Stahl이 물었다. "그렇습니다." 살면서 가장 힘들었던 한 해가 새삼스러웠는지 대답하는 그의 눈시울이 붉어진 듯했다.

"그녀가 당신을 감시하기 위해 투입된 것 같은 인상을 받았습니다." 스탈이 추궁했다.

머스크는 짜증나는 듯 얼굴을 찡그렸다.

"아, 그런 건 말이 안 되죠."

"보모처럼 감시한다는 게 말입니까?" 스탈이 말을 잘랐다.

"말이 안 된다는 얘기는 내가 이 회사의 최대 주주이고 주주 투표를 요청할 권한이 있고 원하는 건 무엇이든 할 수 있기 때문입니다." 머스크가 못을 박았다. 그는 이사회 의장으로 복귀할 생각을 하는 것일까?

"아뇨. 사실 난 직함이 없는 게 더 좋아요." 머스크는 스탈에게 그렇게 말했다. 이런 포고는 시간이 가면서 이상하게 변질된다.

핵심은 분명했다. 두 번째로 중요한 직함을 박탈당했지만 머스크는 이제 자유의 몸이 되었다. 서류상 져야 할 책임은 있었다. 그와 테슬라에 각각 2,000만 달러의 벌금이 부과되었고, 따로 "트위터 보모(트윗을 올리기 전에 검토하고 승인하는 사람)"가 임명되었다. 정상적인 상황이라면 굴욕으로 받아들여졌을 것이다. 밖에서 보면 SEC가 승리한 싸움처럼 보였을 것이다. 하지만 실제로 그 사건은 머스크의 무책임한 행동 한 가지에 금융 규제 당국이 가하려던 제재가 이후 몇 해 동안 얼마나 그를 겁 없이 만들어주는지 보여주는 사례에 지나지 않았다.

2023년 1월에 나는 샌프란시스코 연방법원 밖에서 테슬라의 이사였던 브래드 버스Brad W. Buss를 만났다. 그는 머스크의 "자금은 확보됐음" 트윗에 대한 주주 재판의 증인으로 나왔다. 나는 그에게 뭐라고 질문을 던졌지만 그는 쌀쌀맞게 한마디로 응수했다. "제프에게 안부나 전해주시오." 불과 몇 달 전 머스크가 내게 던졌던 말과 같은 대답이었다.[92] 대답을 하지 않았다 해도, 그런 모습에서 나름 드러나는 게 있었다. 그것은 지난 몇 해 동안 웃지 못할 해프닝이 벌어진 뒤에도 발언권을 가진 다 큰 어른으로 각자 맡은 역할이 있는 사람들이 여전히 머스크의 눈치나 본다는 사실이었다. 테슬라가 계속 사람들의 예상을 깨고 지구상에서 가장 가치 있는 자동차 제조업체가 되어 1조 달러가 넘는 기업 가치를 향해 순항하며 주주들을 기쁘게 하는 한, 그런 관계는 언제고 지속될 것이다.

테슬라의 운명을 좌우할 대형 위협이 곧 닥치리라는 사실을 짐작한 사람은 아무도 없었다. 적어도 머스크가 통제하던 이사회는 그랬다. 델라웨어 형평법원이 밝혀낸 바에 따르면 이사회를 구성하는 이들은 대부분 회사의 최고경영자로부터 "독립성을 갖추지 못한" 이사들이었다.[93]

3

수포로 돌아가다

기계가 토해내는 연무, 화염, 천장에서 바닥까지 쏘아대는 레이저 빔을 배경으로 검은 옷을 입은 남자가 군중 앞에 나타났다. 테슬라의 최신작을 선보일 작정인 일론 머스크는 로스앤젤레스에 모인 팬들과 투자자들을 한번 바라보더니 몸을 돌려 막 무대에 등장한 자동차 쪽으로 시선을 돌렸다. 몇 해가 지난 탓에 무척이나 낯설었던 그 순간의 느낌을 제대로 기억해 내기는 어렵다. 하지만 모두가 외계인처럼 보이는 장비, 그 사다리꼴 실루엣과 클리그 조명을 받아 번쩍이는 스테인리스 강판 차체에 시선을 빼앗겼던 순간만은 기억이 또렷하다. 머스크는 다시 청중 쪽을 돌아보며 어깨를 으쓱했다. "자, 어떤가요?" 그 몸짓은 그렇게 말하는 것 같았다.

잠시 아무 말 없더니 그는 사람들의 생각을 인정했다. "평소 보던 것들과는 다른 것 같죠."

테슬라의 새 픽업트럭의 외관이 너무 이상해, 뒤이어 벌어진 코미디 같은 실수들이 없었다면 틀림없이 싱거운 쇼로 끝났을 것이다. 2018년의 혼란스러운 사건들이 있은 지 약 1년이 지난 시점에 머스크는 테슬라가 여전히 건재하다는 것을 보여주기 위해 그 자리에 섰다. 이 행사로 히트 제품의 행진을 이어가 모델 3와 최근 발표한 크로스오버 SUV 모델 Y가 거둔 성공의 여세를 몰아갈 수 있을까?

머리부터 발끝까지 검은색 사이버펑크 복장을 한 머스크가 원한 것은 테슬라의 최신 제품 공개에 어울리는 아주 거친 남성적 분위기였다. 그는 40년 동안 픽업트럭이 베스트셀러였던 미국 자동차 산업에 어느 것과도 닮지 않은 트럭으로 도전장을 내밀었다.[1] 하지만 그의 프레젠테이션은 기존의 관례에 기대지 않았다.

오프닝부터 기괴했다. 머스크 쇼치고도 흔치 않은 광경이었다. 청중을 맞이한 것은 '사이버 걸'이라는 이름의 알 수 없는 캐릭터로, 백금색 금발에 파란색 드레스를 입고 공중에 떠 있는 것처럼 보이는 인물의 홀로그램이었다. 왼쪽 다리에 눈에 띄는 문신으로 보아 머스크의 여자친구 클레어 부셰Claire Boucher(그라임스Grimes로 알려진 캐나다의 뮤지션) 같았다.[2] 사이버 걸은 머스크를 "나의 창조자"라고 칭하며 그가 새로 창안한 제품을 칭찬했다.

"하늘이 오염되었습니다. 세상은 석유에 중독되어 있죠. 하지만 우리는 이제 해결책을 제시하려 합니다. 바로 사이버트럭입니다. 사이버 걸에게는 최고의 이동 수단이에요. 자동차의 패션과 기능 면에서 더 없이 위대한 신화죠."[3]

머스크는 몇 해 전에 비해 더 건강해 보였다. 눈 밑에 다크서클도 없어진 모습으로 그는 무대 조명 아래서 환하게 웃으며 자신 있게 두 팔을 허공에 휘두르며 외쳤다. "사이버트럭 공개 현장에 오신 것을 환영합니다."

사이버트럭Cybertruck은 트럭이 소유한 사람의 가치관을 드러내는 수단이 되어 육중한 외관을 지나치게 과장하는 공개 행사의 오랜 전통을 이어갔다. 테슬라가 애플 같은 거대 기술 기업의 전통을 이어받아 화려하고 호화로운 프레젠테이션 스타일을 선보이기 전까지, 주요 자동차 발표회는 지루하고도 자동차 전문 용어로 가득 찬 미화된 정보 광고에 불과했다고 생각하기 쉽다. 하지만 그전에도 정교한 장치는 분명 있었다.

2014년의 쉐보레 실버라도Chevy Silverado 발표회만 봐도 알 수 있다. "실버라도 고객은 자신처럼 정직하고 근면하며 신뢰할 수 있는 트럭, 즉 자녀에게 물려줄 수 있는 트럭을 원합니다." 당시 제너럴모터스General Motors 북미 사장 마크 로이스Mark Reuss는 디트로이트에 모인 청중에게 그렇게 말했다. "이것은 세대에서 세대로 이어진 실버라도의 사명으로, 우리는 여기서 벗어나지 않을 것입니다. 우리의 최고 경쟁자들은 자신들이 순항을 하는 중이라고 생각할지 모르지만, 말씀드리건대 이제 곧 날씨가 바뀔 것입니다."[4]

쿵!

요란한 천둥소리와 함께 실내가 어두워졌다. 짙은 구름과 번개가 멀티스크린을 비추더니 불꽃이 빗발치며 연기에 가려진 돌담 사이로 쉐보레 엠블렘과 번쩍이는 헤드라이트가 언뜻 보였다. 강렬하고 긴장감 넘치는 영화 추격 장면에 깔릴 듯한 베이스 드럼 소리가 서서히 잦아들더니 장엄한 승리의 음악에 맞춰 루비색 쉐보레 실버라도 LTZ가 세상에 모습을 드러냈다.

로이스는 아무 일 없었다는 듯 화면으로 시선을 돌렸다. 액션 영화 〈툼 레이더Tomb Raider〉를 연상시키는 장면에서는 안개가 계속 쏟아졌고 배경의 돌들은 진홍빛으로 물들었다.

"신사 숙녀 여러분, 2014년형 실버라도는 그 어느 때보다 더 강력하고 스마트하며 뛰어난 성능을 자랑합니다." 그는 목소리를 높였다. "실버라도는 하이토크 스탠다드 V6 엔진, 경량 픽업트럭 중 가장 강력한 성능의 V8 엔진, 운전 방식에 따라 일률과 연비를 최적화하는 스마트 기술, 아주 거친 작업도 처리할 수 있는 견인 능력을 제공합니다."[5]

테슬라는 2019년 11월에 요란하게 신차를 발표했지만 막상 고객에게 이 미래의 픽업트럭을 인도하겠다는 계획은 서두르지 않았다. 당시 직원들은 모델 Y의 첫 번째 인도분을 내놓기 위해 노력을 배가하며 그것이 베스트셀러가 되기를 희망했다. 테슬라는 이미 배터리 공급량에 한계가 있었기에 이 무겁고 에너지를 많이 소모하는 트럭에 조달하기가 쉽지 않았고, 새로운 생산 라인을 가동하려는 머스크의 의욕도 한풀 꺾인 것 같았다. 그들은 이미 장거리 운송용 전기 트럭 세미Semi와 개조된 로드스터 컨버터블 스포츠카 등 각기 다른 두 가지 차량의 프로토타입을 이미 선보인 터였다. 실제로 금속판을 입힌 이 괴물 같은 신형 트럭은 기존의 로드스터 프로토타입에서 핵심 부분을 뽑아 트럭 차체에 옮긴 것에 불과했다. 다시 말해 테슬라는 기존 작품을 재활용해 시장의 관심을 모으려 했다. 이들 출시 예정 차량은 일정이 계속 바뀌는 바람에 몇 해 동안 출시되지 못한다(이 글을 쓰는 2024년 12월 당시에도 로드스터는 아직 출시되지 않았다).

그래도 테슬라가 꽤 오래전부터 가꾸어왔던 진짜 야망은 전기 트럭이었다. 테슬라가 단지 자유분방한 캘리포니아 여피족들이 아침에 스타벅스를 이용하는 데 쓰이는 브랜드에 머문다면, 전기차는 절대로 내연기관을 대체할 수는 없을 것이다. 그런 사실을 머스크는 누구보다 잘 알았다. 화석 연료를 쓰지 않는 세상을 만든다는 회사의 사명을 가장 순수하게 구현할 수 있는 제품이 있다면 그것은 전기 픽업트럭일 것이다. 픽업트럭의 수익률이 악명 높을 만큼 높다는 사실도 나쁠 리 없었다.[6]

이런 메시지는 이 회사의 자동차 부문 사장 제롬 기엔Jerome Guillen 같은 경영진의 마음을 흔들었다. 기엔은 테슬라의 카탈로그에서 세미 같은 유틸리티 차량이나 작업 차량의 실질적 수요가 있다고 보았다. 문제는 장거리 트럭에 대한 머스크 의지가 흔들리기 시작한 점이었다. 그는 테슬라의 배터리 셀 공급량이 한정되어 있어 기존 제품에 투입하기도 바쁘다는 평계를 댔다.

그러는 사이에 테슬라는 다시 출발점으로 돌아가 픽업트럭을 재설계했다. 머스크가 처음 제시한 디자인은 차체가 낮은 슈퍼카와 유트 차량(Ute: 유틸리티 차량)을 뒤섞어 놓은 품질이 떨어지는 하이브리드로, 그 어떤 자동차 제조업체도 받아들이기 힘든 수준이었다. 그럴 만도 했다.

"기괴했어요." 이 디자인을 잘 아는 어떤 사람은 그렇게 말하며 "정말 끔찍하고 불쾌하다"는 표현을 썼다.

머스크 주변의 경영진은 그런 설계 방향이 마음에 들지 않았고, 실무진들은 대안을 마련해 보려 머리를 쥐어짰다. 프로젝트를 맡게 된 프란츠 폰 홀츠하우젠Franz von Holzhausen은 마쓰다에서 미래 지향적인 디자인 언어를 개척해 이름을 알린 인물이었다. 머스크는 그에게 테슬라만의 디자인 언어를 확립하도록 주문했고, 그 결과가 세단 모델 S와 SUV 모델 X였다.[7]

그가 또 다시 개입했다. 그러면서도 그는 자신의 고질적인 충동으로 테슬라의 세련된 미감이 망가지지 않기를 바랐다. 폰 홀츠하우젠 팀은 머스크에게 탁월한 대안을 제시하겠다며 조용히 새로운 트럭 디자인 작업에 착수했다. 한 가지만은 분명했다. 테슬라 트럭은 절대 다른 픽업트럭과 비슷해서는 안 된다는 머스크의 확고한 입장을 무시할 수 없다는 점이었다.

그들은 신중하게 사이버트럭의 점토 모델을 만들었다. 머스크에게 아이디어를 설득해야 할 시간이 다가오자 그들은 트럭 책임자인 기엔을 불러 그 일을 부탁했다. 사이버트럭의 점토 모형은 비교를 위해 비슷한 비율의 다른 세 가지 모델과 나란히 전시되었다. 포드 F-150, 쉐보레 실버라도, 램Ram이었다. 머스크는 기분이 좋아 보였다. 다른 모델을 살펴본 후 그는 사이버트럭으로 눈을 돌렸다.

"그래요, 이게 더 좋아 보여요." 그는 그렇게 말했다.

그것으로 끝이었다. 테슬라 직원들은 디자인이 볼품없었던 이전 트럭을 끌고 나와 해체했다. 그건 다시는 볼 수 없게 된다.

테슬라 경영진의 개입이 있은 지 몇 달 뒤에 사이버트럭은 대중에게 선보일 준비를 마쳤다. 외계에서 온 듯한 새로운 낯선 장비가 무대로 굴러 나오고 차에서 선글라스를 끼고 검은 부츠에 가죽옷을 입은 사람들이 내리자, 오랫동안 테슬라를 지켜본 사람들조차 믿을 수 없다는 표정을 지었다.

폰 홀츠하우젠 팀은 산업적이고 SF 분위기가 나는 디자인을 택해 영화 〈블레이드 러너Blade Runner〉의 사이버펑크 미학을 수용하는 한편, 다듬지 않은 거친 원 소재를 그대로 드러내는 브루탈리즘을 구현했다. 2000년대 초반 자동차 업계를 휩쓸었던 '버블' 시대의 흘러내리는 것 같은 곡선 디자인의 흔적은 어디에서도 찾을 수 없었다. 대신 테슬라는 대담하고 평평한 판금 패널로 대체해 마치 옆으로 눕혀놓은 산업용 냉장고 위에 경사진 지붕을 얹은 듯한 측면 외관을 창조했다. 거대한 판유리로 된 앞면 유리는 보닛과 굴곡 없이 하나의 평면으로 이어지다 트럭의 상단과 한 지점에서 만나는 것처럼 보이게 했지만, 그곳에도 지붕과의 경계를 구분해 주는 평평한 판은 없었다. 또 거기부터는 다른 유리판이 후면 적재함까지 이어지는데, 그곳엔 내장된 자동 토노 커버(짐칸 덮개)가 다각형 실루엣을 매끈하게 마감했다.

헤드라이트는 끊어지지 않은 하나의 라이트 바light bar로, 차량 전면을 가로질러 측면 패널까지 가느다란 띠 모양으로 깔끔하게 이어졌다. 후면에는 빨간색의 단단한 라이트 바가 트럭 적재함을 가로질러 트럭의 가장자리까지 이어졌다. 세계의 종말이 온다면 이 차가 딱 어울렸을 것이다.

도색하지 않은 전기 트럭이라는 머스크의 아이디어는 생산 과정과 도로 주행에서 에너지를 절약하기 위한 것으로, 테슬라의 정신과 일치했다. 그가 원래 구상했던 디자인은 쉐보레 엘 카미노 El Camino를 연상시켰기에 어차피 조정이 불가피했지만, 그는 잠재 고객의 구미를 당길 만한 기발한 특징을 찾아내는 데 이력이 난 인물이었다. 모델 X의 팰콘 윙 도어 역시 그런 사례로, 일반적인 디자인은 아니지만 사람들 뇌리에 브랜드를 각인시키는 효과는 분명 있었다. 테슬라의 디자이너들은 얼마 안 가 고정관념을 거부하는 머스크의 사고방식에 물들기 시작했다. 백미러? 필요 없지. 너무 뻔하잖아. 원형 핸들? 그것도 따분해. 스퀴클(둥그스름한 사각형)은 어떨까?

드라마틱한 음악에 맞춰 스탭들이 무대 위로 데모 장비를 끌고 나왔다. 프레젠테이션은 마치 TV 쇼 〈딜 오어 노 딜 Deal or No Deal〉의 분위기를 풍겼다. 그들은 각진 스테인리스 강판 트럭의 내구성을 놓고 몇 가지 실험을 진행할 예정이었다. 테슬라는 그 차가 실제로

9mm 탄환을 막을 수 있는 방탄 트럭이라고 주장했다. 게다가 강한 충격에 견딜 수 있는 게 금속 차제만은 아니라고 그들은 말했다.

디자인을 주도한 폰 홀츠하우-젠이 슬레지해머(오함마)를 휘두르며 등장했다. (아니면 〈워싱턴 포스트〉의 보도대로 '큰 망치' 정도였을지도 모른다.[8] 확실하지는 않다.) 검은 티셔츠에서 불끈 튀어나온 이두근을 과시하며 스키니진 뒤쪽에 가죽 장갑을 매달고 나온 그는 가죽 재킷을 벗고 물었다. "정말로 할까요?" 그는 망치를 뒤로 젖히더니 커다란 흰색 도어를 내리쳤다. 일반 픽업트럭 도어였다.

쾅! 커다랗게 홈집이 생겼다.

몇 번 더 쳐봐요." 머스크가 재촉했다.

쾅! 쾅!

경쟁사의 문이 어느 정도 결딴나자 머스크는 시선을 테슬라 쪽으로 돌렸다.

"이제 사이버트럭을 쳐보세요. 더 세게."

쿵. 아무 자국도 나지 않았다.

"제대로 좀 해봐요. 끝장내라니까." 머스크가 재촉했다.

쿵. 반전은 없었다. 해머는 바로 튕겨 나갔다.

머스크는 만족했다. 하지만 그게 다가 아니었다.

"여러분이 원하는 건 튼튼한 트럭이죠. 정말 튼튼한 트럭을 원하십니까?"

"가짜로 튼튼한 건 아니고요?" 머스크가 청중에게 물었다. "슬레지해머로 두들겨도 상처 나지 않고 찌그러지지도 않는 트럭을 원하시죠? 그럼 이 트럭으로 또 뭘 해볼까요?"

'초고강도 냉간 압연 스테인리스 강판'으로 제작된 4륜 구동 트럭의 강인함을 알릴 방법을 찾던 머스크는 한 가지 아이디어를 떠

올렸다.

"총을 쏘면 어떨까요? 쏴보자고요." 그가 내뱉었다.

모인 관중들이 같이 흥분했다. "쏴!" 한 사람이 그곳의 테스토스테론 수위를 드러내는 듯 외쳤다. "안타깝게도 여긴 캘리포니아입니다." 머스크가 물러섰다.

하지만 테슬라는 어떤 식으로든 이 트럭의 강도를 입증해 보이고 싶었다. 스탭들이 일반 자동차 창문 유리와 그들이 '테슬라 방탄유리 TESLA ARMOR GLASS'라고 부르는 유리판을 놓은 테이블을 무대 위로 끌고 나왔다. 그들은 유리판 위쪽에서 강철로 만든 공을 떨어뜨렸다. 일반 유리는 산산조각이 났다. 하지만 테슬라 유리는 잠깐 휘어졌다 다시 제자리로 돌아왔다.

평소 같으면 이 정도로도 청중은 충분히 설득되었을 것이다. 하지만 테슬라의 트럭은 다른 트럭처럼 말로만 튼튼한 게 아니었다. 폰 홀츠하우젠이 다시 등장했다. 이번에는 손에 좀 전의 커다란 강철 공이 들려 있었다.

"프란츠, 이 유리 좀 깨볼래요?" 머스크가 물었다.

"정말이죠?" 그가 되묻자 머스크는 진행하라고 신호했다.

검은색 티셔츠와 검은색 롱부츠를 신은 그는 억센 팔뚝을 드러낸 채 와인드업 했다. 그는 투수처럼 몸을 젖힌 다음 오버핸드로 공을 던졌다.

그리고 갑자기 실내는 진공상태가 된 듯 분위기가 싸해졌.

쩍!

표면의 유리가 깨지면서 운전자의 머리가 오는 위치에 둥근 거미줄 모양의 자국이 생겼다. 머스크는 당황했다.

"아니, 이런 망할Oh my fucking god!" 그의 입에서 탄식이 흘러나왔다.

3. 수포로 돌아가다 97

"그게 그러니까 조금 셌던 것 같네요." 그가 얼버무렸다.

폰 홀츠하우젠도 어색하게 웃으며 어떻게 해야 할지 몰라 물었다. "문에다 해볼까요?"

머스크는 순간 좋은 쪽으로 해석하기로 했다.

"뚫리진 않았네. 그러니 긍정적인 면도 있어요." 그는 그렇게 말했다.

폰 홀츠하우젠은 낭패를 만회해 보려 했다. "(저기에) 해보죠." 그는 왼쪽 뒷좌석 창문을 가리켰다.

"저쪽 걸? 정말?" 머스크는 약간 자신감을 잃은 표정으로 물었다.

폰 홀츠하우젠은 이번엔 와인드업을 거의 하지 않았다. 그는 두 발을 바닥에 붙인 채 조심스럽게 공을 던졌다.

쩍. 창문이 깨졌다. 이번엔 운전자와 멀리 떨어진 곳이었다. 당황스럽게도 똑같이 둥그렇게 갈라진 자국이 났다.

"하, 이런." 그가 신음했다.

머스크는 헛웃음밖에 나오지 않았다.

"뚫리진 않았어요." 그가 우물거렸다. "뭐, 나쁘지 않아요. 개선의 여지가 있으니까."

신경질적인 그의 웃음소리를 들으며 폰 홀츠하우젠은 황급히 무대를 빠져나갔다.

"총을 쏴요!" 어색한 침묵을 깨고 그 청중이 다시 한번 외쳤다.

낭패를 본 머스크는 농담할 기분이 아니었는지 직접 대답하지 않았다.

"사실 우린, 우리는 이것저것 다 던져봤어요." 그는 그렇게 말했다. "렌치도 던지고, 던질 수 있는 건 다 던졌죠. 심지어 유리창에 정말로 부엌 싱크대도 던졌지만 깨지지 않았거든요. 그런데 깨지다니 좀 이상하네요. 이유를 모르겠어요."

그러고는 중얼거렸다. "그냥 영상으로 편집할걸…" 청중이 웃었다. 그런 다음 그는 다시 각본으로 돌아갔다. 전혀 두서가 없었다. "게다가 이 차는 에어 서스펜션이 있습니다…."

"테슬라 방탄 픽업 공개 시연. 그런데 창문이 깨졌다." 〈월스트리트 저널〉은 그렇게 헤드라인을 뽑았다.[9] 낚시성 제목을 잘 안 쓰는 〈로이터〉도 실패를 강조했다. "테슬라의 사이버트럭 출시, '방파Shatterproof' 창문 균열로 타격받아."[10] 프레젠테이션의 실패 여파가 너무 커 머스크의 재산도 타격을 입었다. "일론 머스크의 순자산, 사이버트럭 실패 이후 하루 만에 7억 6,800만 달러 증발." 〈가디언〉의 헤드라인이었다.[11]

그것이 스티브 잡스를 따라잡을 수 없는 그의 또 다른 모습이었다. 완벽을 지향하는 치밀한 각본이 있기에 전체적으로 예측이 가능했던 잡스의 애플 프레젠테이션과 달리(한때 발표 도중 네트워크 연결에 문제가 발생하자 청중에게 와이파이를 꺼달라고 요청한 유명한 일화는 눈에 띄는 예외였다), 머스크의 라이브 출연은 종종 좋지 못한 입소문을 일으키는 진원지가 되곤 했다.[12] 머스크의 인지도가 높아지면서 이런 일은 몇 해 동안 반복되었다. 샌프란시스코에서 열린 데이브 셔펠Dave Chappelle 의 코미디 쇼에 출연했다가 코앞의 관중들로부터 야유를 받거나, 트위터의 대표적인 오디오 기능이 서버 부하를 처리하지 못해 론 디산티스Ron DeSantis의 대선 캠페인 발표를 중단한 사건도 그런 대표적인 사례였다.[13]

이 시기에 머스크는 투쟁-도피fight-or-flight 모드로 전환했다. 머릿속으로 초당 수백만 번 계산을 해가며 궁지를 벗어나려 안간힘을 쓰는 게 사람들의 눈에 훤히 보였다. 결국 이런 프레젠테이션은 투자자나 테슬라에 우호적인 블로거, 팬들을 위해 마련된 것으로, 그에겐 안전한 공간이 되어야 했다.

실제로 머스크는 난감해질지 모르는 상황을 경계하므로 예측할 수 없는 자리에는 좀처럼 나서지 않는다. 적대적인 언론과의 인터뷰는 대체로 피하는 편이다. 그래서 아첨꾼들에게 둘러싸이는 쪽을 선호하는 것처럼 보이기도 했다. 몇 해 뒤에 트위터 직원 수천 명을 해고한 직후에 샌프란시스코에서 열린 코미디 프로 셔펠쇼Chappelle Show 무대에 섰다가 관중들이 야유를 퍼붓자 머스크는 셔펠을 쳐다보며 도움을 요청한 적도 있었다. 그가 관객을 제대로 통제하지 못하는 드문 순간이었다.

"데이브, 내가 무슨 말을 해야 하죠?"[14]

하지만 자신의 영역에서는 직접 나서 혼란을 수습해야 했다. 대성공으로 끝났어야 할 사이버트럭 해프닝 이후에도 그는 회사의 실패를 해명해야 했다. 그 프레젠테이션 다음 날에도 그는 여전히 믿기지 않는다는 태도를 보였고, 테슬라 핵심 임원들도 어쩔 줄 몰랐다.

"우린 행사 직전에 똑같은 유리창에 똑같은 강철 공을 여러 번 던졌지만 유리에 흠집 하나 나지 않았어요!" 그는 그렇게 트윗했다. 그 증거로 머스크는 행사 전에 폰 홀츠하우젠이 트럭 유리창에 강철 공을 던지는 느린 영상을 올렸는데, 거기서 유리판은 끄떡없이 원래 상태를 그대로 유지했다. "생산에 들어가기 전에 몇 가지 개선해야 할 부분이 좀 있는 것 같네요, 하하." 머스크는 그렇게 적었다.[15]

프레젠테이션이 있고 나서 사흘 뒤인 일요일이 되어서야 머스크는 만족할 만한 해명을 내놓았다. 그런 결과를 예측할 수 있어야 했다는 얘기였다. 반복된 망치질로 "유리 아래 부분에 금이 가 있었습니다"고 머스크는 썼다. "그래서 강철 공이 튕기지 않았던 것이에요. 먼저 창문에 강철 공을 던지고 나서 그 다음에 문을 슬레지해머로 쳤어야 했어요. 다음에는 ….".[16]

이 사건은 조롱하는 밈으로 영원한 생명을 유지하게 되지만 방탄유리 문제는 사람들의 뇌리에서 곧 잊혀 사라졌다. 그리고 그 문제가 해결되었을 때 프레젠테이션과 관련해 남은 문제는 트럭 그 자체였다. 시연이 끝난 뒤 며칠 동안 많은 매체들은 테슬라가 이 트럭의 유용성을 과장한 것 아닌지 의문을 제기했다. 이는 트럭을 개발하는 과정에서도 끊임없이 제기되었던 주제였다. 테슬라는 심지어 이 트럭이 "견인할 수 있는 무게가 거의 무한하다"고 주장했었다.[17]

사이버트럭은 분명 특정 팬층을 겨냥한 것이었지만, 분석가와 자동차 업계 베테랑들은 이 트럭의 너무 튀는 외형 탓에 과연 많은 사람들이 이용할지 의문을 가졌다.

월스트리트도 이런 전반적이 문제 탓에 반신반의하는 눈치였다. "핵심 구매층이 누가 될지 감을 잡기 어렵다." 〈비즈니스 인사이더〉는 크레디트스위스Credit Suisse의 한 애널리스트의 말을 그렇게 전했다.[18] 또 어떤 사람들은 이 트럭이 틈새 상품이 될 것 같다며 "스텔스 폭격기"처럼 보인다는 말부터 "화성 식민지의 작업 현장에 더 어울린다"는 모건스탠리의 한 애널리스트의 촌평까지 갖가지 평가를 냈다.

모두가 이 전략이 망했다고 생각한 것은 아니다. 자동차연구센터Center for Automotive Research 의 브렛 스미스Brett Smith 는 CNN 비즈니스퍼스펙티브CNN Business Perspectives 에 기고한 글에서 "테슬라의 기이한 신제품 사이버트럭이 히트할 수 있는 이유"라는 제목으로 이렇게 썼다. "머스크는 이 첨단 디자인을 개념 증명POC으로 활용할 수 있다. 이는 전기로만 가동되는 픽업트럭이 실제로 가능하다는 것을 세상에 보여주는 첫걸음이 될 것이다."[19]

칭찬조차 회의적인 시각으로 퇴색했다. 하지만 과대광고의 효과는 부인할 수 없었다. 공개한 지 며칠 뒤에 머스크는 사이버트럭이 한 주 만에 약 25만 대의 예약을 확보했다고 발표했다.[20] 이 수치는 곧 수백만 대로 늘어나게 되고, 100달러라는 전액 환불되는 저렴한 예약 수수료로 인해 더욱 가속화된다.[21] 물론 예약이 곧 판매로 이어지는 것은 아니지만.

테슬라는 이후 4년 동안 출시되지 못할 트럭이 자신들이 원하는 만큼의 관심을 끌었고, 하룻밤 사이에 웃음거리가 되기는 했어도 이 묵시적 픽업트럭이 언제라도 히트할 수 있는 잠재력을 가지고 있다는 사실을 확인할 수 있었다.

자동차 규정이 이 차에 어떻게 적용될지에 대한 언급은 한마디도 없었다. 테슬라가 정말로 이 트럭을 제대로 만들려 했다면 최소한 일반 도로에 적합한 차량으로 보이게 만들려고 노력했어야 했다. 황색 방향지시등은 어디 있는가? 세 번째 브레이크등은? 사이드미러도 보이지 않았다. 테슬라는 가장 기본적인 자동차 규정 몇 가지도 확인하지 않았다.

회사 내부에서도 기엔처럼 각진 디자인을 걱정하는 사람들이 있었다. 보행자와 자전거에 위험할 수 있기 때문이었다. 날카로운 모서리, 좀처럼 뚫리지 않는 패널, 운전석에서 바라보는 가파른 시야각은 운전자는 적극 보호해 줄지 몰라도, 보행자와 다른 차량은 짐작할 수 없었다. 실제로 그들은 보행자와 다른 차량의 안전을 위해 여러 해 동안 노력을 기울여 왔지만, "초고강도 냉간 압연 스테인리스 강판"과 충돌할 때 상대 차량이 견디지 못할 수도 있다는 사실은 가볍게 무시했다. 미국 최고의 연방 자동차 안전 규제기관에 수석 안전 고문으로 부임하게 될 미시 커밍스는 테슬라가 초래할 결과가 걱정되었다.

"상황이 좋지 않습니다. 더 크고 무거운 차량과 나쁜 인공지능의 조합이라니. 이런 시나리오에서는 좋은 결과가 나올 리 만무합니다."

테슬라는 사이버트럭 제작 계획을 밀어붙였다. 그러나 첫 출하를 약속했던 날짜인 2021년 말이 가까워졌어도, 첫 주문을 이행하기까지는 여전히 2년 가까운 세월을 더 기다려야 했다. 새로운 모델을 발표하는 것도 중요하지만 실제로 차량을 제작할 때는 여러 해에 걸쳐 매우 복잡한 공정이 제대로 맞물려 움직여야 첫 조립 라인을 가동할 수 있다. 공급 계약에서 발생하는 차질, 규제 문제, 본격 생산에 앞서 만드는 시험 차량의 결함 등, 어느 하나라도 문제가 발생하면 절차 속도가 크게 느려진다. 2019년의 첫 발표 당시 사이버트럭은 콘셉트카에 불과했다.

테슬라는 세상에 없던 시제품에 스스로 기준을 설정하고 도로에서 운용할 수 있는 버전을 만들기 위한 4년간의 임무를 시작했다. 머스크가 수없이 말했듯이 "시제품은 쉽고, 생산은 어렵다".[22] 얼마나 어려운 일인지는 네바다주 스파크에 자리한 테슬라의 기가팩토리만 봐도 짐작할 수 있다. 그곳은 테슬라 차량용 배터리의 중추다. 테슬라의 공장들은 대체로 전 세계 각 지역에 서비스를 제공하는 생산 시설이 독립적으로 운영되지만, 리노 외곽에 자리한 이 시설에 차질이 생기면 회사의 전체 생산 역량이 마비될 수밖에 없었다.

그런 일이 실제로 2017년과 2018년에 일어났다. 당시 테슬라는 대중 시장을 겨냥한 세단인 모델 3의 생산량을 늘리기 위해 필사적이었다. 이때 발생한 생산 차질 사례는 대량 생산이 쉽지 않다는 머스크의 숙제를 증명하면서, 테슬라가 다른 제품보다 몇 배 더 많은 배터리 용량을 사용하는 픽업트럭을 대량 생산하기까지 얼마나 많은 어려움을 겪었는지 여실히 보여주었다.

분주히 움직이는 네바다 공장에서 테슬라는 자동화에 중점을 두고 1층에서 3.5미터 위에 자리 잡은 2층 메자닌(1층과 2층 사이에 돌출된 중간층 ─옮긴이)으로 장비를 옮기기 위해 정교한 컨베이어 벨트 시스템을 설치했다. 유일한 문제는 이 시스템이 작동하지 않는다는 것이었다. 모델 3의 배터리 모듈을 완성하려면 부품을 위층으로 나를 컨베이어 벨트와 엘리베이터 수십 대가 필요했다. 그 마지막 단계에 차질이 없어야 배터리 모듈을 프리몬트로 배송할 수 있었다. 수평 방향과 수직 방향이 거미줄처럼 얽힌 이 컨베이어 시스템은 기본적인 조작에도 너무 자주 멈춰서, 직원들은 차라리 부품을 직접 손으로 운반하는 편이 빠르다고 생각할 정도였다. 결국 컨베이어와 엘리베이터 시스템은 해체되어 폐기되었다.

2018년에 〈리노 개짓 저널Reno Gazette-Journal〉은 배터리를 조립하는 구역을 "기가팩토리에서 인력이 가장 많이 투입되는 구역"이라고 묘사하면서, 구성품이 견고하지 않아 수동으로 조립할 수밖에 없기 때문이라고 분석했다. 배선처럼 형태가 복잡한 부품은 기계에 혼선을 주기 때문에 직접 들고 위층으로 운반했다.[23] 그것은 우연이 아니었다. 공장에 직접 나타나 시스템을 조사한 기엔은 해결책을 찾기로 했다. 결과는 자동화 해체였다. 이것은 하나의 예비 신호로 나중에 그는 프리몬트에서 일하면서 모델 3 생산량을 늘리기 위해 똑같은 조치를 잇달아 시행한다.

"작년에 작업자들의 머리를 아프게 했던 병목 현상이 발생했던 이유 중에는 일부 작업에서 사람이 기계보다 낫다는 것을 알아내는데 시간이 걸렸던 탓도 있었다. 테슬라가 모델 3 생산 목표를 달성하는 데 어려움을 겪었던 것은 그 때문이다."〈개짓 저널〉은 그렇게 썼다.[24]

머스크는 테슬라 공장에서 잠을 자던 시절을 무용담처럼 즐겨 얘기하곤 한다. 리노의 경우, 그렇게 사서 고생했던 것은 생산성을 늘리기 위한 것이 아니었다. 당시 상황을 생생하게 기억하는 어떤 사람은 머스크가 레이REI(미국의 아웃도어 장비 체인—옮긴이)에서 구입한 장비를 사용해 실제로 공장 옥상에 캠프를 차렸다고 했다.

"그들은 담배를 피우고 2,000달러짜리 위스키도 마셨어요." 그 사람은 그렇게 말했다.

사이버트럭이 요원한 환상이었기에, 테슬라는 가능한 목표에 매달렸다. 모델 Y였다. 모델 Y는 부품의 75%가 기존의 모델 3와 같았다.[25] 2020년 초에 테슬라는 오래전부터 약속해 왔던 이 크로스오버 차량의 첫 번째 인도분을 출시했다. 회사의 미래를 상징할 모델이었다. 코로나19 팬데믹이 기승을 부리는 가운데 수요를 진작시키기 위해 가격을 인하하고 주행 중 유리 지붕이 날아가는 등 품질 관리에서 초기에 어려움을 겪었지만, 모델 Y는 예상치를 뛰어넘는 판매량을 기록하며 테슬라의 베스트셀러로 자리 잡았고 결국엔 지구상에서 가장 많이 팔리는 차량으로 올라섰다.[26]

모델 Y는 테슬라가 픽업트럭을 공개한 것과 같은 해인 2019년에 첫선을 보였다. 반면 사이버트럭은 뒷전으로 밀려나 약속한 지 몇 년이 되도록 단 한 대도 인도되지 못했다.[27] 머스크는 대중의 호기심을 유지하고 싶었다. 파파라치들은 그가 2019년 12월에 로스앤젤레스의 어느 식당에서 저녁 식사를 마친 후 사이버트럭 시제품을 타고 떠나는 모습을 포착했고, 2020년에는 자동차 수집가로 유명한 제이 레노Jay Leno와 함께 이 트럭을 타고 이동하는 장면을 촬영했다.[28] 사이버트럭은 2021년 뉴욕에서도 자갈길을 주행하는 모습이 목격되었다. 미래형 라이트 바가 좁은 길을 비추는 모습은 마치 다른 행성에서 온 물체 같았다.

테슬라는 2021년 말에 사이버트럭 생산을 개시하려 했지만, 그 시한은 조용히 왔다가 소리 없이 지나갔다. 머스크는 지연 이유를 설명해야 했다. 뭐라고 답했을까? 팬데믹으로 인한 공급망 대란과 칩 부족으로 테슬라의 제조 일정이 변경되어 2022년에는 새로운 모델을 생산할 수 없게 되었다는 것이었다.[29] 테슬라에서 가장 중요한 공장이 몇 주째 가동을 중단하고 있었다. 머스크는 강제 폐쇄를 지시한 캘리포니아 공무원들과 아예 전쟁을 치르는 중이었고, 결국 발끈해 테슬라의 새 본사를 텍사스에 세우겠다고 발표했다. 사이버트럭을 만들기에 이보다 더 좋은 곳이 있겠는가?

새로운 픽업트럭은 텍사스의 모델 Y 생산 허브인 오스틴 외곽 테슬라 공장에서 제조하기로 했다. 머스크는 텍사스에 새 집을 마련했다. 텍사스로 이주한 뒤 머스크는 별 모양 위에 테슬라의 "T"로 고를 놓고 "(테슬라에) 까불지 마"라는 문구를 두른 카우보이 분위기의 벨트 버클을 만들었다. 미래형 픽업트럭이 실제로 세상에 나온다면 이 이미지와 완벽하게 어울릴 것이다.

"올해에는 새로운 모델을 출시하시 않습니다." 머스크는 2022년 초 기업 실적 발표에서 그렇게 말했다. "여건이 맞지 않습니다. 우리는 여전히 부품 조달에 어려움을 겪을 겁니다. 그래도 우리는 엔지니어링과 기계 설비 등 많은 것을 할 예정입니다. 사이버트럭, 세미, 로드스터. 이런 차들을 만들어내기 위해 말입니다."[30]

그 사이에 트럭의 성능에 대한 그의 주장은 점점 더 터무니없어졌다. 기능뿐 아니라 크기까지 수시로 변하자 과연 실현할 수 있는 진지한 사업인지 다들 고개를 갸우뚱하기 시작했다. 가장 황당한 주장 중에는 2022년 말에 쓴 글도 있었다. "사이버트럭은 잠깐씩 보트가 될 수 있을 정도로 방수 기능을 갖춰, 강이나 호수는 물론 파도가 심하지 않으면 바다도 건널 수 있습니다."[31]

그러자 로스 거버 같은 열혈 투자자들까지 흔들리기 시작했다. 사실 2019년 이후로 테슬라의 성공에 이의를 제기하는 사람은 없었다. 테슬라는 대중적 인기에 힘입어 세계에서 가장 가치 있는 자동차 제조업체가 되었고 머스크는 세계에서 가장 부유한 사람이 되었다. 모델 Y는 탄탄대로를 달려왔다. 모델 Y는 모델 3와 부품이 겹쳤다. 그렇다는 것은 머스크가 몇 해 전, 그러니까 "생산 지옥"과 "배송 물류 지옥"이라고 불렀던 시기에 이미 생산 차질 문제를 해결했다는 얘기였다.[32]

투자자들 눈에는 회사가 그 이후로 한 발짝도 나아가지 못한 것처럼 보였을 것이다. 자동차와 제조 부분의 베테랑 전문 인력들이 회사를 빠져나갔다. 전 엔지니어링 수석 부사장 더그 필드Doug Field나 모델 3의 생산 소요 기간 조정을 주도했던 제롬 기엔 같은 이들이 그만두었다. 그 자리를 메운 것은 머스크의 충신들이었다. 물에 뜨는 사이버트럭을 만들라는 등 터무니없는 요구에 대응하느라 허둥지둥할 줄만 알았지, 머스크에게 왜 그렇게 하면 안 되는지 말할 힘은 없는 사람들이었다.

"다들 포기한 겁니다." 거버는 내게 그렇게 말했다. "그는 자기 없이도 테슬라를 운영할 수 있는 사람들을 모두 없애버렸어요 … 그리고 남은 것은 … 그의 극성 지지자들뿐이었죠."

또 한 가지가 있었다. 머스크가 트위터를 인수하는 일에 정신이 팔려 갈수록 산만해진 것이다. 월스트리트가 주목한 부분이 있었다. 2021년 11월에 1조 달러를 상회하던 테슬라 주가가 1년 뒤에 5,000억 달러 아래로 떨어진 것이다.[33] 회사 가치가 반토막 난 것이다. 시간이 갈수록 테슬라를 전적으로 책임지는 리더가 없다는 점이 회사에 타격을 입히는 것 같았다.

모델 3의 생산 때 머스크는 한동안 공장에서 살아야 했었지만, 사이버트럭 때에는 그런 급한 일이 없었다. 그리고 사이버트럭을 위해 테슬라의 전체 생산 능력을 최대한 끌어올리며 그 한계를 깨뜨린 것은 기엔이었다. 이제 머스크는 트위터만 들여다보며 빈둥거렸고 기엔은 가버렸다. 게다가 대량 생산에 대한 머스크의 열의도 시들해진 것 같았다. 모델 3와 모델 Y의 생산 위기는 머스크의 모든 것을 앗아갔고, 경영진은 주류 히트작이 될 가능성이 있는 차량으로 머스크를 설득하는 것이 점점 더 어려워진다는 사실을 깨달았다. 그 자리에 세미, 로드스터, 사이버트럭 등 열성적인 팬을 확보할 테슬라 프로젝트가 들어섰지만 모델 3나 모델 Y 정도의 영향력을 발휘하기는 어려웠다. 과연 테슬라는 새로운 조립 라인을 갖추고 또 다른 머스크의 혁신적 작품을 내놓을 수 있을까?

2023년 11월 말, 마침내 테슬라는 첫 번째 사이버트럭을 인도할 준비를 끝냈다. 예정보다 2년 정도 늦어졌지만 이 행사는 대중의 폭발적인 관심을 끌었다. 깨진 창문이 입소문을 다면서 오히려 이 미래형 픽업트럭을 향한 기대감이 주류 현상이 된 것이다. 수많은 팬과 투자자 그리고 평소 테슬라에 흠뻑 빠진 사람들이 그 모든 과대광고의 실체를 확인하기 위해 텍사스 오스틴의 기가팩토리에 나타났다.

그들은 스테인리스 강판으로 뒤덮인 거대한 괴물과 첫 대면을 했다. 좋든 싫든 어디를 봐도 처음 약속대로 외계인처럼 생긴 기계였다. 우주탐사선에서 떼어낸 듯한 전면의 단일 수평 라이트 바, 공기역학을 최대한 활용한 휠의 육각형 절단면, 앞유리 와이퍼의 길고 끊기지 않는 블레이드, 보닛에서 지붕까지 뻗어 올라가는 유리창, 울퉁불퉁한 타이어, 다듬지 않은 금속 차체 등 차량은 시제품을 거의 충실하게 재현하고 있었다. 수백 명의 청중은 그래피티에서 영감을 받은 테슬라의 사이버트럭 로고와 인더스트리얼 테크노 비트industrial techno beats 앞에서 환호성을 지르며 발표 행사의 분위기를 고조시켰다. 그때 한 줄기 밝은 흰색 수평 광선이 다가왔다. 광선은 점점 커지더니 스튜디오 조명 앞에 금속 범퍼의 반사된 모습이 번쩍거렸다. 사이버트럭이었다.

일론 머스크가 자신의 최신 창작품 뒤에서 나와 무대 위로 모습을 드러냈다. "불가능해 보이는 제품이 실제로 나오는 경우는 매우 드물죠." 그가 외쳤다. "사람들은 불가능하다고 했습니다. 전문가들도 불가능하다고 말했죠. 이게 바로 그 불가능했던 작품입니다."

그는 사이버트럭으로 시선을 돌렸다.

"전문가들이 불가능하다고 말한 차가 여기 있습니다." 그는 차가 안전 규정을 만족시킬 수 있을지 의문을 제기하는 반대론자들을 언급하며 말을 이어갔다. "전문가들은 결코 만들 수 없다고 했습니다."

"이건 정말 가장 … 우리의 최고 제품이라고 생각합니다. 도로 위를 달리는 가장 독특한 물건일 겁니다."

"그리고 드디어 정말 미래가 바로 보이는 것 같네요." 그는 그렇게 말했다.

머스크의 연설은 야심 찬 약속을 이행하는 테슬라의 능력에 초점을 맞추었다. 열혈한 팬도 없지 않았지만 머스크는 한때 충성스러운 팬과 낙관적인 투자자에게도 많은 의구심을 갖게 한 제품을 마침내 시장에 내놓아 회사의 명예를 지켰다.[34] 그러나 사이버트럭의 현란한 그 공개 현장에서 언급되지 않은 것이 있었다. 회사가 약속한 일부 세부 사항, 특히 트럭의 성능과 가격대에 대한 약속이 지켜지지 않았다는 사실이었다.

"테슬라의 사이버트럭은 그들이 약속했던 주요 사양 중 일부를 제대로 이행하지 않은 첫 번째 사례." X에 이런 게시물을 올린 사람은 기술 유튜버 마케스 브라운리Marques Brownlee였다. 그는 테슬라가 7만 달러 가격에 800킬로미터 이상의 주행거리를 가진 트럭을 약속했지만, 정작 그들이 내놓은 것은 10만 달러에 500킬로미터 조금 넘게 달리는 트럭이라고 지적했다.[35]

테슬라가 대중 시장용 모델 3로 자동차 업계에 큰 지각 변동을 일으켰던 때와는 크게 달랐다. 모델 3는 테슬라를 주류로 끌어들였고 모델 Y 크로스오버는 곧 세계에서 가장 많이 팔린 차량으로 발표되었다.[36]

사이버트럭 출시 후 며칠 동안 테슬라는 몇 가지 당혹스러운 사건을 접했다. 사이버트럭이 눈 덮인 언덕을 올라가지 못해 힘겨운 시도를 하다 포드 슈퍼 듀티Super Duty 픽업트럭에 구조되는, 다분히 의도가 담긴 동영상이 공개된 것이다. 포드의 CEO 짐 팔리Jim Farley는 이 성과를 장난스럽게 자랑했다. "마침 포드 차주가 도울 수 있어 다행이다." 그는 X에 그렇게 썼다.[37] 설상가상으로 사이버트럭이 공개되고 스테인리스 강판 픽업트럭이 인도된 뒤에, 고객들은 표면에서 눈에 띄는 부식이 생긴다며 신고하기 시작했다. 새로 인도된 사이버트럭의 사진에는 녹슨 얼룩들이 뚜렷했다. 언론 매체들은 불만을 보도했지만, 테슬라는 사내 한 엔지니어의 말을 빌려 "표면이 더럽혀진 것일 뿐"이라고 해명했다.[38]

보행자 안전, 날카로운 모서리, 품질의 완성도에 대한 우려도 여전히 끊이지 않았다. 그런 가운데 트럭 인도는 늦어지고 가격이 비싸져, 예약했던 사람들은 차가 막상 나왔을 때 구매할 수 없었다. 리콜은 문제를 더욱 키웠는데, 이례적일 정도로 견고하게 제작되었다고 알려졌던 트럭의 제작 과정에 명백한 부실이 있다는 사실이 드러난 것이다. 가속 페달 커버가 힘을 받으면 미끄러지며 벗겨져, 그것이 페달과 바닥 사이에 낄 경우 의도하지 않은 가속을 유발할 위험이 있었다.[39] 테슬라는 다수의 고객으로부터 이 문제로 제보를 받았다는 사실을 인정해, 인도했던 4,000대 가까운 트럭을 2024년 4월까지 리콜했다.

테슬라의 조치는 효과적인 것처럼 보이긴 했지만, 테슬라 커뮤니티에서조차 그들의 마감 처리 기준은 놀림감이 되었다. 느슨해진 커버를 겨우 리벳 하나로 조였던 것인데, 리벳의 위치가 트림 피스의 중앙을 벗어난 경우도 많았다.[40]

한편 픽업트럭의 매우 중요한 기능인 견인 및 운반 작업에서, 사이버트럭이 기본적인 무게도 감당하지 못해 쩔쩔매는 모습도 여러 차례 공개되었다. 어떤 유튜버가 행한 실험에서는 후면 프레임의 일부와 견인용 걸개가 떨어져 나가는 경우도 있었다.[41] 다행스러운 점은 어쨌든 누군가 잠깐이지만 사이버트럭이 보트 역할을 할 수 있다는 것을 보여준 사실이었다.[42]

어떤 면에서 사이버트럭은 새로운 머스크 시대의 테슬라가 나아갈 방향을 제시하고 있었다. 테슬라 경영진은 오래전부터 모델 2라는 임시 명칭을 붙여놓고 계획해 왔던 보급형 자동차를 빨리 만들라고 머스크를 몰아세웠지만 그는 모른 척했다. 이 모델은 "지속 가능한 에너지로의 세계 전환을 가속화한다"는 테슬라의 사명을 구체화한 것이어서 세계적으로 히트할 가능성이 충분했다. 경영진이 팔로알토에 모여 이 프로젝트를 두고 머스크를 설득했지만, 테슬라 CEO의 관심은 다른 곳에 가 있어 예산 수치만 들여다보고 있었다. 회사가 인공 지능과 로봇에 역량을 집중하고 있었기에 머스크는 테슬라의 자본 지출을 검토한 다음 테슬라의 미래를 상징하는 모델 2 프로젝트를 희생하기로 결정했다. 그리고 그런 결정이 〈로이터〉에 보도되자 테슬라의 주가는 급락했다.[43] 한 전 직원의 말처럼, 이는 직원들이 알고 있는 회사의 사명과 맞지 않는 하나의 절충안이었다.

그 직원의 말대로 머스크의 마음은 개인용 이동 수단에서 이미 떠나 있었다. 그래도 사이버트럭이나 로드스터 때처럼 불쑥 욕심을 드러내는 일도 있었다. 머스크가 모델 2를 없던 일로 하던 날 밤, 그의 트위터 게시물은 그가 관심을 가졌던 또 하나의 프로젝트, 오래전부터 약속했던 컨버터블을 강조했다.

"오늘 밤, 우리는 새로운 테슬라 로드스터의 디자인 목표를 대폭 상향 조정했습니다." 머스크는 그렇게 쓴 뒤, 테슬라가 날렵한 스포츠카를 내놓을지도 모른다고 운을 띄웠다.[44]

마비된 이성

2020년 3월 말, 코로나19 팬데믹으로 전 세계가 마비될 위기에 처했지만 일론 머스크의 모습은 어디에도 보이지 않았다. 제롬 기엔은 며칠째 테슬라 CEO와 연락해 보려 애쓰고 있었다. 전화도 했고 문자도 보냈다. 회사 사장이 머스크와 연락을 취할 때 통상적으로 이용하는 이메일도 답장이 없었다.

  3주 동안 사방으로 연락하다 머스크의 동생 킴벌에게 하소연한 끝에 마침내 CEO가 나타났다. 머스크가 사라진 것은 전략적인 계산도 있었다. 어려운 침체기를 견디는 동안 그는 억지 수단을 통해 테슬라의 지출을 억제하고, 그의 승인을 받지 못하게 만들어 돈이 빠져나가는 것을 막으려 했다. 모습을 드러낸 머스크는 불가능한 요구도 함께 가져왔다. 베이에어리어 공장을 재개하라는 지시였다. 그것도 당장. 1962년에 제너럴모터스가 건설한 이 공장은 면적이 45만 제곱미터를 넘었다.[1] 기승을 부리는 팬데믹이 처음 정점을 찍으며 질병이 어떻게 확산할지, 장기적인 영향의 심각성이 어느 정도일지 확실하지 않을 때, 무엇보다 그 영향을 최소화할 수 있는 백신이 나오기 훨씬 전에 머스크는 직원 1만 명을 업무에 복귀시키려 했다.[2]

2020년에 테슬라는 마침내 제조 기반을 갖춰, 그해 자동차 50만 대를 생산할 준비를 마친 상태였다. 머스크는 사상 최고의 해가 될 것으로 예상되는 2020년을 코로나19가 방해하도록 버려둘 생각이 없었다.

하지만 캘리포니아는 물론 미국 전역의 어느 정치 관계자들도 그런 재가동 신호는 보낸 적이 없었다. 베이에어리어는 지금까지 가장 빠르고 가장 광범위한 팬데믹 대응 조치를 시행 중이었다. 곧이어 쏟아진 초현실적인 뉴스 속보들은 앞으로 전개될 상황에 암울한 전망만 제시했다. NBA는 유타 재즈Utah Jazz의 센터 루디 고베어Rudy Gobert가 양성 판정을 받자 경기를 무기한 중단했고, 배우 톰 행크스Tom Hanks와 그의 아내이자 배우인 리타 윌슨Rita Wilson도 코로나19 확진 판정을 받았다고 발표했다.[3] 앨러미다 카운티는 3월 16일까지 자택 대기하라는 명령을 발표했다.[4] 캘리포니아 주지사 개빈 뉴섬Gavin Newsom은 3월 19일까지 주 전역의 주민들에게 자택에서 대기하도록 명령을 내렸다.[5]

머스크는 잠적했을 때에도 그의 트위터 피드 덕분에 생사만큼은 쉽게 확인되었다. 그는 지난 2년간의 수많은 논란에서 그런대로 별다른 상처 없이 벗어날 수 있었지만, 코로나19 셧다운을 계기로 그의 손가락 끝에는 위험한 조합이 놓이고 말았다. 바로 키보드와 남아도는 시간이었다.

전 세계 대부분의 시계가 멈춰 섰다. 캘리포니아 프리몬트에 있는 테슬라 공장은 제약에 항의하는 머스크의 노력에도 카운티 차원에서 내려진 자택 대기 명령 때문에 문을 굳게 닫아놓고 있었다. 머스크는 직원들에게 자신은 출근한다고 알리면서, 여러분은 부담감을 가질 필요가 없다고 말했다. 셧다운에 반발하는 그의 행보 탓에 테슬라는 광범위한 영역에 내려진 명령을 받은 기술 기업과 자동차 제조업체에서도 유별난 존재가 되었다.

3월 14일에 올린 트윗에서 머스크는 이 문제를 대하는 자신의 입장을 영화〈듄Dune〉의 대사로 분명히 밝혔다. "두려움은 이성을 마비시킨다Fear is the mind-killer."[6]

다음 날 내가 테슬라의 주차장을 찾았을 때 그곳은 여느 때처럼 차들로 가득 차 있었다. 테슬라는 공장을 폐쇄하라는 카운티의 명령을 거스르고 있었다. 당국이 신종 질병에 대처할 방법을 찾기 위해 고심할 때, 그곳에선 수천 명의 직원이 출근해 자신들의 건강을 위험에 몰아넣고 있었다. 그 질병은 결국 캘리포니아에서만 10만 명이 넘는 목숨을 앗아간다.[7]

대중은 신종 코로나바이러스의 특징에 대해 아는 것이 별로 없었다. 공기로 옮는 것인지, 마스크를 하면 예방이 되는지, 접촉이나 다른 수단으로 전염되는 것은 아닌지 다들 확신하지 못했다. 테슬라와 머스크는 중국에서 또 하나의 대규모 공장을 가동할 때 이미 코로나19에 대해 알 만큼 안다고 생각했기에 시설을 안전하게 운영할 수 있다고 판단했다.[8]

그러나 프리몬트 경찰과 앨러미다 카운티 보안관 사무실이 개입하면서 회사는 어쩔 수 없이 문을 닫을 수밖에 없었다. 테슬라는 '최소한의 기본 운영'만 허락받아, 급여를 처리하고 사용하지 않는 시설이 고장 나지 않을 정도의 관리만 맡을 최소 인력을 남겨놓았다.[9]

일론 머스크가 종적을 감춘 것은 바로 그때였다. 테슬라의 책임자들은 CEO의 재개 명령을 기다렸지만, 그는 회사를 자율주행 모드에 맡겼다. 머스크는 잠깐씩 대중의 시야에서 사라지곤 했는데, 이렇게 비교적 조용한 기간이 지나면 보통 큰 물의를 빚는 소동이 벌어지곤 했다.

테슬라의 경영진은 휴업이 길어질수록 생산 목표에서 멀어진다는 것을 알기에 초조했다. 하지만 머스크는 장기 계획에 대한 방향이나 진행 방법에 어떤 신호도 주지 않았다. 대신 그는 공장 문을 완전히 닫는다는 사실에 분통을 터뜨리며 자원을 비축하고 긴축 조치를 단행하는 등 전시 대책을 택했다. 테슬라는 이미 중국에 있는 대규모 자동차 공장에서 가동 중단 사태를 처리한 경험이 있기 때문에, 코로나19 프로토콜에 관해서는 다른 회사보다 몇 주 앞서 있다고 생각했다.

머스크는 다른 사람들이 모르는 것을 안다고 자부했다.[10] "코로나바이러스로 떠는 건 멍청이나 하는 짓이다." 3월 6일에 그는 그렇게 썼다. 그것은 이후 몇 주 동안 팬데믹 정책에 의구심을 드러내는 첫 번째 발포였다.[11]

"아이들에겐 원래 타고난 면역력이 있다." 그는 그렇게 썼다.[12] 패닉의 위험이 바이러스의 위험보다 "훨씬 크다."[13] 혹시 클로로퀸을 치료제로 생각해 본 적은 없는가?[14]

하지만 머스크는 또한 참지 못하고 테슬라가 도움을 제공할 수 있다고 나섰다. 전 세계가 일상의 구석구석을 침투하는 바이러스와의 싸움에 매달리고 있을 때, 머스크는 동굴 구조 당시 자처했던 슈퍼히어로 역할을 다시 자청해, 팬데믹과 싸우는데 꼭 필요한 인공호흡기 제작을 돕는 데 테슬라의 자원을 동원하겠다고 제안했다.

그는 빠져나갈 여지를 두어, 테슬라가 자원을 제공할 수 있을 즈음에는 이미 부족 사태가 해결되어 자신들의 노력이 필요 없게 될지 모른다고 토를 달았다.[15] 언제나 그렇듯 머스크의 이타적인 도움 제안은 윈-윈 전략이었다. 세계적으로 중요한 문제에 자신의 자원을 제공하겠다고 서약해 대중의 호감을 얻으면서도 약속을 지키지 않아도 되니까.

테슬라는 결국 자동차 부품으로 만든 인공호흡기 프로토타입을 만들어냈지만, 실제로 사용된 적은 없는 것 같다. 머스크는 뉴섬과 빌 드블라지오Bill de Blasio 뉴욕 시장을 비롯한 공무원들에게 인공호흡기를 보내주겠다고 약속했지만, 정작 테슬라가 건넨 것은 바이팹BiPAP과 씨팹CPAP을 포함한 각종 기구들로, 바이러스 확산과 관련해 예상되는 수요와 부족분 해결에 당장 필요한 기기가 아닌 비침습적 장비들이었다.[16]

그러는 사이에 경영진은 불과 며칠 전까지 수천 명의 근로자들이 북적이던 텅 빈 공장에서 리더 없는 회사의 미래를 구상해야 했다. 기엔과 최고재무책임자 잭 커크혼Zach Kirkhorn은 머리를 맞대고 한 가지 계획을 짜냈다. 공장이 문을 닫는 3월과 4월에 공급망을 일시 멈추고 차량 인도를 중단하되, 테슬라의 공급업체에 대해 장기적인 지침을 제시하지 않기로 한 것이다.

포드나 제너럴모터스처럼 관리층이 겹겹으로 되어 있고 훨씬 명확한 조직도를 따르는 거대한 관료적 체계를 갖는 대형 자동차 제조업체들은 다른 계획이 있었다. 그들은 몇 달을 끌지 모르는 혼란에 대비했다. 거의 모든 작업을 중단하고 임무를 전환했다. 연방 정부와 계약을 맺어 국방물자생산법Defense Production Act에 따라 인공호흡기를 제작하기로 한 것이다.[17]

4. 마비된 이성

반면에 테슬라의 공급업체들은 머스크의 지시가 없어도 회사가 가동을 재개하면 곧바로 자동차 제조에 뛰어들 준비가 되어 있었다. 어떤 의미에서 일론 머스크는 이런 상황 덕분에 곧 지구상에서 가장 부유한 사람이 되고 지구상에서 가장 가치 있는 자동차 제조업체를 운영하게 되는데, 그 모든 것이 그가 전화를 받지 않았기 때문이었다.

프랑스 출신으로 메르세데스-벤츠를 소유한 다임러에서 경력을 시작해 오랫동안 자동차 업계에서 고위직을 역임해 온 제롬 기엔은 어느 날 아침에 일어나 자신이 테슬라의 사장으로 임명되었다는 사실을 알고 깜짝 놀랐다.

2018년 당시 테슬라는 자동화를 시도하다 실패한 뒤로 당초의 생산 목표를 맞추지 못해 애를 먹고 있었다. 머스크는 대형 로봇을 이용해 인간보다 더 빠르게 정밀한 공차公差(오차 범위)에 따라 자동차를 조립하는 고효율의 자동화된 생산 라인을 구상하면서, 이런 유형의 자동화를 이미 시도했던 디트로이트나 유럽, 일본의 자동차 제조업체를 앞지를 것으로 기대했다.

하지만 사람과 로봇의 손이 뒤섞인 작업 방식은 너무 복잡해 전체 공정을 느리게 만들었다. 이와 달리 기엔의 해결책은 원시적인 것으로, 공장 밖에 거대한 천막을 설치해 세 번째 생산 라인을 설치한 다음 직원들이 밤새 수작업으로 자동차를 조립하는 방식이 있다.[18] 그렇게 기엔은 테슬라를 괴롭혔던 실체적 문제를 해결했다.

"제롬 기엔이 테슬라를 구했습니다." 투자자 로스 거버는 나중에 그렇게 말했다.

기엔은 머스크가 논란에 휘말렸을 때 개입해 회사의 차량 인도 능력에 관한 서사를 바꿔놓았다. 어느새 테슬라의 생존 여부에 대한 의문은 사라지고 주가가 얼마나 치솟을지가 관심의 대상이 되었다. 그 과정에서 그는 직원들로부터 호감을 얻었다.

"그는 리더입니다." 거버는 그렇게 말하며 "사람들을 일하게 만드는 공격적인" 경영자라고 평했다.

그리고 그 직책은 기엔이 원해서 맡은 것도 아니었다. 머스크가 그를 프리몬트 공장의 책임자로 임명하려 할 때부터 그는 테슬라의 직책은 무엇이든 일시적이라는 것을 알았고, 그래서 불가피한 자신의 해고도 요란하게 알리려 하지 않았다. 기엔은 지도부에게 자신의 직책에는 기술적 역할이 담겨야 하며, 기왕이면 자신의 권력이 크게 드러나지 않는 자리를 달라고 요청했다.

머스크는 이에 동의하면서 기엔에게 약속을 지키겠다고 했다. 다음 날 기엔은 이메일을 통해 자신의 직책이 테슬라 자동차 부문 사장이라는 사실을 알게 되었다.

2020년 4월에도 공장을 재개할 전망이 보이지 않자 셧다운에 대한 머스크의 울화는 점점 커졌다. 직원 1만 명이 근무하는 그의 공장은 필수 사업장으로 간주되지 않았기 때문에, 다른 지역과 마찬가지로 근로자들은 대부분 집에 머물러야 했다. 갑자기 수백만 명이 자택에서 대기하게 된 마당에 그들에게 값비싼 전기차가 필요할 것 같지는 않았다. 그러나 머스크가 보기에 셧다운은 무례하고 폭압적인 정부의 월권행위였다. 그는 나중에 그들을 "파시스트"라고 비난했다.[19]

테슬라는 막후 협상으로 예외 특혜를 받아보려 애썼다. 그렇게 된다면 미국 대형 자동차 제조업체 중 유일하게 생산을 재개할 수 있었다. 머스크는 다른 CEO들과 전화로 도널드 트럼프 대통령에게 직접 호소하면서, 대통령을 찬양하는 말을 늘어놓았다. 그리고

5월 1일에 재가동할 수 있기를 희망한다고 밝혔다.[20] 머스크는 재가동을 해도 중대한 위험은 없을 것이라고 트럼프에게 말했고, 트럼프도 그 말에 100% 동의했다고 〈워싱턴 포스트〉는 보도했다.[21]

당시 머스크는 팬데믹 관행을 갈수록 대놓고 위반하고 있었다. 4월 26일에는 사회적 거리두기와 격리 조치가 오히려 사람들의 면역력을 떨어뜨린다고 주장하며, 길어지는 락다운을 반대하는 유튜브 동영상을 지지했다(동영상은 이후 삭제되었다).[22]

테슬라 경영진은 마침내 동생 킴벌을 통해 머스크와 연락이 닿았다. 당국의 승인 여부와 상관없이 머스크는 모두를 업무에 복귀시킬 준비를 마친 상태였다. 기엔은 당황했다. 가족이 딸린 근로자 수천 명이 갑자기 코로나19에 감염되거나 다른 사람에게 옮길 판이었다. 그는 직원들에게 휴가를 줄지, 대량 해고를 시행할지, 아니면 정상적으로 업무를 진행할지를 놓고 어려운 결정을 내려야 했다. 만약 지금 같은 시기에 일자리를 잃는다면 정말로 중요한 의료 서비스는 어떻게 받나?

한 가지는 확실했다. CEO가 생산 목표 달성이 급하다고 갑자기 직원 수천 명과 그 가족의 건강을 가지고 장난치는 일은 없을 것이다. 거버는 두 사람의 견해 차이는 직원들을 대하는 태도에서 비롯되었다며 기엔은 "사람을 먼저 생각하는 쪽"이라고 말했다. 그러나 최종적 결정권을 가진 쪽은 머스크였다. 적어도 당분간은.

테슬라는 4월 29일에 모든 직원을 업무에 복귀시킬 계획을 세웠지만, 앨러미다 카운티와 주변 관할 당국이 5월 말까지 자택 대기 명령을 연장한다고 발표하자 갑자기 계획을 단념할 수밖에 없었다.[23] 발표를 접한 머스크는 크게 화를 냈다.

테슬라 공장의 재가동이 예정되어 있던 4월 29일, 머스크는 예정에 없던 매우 이례적인 기업 실적 발표 석상에서 당국을 맹비난했다. 최고재무책임자CFO 재커리 커크혼은 거의 졸린 듯 달래는 어조로 '회사 유동성'에 대한 질문에 차분하게 답하면서, 팬데믹으로 인한 경제 셧다운이라는 "상황을 감안한" 테슬라의 재무 유연성을 언급하고 있었다.[24]

그때 머스크가 갑자기 끼어들며 생산을 재개할 수 없을 때 발생할 수 있는 "심각한 위험"을 강조했다. 그는 자가격리 명령을 가리켜 "내 생각에는 헌법에 보장된 권리를 무시하고 사람들을 강제로 집에 가두는 조치"라고 규정했다. "그리고 이렇게 잔혹하고 잘못된 방식으로 사람들의 자유를 침해하는 것은 사람들이 미국에 온 이유를, 이 나라를 세운 이유를 부정하는 것"이라며 목소리를 높였다.[25]

화가 치민 그는 근로자들을 집에 묶어둔 정치 관료들에게 욕설을 내뱉었다. "뭐냐고, XX." 그는 화상전화로 그렇게 내뱉은 후 금방 덧붙였다. "미안합니다."[26]

"집을 나갈 수 없고 나가면 체포하겠다니, 이건 완전 파시스트예요." 머스크는 그렇게 말했고, "사람들에게 망할 자유를 돌려주라고" 다그쳤다.

머스크의 전화는 곧 끊겼고 대신 대기 중에 나오는 음악과 함께 수화기에서 목소리가 흘러나왔다. "신사 숙녀 여러분, 잠시만 기다려 주십시오. 회의가 곧 재개될 것입니다. 감사합니다." 약 3분 정도의 짧은 휴회였지만 누군가, 그러니까 변호사나 친구 어쩌면 커크혼 자신이 머스크를 진정시키려고 끼어든 것 같았다.

그날 밤늦게 머스크는 트윗의 수위를 높였다. "미국에 자유를. 당장."[27]

5월에 다양한 주제로 종잡을 수 없는 트윗을 쏟아낸 것을 보면 머스크의 기분도 한결 나아진 모양이었다. 5월 1일에는 벨에어 자택을 포함한 대부분의 재산을 처분한다고 발표했다. 여자친구 그라임스가 자신에게 화를 냈다는 사실도 공유했다. 그러나 아마도 그날 머스크의 트윗 중 가장 이상한 것은 테슬라의 주가가 자기가 보기에 "너무 높은" 것 같다고 한 언급이었다. 그리고 이 때문에 주가는 폭락했다.[28]

그런 가운데 그는 다시 한번 시장을 흔드는 정보를 트윗했다. 이번에는 거래일 중에 공공연히 주가에 정면으로 의문을 제기하는 내용이었다.

절제를 모르는 머스크의 공유벽은 좀처럼 끝날 줄 몰랐다. 5월 4일에 머스크는 그라임스와 함께 새 아기를 맞이했다면서 아기 이름을 X Æ A-12로 지었다고 발표했다. 그러자 질문이 쏟아졌다. 그런 이름이 법적으로 인정받을 수 있냐는 질문도 있었다. (대답은 아마도 안 된다, 일 것이다. 머스크와 그라임스는 캘리포니아의 규정에 숫자가 허용되는지 여부에 여러 추측이 나오자 철자를 X Æ A-Xii로 수정했다.)[29]

나는 〈워싱턴 포스트〉의 편집자로부터 아기 이름을 읽는 법을 기사로 써달라는 요청을 받았다. 당연한 질문이었다. 많은 사람들이 궁금해할 법했으니까. 하지만 나는 사양했다. 우선 다루어야 할 중요한 표적이 있기 때문이었다. (이것은 명백한 나의 오판이었다. 결국 내 동료 하나가 이 소재를 열심히 취재했는데, 그 아기의 이름에 관한 이야기는 그 해 우리 분야에서 가장 많이 읽힌 기사 중 하나가 되었다). 머스크는 조 로건에게 그 발음 방법을 설명하면서 가운데 글자가 '애시ash'로 발음된다고 했지만(즉, X-ash-A-12), 그냥 'X'라고 부르기로 했다고 말했다.[30]

하지만 5월 9일에 머스크는 다시 한번 발끈했다. 이번엔 자택 대기 명령을 감독하는 카운티 보건 당국자와 전쟁을 벌였다. 갈수록 그런 일이 익숙해지는지, 그는 트위터 확성기 방향을 정부 측 한 여성에게 돌렸다. 겁 없이 자신의 기세를 꺾으려 드는 하급 공무원, 에리카 팬 박사Dr. Erica Pan였다.

"선출된 공무원도 아닌 주제에 무지하기까지 한 앨러미다의 이 '임시직 보건 책임자'가 주지사와 대통령과 우리 헌법이 규정한 자유와 평범한 상식에 반하는 행동을 하고 있다!" 머스크는 트위터를 통해 테슬라가 재가동 불가 판정을 내린 카운티를 상대로 소송을 제기했다고 발표했다.[31] 실제로 이 진보적 분위기의 베이 지역 카운티에서 나온 명령은 다른 지역의 카운티, 심지어 캘리포니아 내 다른 카운티에 비해서도 제약이 많았다. 그러나 주지사의 명령을 거스르는 내용은 거의 없었다.

당시 머스크와 긴밀한 관계를 맺고 있던 사람에 따르면, 주지사 뉴섬은 머스크에게 공장을 다시 열 수 있다는 문자를 보내 테슬라 CEO에게 자신감을 심어줌으로써 문제를 더 어렵게 만들었다. 테슬라의 운명이 여전히 공장이 속한 카운티의 재량에 달려 있다는 것을 회사 경영진이 깨달은 것은 연방 정부의 중요 인프라 부문 목록을 비롯한 재가동 지침을 면밀히 검토하다 거기에 자동차 제조업이 포함되지 않는다는 사실을 확인한 뒤였다.[32]

지역 관할청은 폭넓은 재량권을 가지고 있어 자체적으로 재가동 일정을 정할 수 있었다. 〈로스앤젤레스 타임스Los Angeles Times〉에 따르면 "다른 지역의 명령이 주 전반의 재가동 계획보다 더 엄격할 경우, 해당 지역의 명령이 주지사의 어떤 변경 사항에 우선한다고 뉴섬은 말했다."[33]

팬 박사는 온라인에서 수시로 혐오와 악성 댓글에 시달린 후 결국 몇 주 뒤에 그 자리에서 물러났다.[34] 하지만 머스크가 화를 터뜨린 대상은 그녀에게만 국한되지 않았다. 그는 캘리포니아주 자체에 분통을 터뜨리는 것 같았다.

"솔직히 말해서 내 인내심은 여기까지다." 그는 그렇게 썼다. "이제 테슬라는 본사와 향후 프로그램을 즉시 텍사스 네바다로 이전할 것이다. 프리몬트의 제조 활동을 계속 유지할지 여부는 앞으로 테슬라가 어떤 대우를 받느냐에 달려 있다. 테슬라는 캘리포니아에 남은 마지막 자동차 제조업체다."[35]

주 의회 의원인 로레나 곤잘레스Lorena Gonzalez 가 화를 내며 끼어든 것도 사태를 악화시켰다. 그것은 머스크가 이제 급진 좌파와 손을 잡았다고 간주한 주에서 떠나려는 이유를 정당화하는 데 써먹기 좋은 반응이었다. "엿이나 드시지, 일론 머스크Fck Elon Musk." 그녀는 그렇게 썼다. ("메시지 잘 받았음." 머스크는 다음 날 그렇게 답장했다.)[36]

머스크는 결심을 굳혔다. 테슬라 공장은 카운티의 명령을 무시하고 생산을 재개하기로 했다. 테슬라는 웹사이트에 올린 글과 전략 문서를 통해 개별 보호 장비 제공, 사회적 거리두기 의무화, 특정 공간에서 근로자의 밀집도를 줄이기 위한 일부 교대 근무 조정 등 근로자의 안전을 확보하기 위한 조치를 자세히 설명한 후, 다시 한 번 카운티를 겨냥했다.[37]

"주지사의 최근 지침과 프리몬트 시의 지원과 달리 앨러미다 카운티는 우리더러 운영을 재개해서는 안 된다고 주장한다. 그동안 우리는 앨러미다 카운티 보건서비스국Health Care Services Agency 과 꾸준히 재개 계획을 논의하고 협력해 왔기 때문에 노력이나 투명성이 부족했던 것도 아니다. 안타깝게도 이런 결정을 내리는 카운티 공중보건 담당자는 우리의 전화나 이메일에 응답한 적이 없다."[38]

근로자들은 공장으로 복귀하라는 명령을 받았다. 실제로 이 게시물에 따르면 근로자들은 "다시 일할 수 있게 되어 기뻐한다"고 되어 있었다. 이 게시물은 첫 문장에서 공무원들은 개입하기 전에 다시 한번 생각해야 할 것이라는 점을 분명히 밝혔다.

"테슬라는 캘리포니아에 남은 마지막 대형 자동차 제조업체이자 프리몬트 공장에 1만 명 이상, 주 전체에 2만 명 이상의 직원을 둔 캘리포니아주 최대 제조업 고용업체다."

기엔은 전 직원에게 공장으로 복귀하라는 명령을 내려 근로자의 생명을 볼모로 삼는 행위는 하지 않겠다는 입장을 머스크에게 분명히 밝혔다. 테슬라 이사이자 머스크의 절친한 친구인 안토니오 그라시아스Antonio Gracias가 머스크의 최측근인 오미드 아프샤Omead Afshar 앞에서 기엔과 격렬한 설전을 벌이면서 문제가 불거졌다. 그 자리에 있던 어떤 사람의 기억에 따르면, 그라시아스는 어느 순간 테슬라의 공장 근로자들을 가리켜 "하찮은 직책"을 가진 사람들이라며 그들은 테슬라가 시키면 "무슨 짓이든 할 것"이라고 했다.

회사 임원이 직원들을 사람 취급하지 않는 모습에 경악을 금치 못한 기엔은 높은 자리를 차지한 자들의 무감각한 시선에 질렸다. 하지만 결정은 이미 내려진 터였다.

다음 월요일, 공장 재가동을 알리는 이메일을 보낸 후 일론 머스크는 약속을 지켰다. "테슬라는 오늘 앨러미다 카운티의 규정을 거스르고 생산을 재개합니다." 머스크는 그렇게 썼다. "나는 다른 모든 사람들과 함께 생산 라인에 있을 것입니다. 혹시 누가 체포된다면 그 사람이 나 하나로 그치길 바랍니다."[39]

앨러미다 카운티 공무원들은 불쾌했다. 그날 테슬라는 카운티 공무원으로부터 생산 중단을 명령하라는 서한을 받았다.[40] 함께 첨부된 설명에서 공무원들은 카운티 보건부가 재개장 계획과 관련해 4월 30일 이후로 테슬라와 "선의를 가지고" 협력해 왔다며, 에리카 팬이 테슬라의 전화를 받지 않았다는 회사의 주장은 사실과 다르다고 해명했다. 실제로 공무원들은 테슬라가 "추가적인 강제 조치 없이" 규정을 준수하고 최소한의 기본 운영 상태로 복귀하기를 희망한다고 밝혔다.[41]

다음 날 아침 테슬라의 주차장이 다시 차량으로 가득 채워지기 시작하면서 머스크의 진심에 대한 의구심은 말끔히 사라졌다. 다른 미국 자동차 제조업체들이 모두 가동을 중단한 상태에서 테슬라는 다시 사업을 재개했다. 그리고 다른 업체들과 달리 테슬라는 공급 물품을 꾸준히 확보해 놓고 있었다. 머스크가 3월 말에 공정을 재개하는 방법에 자세한 지침을 내리지 않았는데도, 테슬라 경영진은 회사의 공급망을 중단하지 않았다.

기후 변화로부터 지구를 구하기 위해 전기자동차를 만들겠다며 경쟁에 뛰어들어 자동차 업계에 활기를 불어넣었던 머스크는 갑자기 자신을 우익의 영웅으로 부각시켰다.

"캘리포니아는 테슬라와 @일론머스크가 공장을 열게 해줘야 한다. 당장." 트럼프 대통령은 그렇게 트윗했다. "얼마든지 '빠르고 안전하게' 할 수 있다!"[42]

"감사합니다!" 머스크는 답장을 보냈다.

무엇보다도 중요한 사실은 다른 회사들이 칩 부족으로 어려움을 겪고 테슬라도 팬데믹의 영향을 크게 받는 마당에, 테슬라가 이를 기회로 자동차 산업을 지배할 수 있는 위치에 올라섰다는 점이었다.

이후 며칠 또는 몇 주 동안 테슬라는 생산을 정상화하기 위해 노력했지만 자동차를 만드는 데 필요한 근로자의 문제는 여전히 남아 있었다. 머스크는 그들과 함께하면서 말로 그들을 안심시켰다. 테슬라는 카운티를 들볶아 공장을 재가동했고 사실상 아무런 제재도 받지 않았다.[43]

5월 초에 그는 공장 근로자들에게 보낸 이메일에서 업무에 복귀하기가 망설여지면 집에서 무급 휴가를 보내도 된다고 통보했다.

"업무 복귀가 내키지 않으면, 너무 부담 갖지 않아도 됩니다."[44]

내가 조사한 바에 따르면 그의 말을 받아들여 집에 있기로 한 심약한 근로자들도 일부 있었다. 그들은 배우자와 자녀가 코로나19에 노출될 것을 걱정했다. 그중에는 호흡기 질환을 가지고 태어난 한 살짜리 아들이 있는 근로자도 있고, 최근 심장 수술을 받은 약혼자가 있는 근로자도 있었다. 얼마 지나지 않아 이들에게는 해고 통지서가 날아들었다. 일을 포기했다는 것이 해고 이유였다. 테슬라는 "업무에 복귀하지 않았다"고 그들을 비난했다. 단 복귀에 동의하면 그들은 직위를 유지할 수 있었다.

하지만 직원들의 코로나19에 대한 우려가 근거가 없는 것도 아니었다. 6월 9일, 나는 테슬라 공장에서 코로나19 확진자가 발생했다는 사실을 밝히는 기사를 보도했다. 머스크가 5월에 공장을 재가동하고 며칠 지나지 않았을 때였다. 나는 한 회사 관계자와 전화로 통화했지만 "무슨 상관이요?"라는 투의 냉담한 반응에 충격을 받았다. 테슬라는 직원들의 발병을 대수롭지 않게 생각하는 것 같았다.

조립 라인에서 작업자 간 거리 유지, 기계 소독, 마스크 착용 의무화 등 명백한 사회적 거리두기 조치가 내려졌지만, 머스크가 강제로 재가동한 이후 몇 달 동안 테슬라 공장은 수백 건의 코로나19 발병 현장으로 바뀌었다.[45]

테슬라의 코로나19 조치는 말뿐인 것 같았다. 회사 직원들은 입구에서 체온을 측정하고 마스크를 받은 후 근무 시작 시간에 무리를 지어 모였다.[46] 그러나 일단 근무에 들어가면 안전거리 유지 같은 조치는 거의 지켜지지 않았다. 핸들 같은 차량 내부 구성품을 설치하는 작업자들은 차 안쪽에서 서로 밀착한 채 작업했다. 근로자들은 작업장을 따라 나란히 놓인 공장 부품에 가까이 무리를 지어할 일을 했다. 점심시간에도 근로자들은 마스크를 벗고 촘촘히 모여 식사했다.[47]

근로자와 그 가족을 보호해야 할 책임을 놓고 머스크와 기엔의 견해는 뚜렷하게 갈렸다. 결국 이런 의견 대립은 함께 자동차 업계의 성공 신화를 만들었던 두 사람을 결별로 이끌었다.

법률 데이터 투명성 단체인 플레인사이트PlainSite가 입수한 자료에 따르면, 머스크가 공장 문을 다시 연 5월부터 12월까지 테슬라는 12월에만 125건을 포함해 약 450건의 코로나19 감염 사례를 기록했다.[48]

공장 내 확진자가 급증하고 있을 때 희한한 일이 일어났다. 테슬라의 주가가 폭등한 것이다. 공급망 중단, 칩 부족, 팬데믹 제한 조치가 겹치며 자동차 산업은 전반적으로 크게 주저앉았다. 하지만 테슬라는 팬데믹으로 인한 폐쇄 명령을 거부한데다 회사의 수직적 통합과 공급망이 중단되지 않았기 때문에 원래의 생산능력을 회복했고, 이에 힘입어 경쟁사들을 제치고 독보적 우위를 점할 수 있었다. 7월에 테슬라는 도요타Toyota와 폭스바겐Volkswagen을 누르고 지구상에서 가장 가치 있는 자동차 회사가 되었다.[49] 연말에 테슬라의 가치는 2020년 3월의 치명타를 입었던 일주일에 비해 8배 올라 있었다.

제롬 기엔은 10년 가까이 재직하면서 어려웠던 고비마다 테슬라를 구하는 등 잘 알려진 업적도 많았지만, 그런 그가 밉보인 것은 아마 머스크와 그가 신뢰하는 측근들에게 겁 없이 의문을 제기했기 때문일 것이다. 공장의 조기 재가동에 이의를 제기한 지 몇 분 지나지 않아 머스크는 기엔에게 전화를 걸었다. 그는 늘 예상하고 있던 터라 즉시 전화를 받았고 자신이 더는 프리몬트의 책임자가 아니라는 사실을 통고받았다.

기엔은 담담히 받아들였다. 그래도 그는 직원들에 대한 자신의 입장이 옳았다고 굳게 믿었다. 하지만 마지막 굴욕이 기다리고 있었다. 그는 곧 좌천되고 강등되어 대형 트럭 사업부로 발령 받았고, 그곳에서 머스크로부터 또 다른 전화를 받았다. 미귀속 스톡옵션 unvested stock options을 포기해야 한다는 통보였다.⁵⁰ 그에게 더는 회사 사장직을 맡기지 않을 것이고, 그 보상은 더 많은 책임을 지는 자리에 갈 때 부여된다는 얘기였다.

〈월스트리트 저널〉은 두 사람의 기싸움을 보도하며 기엔의 미귀속 주식 가치를 6억 달러로 평가한 이퀼러 Equilar의 분석을 언급했다.⁵¹

회사 가치가 폭발적으로 상승한 뒤 머스크의 행동을 보면 기엔이나 다른 사람들이 너무 많은 돈을 번다고 생각했다는 것을 알 수 있다. 불과 2년 전에 역사상 가장 후한 보상 패키지를 받았던 머스크는 지금 절차를 시작한 보상위원회 위원장이자 테슬라 이사인 아이라 에렌프라이스의 말을 듣고 테슬라의 주식 배당이 너무 후하다고 확신한 듯했다. 테슬라는 어려웠던 시기에 배당했다가 갑자기 수천 달러 가치가 된 주식을 일부를 회수하려 했다. 기엔의 경우엔 수억 달러였다.

테슬라도 자신들의 요구가 터무니없다는 것을 어느 정도는 알고 있었을 것이다. 옵션은 계약상 보장된 것이었으니까. 왜 주식을 반환해야 하는가? 그리고 회사가 어떤 상황이기에 옵션을 회수해야 했는가? 기엔은 그들에게 웃기지 말라고 했다.

테슬라는 2021년 6월에 SEC에 제출한 간략한 보고서에서 기엔의 퇴사를 발표했다.

"우리는 그간 많은 기여를 한 그에게 감사하며 앞으로 그의 건승을 기원한다."[52]

〈월스트리트 저널〉은 머스크의 "이례적인 요청"을 보도하면서 기엔의 다음 행보를 주목했다.

"미국 증권협회 보고서에 따르면 그 후 몇 주 사이에 기엔은 수억 달러 상당의 테슬라 주식을 매각했다."[53]

군비 경쟁

우버에 대한 일론 머스크의 생각은 분명했다. 기업 공개 전이던 2010년대 중후반, 이 차량 호출 서비스 대기업은 실리콘밸리의 사랑을 한 몸에 받았고, 리더인 트래비스 캘러닉Travis Kalanick은 당대의 천재적인 창업자로 인정받고 있었다. 이 회사는 언젠가 자율주행차를 출시할 능력이 있고, 택시 기사와 달리 24시간 내내 운행할 수 있으며 계산을 직접 하지 않아도 되는 편리성 때문에 많은 기대감을 모으며 엄청난 기업가치를 기록했다.[1]

어디서 들어본 얘기 같다면, 그것은 몇 해 지나 테슬라의 천문학적 기업가치가 정확히 같은 베팅에 따라 움직였기 때문이다.

하지만 한창 인기를 누리던 2017년과 2018년에 이 스타트업은 캘러닉의 거듭된 스캔들로 평판에 금이 가기 시작했고, 테슬라도 구원의 손길이 필요한 상태였다. 보급형 모델 3에 모든 희망을 걸었지만 생산에 어려움을 겪고 있었기 때문이다.[2]

모델 S가 성공하고 같은 플랫폼에서 제작한 SUV인 모델 X도 흥미로운 전망을 보여줬지만 그렇다고 머스크와 테슬라의 생존을 보장해 줄 정도는 아니었다. 머스크는 지금까지의 성공으로 얻은 이익을 다음 혁신 사업에 전부 쏟아부었다. 성공에 안주하지 않고 모델 3에 수십억 달러를 투자하기로 한 것이다. 베팅의 결과는 분명해지고 있었다. 버리기 힘들 만큼 규모가 큰 사업도 아닌데다, 대중 시장을 겨냥한 제품에 붙인 3만 5,000달러는 규모의 경제가 아니고는 실현할 수 없는 가격표였다. 이 자동차에 막대한 투자를 한 테슬라의 운명은 크라이슬러 이후 실패한 미국 자동차 제조업체의 긴 계보에 또 하나의 명단을 추가하거나, 아니면 현금을 확보할 방법을 찾던가 둘 중 하나에 달려 있었다. 이즈음에 머스크가 IT 대기업 애플을 찾은 얘기는 잘 알려져 있다. 대폭 낮춘 가격을 제시하며 테슬라를 인수할 의향이 있는지 타진하기 위해서였다. 머스크의 말에 따르면 애플의 CEO 팀 쿡은 만남 자체를 거절했다.[3]

하지만 또 다른 가능성을 보이는 인수자가 나타났다. 초기 우버 투자자이자 머스크의 친구로 테슬라 모델 S를 첫 번째로 인도받은 제이슨 칼라캐니스Jason Calacanis였다. 그는 이 차량 호출 회사와 테슬라가 "충돌 선상"에 있다며 합병해야 한다고 주장했다.[4] 그것은 이상적인 조합처럼 보였다. 실패한 스타트업의 바다에서 눈부신 성공을 거두며 미래 운송의 열쇠를 손에 넣은 것 같은 긱 이코노미gig economy의 '유니콘'과 세계 전기차 제조업체의 선두 주자가 21세기를 함께 추진한다는 구상이었으니까.

우버 쪽에서 볼 때 테슬라 인수는 미래를 위한 대규모 투자를 통해 창업자의 실수를 덮고 과거의 서사를 바꿀 수 있는 기회였다. 잠재적인 경쟁자를 제거하는 효과도 있었다. 우버 경영진은 머스크가 자율주행에 특이하고 야심 찬 베팅을 하고 있다는 사실을 알고 있었다. 소비자 소유 차량 군단의 완전자율주행을 가능하게 하는 베팅이었다. 그런 테슬라가 향후 우버의 최대 경쟁자로 부상한다면?

이 문제를 잘 아는 어떤 이에 따르면, 우버의 고위 관계자들은 군침을 흘렸을 뿐 아니라 성사 가능성이 큰 거래로 보았기 때문에 어떻게든 머스크의 관심을 끌어보려 했다. 한 임원은 머스크와 친한 친구를 통해 머스크에게 합병 의사를 타진했다.

대답은? 택도 없다, 였다. 머스크는 우버의 가치가 너무 높게 평가되어 있다고 말했다. 아마 그 사업의 펀더멘털이 마음에 들지 않았던 것 같다. 우버는 1,000억 달러 규모의 기업 공개를 앞두고 있었지만, 적자를 감수해 가며 운영하는 비즈니스 모델로는 합당한 규모가 아니었다. 또한 우버의 자율주행 실험 차량은 완전자율주행 차량과 관련된 첫 번째 치명적인 충돌 사고에 연루되어, 자율주행 미래에 강한 의문을 갖게 했다.[5]

2019년에 이루어진 우버의 기업공개에서 드러난 시들한 반응은 투자자들이 이 회사를 대규모 자율주행 차량을 감독하는 안전한 투자처가 아니라 여전히 수익을 낼 방법을 찾아야 하는 차량 호출 및 배달 회사로 여긴다는 사실을 다시 한번 확인시켜 주었다.

그런데도 우버 사업의 한쪽은 머스크와 맞닿아 있었다. 그리고 그 점이 우버의 기업가치를 높이 평가하게 해주는 이유 중 하나였다. 그것은 바로 2017년경에 우버의 라이벌인 리프트Lyft의 공동 창업자가 테슬라 본사에서 머스크를 만났을 때 그가 각별한 관심을 보였던 바로 그 사업이었다.

당시 존 지머John Zimmer는 자율주행차에 대한 대규모 투자를 논의하던 중 자체 조사한 결과를 머스크에게 공개했는데, 로보택시는 그 가치가 대당 25만 달러로 동급의 승용차보다 훨씬 높다는 결론이었다. 자동차가 운전자 없이 사람들을 태울 수 있다면 그 가치는 일반 차의 5배까지 평가받을 수 있다. 사실 지머가 무슨 중요한 기밀을 누설한 것도 아닌데, 머스크는 그 잠재력에 혹했다. 그날 회의실에서 지머와 마주 앉은 머스크는 주제가 안전 문제로 바뀌자 정부에 대해 격앙된 반응을 보이기 시작했다. 그는 정부가 자율주행 자동차 개발을 방해하면 피해를 입는 건 사람들이라고 주장하며, 이 기술을 허용하지 않을 경우 예방할 수 있는 많은 사망자를 막지 못하게 될 것이라고 강조했다. 지머가 떠난 후에도 머스크의 머릿속에는 여전히 25만 달러라는 숫자가 맴돌았다.

"그런 말을 아무렇지도 않게 털어놓다니 믿기지 않는군." 그는 큰 소리로 그렇게 말했다.

자율주행차는 2010년대의 '혁신 사업'이었지만, 대부분의 기업들은 이를 '알바트로스(짐이 되는 저주의 존재—옮긴이)'가 되고 말 몽상으로 치부했다. 그래도 이런 열기를 부추긴 것은 수익을 창출한다는 로보택시에 대한 기대감을 거부할 수 없었던 투자자들의 넉넉한 벤처 자본이었다. 당시는 기초 수준의 과학 프로젝트만으로 일반 승용차에 사방으로 삐죽삐죽 튀어나온 센서를 붙이기만 해도 미관과 상관없이 수백만 달러의 기업 가치를 인정받을 것 같은 분위기였다. 대중들도 자율주행차는 늘 '2년만 지나면 상용화될 것'으로 여겼고, 그 2년은 매번 2년씩 미뤄졌다.

회사들의 개발은 더디어, 걸음마 아니 더 정확하게는 노인네가 걷는 속도를 닮아갔다. 하지만 그 10년이 끝나갈 무렵, 대형 업체들은 공공 도로에서 자동차를 실험하기 시작했다. 애리조나주의 템피, 피츠버그, 캘리포니아주 팔로알토 등 실험 지역에 거주하는 주민들에게 자율주행 자동차는 일상적인 골칫거리는 아니더라도 자주 목격할 수 있는 존재가 되고 있었다. 일론 머스크는 미래에서 온 것 같은 차량이 인근 도로에 자주 출몰하는 것에 주목했다. 몇 해 뒤 등장한 AI 챗봇에 온 관심을 집중시킬 때처럼 그는 서둘러 대응에 나섰다.

"일론은 그 광경을 보고 생각했죠. '어디를 가나 자율주행 자동차들이군. 우리도 뭔가 해야겠어.'" 머스크의 생각을 잘 아는 실리콘밸리의 한 전직 임원은 그렇게 회상했다.

그러나 자율주행 자동차는 많은 가능성을 갖고 있으면서도 근본적인 문제가 있었다. 테슬라에게는 특히 중요한 문제였다. 회사들은 자율주행차가 개인 자동차 소유 시대의 종말을 예고한다고 계속 외쳐댔다. 피할 수 없는 일은 아니었지만 자율주행차 한 대를 만드는 데 수십만 달러가 들기 때문에, 그들은 이런 단위 채산성을 맞추지 못해 어려움을 겪고 있었다. 그래도 그들은 결국 확실한 해결책을 찾아냈다. 궁극적으로 승객을 태우고 그 과정에서 수익을 내 자체적으로 비용을 회수하는 방법이었다.[6] 실제로 소비자를 상대하는 모든 자율주행차 회사들이 이 모델을 추구했다.

단 한 회사만이 다른 비전을 세웠다. 일단 고객에게 승용차를 팔고 그 차가 어느 날 '깨어보니' 자율주행이 되어 있더라, 하는 계획이었다.

일론 머스크는 다림질한 흰색 와이셔츠와 몸에 딱 맞는 정장 차림으로 방을 가득 메운 투자자들 앞에 서서 리모컨을 만지작거리며 심호흡을 했다. 그때가 2019년 4월이었다. 그는 자율주행 경쟁에서 테슬라가 맡을 역할에 대해 결정적인 발표를 했다.

"내년 중반에는 완벽한 자율주행 하드웨어와 기능을 갖춘 테슬라 자동차가 100만 대 넘게 도로를 달릴 것입니다. 운전자가 신경 쓸 필요가 없을 정도로 믿을 만한 차량이죠. 잠을 자도 된다는 얘깁니다."[7]

두 아이의 아버지였던 월터 황이 사망한 사고가 일어난 지 1년여밖에 지나지 않았고 또 자신들의 오토파일럿 기능을 두고 연방 차원의 집중적 조사가 이루어지고 있었지만, 테슬라는 수백만 명의 운전자에게 훨씬 더 많은 자율성을 제공하겠다고 약속했다. 대담한 선언이었지만 머스크의 말은 끝나지 않았다.

"우리가 보기엔 빠르면 1년, 아마 1년이면 될 것 같고 어쩌면 1년 3개월이 될 수도 있겠지만, 내년이면 틀림없이 100만 대가 넘는 로보택시가 도로를 누빌 겁니다. 이들 차량은 무선 업데이트 한 번으로 활성화됩니다. 필요한 건 그게 전부예요."[8]

머스크는 실내를 둘러보았다. "로보택시의 순현재가치가 얼마냐고요? 아마 수십만 달러 선이 아닐까요?"

"자율성의 날Autonomy Day"이라고 내건 투자자 행사에서 머스크는 무대에 올라 다양한 이니셔티브에 대한 테슬라의 진행 상황을 매우 기술적으로 분석했다. 거기에는 "마스터 플랜Master Plan"이라는 제품 로드맵도 포함되어 있었다.

하지만 2시간이 넘게 이어진 발언의 의미는 분명했다. 테슬라는 도전장을 냈으며 경쟁에서 반드시 우위를 점할 수 있다는 자신감을 드러낸 것이다. 머스크는 지키지 못할 약속을 남발하기로 유명했는데, 그럴 때마다 어쩌다 일정이 틀어지긴 했어도 결국에는 약속을 지킨다고 둘러대곤 했다. 팬들은 그가 "2주"라고 했으면 몇 달을 의미하는 경우가 많다고 지적했다. 하지만 이번 약속은 규모가 전혀 달랐다. 그 의미는 즉시 분명해졌다. 테슬라는 더는 수익성이 낮은 소규모 자동차 제조업체가 아니라 인공지능을 추구하는 기술 회사, 즉 하늘 높은 줄 모르는 야망을 투사하는 회사로 거듭나게 된다.

출발 신호가 떨어졌다.

처음부터 로보택시에 대한 머스크의 비전은 실리콘밸리가 서로 알고 있는 자율주행차의 원칙과 크게 달랐다. 대형 업체들은 카메라와 센서의 이상적인 위치, 예를 들어 라이다 센서를 배치하는 위치 등을 두고 불필요한 논쟁을 벌이기는 해도 그들의 기본 공식은 같았다. 카메라와 레이더의 조합으로 장애물을 찾아내고, 라이다로 깊이와 움직임을 감지해 운영 환경에 대한 정확한 그림을 짜 맞추는 방식이었다. 운전자가 볼 수 있는 것을 훨씬 능가하는, 예를 들어 루프 센서를 사용해 언덕 너머의 사물에 대한 데이터를 수집할 수도 있었다. 그러나 인간 운전자는 실수를 피하지 못하는 존재이기는 해도 차선을 얼마나 지키며 따라갈지, 브레이크를 어느 정도 세게 밟을지, 교차로가 보이면 어디서부터 '속도를 늦춰' 진입한 다음 교통 상황을 살펴가며 회전할지 등 운전이라는 임무를 세분해 미묘한 판단을 계속 이어간다. 반면 자율주행 자동차는 컴퓨터처럼 이분법적으로 사고하기 때문에 태도가 분명한 편이었다. 따라서 상상 속 장애물과의 충돌을 피하려고 급정거하는 오탐(긍정오류 false positive)이나 실제 장애물을 감지하지 못해 탑승자를 위험에 빠뜨리는 미탐(부정오류 false negative)에 취약했다.[9]

하지만 머스크에 대해 한 가지 알아야 할 것이 있다. 그는 경쟁업체들이 어떤 한 가지 특정 문제에 해결 방법을 찾아냈다고 해서 그것을 따르지는 않았다. 그는 단순한 디자인과 공학적 방법을 선호했고 특유의 고집스러움, 좀 더 좋게 말해 절대 양보하지 않는 그만의 기준을 가지고 있었다. 즉 자신의 비전에 대해서는 타협하지 않고 끝까지 관철하는 편이었다.

실제로 머스크가 단순성을 지나치게 선호한 나머지 고객들이 불만을 터뜨렸다는 주장도 있다. 한때 테슬라는 변속 레버를 단계적으로 없애고 대신 자동차의 지능에 의존해 주행이나 후진 여부를 결정하겠다는 계획을 세운 적이 있다. 그는 시트 히터 같은 기본 기능까지 메뉴에 묻히는 등 갈수록 폐쇄적이 되어가는 사용자 인터페이스를 향한 사람들의 우려에 트윗으로 이렇게 답했다. "운전자의 입력은 오류투성이다. 자동차는 자동으로 제 할 일을 해야 한다."[10] 그러다 보니 최근에 나온 어떤 첨단 테슬라 디자인은 핸들을 레이싱 카나 항공기 조종간에서 착상한 스티어링 '요크'로 바꿔 제어가 잘 안되고 인체공학적으로도 적합하지 않다는 불만을 자초하기도 했다.[11]

머스크가 테슬라의 자동화를 추구하게 된 동기는 차량 호출 서비스나 실리콘밸리의 거대 기술 기업들로부터 자극 받았기 때문이 아니었다. 하지만 2019년에 이런 자동화 기능은 차주들에게 덤으로 주어지는 단순한 특혜의 수준을 넘고 있었다. 그들은 본격적으로 자율화를 추구하기 시작했다.

오토파일럿 모드에서 차는 스스로 차선을 변경하고 커브를 돌고 차량 흐름에 맞춰 속도를 조절할 수 있지만 그래도 운전자는 계속 주의를 기울여야 한다. "오토파일럿을 사용하는 동안 운전자는 항상 주의를 기울이고 핸들에서 손을 떼지 않고 차량을 제어할 책임이 있다." 테슬라 웹사이트의 면책 조항에 적힌 내용이다.[12] 오토파일럿은 처음 개발할 당시, 운전자를 지원하는 일련의 기능을 포괄하는 말에 불과했지만, 나중에 호출 같은 다른 기능도 포함된다. 운전자가 드라이브웨이와 주차장에서 차량을 원격으로 이동시키는 이 기능은 운전자가 있는 곳으로 차량을 불러올 수 있는 스마트 호출Smart Summon 버전까지 발전했다.

애초에 오토파일럿은 매년 미국 도로에서 사망하는 사람이 약 4만 명을 헤아리는 현실을 타개해 보겠다는 가상한 의도에서 탄생한 방안이었다. 테슬라는 사람이 실수할 확률을 제거하면 이런 사고를 상당 부분 없앨 수 있다고 믿었다.[13]

"우리가 오토파일럿 V1의 출시를 서두른 이유는 오토파일럿 기능이 없는 테슬라를 운전하던 사람이 졸다가 자전거를 타고 가던 사람을 치어 목숨을 잃게 만들었기 때문이다(테슬라 운전자는 다치지 않았다)." 머스크는 몇 해 뒤에 트윗에 그렇게 적었다.[14] (그는 그 운전자가 이 문제로 테슬라를 고소했지만 패소했다고 덧붙였다.)

이후 몇 해 동안 테슬라는 운전자의 손에 맡겼던 자동화의 범위와 수위를 점점 높여갔지만 규제 당국과 정부 관계자들은 이 엉뚱한 상상을 하게 만드는 용어에 반발했다. 자율이라고는 하지만 오토파일럿은 사람이 운전을 믿고 맡길 수 있는 시스템이 아니어서, 차선을 놓치거나 뚜렷한 이유 없이 작동이 안 되거나 장애물을 보지 못하는 경우가 흔했다. 한때 테슬라는 오해를 하게 만드는 마케팅이라는 이유로 연방거래위원회Federal Trade Commission로부터 제재를 가할 수 있다는 경고까지 받았다.[15]

그래도 테슬라는 못 들은 척 자신들의 계획을 밀어붙였다. 뉴스가 될 만한 충돌 사고가 나와도, 제재하겠다는 위협도, 차가 불에 타도, 사람이 끔찍하게 죽어도 테슬라는 개발 속도를 줄이지 않았다. 오토파일럿은 2018년 중반까지 최소 3건의 치명적인 충돌 사고의 원인으로 지목받았지만 그들은 거기서 멈출 생각이 없었다.

그 무렵 머스크와 테슬라는 전혀 다른 약속을 내놓기 시작했다. 곧 '완전자율주행' 체제로 간다는 얘기였다. 그것은 오토파일럿의 운전자 지원 기능을 훨씬 뛰어넘는 수준이라고 했다. 운전자가 3,000달러만 지불하면 차량 호출 회사들이 언젠가 광고했던 꿈에서나 가능했던 특정 기능을 장착할 수 있다. "여러분은 차에 오른 후 목적지만 말하면 됩니다." 테슬라의 웹사이트에는 그렇게 적혀 있었다.[16]

그들이 주장하는 "완전자율주행"은 고속도로와 도시나 주택가 도로, 주차장이나 사유지 도로 할 것 없이 일반 차량이 이용하는 주요 운행 환경 모든 곳에서 작동할 수 있다는 의미였다. 테슬라가 NHTSA에 제출한 안전 관련 보고서를 보면 그것의 실체를 알 수 있다. 여기에 기재된 "완전자율주행"은 정부가 "도심 도로 자동 조향 Autosteer on City Streets"이라고 이름 붙인 기능이다.[17]

기본적으로 이 소프트웨어는 오토파일럿의 기능을 공공 도로로 가져온 것이다. 자동차는 운전자의 개입 없이도 방향을 바꾸고, 속도를 높이거나 낮추고, 회전하고, 출발해서 도착할 때까지 정해진 경로를 따라갈 '수' 있다는 것이다.

말하자면 이런 원리다. 완전자율주행 베타 소프트웨어를 장착한 테슬라는 주변을 볼 수 있는 카메라 8대를 갖추고 있다. 카메라가 차량 주변의 실시간 영상을 수집해 강력한 내부 컴퓨터 하드웨어에 보내면 하드웨어는 차선 표시, 도로 표지판, 신호등, 잠재적 위험, 장애물 등 주변 환경에 대한 데이터를 해석한다. 예를 들어 도로 쪽으로 질주하는 사슴과 울타리 뒤에서 풀을 뜯는 소를 구별하는 것이 중요하다.

테슬라는 차량이 보는 것을 이해하기 위해 주변 영상과 작업자가 라벨링 한 대량의 이미지 모음과 대조해 장애물을 실시간으로 확실히 식별할 수 있도록 했다. 작업자들은 하루에 몇 시간씩 일시 정지 표지, 횡단보도, 자전거 전용 도로 같은 도로의 지형을 직접 추적해 내부 데이터베이스에 입력했다. 이런 식으로 테슬라는 이들 표시를 만날 때마다 눈에 들어오는 것에 대한 평가 기준을 확보해 어떻게 반응해야 하는지 그 방법을 알아냈다.

그러나 카메라는 빗방울이나 눈송이로 렌즈가 흐려질 수 있고 햇빛이 너무 밝아도 이미지가 잘 안 보이는 치명적인 약점이 있다. 그렇기 때문에 구글을 비롯한 여러 회사들은 이동 실험에 동원한 자율주행차에 카메라 데이터를 기반으로 작동하는 추가 센서를 부착한다. 예를 들어 이들은 라이다 센서를 이용해 대상에 빛을 쏘아 그 특징을 복합 점행렬로 만들어 평면 카메라 이미지보다 훨씬 높은 정확도를 얻는다.[18] 또한 그들은 기상학에서 흔히 보는 레이더 센서를 사용해 전파를 쏘아 먼 곳에서 위험을 감지하는 방식으로 카메라를 보완한다.

무엇보다 중요한 점은 경쟁사들의 자율주행차가 규칙과 고해상도 지도를 기반으로 한 구조적 프레임워크에 크게 의존한다는 것이다. 규칙은 간단하다. 예를 들어 자동차는 절대로 철로를 따라 주행해서는 안 된다. 자율주행 차량에는 이런 규칙이 미리 프로그래밍되어 있을 수 있다. 한편 고해상도 지도는 정지 표지판과 신호등뿐 아니라 버스전용차선, 휠체어 경사로와 빗물 배수구까지 모든 관련 도로의 특징과 장애물을 식별할 수 있다.

테슬라의 완전자율주행 차량이 이런 핵심 구성요소 없이 출시되었던 것은 대안적 비전에 매달렸던 한 사람의 고집에 얽힌 이야기로, 그 대안은 테슬라만이 추구하던 비전이었다.

2020년 출시 이후 테슬라의 완전자율주행은 오토파일럿과 더불어 무엇보다 중요한 머스크의 일차적 관심사였다. 그는 직원들과 밤늦도록 회의를 열어 진행 상황에 대한 업데이트를 요구했다. 그는 초기 버전인 "알파" 빌드 단계에선 자신의 차에 장착해 실험한 뒤, 고객 버전을 테스트하고 나서 대규모로 출시했다.[19]

또한 머스크는 툭하면 수백만 명의 청중에게 트위터로 새로운 기능을 약속해 엔지니어들의 뒤통수를 치곤 했다. 한 전직 직원은 직원들이 최신 버전의 운전자 지원 기능 출시 마감일을 머스크의 트위터 피드에서 처음 알게 되는 경우도 있었다고 했다.

당시에는 머스크를 애플 창업자 스티브 잡스의 현대판으로 추켜세우는 분위기가 분명 존재했다. 당시 오마 카지 같은 팬들은 "스티브 잡스"(나중에는 "스티브 잡스의 유령Steve Jobs' Ghost")라는 표시명과 함께 @tesla_truth라는 친테슬라 계정으로 트윗을 올리며 테슬라의 리더를 둘러싼 신화에 힘을 보탰다.

하지만 두 하이테크 리더들의 매너리즘과 경영 방식과 소통 방법의 차이와 디테일에 대한 관심(또는 관심 부족)을 생각하면 이런 비교를 수긍하기가 어려워진다. 그래도 두 리더가 비슷하다는 것을 입증할 수 있는 분야가 전혀 없는 것은 아니다. 해낼 수 없어 보이는 것을 향한 집착, 최대치까지 끌어올리는 통제력 행사와 철권 통치, 하드웨어든 소프트웨어든 단순한 것에 대한 선호 등이다. 잡스가 고집을 부려 당시 터치스크린에 흔히 쓰이던 스타일러스(터치펜)를 버리고 터치 기빈 아이폰이라는 아이디어를 관철한 사례는 유명하다. "스타일러스라니! 그런 것 좋다고 할 사람은 아무도 없어요." 그는 그렇게 말하며, 대신에 아이폰을 '세상에서 가장 좋은 포인팅 장비'인 인간의 손가락으로 작동하게 만들겠다고 선언했었다.[20]

이 같은 충동은 언젠가 자율주행 자동차를 만들겠다는 머스크의 방법론에서도 그대로 드러났다. 머스크가 보기에 테슬라의 자율성 문제를 해결하려면 가장 단순한 방식으로 접근해야 했다. 그것은 인간의 시력을 닮은 카메라와 제품에 뇌와 같은 감각을 주입하는 컴퓨터 코드 시스템인 신경망을 사용하는 방식이었다.

머스크의 제품 결정에 어떤 깊은 철학이 담겨 있다고 보는 사람도 있겠지만, 머스크와 함께 일했던 사람들은 사안에 따라 순전히 실용적인 선택을 하는 경우가 많았다고 말한다. 라이다 센서 없이, 그리고 나중에는 레이더도 없이 자율주행을 추구하기로 한 머스크의 결정이 그런 방식을 보여주는 명확한 사례다.

"그가 그것을 달지 않으려 했던 이유도 간단했어요. 미관상 좋지 않았기 때문이었죠." 테슬라에서 근무했던 한 소프트웨어 엔지니어는 그렇게 말했다. "그리고 비용을 생각해도 이런 기술을 추가하려면 돈이 많이 듭니다."

이 하드웨어를 생략하면 당연히 시스템 성능이 떨어지겠지만, 이에 대비한 해결책도 머스크에겐 있었다. 동원할 수 있는 기술을 활용해 하드웨어를 다시 만드는 방법이었다. 이렇게 만든 것을 그들은 테슬라 비전Tesla Vision이라고 했다. 테슬라는 카메라, 레이더, 라이다가 같이 어우러져 작동하는 센서 퓨전으로 규모를 감지하는 대신, 카메라의 조합만으로 소위 가상 라이다를 만들어냈다. 그것은 컴퓨팅 성능을 활용해 모든 이미지를 짜맞춰 깊이감을 제공했다.[21] 하지만 라이다가 제공할 수 있는 레이저 빛으로 구성한 미세한 도트 매트릭스 대신에 사진을 사용하는 방법은 아무리 좋게 봐도 가본 적이 없는 지름길에 지나지 않았다.[22]

테슬라 차량에는 첨단 컴퓨팅 시스템이 있어 경쟁사의 모든 규칙과 지도 데이터로 미리 프로그래밍할 필요가 없었다. 머스크의 비전이 실현된다면 샌프란시스코에서 일리노이주 케이로에 이르기까지 어느 곳에 테슬라를 내려놓아도 본능적으로 길을 찾아갈 것이다.

머스크가 보기에 복잡한 하드웨어와 코딩은 모두 보조 역할에 지나지 않았기에, 어떤 의미에서는 그의 말이 맞았다. 경쟁사의 자율주행 차량은 대부분 '지오펜스Geofence'로 프로그래밍된 작은 서비스 지역에 국한되어 있거나, 지형과 장애물을 꼼꼼히 파악한 후 그 지역에 고정밀 지도를 작성해 운영했다.

"FSD Supervised(감독형 완전자율주행)은 미국과 캐나다 어느 지역에서도 작동한다는 점에서 특별하다." 테슬라의 AI 부서는 몇 해 뒤인 2024년에 X에 올린 게시물에서 그렇게 밝혔다. "정밀 지도도 지오펜스도 필요 없다. 이는 테슬라가 한 번도 가본 적이 없는 곳에서도 사용할 수 있다는 말이다."[23]

테슬라는 경쟁사들의 차와 달리 운전자에게 필요한 모든 것, 즉 눈과 두뇌를 갖추게 된다.

하지만 오토파일럿을 완전자율주행 시스템으로 확장한다는 발상에는 회사 내부의 엔지니어들도 잠시 망설였다. 머스크가 약속한 출시일까지 남은 1년 일정도 부족하다는 듯, 테슬라는 주차장의 페인트 선이나 연석처럼 위험도가 극히 낮은 저속 상황에서 발생하는 기본적인 문제조차 해결하지 못해 어려움을 겪고 있었다. 더 심각한 문제는 오토파일럿이 여전히 주요 장애물을 감지하지 못해 치명적인 결과를 초래하고 있다는 점이었다. 네 아이의 아빠인 제러미 배너는 2019년 3월에 오토파일럿이 작동되는 테슬라를 몰고 가던 중, 도로를 가로질러 가는 트랙터 트레일러의 아랫면을 들이받아 사망했다. 조사관들은 충돌 직전 배너의 손이 핸들에 있지 않았으며 오토파일럿이 "차의 앞길을 가로지르는 트럭을 물체나 위협으로 감지하고 추적하지" 못했다고 말했다. 배너는 충돌한 순간 즉사했으며, 그의 빨간색 테슬라 모델 3는 도로를 512미터 더 돌진한 뒤에 멈췄다고 〈워싱턴 포스트〉는 보도했다.[24]

〈ABC 뉴스〉가 입수한 진술에 따르면, 테슬라는 배너가 핸들에서 손을 뗀 사실을 지적한 다음, 운전자에게 주의력 유지 책임이 있다는 입장을 고수하며 이렇게 말했다. "이 사고에 깊은 슬픔을 느끼며 이 비극으로 힘들어하는 모든 사람에게 위로를 전합니다."[25]

테슬라는 완전자율주행 계획을 꾸준히 추진했다. 2019년 중반에 머스크는 테슬라 내에서 "스마트 호출" 시스템의 신속한 출시를 추진하고 있었다. 이는 주차장에 세워 놓은 차가 스스로 주차장을 탐색해 운전자가 있는 곳으로 오는 시스템이다.[26] 쇼핑을 갔는데 비가 오기 시작하나요? 걱정하지 마세요. 차가 입구에서 여러분을 맞을 것입니다.

테슬라는 이런 요구를 충족시키기 위해 자체 라벨링 작업을 대폭 확대했다. 그들은 기존의 오토파일럿 데이터만으로는 충분하지 않다고 판단해, 신규 직원 수십 명을 모집해 이미지 라벨링 작업에 투입했다. 차선 표시를 예측하기 어려운 사설 주차장이나 주택가 도로 등, 장소를 가리지 않고 사실상 모든 곳에서 완전자율주행이 가능해지려면 참조할 이미지 데이터가 훨씬 더 많아야 했다.

오토파일럿은 고속도로 전용 시스템으로, 하는 일이 비교적 단순했다. 운전 규칙과 행동의 제약을 다들 잘 아는 폭이 가장 넓은 도로에서 자동차를 안내하는 방식이었다. 고속도로는 설계 표준이 대체로 같았다. 자동차는 설정된 제한속도를 초과할 수 없고 속도를 조절해 안전거리를 적절히 유지하고 그려진 차선을 따라가는 방법을 알아야 할 뿐 아니라 갓길이나 차로 분리 구조물, 공사 구역, 진입로나 진출로 같은 특징을 이해해야 했다. 주간州間고속도로를 주행하는 차량은 노란색 신호등, 횡단보도에 들어선 유모차, 목줄을 한 개, 사각지대에 있는 자전거 운전자, 도로변 일렬 주차 공간에서 빠져나오는 다른 차량 등을 만날 확률이 거의 없다. 이들을 한꺼번에 마주칠 가능성은 더더욱 없다.

머스크의 비전을 이행할 책임은 안드레이 카파시Andrej Karpathy에게 주어졌다. 스탠퍼드대 박사 출신으로 신경망에 관한 논문을 썼고 테슬라에 입사하기 전에 오픈AI OpenAI에서 일했던 인물이었다.[27] 자신의 비전을 글로 정확하게 표현하는 데 익숙한 사람에게 이런 일은 어려운 임무였겠지만, 머스크는 그를 믿고 테슬라의 자동화를 전담하는 팀을 맡겼다. 무엇보다 중요한 것은 카파시 역시 머스크를 직속상관으로 두었던 많은 사람들과 마찬가지로 그의 명령을 기꺼이 따랐다는 사실이다.

카파시 팀이 마주한 도전을 감으로나마 짐작해 보려면 자율주행 차량을 초보 운전자라고 생각하면 된다. 자율주행 차량은 전방을 확인하고, 가속하고, 조향하고, 브레이크를 밟는 등 도로를 운행하는 데 필요한 물리적 기준을 충족하지만, 그렇다고 실제로 도로에 나가서 무엇을 어떻게 해야 하는지 알고 있다는 뜻은 아니다. 이제 이미지 라벨링을 생활의 경험, 즉 숨겨둔 기억을 자동차의 컴퓨터에 수입하는 일종의 두뇌 훈련이라고 생각해 보자. 훈련 중인 초보 운전자는 아찔한 상황을 경험하고 나면 실수를 반복하지 않기 위해 기억을 되살리지만, 자율주행 차량은 이를 극단까지 밀어붙여 저장된 기억을 꺼내 정지 표지판이 어떻게 생겼는지 알아내고 도로의 그려진 선의 의미를 해석해야 한다.

테슬라에서는 이런 격차를 줄이기 위해 차량이 현실 세계에서 마주칠 수 있는 모든 경우를 식별한 다음, 거기에 라벨을 붙이는 대규모 격차 해소 작업을 진행했다. 특히 그들은 오토파일럿이 적용되는 고속도로에서는 보기 힘든 장애물에 중점을 두었다. 카파시의 직원들은 쇼핑 카트나 가로수, 버스 정류장 등을 따라 선을 그리거나 마우스 클릭으로 표시하며 테슬라가 구축하려는 데이터베이스를 만들어갔다. 완벽함이 목표는 아니었다. 그건 컴퓨터가 보완해줄 테니까.

그러나 무엇보다 급한 것은 작업 속도였다. 테슬라는 따라잡아야 할 게 많았다. 사내 라벨링 직원 300명은 각자 하루에 라벨 50개를 책임졌다. 시간당 라벨 6개가 넘는 속도였다. 작업은 단조로우면서도 시간에 쫓겼기 때문에 스트레스가 심했다.

스마트 호출의 출시는 이들의 능력을 시험하는 첫 번째 시험대였다. 머스크는 2019년 5월에 올린 트윗에서 이 기능의 출시 예정일을 암시한 뒤,[28] 8월이 되었을 때 4~8주 뒤에 출시한다고 발표했다.[29] 그리고 마침내 9월 스마트 호출을 출시하는 날, 테슬라는 무선 업데이트를 통해 수천 대의 차량에 이 소프트웨어를 한 번에 전송했다.[30] 테슬라 차주들은 그 기능에 탄복해, 자신의 차량이 아파트 단지나 쇼핑센터 주차장을 깔끔하게 가로질러 코앞에 나타나는 동영상을 찍어 올렸다.[31]

하지만 며칠 지나지 않아 새로운 동영상들이 올라오기 시작했다. 자동차가 당황해 어쩔 줄 모르거나, 다음 단계를 몰라 우왕좌왕하며 시간만 보내거나 심지어 충돌했다고 주장하는 동영상들이었다. 월마트 주차장에서는 테슬라 한 대가 주차 지점을 앞뒤로 들어갔다 나왔다 하기를 반복하며 2분 정도를 보내다 결국 차주 쪽으로 출발은 했지만, 움직이는 차량의 행렬 한복판에서 차주를 만나는 동영상도 있었다.[32] 〈비즈니스 인사이더〉 기사는 이 동영상 외에 다른 두 건의 사례에 주목했는데, 그중 하나는 테슬라가 연석을 타고 올라가 가로수에서 떨어지는 나뭇잎을 뒤집어쓰는 장면이었다.[33] 나머지 한 사례에서 테슬라는 차고의 측면을 긁어 차체가 움푹 들어가고 말았다.

10월 초에 머스크는 스마트 호출이 널리 사용되고 있다고 선전하면서 50만 번 이상 활성화되었다고 자랑했다.[34] 차주들도 그 기능을 작동했을 때 펼쳐진 마법에 크게 만족했고 이를 가족과 친구들에게 자랑했다. 하지만 정밀 조사가 거듭되면서 머스크는 몇 가지 결함을 인정해야 했다.

"앞으로 몇 주 안에 스마트 호출에 몇 가지 정교한 개선이 이루어질 것입니다. 비단같이 매끄럽게 말입니다." 그는 그렇게 트윗했다.[35]

새로운 기능이 추가되었기에 테슬라는 완전자율주행 패키지의 가격을 1,000달러 인상한다고 머스크는 썼다.[36] 이 패키지로 사용자들은 곧 출시될 같은 이름의 소프트웨어 베타 버전에 접속할 수 있게 된다. 테슬라는 아직 자동차를 자율적으로 움직이지 못하고 주차장에서 완벽하게 움직이지도 못하는 일련의 기능에 대해 7,000달러를 책정해 놓고 있었다.[37]

결국 약속했던 스마트 호출은 장애물을 예측하고 인식하는 등 이미 알려진 문제를 해결하는 데 실패했다. 테슬라는 이 소프트웨어를 우선 개발 순위에서 제외했다. 2022년에 머스크는 완전히 개조한 향상된 스마트 호출Actually Smart Summon, ASS이라는 리브랜딩을 발표하면서 "아마도 한두 달 뒤인" 내년에는 나올 것이라고 했다.

기다렸던 차주들이 실제로 이 기능을 받게 되는 것은 2024년 늦여름부터다. 하지만 얼마 안 가 2025년 1월에 NHTSA는 ASS와 관련해 보고된 충돌 사고의 조사에 착수했는데, 조사관들은 이전의 스마트 호출과 관련된 사고와 닮은 점에 주목했다.[38]

테슬라가 자율주행을 위한 노력을 배가하는 동안 우버의 자율주행 차량 프로그램은 포기 상태로 시간만 끌다, 2020년 12월에 결국 자율주행 스타트업인 오로라Aurora에 약 40억 달러를 받고 매각했다. 2010년대 중반 실리콘밸리에서 가장 인기 있는 유니콘의 선두 주자였던 우버로서는 전혀 상상하지 못했던 결말이었다. 애리조나에서 테스트 드라이버와 보행자가 관련된 비극적 사고가 발생한 후 프로그램은 와해되었고, 그렇게 생긴 틈새에서 대형 기술 기업들 중 또 다른 주자가 대담하게 자율성을 추구하게 된다.

2018년 3월 18일, 애리조나주 템피에서 자전거를 밀고 어두운 길을 건너던 49세 여성 일레인 허츠버그Elaine Herzberg가 자율주행 중이던 우버에 치여 사망했다.[39] 〈로이터〉에 따르면 허츠버그는 템피의 지역사회에서 사람들에게 호감을 주었던 노숙자 여성으로, 같은 노숙자 친구는 "누구나 그녀를 이모처럼 대했다"고 슬퍼했다.[40] 미국 전역에서 도로를 이용하다 자동차에 치여 사망하는 사람이 수만 명에 이르지만, 이번 사고는 자율주행 차량에 의한 첫 사망 사고라는 점에서 각성을 요구하는 사례였다.

당국은 당시 우버의 자율주행 기술이 탑재된 볼보Volvo XC90을 몰던 라파엘라 바스케스Rafaela Vasquez라는 여성이 오후 10시 충돌 사고 당시 차 안에서 NBC의 TV 쇼 〈더 보이스The Voice〉를 보고 있었다고 밝혔다. 비디오 영상에는 아래쪽을 바라보던 바스케스가 다시 고개를 든 순간 자신의 차량이 허츠버그를 치자 크게 당황하는 모습이 그대로 담겨 있었다. 미국 연방교통안전위원회NTSB는 바스케스가 도로와 차량의 성능을 적절히 확인하고 제어하지 못한 점과 한눈에 봐도 산만했던 그녀의 태도를 사고 원인으로 꼽았다. 바스케스는 과실치사 혐의로 기소되었다. 나중에 그녀가 유죄를 인정한 부분은 혐의가 더 가벼운 위험 유발 행위에 대해서였다.[41]

사고 원인을 산만한 운전자 한 사람의 행동으로 돌리기는 쉬웠을 것이다. 아무리 실험 차량 백업 운전자라고 해도 그녀는 그 SUV의 성능을 감시해야 할 의무를 회피했다. 그러나 우버도 이 사고에서 책임을 면할 수는 없었다. 나중에 〈워싱턴 포스트〉는 이렇게 보도했다. "NTSB에 따르면 허츠버그가 횡단보도가 아닌 장소를 건너고 있었기 때문에 우버의 자동 운전 시스템은 그녀를 보행자로 판단하지 못했다. 또한 조사관들은 우버가 볼보를 개조하는 과정에서 자동 비상 제동 기능 등 허츠버그의 생명을 구할 수도 있었던 몇 가지 안전 기능을 제거했다고 밝혔다."[42] 조사관들의 조사 결과는 테슬라 충돌 사고에서 지목했던 요인과 일치했다. 배너는 차량이 교차하는 곳에서 오토파일럿 모드로 운행한 탓에 트랙터 트레일러와 충돌해 사망했고, 테슬라의 오토파일럿 기능은 그런 곳에서 안정적으로 작동하도록 설계되지 않았다. 자율주행차량은 횡단보도 표시를 벗어난 곳에서 길을 건너는 사람처럼 예기치 않은 장애물을 정확하게 예측을 할 수 있도록 학습이 되지 않은 것 같았다.

우버가 운이 없었던 깃은 하필 이런 논란이 불거진 시점이 너무 좋지 않았기 때문이었다. 얼마 전 우버는 공동 창업자이자 CEO인 캘러닉을 쫓아냈다. 잇달아 터진 난감한 스캔들로 인해 CEO의 인격적 성숙함과 수송 스타트업을 이끌 능력은 물론, 회사 전반의 문화에도 심각한 의문이 제기되었기 때문이다.

2017년 1월 말에 #우버삭제#DeleteUber 운동이 벌어졌다. 우버가 택시 파업 기간에도 차량호출 서비스를 계속하자 고객 수십만 명이 이에 반발해 앱을 삭제한 것이다.[43] 당초 파업은 트럼프 대통령이 무슬림이 많은 국가의 미국 여행을 금지하자 이에 반대해 조직된 것으로, 수천 명의 시위대가 뉴욕의 존 F. 케네디 국제공항으로 모여들었다. 이에 우버는 혼잡한 시간대에 요금을 인상하는 요금 할증제surge pricing를 해제한다고 발표하면서 터무니없는 요금을 막기 위한 조치라고 했다. 하지만 이 조치는 사태 해결에 관심이 없는 행위로 받아들여졌고, 캘러닉과 우버는 격렬한 반발에 부딪혔으며 해시태그 나르기는 정점을 찍었다.

다음 달에는 전직 우버 엔지니어인 수전 파울러Susan Fowler가 사내에 만연한 괴롭힘 문화를 고발하는 게시물을 블로그에 올렸다.[44] 이 글로 차량 호출 회사와 그 리더에 대한 분노는 다시 점화됐고, 우버는 전 미국 법무장관 에릭 홀더Eric Holder의 지휘로 사내 문화에 대한 철저한 조사를 받기로 합의했다.[45]

그달 말 캘러닉은 다시 도마에 올랐다. 임금 삭감에 항의를 한 우버 기사에게 막말을 하는 모습이 담긴 영상이 공개된 것이었다. 캘러닉은 사과문을 발표했지만 더 버티기는 힘들어 보였다.[46]

"저는 리더로서 근본적으로 변화하고 성장해야 합니다." 그는 그렇게 자책했다.[47]

6월 말에 캘러닉은 자리에서 물러났다. 그의 퇴진으로 우버에는 더 새롭고 더 성숙해지고 또 더 따분해질 길이 열렸다.[48] 2020년 12월에 우버는 자율주행 사업을 포기했다. 몇 해 전까지만 해도 그들 야망의 중심축을 이루었던 프로젝트였다.[49] 2019년에 기업을 공개한 이 회사는 갑작스레 닥친 절박한 문제로 비용이나 운전기사의 인센티브나 성장을 추진할 할인 제도나 실험 등을 축소해야 할 처지에 놓였다. 스캔들의 후유증과 회사의 저수익 비즈니스 모델에 대한 정밀한 감독은 상장 후 오랫동안 공모가에 이르기 위해 애써 왔던 '유니콘'의 추진력을 상당 부분 앗아갔다.

여러 면에서 캘러닉의 되풀이되는 물의와 언론의 입에 오르내리는 미숙함 그리고 치열하고 살벌한 기업 문화를 숭배하면서도 요란한 파티를 자주 벌여 이사였던 아리아나 허핑턴까지 눈살을 찌푸리게 만든 그들의 문화 등은 실리콘밸리로 하여금 머스크의 파탄을 대비하도록 예고해 주는 전조였다. 머스크는 이후 대중의 상상 속에서 훨씬 더 큰 인물로 부각될 테니까.[50]

캘러닉은 자신의 운이 곤두박질치는 동안에도 자신은 한 세대에 한 번 나올까 말까 한 기업가로, 세상을 바꾸고 도시 기동력의 구조를 다시 창조한 인물이라고 생각했다. 테슬라가 여전히 주류에 진입하기 위해 안간힘을 쓸 때, '우버'라는 말은 이미 하나의 동사로 자리매김했으니까. 우버가 전성기를 구가하던 시절, 사람들은 너도나도 이 실리콘밸리에서 가장 인기 있는 직장에 들어가 캘러닉의 자신감 넘치고 과단성 있는 리더 역할에 힘을 보태고 싶어 했다.

하지만 그 주변에 있던 한 전직 임원에 따르면, 캘러닉도 머스크가 지구상에서 가장 부유한 사람이 되기 몇 해 전부터 이미 그가 다른 차원의 인물이라는 것을 알아보았다고 했다. 그 전직 임원은 당시에도 캘러닉이 머스크를 존경했지 머스크가 캘러닉을 선망한 것은 아니라고 말했다.

"일론은 세상에 몇 안 되는 그런 사람이에요. 그래서 그도 그랬죠. '젠장, 저런 사람이 진짜 기업가지.'"

머스크도 몇 가지 점에서 캘러닉의 역할을 이어받고 있었다. 한

때 회사의 미래를 상징하던 사업부를 우버가 접을 수밖에 없었던 것은 단 한 번의 치명적인 사고와 그 여파 때문이었다. 그러나 테슬라는 안전 부주의와 관련해 다른 기준을 적용받았기에, 운전자가 항상 주의를 기울여야 할 책임이 있다는 주장으로 버틸 수 있었다. 테슬라의 기술은 소비자에게 판매되는 승용차 모델에 적용되었기 때문에, 연방 자동차 규정의 준수 여부에 대한 조사도 대부분 제한적이었다. 그 점이 엄격한 기준이 적용되는 실험용 자율주행 차량과 달랐다. 머스크가 '자율주행'을 추진하던 가장 중요한 시기에, 첨단 운전자 지원 기능을 갖춘 테슬라는 운행 도중에 충돌 사고를 수백 건 일으켜 수십 명의 중상자를 내고 그 중 최소 20여 명의 사망자를 발생시켰다. 이 중 한 건이라도 경쟁 관계에 있는 회사의 자율 차량에서 발생했다면, 운전자의 과실 여부와 관계없이 모든 자율주행 차량은 운행을 중단했을 것이다.[51] 그러나 테슬라는 자신들의 차가 자율주행autonomous이 아니라고 주장했다. 단지 "자동주행self-driving"이었을 뿐이라고 강변했다.

이는 소송으로 번졌다. 테슬라가 자동주행 기능에 기술적 약속을 하는 과정에서 소비자를 속였다고 주장하는 소유주들이 환불을 요구하며 북부 캘리포니아에서 소송을 제기한 것이다. 그러자 회사는 이에 맞서 희한한 주장을 내놓았다. 차량이 실제로 운전을 할 수는 있지만 "능동적이고 지속적이며 세심한 운전자의 감독"이 필요하다는 얘기였다.[52]

"그러므로 차량은 자동주행하는 것일 뿐 자율주행하는 것은 아니다." 테슬라는 그렇게 말했다.[53]

"끝까지 싸워야 한다"

그 테슬라 임원은 미국 도로교통안전국NHTSA 국장 스티븐 클리프Steven Cliff와 통화를 하면서 흥분을 감추지 않았다.

"왜 우릴 배제하는 겁니까?" 그는 그렇게 물었다. 2021년 8월에 백악관에서 열리는 전기차 홍보 행사에서 테슬라가 제외된 것에 다른 의도가 숨어 있다는 투였다고 이 문제를 잘 아는 한 관계자는 말했다. 그는 테슬라가 "전기차만 생산하는 미국 기업"이며, 조 바이든 대통령이 취임 후 몇 달 동안 전기차를 우선순위에 두고 말하려 했던 재생 에너지 성공 사례의 표본이라는 점을 강조했다. 백악관 전기자동차 수뇌부 회의에는 자동차 제조업의 빅3인 제너럴모터스, 포드 그리고 크라이슬러에서 바뀐 스텔란티스Stellantis가 참석했는데 이들은 모두 테슬라에 비해 전기차 판매가 저조한 회사였다. 또한 이 회의에는 테슬라에 적대적인 전미자동차노조United Auto Workers, UAW도 참가했다. 이들은 부당노동 관행의 온상이라는 혐의

를 받는 테슬라의 프리몬트 공장에 노조를 결성하려 했던 조직이었다.[1]

테슬라 관계자는 의도적으로 무시하는 것이냐고 따져 물었다. "아니면 단지 노조 문제 때문입니까?"

한 관계자에 따르면 그동안 바이든 정부의 관료들이 중재에 나서 테슬라의 워싱턴 연락책 로한 파텔을 달래면서, 그 결정은 자신들의 권한 밖이라고 해명했다고 한다.

"대통령이 UAW 편이라는 점을 분명히 하려고 내린 결정입니다." 관료 한 사람이 그렇게 말했다.

머스크는 한숨을 쉴 수밖에 없었다.

바이든의 전기자동차 수뇌 회담에서 테슬라가 제외된 이 이야기는 이 사건을 잘 아는 두 사람의 기억을 바탕으로 한 것이다.

두 사람의 설명이 다 사실일 수 있다. 하나는 바이든이 아직 전기차를 잘 모르는 사람들에게 자신의 계획을 알려 관심을 유발하려 했다는 것이고, 또 하나는 백악관 현관 앞 사우스론South Lawn 행사 공간이 협소한데다 코로나19 탓에 참석자 대부분이 마스크를 쓰고 다닐 때였기 때문이라는 것이다. 그렇다 해도 바이든의 관료들은 이 결정이 불러올 파장을 미처 예상치 못한 것 같았다. 그래서 그들은 이후 열리는 행사에는 어떻게든 머스크를 끼워주려 애를 썼다.

그러나 머스크는 몇 해 전 NTSB가 황의 충돌사고를 조사할 때 정부의 막강한 힘이 자신에게 불리한 쪽으로 작용한다고 의심했기에, 이번 푸대접으로 그들은 그런 의혹을 더욱 사실로 확신했다. 이를 계기로 머스크는 정치적 기회주의자에서 공화당의 본격적인 지지자로 확실하게 변신한다. 비록 그가 개인적으로 무시당한 일들을 무기 삼아 정치 분야에서 훨씬 더 급진적인 행동을 정당화하긴 해도 말이다.

그보다 한 해 남짓 전에 머스크는 백악관 대통령 집무실에서 트럼프와 마주 앉았다. 대통령은 자신이 회생시키겠다고 약속한 국내 제조업 부흥에 필사적인 노력을 기울이고 있었다. 트럼프는 최고의 자동차 제조업체를 무시하기는커녕 직접 머스크에게 호소하며 자신도 테슬라를 가지고 있다고 밝히는 등, 자신의 핵심 의제에서 중요한 측면인 국내 제조업에서 머스크의 회사가 차지하는 비중을 강조했다. 하지만 트럼프는 전기차 홍보대사와는 거리가 멀었다. 오히려 그 역할을 떠맡아 전기차를 국내 친환경 에너지 의제의 핵심 요소로 삼은 것은 그의 후임자였다.

"사실 나는 전기차 같은 건 잘 몰라요." 어떤 보도에 따르면 트럼프는 그렇게 말했다고 한다. "테슬라를 두 대 가지고 있는데" 당최 충전할 곳이 없다고 그는 말했다.

머스크는 옆에 있던 테슬라 임원에게 손짓했다. "휴대폰 좀 꺼내 보세요."

그 임원은 트럼프에게 빨간 점이 가득한 화면을 보여주었다. 그는 테슬라의 방대한 슈퍼차저Supercharger 네트워크, 즉 전기자동차 배터리를 빠르게 충전할 수 있는 충전소의 규모를 보여주며 믿지 못하겠다는 표정의 대통령에게 설명했다. 이 이야기는 이 문제를 잘 아는 어떤 사람의 기억을 바탕으로 재구성한 것이다.

트럼프는 의구심을 떨치지 못했지만 그에겐 머스크와 테슬라가 필요했다. 이 전기자동차 제조업체는 사이버트럭과 모델 Y 크로스오버 같은 차량을 생산할 다음 기가팩토리의 장소를 물색하고 있었다.[2]

테슬라는 텍사스주 오스틴이나 남부 지역 중 노조가입 의무가 없는 주 또는 오클라호마처럼 대평원지대의 주를 유력하게 검토하고 있었고, 실제로 털사는 유치 활동을 적극 벌이기도 했다. 그런가 하면 행정부 관료들에게는 멕시코나 캐나다도 고려 중이라고 일러주었다. 그 때문에 트럼프 행정부가 개입하게 되었고, 결국 머스크는 45대 대통령과 마주 앉게 되었다고 이 문제를 잘 아는 인사가 전했다.

"여기 미국에 지어야 합니다." 트럼프는 그렇게 말했다.

행정부가 해드릴 게 있나요? 머스크는 당장 떠오르는 것이 없었다.

하지만 트럼프 행정부는 필요한 사항이 있으면 정부에 직접 요청할 수 있는 권한을 테슬라에게 부여했다. 예를 들어 유명무실하고 복잡한 연방 배기가스 배출 규정을 바로잡는 것도 가능했다. 테슬라는 그 규정이 오바마 시절의 실책이라고 생각했다. 행정부는 테슬라의 다음 공장을 본국에 유치하기 위해 타협안을 제시한 것이었다. "도대체 꾸물댈 이유가 없지 않소?" 트럼프가 그렇게 말하며 문제를 본격적으로 추진하기로 했다.

2년 뒤 트럼프는 트루스소셜Truth Social에 올린 글에서 머스크를 겨냥해 과거의 착오를 바로잡았다. "일론 머스크가 백악관을 찾아와서 멀리 가지도 못하는 전기차이든, 충돌사고나 내는 무인자동차이든, 갈 데도 없는 로켓 우주선이든, 보조금을 받는 그의 많은 프로젝트에 대해 도움을 요청하더군요. 사실 그 보조금이 없으면 자기는 아무 쩍에 쓸모가 없다면서 자신이 트럼프의 열렬한 팬이자 공화당원이라고 말했어요. 그때 내가 '무릎 꿇고 빌어보라'고 했으면 그러고도 남았을 겁니다. …"[3]

그러나 실제로 부탁을 한 쪽은 트럼프였고, 머스크가 선뜻 들어주는 듯한 분위기였다.

"SEC, 세 글자로 된 약어에서 가운데 글자는 일론." 상장 기업의 CEO가 직접 올린 트윗이었다.[4]

몇 달 뒤 산타모니카 투자 사무실에 앉아 있던 로스 거버는 머스크가 쓴 글을 보고 눈을 의심했다. 머스크의 가장 열렬한 지지자이자 수백만 달러를 테슬라에 쏟아부으며 횡재를 확신했던 거버는 이제 머스크의 정신상태를 의심하기 시작했다.

머스크가 미국 최고 금융 규제 당국자에게 저속한 말투로 꺼지라고 한 것이다.

"위험합니다." 머스크의 게시물이 올라온 지 1분 후 거버는 그렇게 댓글을 달았다. 머스크는 대꾸했다. "하지만 매애애애우 흡족한데요."[5]

2020년 7월 2일의 트윗으로 비교적 조용했던 시기가 깨졌다. 적어도 머스크의 기준으로는 그랬다. 4,000만 달러의 "자금은 확보됐음"이라는 소동이 있고 나서, 머스크의 가장 큰 문제들은 대부분 빠른 시간에 자연스럽게 해결된 편이었다. 머스크더러 물러나라는 요구는 크게 줄었고, 테슬라는 모델 3 생산의 적체 현상을 해결했으며, 주식은 더는 급락을 멈추고, 머스크의 법적 문제도 완화되었다.[6]

2018년의 모든 돌출 행동 이후, 핵심 투자자들은 가끔씩 공개적으로 머스크에게 행동을 자제할 것을 권했다. 머스크는 이들 중재 세력, 그중에서도 거버의 말에는 귀를 기울이는 것 같았다. 그는 2019년에 시장을 움직일 수 있는 자신의 소통 수단을 공개하기 전에 공인 증권 변호사의 검토를 받기로 동의했는데, 그래 봐야 그 변호사는 별다른 힘을 못 쓰는 보호자로 "트위터 보모Twitter sitter"로 알려지게 된다. 머스크는 민감한 숫자를 트윗하거나 본인이 자초한 실수로 규제 당국의 조사를 부르는 행위 등을 자제했다.[7] 2019년 말에 머스크는 태국 동굴 구조 자원봉사자 언스워스를 '소아성애자'라고 불러 피소되었던 명예훼손 소송에서 무혐의 처분을 받아 또 한 가지 걱정을 덜었다.[8]

그 사이에 테슬라의 주가는 크게 치솟아, 머스크의 논란이 한창이던 2020년 초에 비해 4배 올랐다.[9] 시장은 탄탄한 잠재력과 충실한 팬층, 안정적인 리더로 수익을 내는 기술 회사를 좋아했다.

하지만 코로나19 봉쇄 조치가 시작되면서 머스크가 마음을 고쳐먹고 사업 목표에 집중하리라 생각했던 기대는 사라졌다. 분노와 자제력을 잃은 그는 갑자기 비즈니스 세계의 금기를 깨기로 했다. 정치적 편들기였다. 특히 정치적 양극화로 국론이 분열된 나라에서 이런 그의 생각은 문제가 되었다. 그는 잘못이 있으면 솔직하게 지적하곤 했지만, 그래도 정치에 뛰어드는 것만큼은 신중한 편이었다.[10] 그가 바라는 것은 오로지 가장 성능이 좋은 첨단 전기차를 만들어 진보, 보수 할 것 없이 모든 미국에게 판매하는 것뿐이었다. 특히 캘리포니아 엘리트들에게 고급 친환경 에너지 자동차를 팔려는 자가 함부로 정치적 입지를 노골적으로 드러내는 것은 사업 전체를 위험에 빠뜨릴 수도 있는 행위였다.

어쩌면 그에겐 선택의 여지가 없었을지도 모른다. 자신과 자신의 회사를 쫓아내려는 것 같은 정부 기관과 좌파 활동가들에 대한 그의 인내심은 점점 바닥을 드러내고 있었다. (증권거래위원회SEC의 명령은 엄밀히 말해 트럼프 집권 시기에 이루어진 것이지만, 머스크가 분노한 직접적인 대상은 SEC의 샌프란시스코 현장 사무소로, 그는 그들이 자신에게만 유독 적대적이라고 생각했다.)[11] 그는 조사하고 규제하고 집행하는 그들의 처분을 개인적인 모욕으로 받아들였다. 자유주의자들의 과잉 개입이라고 판단한 머스크의 불만은 베이에어리어 당국이 테슬라 공장에 폐쇄 명령을 내리면서 절정에 달했다.

그는 나중에 정부의 조치는 정치적 공격과 다를 바 없다는 점을 분명히 밝히면서 "나에 대한 민주당 지도부의 부당한 공격과 테슬라와 스페이스X에 대한 매우 냉담한 태도"를 언급한 후, 2022년 대선에서는 공화당에 투표하겠다고 선언했다.[12]

머스크는 자신의 회사에 대한 정부의 조사를 자신의 사업에 대한 평판이나 개인 생활에 대한 공격과 구분하지 못하는 것 같았다. 한편 테슬라는 텍사스로 사업을 대폭 확장한 뒤로 새로운 고객층을 겨냥한 제품을 더 많이 선보이고 있었다. 거기에는 미래 지향적인 픽업트럭과 'T' 로고와 함께 "[테슬라]를 건드리지 마Don't mess with (Tesla)"라는 문구를 새긴 50달러짜리 벨트 버클 같은 공격적인 마케팅 수법도 포함되었다. 머스크가 테슬라 본사를 골든스테이트 밖으로 옮기겠다고 발표한 후 캘리포니아 주 하원의원이 "엿이나 드시지, 일론 머스크"라는 트윗을 올린 사례에서 보듯, 민주당 당직자들이 머스크에게 오해를 살 만한 처신을 한 것도 사태 해결에 도움이 되지 않았다. 이런 일을 겪을 때마다 머스크는 확증편향을 굳혔고 그것을 머스크는 수백만 팔로워에게 보내는 무기로 삼았다.[13]

"선출직 공직자에 어울리지 않는 현명하지 못한 처사다." 거버는 해당 의원에게 보낸 답글에서 그렇게 말했다.[14]

오히려 머스크는 이런 소위 부당한 공격을 회사를 옮기려는 결정의 정당성을 입증하는 근거로 활용했다.

어떤 면에서 보면 테슬라의 압도적인 전기차 판매실적이 머스크의 행동이 불러오는 최악의 영향을 막아주는 셈이었다. 테슬라의 미국 최대 시장인 캘리포니아는 이미 포화 상태였다. 인구와 정치적 성향이 모두 테슬라의 미래에 대한 대규모 베팅을 지지했기 때문이었다. 이런 시점에서 갑자기 극우로 돌아선다면 실제로 그 피해가 얼마나 크겠는가?

2020년 말, 머스크는 공식적으로 텍사스로 회사를 옮김으로써, 자신에게 큰돈을 벌어주었던 주와의 결별을 기정사실화했다.[15]

머스크는 곧 새 터전에 맞춰 벨트 버클과 카우보이모자를 착용하고 카우보이 행세를 했다. 전투적이고 감사할 줄 모르는 좌파 진보주의자들과는 달리, 테드 크루즈Ted Cruz 상원의원과 그레그 애벗Greg Abbott 주지사 같은 텍사스의 우파 정치인들은 두 팔 벌려 그를 환영했다.

그렇게 해서 머스크는 새로운 국면의 공적 활동에 발을 들여놓기 시작했다. 거기서 그는 허용되는 행동의 한계를 스스로 직접 정의하면서, 어리석고 무례한 짓보다 더 나쁜 것은 진실하지도 정직하지도 않은 NPC('비플레이어 캐릭터non-player character'의 줄임말로, 일반적이고 중요하지 않다는 의미의 비디오 게임 용어)가 되는 것이라고 규정했다.[16] "개인은 항상 자신의 머릿속에서 실행되는 소프트웨어를 누가 만들었는지 궁금해해야 합니다." 그는 나중에 그렇게 말하면서 덧붙였다. "NPC가 되지 마세요."[17]

그는 규정을 지키려고 노력했다. 그런데 그 결과가 어땠는가? 결국 테슬라 공장이 그나마 몇 달 일찍 문을 다시 열 수 있었던 것은 정부의 권위에 도전했기 때문이었다. 그리고 이 기술 분야의 거물이 볼 때 SEC는 꼭 부정확하다고 볼 수도 없는 트윗을 문제 삼아 자신의 무릎을 꿇리려 했다. (머스크는 자신의 블로그에서 분명히 밝혔듯이 "자금은 확보됐음" 트윗을 올린 시점에 사우디와 실제로 투자 문제를 협상하고 있었다고 말했다.)

문제가 해결되고 나서 2년이 지났을 때, 머스크는 할 수 있는 가장 강력한 어조로 SEC의 집행이 부당하다는 생각을 분명히 드러내기 시작했다.

"그는 기본적으로 어떤 권위도 철저히 경멸하며, 어떤 권위에 대해서도 응대해야 한다고 생각하지 않습니다." 거버는 2023년 4월 나와 인터뷰하는 자리에서 그렇게 말했다. "나는 실제로 내게 피해를 줄 수 있는 사람들에게 모욕을 주는 그런 오만함에 대해서는 전혀 다른 의견을 가지고 있습니다."

머스크가 보기에 새로운 권위는 주류 언론을 장악하고 자신에 대한 감시의 눈을 더욱 늘려가는 진보 성향의 기득권층이었다. 이들은 영화와 TV 프로그램에 스며드는 정치적 문화 전쟁을 지배하고, 허용되는 말과 유머의 한계를 재구성하는 부류였다.

머스크는 이미 SEC를 향해 그의 꼬붕이 되라고 사실상 통보한 상태였다.[18] 하지만 2020년 7월 말, 마침내 그의 이너서클을 분열시킨 또 다른 트윗이 올라왔다.

"이런 대명사들 짜증 나." 머스크는 7월 24일에 그렇게 트윗했다. 트랜스젠더 커뮤니티와 성별을 포괄하는 대명사(예를 들어 he나 she가 아닌 they 등―옮긴이)를 받아들이는 사회적 풍토를 겨냥한 글이었다.[19]

머스크의 여자친구인 가수 그라임스는 기겁했다.

"난 당신을 사랑하지만 제발 그 휴대폰 좀 끄세요." 그녀는 답글에 그렇게 썼다. "난 혐오를 지지할 수 없어요. 제발 그만해요. 난 그게 당신의 진심이 아니란 걸 알아요." 이 글은 나중에 삭제되었다.[20]

머스크는 이념적으로 변신 중이었다. 그는 몇 해 동안 정치적으로 민주당 지지자를 자처했다. 실제로 그는 비즈니스 세계에서 기후 변화에 대해 가장 가시적인 대응책을 내놓아, 전기자동차를 대중화했을 뿐 아니라 그걸 멋지게 만들어 내놓은 인물이었다. 그는 공상에 가까웠던 친환경 기술의 변화를 더는 외면할 수 없는 현실로 앞당겼다. 당시만 해도 머스크는 공화당의 대의를 거의 지지하지 않았다. 머스크는 중국 정부에 끊임없이 구애를 해왔다. 국제무대에서 중국은 미국의 최대 경쟁자이자 트럼프가 벌이는 무역 전쟁의 교전국이었지만, 머스크는 이와 달리 세계에서 가장 인구가 많은 중국을 테슬라 제조의 핵심 허브로 만들려고 애를 썼다.[21] 테슬라는 새로운 제조 공장으로 멕시코도 주목하고 있었다.[22]

머스크는 검열과 정치권의 월권을 비판하면서도 중국에 대해서는 좀처럼 부정적인 말을 입에 담지 않았다. 한편 그는 자동차 제조의 미래뿐 아니라 우주를 향한 미국 정부의 야망에도 영향력을 행사했는데 이는 종종 정부 계약과 보조금의 도움으로 이루어졌다.[23] 또한 그의 스타트업 뉴럴링크는 사람들의 뇌에 컴퓨터 칩을 이식하려 했다.

이처럼 당시 우파로서는 일론 머스크보다 더 두려운 상대도 드물었을 것이다. 기후 변화를 막으려는 그의 견해는 전혀 소극적인 면이 없었다. 실제로 그는 기후에 매우 강경한 입장이어서, 트럼프 행정부가 파리기후협약Paris Climate Accords을 탈퇴하자 트럼프 대통령의 자문위원직을 두 차례나 그만두었다. (머스크는 앞서 트럼프의 무슬림 국가 여행 금지 조치 때도 시민단체로부터 사퇴 압력을 받았지만 그때는 남기로 했다.)[24]

그러나 트럼프의 경우에서 보듯, 보수주의자들은 이념적 순수성과 공감대라는 개념을 기꺼이 포기하고 기존 질서를 조롱하는 인물의 신선한 모습에 기대를 거는 것 같았다. 머스크는 블루칼라가 아니었다. 그는 유명 가수와 사귀는 유명인이자 카니예 웨스트나 조 로건과 어울렸던 기술 분야의 괴짜였으며 개인 제트기로 출퇴근했다.

그러나 온라인 게시물에 과도할 정도로 집착하는 그의 모습을 보고 사람들은 머스크도 그저 그런 사람 중 하나라는 인상을 받았다. 그는 밈을 퍼 나르고,[25] 감정에 흔들려 모욕적인 말을 쏟아붙였다.[26] 어쩌다 접하게 된 음모론이 사람들의 흥미를 끌 만하다고 판단되면 아무리 무책임한 주장이라 하더라도 주저하지 않고 퍼뜨렸다.

그의 막말 충동은 정치색을 띠지 않았지만("4/20 이후 69일 만에 다시 하하." 머스크는 2020년 6월 28일에 그렇게 썼다), 갑자기 좌파에 대한 불만이 커지면서 속내를 다시 드러냈다.[27]

2016년 대선 때 머스크는 민주당을 선택했다고 밝히면서 힐러리 클린턴 Hillary Clinton에게 투표했다고 말했다.[28] 2020년에 그는 역시 바이든에게 투표하겠다고 말했다. 하지만 코로나19로 인한 제한 조치와 캘리포니아 당국의 공장 폐쇄 결정 이후 겪은 좌절감으로 그의 입장은 분명해졌다.

"좌파는 중도층을 잃고 있다." 그는 그해 여름 그렇게 말했다.[29]

머스크는 자신을 상식적인 유권자나 당파적 정치에 무관심한 사람으로 여기는 듯했다. 즉 양당에 대해 서로의 차이를 좁히라고 촉구하는 어떤 포퓰리스트 대통령 후보와 비슷했다. 그는 정당에 관계없이 자신의 회사와 야망을 발전시키는 데 도움을 줄 정부 관료의 편을 드는데 주저하지 않았다. 머스크에게 정치는 그 자체로 성가신 대상이었다.

"나는 반보수주의자도 아니고 반자유주의자도 아니다. 다만 집단 사고가 싫을 뿐이다. 아이디어는 그 자체의 장점에 따라 고려되어야 한다." 언젠가 그는 그렇게 썼다.[30]

하지만 물론 2020년에도 비정치적인 태도를 유지하기는 어려웠다.

5월 25일에 미니애폴리스에 살던 46세의 흑인 남성이자 아버지였던 조지 플로이드가 미니애폴리스 경찰관 데릭 쇼빈Derek Chauvin에 의해 살해당하는 일이 발생했다. 그는 플로이드가 숨을 쉴 수 없다고 버둥거리는데도 그의 목과 등을 9분 넘게 눌렀다.

플로이드의 죽음에 대한 분노가 미국 대도시로 번지면서 전국이 시위와 폭동의 현장이 됐다. 머스크도 참여해 "조지에게 정의를JusticeForGeorge"이라고 적으며 현장에 있던 다른 경찰관들을 기소하라고 촉구했다.[31]

시위가 격렬해지고 인종 차별 철폐를 위한 운동이 빠르게 확산하면서, 흑인 커뮤니티를 부정적으로 바라보는 치안 당국의 영향력에 대한 대중의 인식이 높아졌다. 이 운동은 곧 테슬라의 정문 앞에도 도달했다. 그해 미국 전역의 기업들은 노예해방 기념일인 6월 18일을 따로 기리기로 정했다.

공휴일인 노예해방 기념일 아침엔 인종 정의를 요구하는 시위가 예정되어 있었다. 테슬라의 인적자원 책임자 발레리 케이퍼스 워크맨Valerie Capers Workman은 직원들에게 이메일을 보냈다.[32] "테슬라는 의미 있는 행사에 참여하거나 축하하거나 되새기기 위해 결근하고자 하는 모든 미국 직원들을 위해 노예해방 기념일을 전적으로 지지한다는 입장을 밝힌다." 정작 근로자들이 어리둥절한 것은 다음 문구였다. "유고 결석으로 처리되겠지만 무급 휴가다."[33]

과거 인종 차별과 반복적인 직장 내 괴롭힘으로 고발당한 회사에서 처우 개선을 요구하며 노력해 왔던 테슬라 근로자들에게 이 메시지는 모욕적이었다고 당시 분위기를 잘 아는 어떤 사람은 그렇게 회상했다.

흑인 여성인 워크맨은 애초에 이 직책에 임명되었을 때 놀랐다. 테슬라의 전 사장인 제롬 기엔이 로비까지 해가며 그녀를 채용했기 때문이다.

그녀는 테슬라가 근로자, 특히 유색인종 근로자를 대하는 태도에 문제가 있다고 보았기에 머스크에게 뭔가 달리 조치를 해줄 것을 요구했다. 그녀는 거리낌 없이 할 말을 했을 때 머스크의 존경을 받을 수 있다는 것을 보여주는 본보기였으며 머스크도 그녀를 이용해 소위 예스맨에게 둘러싸여 있지 않다는 것을 과시했다. 그래도 그녀는 어떤 회의에 불려가 자신의 승진에 관한 이야기를 들었을 때 자신을 해고하려는 꼼수로 여겼다.

하지만 2020년 중반, 코로나19에서 인종 정의에 이르기까지 많은 논란을 불러왔던 고위 경영진의 결정에는 워크맨의 이름이 빠지기는커녕 서명자로 버젓이 들어 있었다.

그날 빠질 수 없어 회사에 도착한 일부 직원들은 그 문구를 읽었다. 아주 평범하게 시작하는 공지 사항이었다.[34] 하지만 결국 테슬라가 근로자들에게 공휴일을 마치 양보하거나 선심을 베푸는 것처럼 보이는 내용을 본 그들은 회사를 예전과 같은 눈으로 바라보기가 어려웠다.

당시 테슬라에서 근무하던 소프트웨어 엔지니어 네이선 머시Nathan Murthy는 팬데믹과 플로이드 시위가 겹친 이 시기는 근로자와 관련된 주요 사안에 대한 머스크의 감정이 여과 없이 드러나는 순간이었다고 평가했다. 그리고 그는 근로자들이 생사가 걸린 제안으로 여겼던 문제가 CEO에게는 단순히 업무상 불편한 현실 정도로 보인 것 같다고 말했다.

"우리는 머스크의 본색을 확실히 알게 되었다." 머시는 그렇게 말했다. "그가 공감할 생각이 없는 것인지, 아니면 너무 바빠 공감할 틈이 없는 것인지는 잘 모르겠다."

2021년 1월에 미국은 다시 한번 수렁으로 빨려 들어갔다. 팬데믹에 대한 대응과 인종 정의 시위 정도로는 미국인들의 일상에 정치의식을 주입하기가 미흡하다는 듯, 단순히 마스크를 착용할지 말지 같은 간단한 결정에서조차 분열과 대립이 난무하는 정치적 혼란 속에서 퇴임을 앞둔 대통령은 자신이 선거에서 패배했다는 사실마저 인정하지 않으려 했다.

수천 명의 트럼프 지지자들이 그를 대신해 미 의사당으로 몰려들자 실리콘밸리는 갑자기 중요한 결단을 내려야 할 전환점에 섰다.[35] 트럼프가 소셜 미디어 게시물을 통해 사실상 반란을 선동한 것이나 다름없었기 때문이었다. 기술 분야의 리더들에게는 선택의 여지가 별로 없었다.

트위터와 페이스북은 트럼프를 자신들의 플랫폼에서 내쫓았다.[36]

그때만 해도 트럼프를 지지하지 않았던 머스크는 이런 개입에 대한 자신의 생각을 숨기지 않았다. 1년 전 코로나19가 초래한 셧다운 기간에 그는 실리콘밸리를 조롱하며 이렇게 비아냥거렸다. "성스러운 척하는 밸리…. 세상의 도덕을 심판하겠다는 그 오지랖."[37]

실리콘밸리의 콘텐츠 간섭은 매우 자의적인 독단으로 아마 엄청난 반발을 부를 것이라고 그는 경고했다. 트럼프의 여행 금지령도 있었지만, 헌터 바이든Hunter Biden의 노트북을 다룬 〈뉴욕 포스트〉의 폭로성 기사를 검열하기로 한 트위터와 페이스북의 결정이 나온 직후였다.[38]

"웨스트코스트 지역의 하이테크 회사가 언론 자유의 사실상 심

판자를 자처하는 것에 많은 사람들이 큰 불만을 가지게 될 것이다." 머스크는 그렇게 썼다.[39]

한편 머스크의 지명도는 폭발적으로 올라갔다. 그는 이제 지구상에서 가장 부유한 사람이 되었고, 덕분에 좌파 활동가들의 만만한 표적이 되었다. 그들은 억만장자들의 무절제와 미국 사회의 엄청난 빈부 격차를 개탄하고, 그린워싱greenwashing 같은 개념을 잘 알고 있으며 화성 탐사보다는 노숙자 대책이나 세계 기아 퇴치가 더 중요하다고 생각하는 사람들이었다.[40] (머스크는 유엔 세계식량계획United Nations World Food Programme이 세계 기아에 대한 명확한 해결 방법을 제시한다면 얼마든지 테슬라 주식을 포기할 용의가 있다고 말했다.)[41]

그는 그런 비판도 대부분 개인적으로 받아들이는 것 같았다. 그러면서 한때 권력의 집중을 비난했던 바로 그 자신이 그런 권력의 주체가 되어간다는 사실은 거의 자각하지 못했다. 그는 여전히 소시민 행세를 했다. 기술 투자로 큰 재산을 모으고, 여러 해에 걸쳐 월스트리트에 과대광고를 내고, 정부와의 친밀한 관계를 이용해 갖가지 특혜를 입은 세계 최고 부자가 어떻게 과도한 통제권을 행사해 온 사람들은 다름 아닌 실리콘밸리의 영웅들이라고 자신 있게 주장할 수 있을까? 적어도 자신에게는 그런 통제권이 없다고 머스크는 생각했다. **다른 사람들**이라면 몰라도.

그해 증권협회 보고서에서 테슬라는 머스크와 테슬라의 최고재무책임자 잭 커크혼이 새로운 직함을 받았다고 발표했다. 자신이 해체하고자 했던 고루하고 보수적인 기득권 문화를 비웃으려는 의도가 분명한 인선이었다.[42]

이후 머스크는 공식적으로 "테슬라의 테크노킹Technoking of Tesla"이라는 별칭으로 불리게 된다. 그의 측근 역시 새로운 직함을 얻었다. "마스터 오브 코인Master of Coin." "일론과 잭은 최고경영자 및 최고재무책임자 직책을 그대로 유지한다." 보고서는 그렇게 밝혔다.

새로운 직함은 "2021년 3월 15일부터 효력이 발생한다"고 명시되었다. 일론 머스크는 3월 15일에 테크노킹으로 즉위했다.

2021년 8월에 바이든의 백악관 사우스론 행사에 테슬라가 빠진 것을 보면 머스크의 정치적 관계가 얼마나 순식간에 바뀔 수 있는 것인지 짐작할 수 있다.

당시 머스크는 여러 가지 문제로 고전하고 있었다. 인플레이션은 계속 심화됐고, 다른 자동차 제조업체들의 발목을 잡았던 팬데믹 관련 공급망 문제가 마침내 테슬라에도 영향을 미쳤으며, 친노조 성향의 대통령은 갑자기 테슬라와 스페이스X를 외면하고 있었다.

이런 압력이 계속되고 트럼프 행정부의 느슨한 규제가 끝나면서 테슬라의 주가는 바이든 취임 후 몇 달 동안 하락을 거듭했다. 바이든의 교통부Transportation Department는 초기에 테슬라와 오토파일럿에 대한 조사를 강화할 것이라는 신호를 보냈다.[43]

그해 테슬라의 일부 극성팬들은 특이한 분위기를 감지하고 있었다. 역사상 가장 전기차 친화적인 행정부가 2030년까지 미국 승용차 판매분의 절반을 전기차나 플러그인 하이브리드차 또는 연료 전지차로 만들겠다는 야심 찬 목표를 세워놓고도, 가장 인기 있는 전기차 제조업체와 유명인사에 속하는 그 CEO를 활용하지 않는다는 사실이었다.

이제 머스크는 눈치를 채기 시작했다.

"머스크가 싫어서 그러는 겁니까?" 백악관 잔디밭에서 열린 전기차 서밋에 회사가 포함되지 않았을 때 테슬라의 한 임원은 그렇게 물었다.[44]

이처럼 냉대가 노골화하자 2021년 8월 대통령에 대한 비판은 점점 더 거센 포화로 바뀌기 시작했다. 머스크는 바이든이 테슬라에 대해 "편견을 갖고 있다"고 비난했다.⁴⁵ 자신의 회사를 끼워주지 않은 바이든은 "UAW의 (양말) 인형 꼭두각시"라고 했다(머스크는 양말 이모티콘을 사용했다).⁴⁶

그러나 그의 가장 신랄한 비판은 아직 남아 있었다. 또 한 번 외면당할 일이 있기 때문이었다. 이번에는 스페이스X와 관련된 것이었다. 이 회사가 세인트주드 아동연구병원 St. Jude's Children's Research Hospital을 위한 자선 모금 행사로 민간인을 우주선에 태워 궤도에 보낸 뒤에, 머스크는 바이든으로부터 축하한다는 말이 나오지 않는 이유를 개인적 의견이라며 이렇게 단정했다.⁴⁷

"그 양반 아직 자고 있으니까." 머스크는 그렇게 썼다. 우파들이 즐겨 쓰는 "조는 조sleepy Joe" 밈을 비튼 것이었다.⁴⁸

바이든 행정부는 노조 친화적이라는 평판을 과시하면서 점점 더 정치계의 피뢰침이 되어가는 남자와 거리를 유지하기를 원했기에, 머스크에 적대적이라는 인상을 없애려는 노력을 거의 하지 않았다. 트럼프와 달리 바이든은 머스크를 백악관으로 불러 일대일로 만난 적도 없었다. 하지만 행정부 직원들은 워싱턴 시내에서 그를 따로 만나 바이든의 충전 인프라 구상에 대해 논의했다. 백악관과 가까운 곳이기는 해도 공무원들이 굳이 시내를 택한 것을 보면 사람들의 눈을 피하려는 의도가 분명했다.⁴⁹

머스크는 바이든에 대해 자주 분노를 터뜨렸지만, 공화당에 대해서는 공격할 일이 있더라도 비판의 수위를 누그러뜨려 감정을 자제했다. 그 달 초 임신 6주가 지나면 낙태를 할 수 없게 만든 텍사스 법이 발효되자 테슬라도 직원들에 대해 어떤 보호 조치를 하라

6. "끝까지 싸워야 한다"　171

는 압력을 받았다.⁵⁰ 머스크는 침묵을 지켰다. (여성이 임신 사실을 인지하기도 전에 낙태를 금지하는 법이 인권 침해라는 비판이 나오는 가운데, 애플 등 몇몇 대기업은 낙태 관련 비용을 지원하겠다고 발표했다.―옮긴이)

하지만 애벗 주지사가 CNBC와의 인터뷰에서 머스크는 "그동안 내게 한결같이 텍사스주의 사회 정책을 좋아한다고 말해왔다"고 말하자 그도 대응하지 않을 수 없었다.⁵¹ "일반적으로 나는 정부가 국민에게 어떤 의지를 강요해서는 안 되며, 그렇게 해야 할 때에도 국민 전체의 행복을 극대화하는 방향으로 추진해야 한다고 믿습니다." 머스크는 그렇게 썼다. "그렇다고 해도 나는 정치 문제에는 관여하고 싶지 않습니다."⁵² 이치에 맞는 반대 의견을 내놓으면서도 예의를 갖춘 어조를 잃지 않는 머스크의 능력을 보여주는, 외교적이고 무난한 발언이었다.

몇 주 뒤에 로한 파텔은 상원의원 론 와이든Ron Wyden(민주당, 오리건주)의 수석보좌관에게 전화를 걸었다. 테슬라의 기업가치가 최고조에 달했던 때여서 파텔은 자신이 모시는 사람이 저지른 4건의 화재경보를 꺼야 하는 난감한 처지에 놓여 있었다.

머스크는 한 미국 상원의원의 트윗에 저속한 댓글을 달았었다. 그냥 상원의원이 아니라 상원 재무위원회Senate Finance Committee 위원장이었다. 그가 억만장자세를 요구하는 게시물을 올리자 그의 트위터 사진, 즉 프로필 사진에 대해 댓글을 단 것이다.⁵³

"왜 당신 고추가 방금 싼 것처럼 보이는 거지?" 2021년 11월 7일에 올린 머스크의 트윗이다.⁵⁴

이 상황을 잘 아는 사람의 말에 따르면, 테슬라의 직원들의 결론은 점점 더 분명해졌다고 했다. 그들의 대장이 제정신이 아니라는 것. 그는 와이든 트윗의 여파를 자세히 설명하면서 이런 식으로 사고 치는 경우가 너무 많아 일일이 수습하기도 힘들다고 했다. 이번 경우도 머스크의 공격적인 트윗이 나온 것은 인플레이션 감축법 Inflation Reduction Act을 두고 중요한 논의가 진행될 때였다. 이 법은 바이든을 대표하는 기후 법안으로, 아직 작성 중인 단계였지만 테슬라도 적극적으로 논의에 참여하고 있었다.[55] 막강한 힘을 가진 상원의원을 두고 추잡한 농담을 던질 수 있다고 해도, 지금은 아니었다.

워싱턴 DC의 테슬라 정책팀은 기겁해 파텔에게 전화를 걸었다. 비상 상황이었다. "살려주세요."

파텔은 곧바로 와이든의 수석보좌관에게 전화를 걸었다. 그는 설명을 하려 했지만 이런 종류의 사고를 대비한 각본이 없었다.

"정말 정말 죄송합니다." 그는 그렇게 말했다.

와이든 보좌관은 이해했다.

"당신 보스한테 대체 무슨 문제가 있는 거죠?" 그녀가 물었다.

"저도 모르겠습니다." 그는 한숨을 쉬었다.

2022년 4월 18일에 머스크는 좌파를 비난했다는 이유로 또 한 번 구설수에 올랐는데, 이번에는 개인적인 문제였다. 그날 머스크의 18세 딸이자 트랜스젠더인 비비안 제나 윌슨Vivian Jenna Wilson이 캘리포니아 고등법원에 서류를 제출했다. 어머니의 결혼 전 성을 따랐던 그녀는 자신의 성 변경을 공식적으로 인정받기를 원했다.

윌슨은 개명 사유를 묻는 항목에 "성 정체성도 그렇고 어떤 방식, 어떤 모양, 어떤 형태로든 더는 생물학적 아버지와 함께 살거나 관계를 유지하고 싶지 않기" 때문이라고 적었다.[56]

〈데일리 비스트The Daily Beast〉는 머스크의 공개적 반응을 실었다. "그 애는 공인이 되는 걸 바라지 않습니다." 그는 그 매체에 그렇게 말했다. "그 아이의 사적 권리를 보호하는 것이 중요하다고 생각합니다. 누군가의 의지에 반해 공개하는 일은 삼가세요. 그건 옳지 않습니다."[57]

자식을 지지하는 아버지의 발언이었다. 그러나 지난 2년 동안 머스크는 트랜스젠더를 포용하자는 사회적 분위기나 조치에 공개적으로 반대해 왔다. "이런 대명사들 짜증 나"라는 트윗을 올린 지 몇 달 뒤인 2020년에 그는 이렇게 썼다. "나는 트랜스젠더를 절대적으로 지지하지만 이들 대명사는 모두 미학적(원문 그대로) 악몽이다." 일부에서 LGBTQ(성소수자) 인권에 대한 그의 언질에 의문을 제기하자, 머스크는 인권 캠페인Human Rights Campaign 지수에서 테슬라의 LGBTQ의 평등 점수가 100점 만점에 100점이라고 답했다.[58]

머스크의 한 측근은 머스크가 이 문제에 대해 큰 부담을 가질 수밖에 없는 말 못할 사정이 있었다고 말했다. 아버지와 의절하겠다고 하자 머스크는 그전까지 정치적 십자군 전쟁으로 간주했던 문제를 개인적인 것으로 바꾸었다. 몇 해 뒤 2024년에 머스크는 심리학자 조던 피터슨Jordan Peterson 과 인터뷰하는 자리에서 정말로 딸을 지지했는지 여부에 대한 세간의 의심을 털어냈다. 그리고 자신이 속아서 성 정체성 지원 의료gender-affirming care 서류에 서명했다고 주장하면서, 윌슨이 "워크 마인드 바이러스woke mind virus 에 의해 죽었다"고 말한 후 이렇게 덧붙였다. "그래서 그 후로는 워크 마인드 바이러스를 없애겠다고 다짐했습니다."[59]

윌슨은 머스크가 트위터를 인수한 후 등장한 메타Meta 의 소셜 미디어 스레드Threads 에 올린 댓글에서 곧바로 자신의 의견을 밝혔다. 그녀는 웬만한 사람이면 엄두도 못 낼 말로 아버지를 공격했다. 머스크가 그녀를 가리켜 "여자가 아니다not a girl"라고 부인하고 그녀가 어린 시절부터 연극을 좋아했고 어떤 옷을 보면 "멋져!"라고 했다는 등 어린 시절의 특이했던 점을 설명하고 난 뒤였다. 윌슨은 이런 설명을 '완전히 거짓'이라고 치부하면서 '게이에 대한 잘못된 고정관념'을 고루 다 드러낸 발언이라고 일축했다.[60]

"전부가 지어낸 이야기이다. 거기엔 그럴 만한 이유가 있다." 윌슨은 그렇게 썼다. "그는 내가 어렸을 때 어땠는지 모른다. 곁에 없었으니까. 잠깐이지만 곁에 있었을 때도 여자 같다, 퀴어다, 해가며 끊임없이 속을 뒤집어 놓았다." 그녀는 이어 썼다. "내가 여자인지 아닌지 그게 문제라면… 흥, 마음대로 하세요. 당신이 뭐라 하든 상관없어요. 나는 캘리포니아주에서 법적으로 여성으로 인정받은 사람이에요. 그리고 나보다 못한 사람들의 의견엔 관심이 없어요."[61]

스레드에 올린 윌슨의 게시물은 뜨거운 반응을 불렀다. 갑자기 새로운 팔로워가 수천 명 몰려들었다. 대부분 윌슨의 용기 있는 소신 발언에 지지를 표하고 박수를 보내는 사람들이었다.

윌슨은 피터슨 인터뷰에 대한 자신의 최종 소감을 프로필 상단에 고정해 10만 명이 넘는 팔로워가 볼 수 있도록 했다. "죽은 년치고는 멀쩡해 보이지 않나요?"[62]

한편 머스크는 트랜스젠더 이데올로기에 대한 생각을 가다듬는 동안에도 한쪽으로는 다른 운동의 공격을 막아내야 했다. 바로 ESG였다. 환경environmental, 사회social, 지배구조governance에 기반한 투자를 촉구하는 직원들의 움직임이었다. 테슬라는 다양성 및 성소수자 포용에 대한 평가는 당당하게 통과했지만, 머스크가 보기엔 팬데믹과 플로이드 시위 이후 골대가 이동한 것 같았다. 머스크의 뜨뜻미지근한 태도는 전면적인 사회 변화에 저항하려는 일련의 시도 중 최근의 사례로, 그는 새로운 파도가 어서 잦아들기만 바랐다.

"나는 갈수록 기업의 ESG가 '악마의 화신'이라는 생각을 굳히게 된다." 그는 2022년 4월에 그렇게 말했다.[63]

몇 주 동안 트위터를 통해 ESG의 폐해를 늘어놓던 머스크는 새로 알게 된 모욕적인 소식에 발끈했다. 테슬라가 S&P 500 ESG 지수에서 제외되었다는 뉴스였다. ESG 지수는 투자자들을 환경친화적이고 사회적 의식이 있는 기업으로 유도하는 권위 있는 명단이었는데, 테슬라가 인종 차별과 그 밖의 몇 가지 문제를 이유로 배제된 것이었다. 이런 이유에는 오웬 디아즈Owen Diaz의 소송 사건도 포함되어 있었다. 테슬라 공장에서 엘리베이터를 조작했던 디아즈는 소송을 통해, 공장이 "일상적으로 인종차별적인 욕설"을 아무렇지도 않게 내뱉는 분위기였다고 주장하며 '흑인' 근로자들은 수시로 괴롭힘을 당해 "짐 크로우Jim Crow 시대를 그대로 물려받은" 문화 같았다고 말했다. 배심원단은 처음에 1억 3,000만 달러 이상의 손해배상금을 책정했지만 판사가 금액이 과도하다며 삭감해 문제가 복잡해졌다. 이후 양측은 나중에 합의로 사건을 종결했다.[64]

머스크는 테슬라가 목록에서 제외된 것에 격분했다. 그들은 테슬라를 제외하는 것으로 부족했는지 석유 회사 엑손모빌Exxon Mobil을 명단에 올렸다. (머스크가 화를 낸 것은 어느 정도 효과가 있었던 것 같다. 2023년에 목록에서는 엑손이 제외되고 테슬라가 다시 선정되었으니까.)[65]

"ESG는 사기다." 머스크는 그렇게 썼다.[66]

"그건 사회 정의를 내세운 가짜 전사들에 의해 무기화되었다."

2024년 대선이 가까워지자 머스크는 민주당과의 결별을 선언했다. 변한 것은 자신이 아니라 자신 같은 사람들을 홀대한 활동가들에 끌려다니는 정당이라고 그는 생각했다. 갈수록 좌파의 표적이 되어간다는 느낌과 함께 표현이나 유머나 기업 지배구조까지 간섭하려는 그들에 지친 사람에게는 분명한 선택지가 하나 있었다. 플로리다 주지사 론 디샌티스Ron DeSantis (공화당)였다. 안티워크antiwoke 전도사인 디샌티스는 트럼프와 달리 자신의 의제를 끝까지 관철하겠다는 의지를 보여주었다.[67]

머스크는 곧 올인했다. 그는 개인적으로 2024년 대선에서 디샌티스 후보를 지지하고 나섰다. "과거에 나는 민주당에 투표했다. (대체로) 인간적인 정당이었기 때문이었다." 머스크는 2022년 중간선거를 몇 달 앞두고 그렇게 썼다. "하지만 그들은 분열과 증오의 정당이 되었다. 이제 나는 더 그들을 지지할 수 없어 공화당에 투표한다."[68] 머스크는 처음으로 공화당에 투표해 마이라 플로레스Mayra Flores에게 표를 던졌다고 선언했다. 플로레스는 민주당이 강세인 특별 선거구에서 이변을 일으키며 하원의원에 당선된 텍사스 공화당원이었다.[69]

2022년 6월에 머스크는 2024년 대선에서 디샌티스에게 마음이 기울고 있다는 트윗을 올렸다.[70] 트럼프는 바이든과 마찬가지로 너무 늙었다고 그는 말했다.

"트럼프는 임기 말에 82세가 된다. 미국은커녕 그 어떤 나라에서도 최고경영자가 되기에는 너무 늙은 나이다." 그는 앞서도 비슷한 말을 한 적이 있었다. "이제 트럼프는 현직에서 물러나 조용히 사라질 때다."[71]

그러나 그는 플로리다 주지사에 대해서만큼은 칭찬을 아끼지 않으면서, 그의 당선이 거의 확실한 것처럼 자신이 가장 좋아하는 후보를 추켜세웠다. "2024년에 디샌티스가 바이든에 맞서 출마한다면, 쉽게 승리할 것이다. 선거운동도 필요 없다." 그는 그렇게 말

했다.[72]

그해 초 머스크는 작가이자 진화생물학자인 콜린 라이트Colin Wright가 만든 만화 밈이 실린 트위터 게시물을 통해 자신의 정치적 변신을 설명했다. 이 만화에는 정치적 스펙트럼을 의미하는 직선 위에 세 명의 막대 캐릭터가 서 있는 모습이 그려져 있다.[73] 2008년에는 '나me'라고 표시된 머스크를 나타내는 막대 캐릭터가 중앙에서 약간 왼쪽에 서 있었다. 2012년에서 머스크와 우파 캐릭터의 위치는 바뀌지 않았지만 중앙을 표시하는 선과 왼쪽 캐릭터가 이동했다. 결국 머스크는 중앙에 더 가까워졌고, "나의 친애하는 자유주의자?"라고 이름을 붙인 캐릭터는 왼쪽으로 더 멀리 달아났다. 2021년에도 머스크는 움직이지 않았는데, 중심선이 머스크의 왼쪽으로 이동해 그는 스펙트럼의 오른쪽에 놓이게 되었다. 왼쪽에 "정치적 올바름 진보주의자wokeprogressive"라는 이름이 붙은 캐릭터는 그를 "고집불통!"이라고 불렀다.

"나는 오바마를 대통령으로 적극 밀었지만 요즘 민주당은 극단주의자들에 의해 납치되었다" 그는 그렇게 썼다.[74]

한편 머스크는 바이든에게도 흥미를 잃었다. 대통령은 인플레이션으로 경제가 수렁을 헤매는 가운데 주요 인프라 및 사회 지출 법안을 추진하고 있었다.

"바이든이 착각하는 부분은 국민이 나라를 바꾸라고 자신을 뽑은 줄 안다는 점이다. 그러나 실제로 사람들은 그렇게 극적인 가본은 원한 적이 없다." 머스크는 그렇게 썼다.[75]

2024년 미국에는 정치로부터 버림받았다고 느끼는 미국인이 많았다. 하지만 머스크에게는 돈과 명성과 권력이 있었고, 정치적으로 뭔가 하도록 부추기는 부유한 친구들이 있었다. 그들은 좌파가 너무 멀리 나가기 때문에 통제할 필요가 있다고 말했다.

가장 최근에 그의 분노를 유발한 것은 러시아의 무력 침공 이후 우크라이나에서 선보인 머스크의 위성 기반 인터넷 서비스 스타링크Starlink였다. 그런데 "몇몇 정부가" 스타링크에게 러시아 뉴스 매체들을 차단하라고 지시했다는 얘기였다.[76] 머스크는 그렇게 하지 않겠다며 반박했다.

"총구를 겨누지 않는 한 우리는 그렇게 하지 않을 것이다. 언론의 절대 자유를 믿는 사람이라서 미안하다." 그는 그렇게 썼다.[77] 사실 터무니없는 말은 아니었다. 그러나 머스크의 측근들이 보기에 이 기술계 거물은 이 시대의 핵심 이슈를 건드리고 있었다. 그가 이해할 수 있는 말로 표현하자면, 그것은 인류의 미래가 달린 이슈였다.

머스크의 절친한 친구이자 테슬라 이사였던 안토니오 그라시아스는 2022년 3월 당시 머스크에게 문자를 보내 그가 100번 옳다고 지지했다. "전면전도 불사해야 합니다." 그는 문자 메시지에서 그렇게 썼다. 이것은 "우리가 목숨을 걸고 지켜야 할 원칙이며, 그렇지 않으면 우리는 어둠 속으로 사라질 겁니다."[78]

머스크는 그 문자에 "좋아요"를 누르고 답장으로 하트를 덧붙였다.

사태가 실제로 중대한 국면으로 접어든 것은 그달 말이 되어서였다.

머스크가 가장 좋아하는 소셜 미디어 플랫폼, 즉 1년 전에 트럼프를 쫓아냈던 그 플랫폼이 또 다른 논란의 여지가 있는 콘텐츠 검열 결정을 내린 것이다. 머스크가 가장 좋아하는 풍자 사이트 계정을 폐쇄한 그 조치는 역사의 흐름을 바꿀지도 모르는 결정이었다.

트위터는 보수적이고 자칭 기독교 풍자 사이트로 알려진 바빌론 비Babylon Bee 계정을 정지시켰다. 이 사이트가 바이든 행정부의 보건복지부 차관이자 트랜스젠더인 여성을 "올해의 남성Man of the Year"으로 지칭한 뒤 일어난 일이었다. 이 사이트는 트윗 삭제를 거부해 사실상 영구 정지되었다.[79]

머스크의 파트너인 그라임스는 머스크에게 트랜스젠더를 포함하는 대명사, 즉 성 정체성을 존중하는 대명사를 비꼬는 트윗을 올릴 때 다시 한번 생각하라고 촉구했다. 하지만 이번에 그가 귀를 기울인 쪽은 그의 전처 탈룰라 라일리Talulah Riley였다. 머스크와 두 번 결혼했다 두 번 이혼으로 끝난 영국 배우 라일리는 머스크와 계속 연락을 주고받는 사이였다.

"미국이 미쳐가고 있네요." 법원 기록에 공개된 문자 메시지에 따르면 그녀는 3월 24일에 그렇게 썼다. "바빌론 비를 …. 정지라니 미쳤군…. 그냥 웃자고 한 걸 갖고. 왜 모두가 그렇게 청교도적이 된 거죠?" 그리고 그녀는 물었다. "아예 트위터를 사들여 표현의 자유를 제대로 실현할 수는 없나요?"[80]

"트위터를 사면 표현의 자유를 제대로 실천하도록 바꿀 수도 있겠네." 머스크는 7분 뒤에 그렇게 답했다.[81]

그런 다음 머스크는 '좋아요' 버튼을 누르고 세계에서 가장 영향력 있는 소셜 미디어 웹사이트를 사들이라는 라일리의 글에 엄지손가락을 치켜세웠다.

테슬라 대 어린이

"우리는 토요일에 아이를 칠 계획입니다. 아주 안전할 거라고 설명했더니 엄마도 동의했습니다."[1]

샌프란시스코에 사는 소프트웨어 엔지니어 오마 카지는 허위 정보를 퍼뜨려 테슬라를 궁지로 모는 행태를 참을 수 없었다. 카지는 산타클라라 대학교를 중퇴한 후 지난 4년간 온라인에서 테슬라를 옹호하는 일의 선두에 섰으며 그 일에서 보람을 찾았다. 그는 곧 테슬라의 지지자나 주주나 목소리 높은 팬 등 열성 지지자 집단의 눈에 띄었다. 이들 집단은 자동차 업계에서 가장 큰 샌드백이 되어버린 테슬라를 옹호하며 팔로워를 늘려갔다. 카지가 보기에 테슬라의 친환경 차량이나 생명을 구하는 오토파일럿, 완전자율주행 기술은 물론 일론 머스크 자신까지도 악의적인 캠페인의 끊임없는 공격에 시달리고 있었다. 그 캠페인을 주도하는 집단은 공매도 세력이었다. 그래서 2022년 말 어느 날, 카지는 문제를 직접 해결하기로 작심했다.

테슬라 이야기가 막장으로 치닫기 시작한 정확한 순간을 꼽으라면 태평양 표준시로 2022년 8월 9일 오후 2시 13분보다 더 좋은 순간을 찾기가 어려울 것이다. 바로 그때 카지는 트위터를 통해 간단한 요청을 했다. 누군가 아들이나 딸을 빌려주면 약 1,800킬로그램의 자동차를 몰고 그 아이가 있는 쪽을 향해 달리겠다는 내용이었다. 과학을 위해.

"베이에어리어에 사시는 분 중에 완전자율주행 베타 버전을 작동시킨 제 차 앞으로 뛰어들 아이가 있는 사람 혹시 없습니까?" 그는 자신의 @WholeMarsBlog로 트윗을 올렸다. 일론 머스크가 몇 해 동안 발언대로 사용했던 계정이었다. "약속하지만 아이들은 털 끝 하나 건드리지 않습니다 … (필요하면 자율주행을 해제하고 개입하겠습니다)." 그는 그렇게 말하며 덧붙였다. "(진지하게 드리는 요청입니다.)"[2]

정확히 이틀 뒤에 그 아이가 나타났다.

댄 오다우드Dan O'Dowd는 매일 테슬라 로드스터의 지붕을 열고 캘리포니아 샌타바버라 근처의 굴곡이 많은 도로에서 속도를 높였다. 민첩한 컨버터블을 커브에 맞춰 몰며, 능선을 넘어 태평양 쪽으로 달렸다. 그는 그의 아이들이 놀던 공원과 선착장과 야자수를 지나 분수대 방향으로 좌회전하곤 했다.

"거의 매일 어찌다 내 옆에 나란히 차를 세우게 된 사람들은 하나같이 말해요. '저 차는 뭐지?'" 그는 그렇게 말했다.

그들은 그 차의 운전자가 일론 머스크를 가장 신랄하게 비판하고, 그래서 머스크가 이모티콘 아이콘으로 "(개batshit) 미친crazy" 인간이라고 조롱해 유명해지는 인사가 되리라고는 짐작도 못했을 것

이다.[3]

호리호리한 몸매에 유머 감각이라곤 찾아보기 힘든 백만장자 기술 기업가인 오다우드는 최근 머스크 제품의 결함을 폭로하겠다고 선언한 뒤로 카지와 그의 팬 군단의 가장 큰 적으로 부상했다. 그는 용서를 모르는 혹독한 비평가여서 테슬라 전도사들에게는 눈엣가시 같은 존재였다.

세계 최고가 주화 컬렉션과 거의 온전한 티라노사우루스 렉스 두개골 같은 진귀한 유물을 소장한 열성적인 수집가이자 취미가 남다른 오다우드는 최근 몇 년간 세계 최고 갑부인 머스크와 대척점에 서는 인물이 되었다.[4] 그러나 그는 머스크와의 갈등을 개인적인 원한으로 여기지 않았다. 사실 처음부터 그랬던 것도 아니었다. 오다우드는 로드스터를 너무 좋아해 두 대나 소유할 정도였다. 심지어 2014년에는 머스크와 협업해 자신의 회사 그린힐스 소프트웨어Green Hills Software 팀을 테슬라에 파견해, 당시 꿈만 거창할 뿐 체계도 갖추지 못하던 테슬라의 오토파일럿의 코드 정리를 돕기도 했다.

하지만 오다우드는 최근 자동차가 알아서 움직이는 쪽으로 자동화를 추진하는 테슬라의 시도가 눈에 거슬리기 시작했다. 그러다 언젠가부터 테슬라의 완전자율주행 소프트웨어를 공공의 위협으로 간주하게 되었고, 결국 도로에서 퇴출해야 한다고 결론을 내렸다. 테슬라 팬들은 이를 생명을 지켜주는 미래의 기술로 여겨, 연간 수만 명씩 나오던 사망자를 막을 수 있는 시대가 코앞에 왔다고 믿었다. 반면에 이 기술을 비판하는 사람들은 테슬라가 도로에서 통제가 안 되는 대학살극을 벌이려 한다며, 이를 실제로 증명해 보일 수 있다고 주장했다.

오다우드는 대중의 인식을 높이기 위한 캠페인 '던 프로젝트 Dawn Project'를 통해 머스크의 자율주행을 상대로 자비 없는 성전 聖戰을 선포했다. 그는 1,000만 달러가 넘는 거금을 쏟아부어 직원 15명과 테슬라 실험 차량 2대, 홍보 기관과 로비스트를 동원해 대대적인 홍보 활동을 벌였다. 〈뉴욕 타임스〉에도 여러 차례 전면 광고를 게재했다. 2023년에 워싱턴 D.C.와 주요 주 수도에 방영된 슈퍼볼 광고에서는 테슬라가 어린이 크기의 마네킹을 들이받는 장면을 내보냈다.[5]

2019년 현재 순자산 수억 달러를 보유한 오다우드는 대형 여객기나 군용 제트기 등 안전이 중요한 인프라에 전력을 공급하는 운영 체제를 판매하며 경력을 쌓았다.[6] 그는 안전이 필수인 시스템이 갈수록 인터넷에 대한 의존도를 높여가는 현실에 의심을 품기 시작했다. "혼자 생각했죠. '맙소사, 민간 인프라가 이제 누군가의 무기가 돼버렸네.'"

그는 초창기에 테슬라 팬이었지만 언제부터인가 이 모든 연결망이 재앙으로 이어질 수 있다는 생각에 디스토피아적 미래를 예감하기 시작했다. 불순한 해커가 테슬라의 소프트웨어에 침입해 일종의 '갓모드God mode'의 잠금장치를 해제하면, 그는 미국의 도로를 달리는 테슬라를 전부 장악하게 된다. 그렇게 통제력을 갖게 된 해커는 미국의 모든 테슬라에 영국 모드로 전환할 것을 지시한다. 그러면 자율주행 테슬라는 갑자기 "시속 130킬로미터로 도로를 반대 방향으로" 질주하게 된다.

"수백만 명이 죽게 될 것이다." 오다우드는 그렇게 말했다. "그러니 차량이 해킹당하지 않도록 조치해야 한다."

오다우드는 '던 프로젝트'를 통해 이미 위험할 정도의 악성 소프트웨어가 실행되고 있는 사례, 즉 잘못 설계된 코드, 연결성, 공공의 위험이라는 함정을 입증할 제품을 찾고 있었다. 때마침 그의 코앞에 굴러온 것이 완전자율주행 베타였다.

2021년에 테슬라는 도시와 주택가 도로에서도 운영할 수 있게 설계한 운전자 지원 소프트웨어의 초기 버전을 출시했다. 이 새로운 기능에 대한 소식을 접한 오다우드는 이 소프트웨어를 실험하는 사람들의 모습을 담은 유튜브 동영상을 확인해 보았다. 그러던 중 소름 끼치는 사실을 발견했다.

"10분 길이의 동영상에서 그 친구의 차는 정지 신호에서 그냥 달리지 않나, 온갖 정신 나간 짓을 다 하더군요." 2023년 7월에 있은 인터뷰에서 오다우드는 내게 그렇게 말했다. "그러고는 뭐라는지 아세요? '글쎄, 그래요, 몇 가지 결함이 있네요.' 그게 답니다. 그냥 미친 거예요."

오다우드는 테슬라에 집중하게 된 계기를 간단한 말로 요약했다. "뭐랄까요? 그러니까 내겐 터무니없을 정도로 나쁜 제품이 필요해요." 예를 들어 발전소나 공공 인프라의 위험성은 보여줄 수 있는 것이지만, 원자로 붕괴로 인한 낙진은 직접 보여줄 수 없었다.

"하지만 자동차는 (나쁘다는 것을) 입증할 수 있습니다. 한 대 뽑으면 되니까요." 그는 그렇게 말했다. "그리고 자동차는 누구나 살 수 있잖아요."

그래서 그는 차를 구했다. 그리고 그는 테슬라가 도로에 있는 어린이 크기의 마네킹을 인식하지 못하는 장면을 보여주었다. 반복해서.

"차가 아이들을 덮쳤다고요." 그가 말했다. "이보다 더 나쁜 경우를 생각할 수 있습니까?"

그렇게 해서 카지의 반박 실험 무대가 마련되었다.

기업의 구조조정으로 생긴 공백이 이런 충돌 상황을 조장한 셈이었다.

테슬라 홍보팀은 말이 안 되는 임무를 받았다. 매일 홍수처럼 쏟아지는 부정적인 낚시성 기사와 블로그 게시물, 유력일간지들의 심층 조사, CEO의 습관과 행동에 대한 좌파들의 요구를 직접 처리하는 한편, 지금까지 가장 성공한 전기자동차 제조업체와 관련해 어떻게든 긍정적인 이야기를 만들어내야 했다. 몇 해 동안 쏟아져 나온 비판적 보도들이 2018년 여름의 스캔들로 정점을 찍은 이후, 머스크는 한때 자신을 키워준 주류 언론을 더 이상 신뢰하지 않게 되었다고 이 문제를 잘 아는 사람들이 내게 일러주었다.

결국 긍정적이지 않은 보도에는 일체 대응하지 말라는 지시가 홍보담당자들에게 떨어졌다. 보도 자료, 블로그 게시물, 성명서에 대한 직접적 승인 등 테슬라의 모든 공개 커뮤니케이션의 최종 결정권은 머스크가 틀어쥐게 되었다. 그러나 회사는 계속해서 언론의 뭇매를 맞았고, 이야기를 바꿀 힘이 없는 커뮤니케이션 담당자들은 당혹감을 감추지 못했다.

그러니 이미 혼란스러웠던 테슬라에 대한 일상적인 담론이 더욱 나빠지는 것은 당연한 일이었다. 테슬라는 인터넷에서 가장 많이 입에 오르내리는 기업이었으니까.

대부분의 비즈니스 전문 기자들과 마찬가지로 기술 분야 기자들도 그들이 취재하는 기업의 홍보 담당자와 적대적이거나 논쟁적인 관계를 맺는 경우가 종종 있다.

전통적인 뉴스룸이 쇠퇴하면서 기업이 자신의 이야기를 전달하는 수단으로서 홍보는 그 역할이 점점 더 중요해졌다. 아울러 기업 내부의 홍보팀은 소셜 미디어나 인터넷 수용자의 영향력을 적극 수용하되 기존 미디어는 가능하면 피했다. 2018년에 웹사이트 머크랙 Muck Rack 은 미국 노동통계국 US Bureau of Labor Statistics 의 자료를 인용해 당시 언론인 1명을 담당하는 홍보 전문가는 6명 정도였다고 보도했다.[7]

그러나 기업의 커뮤니케이션 담당자는 기자들을 상대로도 중요한 역할을 수행했다. 그들은 제품 출시를 통해 기자들을 만나고, 새로운 기능과 회사 소식을 기자들에게 알리거나 교육하고, 기술적 문제를 자세히 설명해 기사화할 수 있게 했다. 사실 이 모든 것은 독자를 위한 서비스였지만, 회사도 이런 경로로 자신들의 메시지를 전달할 수 있었다. 이런 조건에서 무비판적이고 과대광고를 기반으로 하는 기술 분야의 보도가 넘쳐나게 된 것은 어쩌면 당연한 일이었을지도 모른다. 그런 보도를 부추긴 것은 2010년대 이후의 산업 블로그나 인플루언서, 틈새 기술 사이트 등이었다. 이들은 차세대 신제품이라면 가리지 않고 띄우고 머스크 같은 인물을 신격화했다.

하지만 신랄한 저널리즘도 적지 않았다.

거대 기술 기업들의 경우, 기사 하나를 놓고 오가는 공방은 보통 정해진 패턴을 따랐다. 언론이 회사에 논평을 요청하면 신경질적인 전화 통화와 이메일이 이어지고 여기서 대변인이 보도에 불만을 드러내는 방식이었다. 결국 보도 당일쯤에는 어떤 내용이 기사화되고 자신들이 답변한 논평 중에 어떤 것이 포함될지 파악할 수 있게 된다. 회사의 대변인이 기사에 대응할 수 있는 전략은 제한적이어서 특정 문구를 두고 무의미한 시비를 걸거나, "기사도 아니"라거나 보도할 가치도 없는 내용이었다며 일축하거나, 하나 마나 한 사후 정정보도를 요구하는 정도가 전부였다. 물론 가끔 대변인이 유용한 배경지식을 제공하거나 실현 가능성이 없을 것 같은 정보는 기자들에게 싣지 말라고 설득하는 경우도 있었다.

기자들에게 호통을 치고 과잉 반응을 보여도 대부분은 일종의 연기 효과를 노린 것으로, 대변인들은 기자들이 결국 그 내용을 보도하리라는 것을 알면서도 나중에 책임을 면하기 위해 가능한 거세게 항의하는 척이라도 해야 했다.

좋든 나쁘든 테슬라는 이 공식을 아무렇지도 않게 내던졌다.

나와 테슬라 홍보 부서가 주고받은 대화도 논쟁으로 발전하는 경우가 가끔 있었다. 나야 당연히 그들이 편파적이었다고 생각하고 싶지만 말이다. 그들이 통화 도중에 전화를 끊은 경우도 적어도 한 번은 있었다. 이런 대화는 정중하게 시작되지만, 어느 순간 누가 스위치라도 누른 것처럼 갑자기 튀어나와 나와 통화하는 사람을 꾸짖는 것 같은 느낌을 받을 때가 있다. 부정적인 기사가 나갈지 모른다고 판단한 것 같았다. 그런 다음 그들은 나중에 내게 전화를 걸어 불만을 늘어놓았다. 어떨 때는 그것이 통화 당사자의 개인적인 불만으로 바뀌기도 했다. 2019년 말에 한번은 사실관계를 다루는 대변인의 태도에 내가 트럼프식이라며 반박하자 갑자기 통화가 끊긴 적이 있었다. 그때 나는 테슬라가 비판에 얼마나 민감한 집단인지 깨닫게 되었다. 그들은 남은 비판해도 자신들에 대한 비판은 받아들이지 않았다.

기자를 대하는 테슬라의 경멸적인 태도는 얘기가 또 달랐다. 그들로부터는 어떤 종류의 논평이나 답변도 끌어내기가 어려웠다.

드물게 답변이 오더라도 은근히 비아냥거리거나 자신들이 아주 난감한 상황에 처했을 때가 많았다. 하루 내내 회사로부터 한마디도 듣지 못하다가 기사가 나가기 직전 한밤중에 테슬라의 답변을 받은 적도 있다. 평소엔 직접적인 질문에 무대응으로 일관하면서도, 일단 답을 했는데 그 정보가 기사에 충분히 반영되지 않으면 피해자 행세를 하겠다는 심보인 것 같았다.

또한 머스크는 자신의 회사를 다루는 〈워싱턴 포스트〉의 기사가 갈수록 비판적이 되어가는 이유가 〈워싱턴 포스트〉의 소유권과 관련이 있다고 생각하는 것 같았다. 아니면 적어도 대중이 그렇게 생각하기를 바라거나. (〈워싱턴 포스트〉의 소유주는 아마존 창업자 제프 베이조스다.)

나와 이야기를 나눈 몇몇 사람들은 머스크의 미디어 리터러시 부족을 탓했다. 머스크는 뛰어난 제품 혁신가이고 기존의 미디어들도 결함이 많지만 미디어에 대한 그의 이해는 지적으로 게으르거나 아니면 고의로 둔감한 쪽이었다. 그는 대형 언론기관의 직원들이 자신과 경쟁 관계에 있는 억만장자들과 대형 석유 광고주들에게 이용당해 어떤 식으로든 자신에게 불리한 쪽으로 기사를 쓰려 한다고 믿었다. 그 반대라는 생각은 하기 어려웠을까? 막강하고 불투명한 기업으로부터 진실을 찾아내 보도하려는 의욕 넘치는 기자들이 갑자기 어느 순간 세계에서 가장 가치 있는 자동차 제조업체이자 탁월한 민간 우주 기업의 유명 CEO에게 관심을 갖게 되었다고 말이다.

그러다 시간이 지나면서 취재 문의 전화를 할 때마다 내게 공격적인 태도를 보였던 홍보 담당자들의 입장이 어느 정도 이해되기 시작했다. 나를 취재 라인에서 빼내지 못하면 머스크로부터 불호령이 떨어지기 때문이라고 나는 생각했다.

한 전직 직원은 머스크가 커뮤니케이션 부서에서 적어도 두 사람을 울게 만들었다고 회상했다. 그 직원은 머스크가 사람들을 개별적으로 어떤 방으로 데려가 호되게 꾸짖어, 형편없고 무능한 사람이라는 기분이 들게 만들었다고 말했다.

상대를 꾸짖는 머스크의 행동에 익숙해진 직원들은 그의 표적이 될 가능성이 가장 높은 사람들을 감싸주기 위해 나름대로 전략을 짰다. 이 직원은 언젠가 머스크가 자신을 어떤 방으로 데려가 다른 사람의 업무에 대해 불평했을 때, 동료를 두둔할 수밖에 없었던 일을 회상했다. 만약 그가 그 직원의 업무 수행 능력이 수준 이하라는 머스크의 말에 맞장구를 쳤다면 그 직원은 해고되었을 것이라고 말했다.

대신 테슬라의 홍보팀 직원들은 합심해서 머스크에게 긍정적인 보고서를 전달했고, 그 탓에 그는 공식적인 커뮤니케이션을 점점 더 의심하게 되었다고 직원들은 회상했다.

테슬라가 공식 커뮤니케이션을 포기하기 시작한 것은 커뮤니케이션 책임자 데이브 아놀드가 2019년 6월에 회사를 떠나면서부터였다. 아놀드는 "자금은 확보됐음" 에피소드에서 등장해 눈에 띈 인물이었다. 갑작스레 커뮤니케이션 팀을 해체하기 몇 주 전 그의 후임인 테슬라 커뮤니케이션 책임자 킬리 수프리지오Keely Sulprizio도 테슬라를 떠났다.

테슬라는 대외 업무를 담당하는 회사 직원들의 이직률이 유별나게 높았다. 업무 강도가 사람들의 진을 빼는 정도였으니 놀랄 일도 아니었다.

그러던 어느 순간 갑자기 테슬라가 완전히 조용해졌다.

그리고 2020년 초 어느 날, 테슬라의 홍보 담당 직원들은 갑작스럽게 그들의 부서가 해체된다는 통보를 받았다. 느닷없는 소식에 그들은 당황했다. 다들 어느 날 아침 자신의 자리가 없어진다는 전화를 받은 것이다.

그 사실은 아직 공식적으로 알려지지 않았지만 내가 받은 충격은 거의 즉각적이었다. 나는 평소 연락을 주고받던 담당자에게 연락을 취했다. 응답이 없었다. 전화도 받지 않았다. 이런 상황은 몇 달 동안 지속되었다.

테슬라에 더는 공식 홍보 부서가 없다는 사실이 전해졌을 때 기자들은 별로 놀라지 않았다. 몇 달 동안 회사에 연락을 시도했지만 소용이 없었기 때문이었다.[8] 하지만 대중의 인식에 크게 좌우되는 상장 기업치고 매우 이례적인 조치인 것은 틀림없었다.

홍보 부서가 없는 테슬라는 주류 미디어와의 공식 소통을 중단했다. 더는 기사에 대해 논평을 하거나 제품 출시 행사나 기업 프레젠테이션에 주요 매체를 초청하는 일도 없어졌다. 일반 뉴스 소비자에게 회사의 이야기를 전달해 주던 친밀한 장치도 사라졌다.

대신 테슬라는 인터넷 시대에 맞는 방식을 고집해, 긍정적인 뉴스만 끝없이 샘솟는 메아리방을 만들었다. 그런 뉴스를 조달하는 사람은 블로거와 온라인 인플루언서들로, 이들은 팬들의 도파민을 자극하는 방식으로 자신의 명성과 평판을 쌓았다. 회사의 공식 입장을 알리는 발표는 오마 카지나 소여 메리트Sawyer Merritt 같은 이름으로 대체된다. 메리트는 회사 뉴스와 비밀 정보를 팔아 자신의 트위터(나중에 X) 팔로워를 75만 명 이상으로 늘린 테슬라 팬이자 투자자였다.[9]

테슬라의 동향이 궁금한 사람은 언제든 일론 머스크의 트위터 페이지를 뒤지면 금방 알 수 있었다.[10] 그의 트위터는 트럼프 행정부에서 백악관 커뮤니케이션실이 담당했던 역할과 비슷해 보였다. 물론 언론 브리핑으로도 당시 이슈에 대한 행정부의 대응을 가늠할 수 있었지만, 결국 중요한 것은 트럼프의 손에서 나왔다. 그는 즉흥적인 발언 하나로 서사 전체를 바꿀 힘이 있었다.

테슬라의 홍보 부서는 여러 해 동안 온갖 소동의 진원지였기에, 머스크는 이 부서가 별 도움이 되지 않는다고 생각했다. 좋은 제품은 알아서 팔려나간다고 생각했기에 그는 광고가 불필요하다고 생각했다. (그는 몇 년 뒤 그런 입지를 분명히 밝혀 PR을 '여론 조작 Propaganda'이라고 비난했다.)[11]

머스크가 점점 커지는 자신의 명성과 쫓기듯 바쁜 업무의 균형을 어떻게 맞추고 있는지에 대한 기사를 쓰던 어느 날 오후였다. 나는 예상치 못한 발신자가 보낸 이메일을 한 통을 받았다.

일론 머스크였다.

앞서 나는 그의 바쁜 일상과 텍사스로 본거지를 옮긴 얘기에 초점을 맞춘 기사에 대해 자세한 논평을 요청했었다.

처음 머스크의 답변을 읽었을 때 나는 누가 장난하는 줄 알았다. 나는 발신자를 다시 확인했다.

틀림없었다. 그였다.

"당신의 꼭두각시 주인에게 안부 전해주시오." 머스크는 그렇게 말했다.[12]

그날 밤 나는 라면을 후루룩 들이키며, 한 억만장자가 또 다른 세계 최고 부자에게 시비를 거는 묘한 아이러니를 두고 한동안 생각에 잠겼다.

1년 뒤에 머스크는 다른 기사에 대해 또 다시 논평했다. 이번에는 자동차 안전 규제 당국과 그가 거래한 내용을 다룬 기사였다.

"100번째 말하는데, 당신의 꼭두각시 주인에게 안부 전해주세요." 그는 그렇게 쓰고 이번엔 서명까지 했다. "일론 머스크."[13]

그는 이어서 〈워싱턴 포스트〉가 독자들에게 콘텐츠 요금을 부과하는 것을 두고 시비를 걸었다.

"〈워싱턴 포스트〉는 슬로건을 이렇게 바꿔야 한다. '민주주의는 우리의 유료 서비스 뒤에 숨어 죽는다.' 민주주의가 그렇게 걱정된다면 중요(하다고 주장하는) 뉴스에 돈을 내라고 강요하지 마세요! 당신네 사장 베이조스는 자기 요트의 보조 요트를 구입해도 뉴스에 치를 돈은 얼마든지 남아돌 겁니다."[14]

그 광고는 캘리포니아주 로자먼드에 위치한 윌로우 스프링스 인터내셔널 레이스웨이Willow Springs International Raceway에서 찍은 장면으로 시작된다. 그곳을 배경으로 자동차 안전 역사상 가장 화제가 된 실험이 이루어졌다.

"일론 머스크는 테슬라의 완전자율주행 소프트웨어를 '놀랍다'는 말로 표현합니다." 그 광고에서 오다우드는 머스크의 말을 인용한다. "그것은 '당신의 얼을 빼놓을 것입니다.' 그런데 그게 작동하기나 할까요?"[15]

그 말이 떨어지기 무섭게 흰색 테슬라 모델 3가 빨간 모자를 쓴 어린이 크기의 마네킹을 향해 돌진하는 장면이 나온다. 우지끈. 차는 마네킹을 세게 들이받았고, 잘린 머리는 하늘로 솟구친다. 빨간 모자는 강조하려는 의도가 분명했다. 다음 장면에서 자동차는 분홍색 재킷을 입은 마네킹을 향했지만 결과는 같았다. 마네킹은 1,800킬로그램에 달하는 자동차의 차체 아래 깔려 으스러졌다.

"이런 일이 다시, 또 다시 반복되고 있습니다." 회색 후드티를 입은 마네킹도 같은 운명을 겪자 오다우드는 그렇게 말한다.

갑자기 카메라가 오다우드를 잡는다. 와이어 프레임 안경을 쓴 평범해 보이는 이 은발의 남성은 평범한 중견 관리자 인상이다.

"전 댄 오다우드입니다. 안전 기술자죠. 테슬라 완전자율주행은 내가 본 것 중 최악의 상업용 소프트웨어입니다. 의회에 없애달라 말해주세요."

화면에는 미국 의회의 번호가 깜박이면서 이런 문구가 나타난다. "비용은 던 프로젝트가 부담합니다."

카지는 그 영상을 보고 크게 당황했다. 이 테슬라 인플루언서는 오다우드의 광고가 온라인에서 큰 화제를 불러일으키자 (유튜브에서만 40만 회에 가까운 조회수를 기록했다) 답답해졌다. 자신이 잘 아는 소프트웨어를 그 광고가 사실과 다르게 왜곡한다고 판단했기 때문이었다. 테슬라를 비판하는 또 다른 사람인 테일러 오건Taylor Ogan이 올린 동영상은 오다우드가 지핀 불에 기름을 끼얹었다. 동영상에서 테슬라 모델 Y는 마네킹을 들이받았지만, 오건이 루미나Luminar 차량으로 똑같은 상황을 재현했을 때 루미나는 실패하지 않았다.[16]

머스크와 팬들은 몇 해 동안 공매도자, 혹평, 부정적 기사를 싣는 기자들을 상대로 싸워왔지만 이 시기에 그들의 비판이 피부에 와닿을 정도로 실감이 난 것은 오다우드의 실험이었다.

오다우드 자신도 비판에 초연하지 못하기는 마찬가지였다. 웹사이트 일렉트렉Electrek이 그 광고의 한 가지 결함을 보도했다. 그 차의 중앙 화면에 소프트웨어가 켜져 있지 않은 장면을 비춘 것이다.[17] 오나우드는 소프트웨어가 켜져 있었다는 사실을 입증해 주는 자료를 대대적으로 동원해, 실험에 참여한 사람들이 서명한 진술서와 당시 소프트웨어가 분명 활성화되어 있었다는 것을 보여주는 원본 영상을 공개했다.

예전에 카지는 홀마즈 카탈로그Whole Mars Catalog라는 이름으로 통하는 자신의 유튜브와 트위터 프로필에 동영상을 공개했었다. 완전자율주행을 켠 채 몇 시간을 달리는 영상으로, 차는 운전자의 개입 없이 대부분의 거리를 원활하게 운행했다. 예를 들어 샌프란시스코의 혼잡하고 굽이치는 거리나 체증이 심한 로스앤젤레스의 시내를 무리 없이 통과하는 장면도 있었다. 그는 한결같은 긍정적 시각으로 테슬라의 성과를 폭넓게 기록으로 담았고, 자동차가 제대로 회전하고 아무 데도 부딪히지 않는 상황을 연출할 때마다 첫걸음마를 떼는 아기를 대하듯 칭찬을 아끼지 않았다.

그런데 오다우드가 완전자율주행을 대중에 대한 위협으로 몰아붙이며 정반대의 모습을 보여주고 있었다. 그리고 사람들이 이를 주시하고 있었다.

2023년 여름 오마 카지는 나와 대화하는 자리에서 자신의 전략을 솔직하게 얘기했다. 매일같이 아무렇지도 않게 쏟아지는 부정적 포화에 맞서 테슬라를 방어하겠다는 얘기였다. 투자자와 팬들은 이런 공격을 FUD(fear, uncertainty, and doubt: 공포, 불확실성, 회의)로 규정하고 무시했지만, 그들도 이를 진지하게 받아들여야 한다는 것은 알고 있었다.

"테슬라는 FSD(완전자율주행 소프트웨어)를 광고하지 않습니다. 홍보가 많지 않아요." 그는 말한다. "그런데 이건 이 남자가 1,000만 달러 들여 만든 FSD 중상모략 캠페인이에요… 우리에겐 1,000만 달러가 없습니다. 그래서 이걸로 세상을 한번 시끄럽게 만들어보려 해요. 이 동영상을 공개해 실상이 어떤지 보여줄 겁니다. 그래서 입소문이 나면, 테슬라가 아이들을 치고 지나간다는 소문은 잠잠해지겠죠."

그렇게 되면 최소한 테슬라가 직접 할 수 없었던 반론도 제시할 수 있을 것이다.

카지는 비웃음이나 살 것이 뻔한 한심한 자신의 아이디어가 주류 언론에 알려졌는데도 자신의 실험이 정당하다고 우겼다. 기사들은 예정된 이벤트가 터무니없는 만행이라는 점을 강조했다. 실험을 시작하기 전에 샌프란시스코 경찰은 카지가 계획한 시연을 자제하도록 통고했다는 문서를 내게 보냈다.

카지는 단호했다.

"차에 사람이 타기 때문에 100% 안전합니다." 그는 그렇게 쓴 후 참여하겠다는 사람을 찾았다고 밝혔다.[18]

"좋아요, 자원한 사람들이 있군요 … 다들 자기 아내만 설득하면 된답니다." 그는 그렇게 트윗했다.[19]

"저부터 먼저 차에 치이는 시범을 보이라는 댓글이 많아 제가 먼저 하기로 했습니다." 그는 그렇게 말했다. "먼저 어른과 마네킹을 할 겁니다. 어린이까지 도로에 나올 필요는 없을 겁니다."[20]

이 시연을 비판하는 말이 많아지는데도 카지는 트위터로 강행 의사를 밝혔다. "나는 하고 싶은 만큼 아이들을 치고 달릴 겁니다. 여러분은 나를 막지 못해요!!" 이 발언은 기술 뉴스 웹사이트 〈더 버지 The Verge〉가 시연 중단을 촉구한 공개서한에 대한 답이었다. "하지 말아요. 그러면 안 됩니다." 〈더 버지〉는 그렇게 말렸다. "정말이지, 나 같으면 절대 그런 짓은 하지 않을 겁니다. 트위터에 뭔가를 올려 당신 머리를 이상하게 만든 어떤 멍청이에게 뭔가를 입증해 보이겠다고, 어떤 속도로 움직일지도 모르는 1,800킬로그램짜리 금속 덩어리 앞으로 아이를 걷게 하다니요."[21]

〈더 버지〉의 간청을 듣지 않았더라도, 카지는 적어도 실제 아이들을 대상으로 실험하기 전에 중간 단계를 계획해 두고 있었다. 그는 크레이그리스트Craigslist(미국의 인터넷 안내 광고 사이트―옮긴이)에서 어린이 크기의 마네킹을 발견했다. 마네킹을 사러 갔을 때 주인은 어디에 전시하려느냐고 물었다.

"전시는요, 그냥 차로 들이받으려고요."

그런 다음 그는 할인 의류매장으로 가 의상을 구했다.

카지는 2023년 나와 인터뷰하는 자리에서 자신의 아이디어에 대한 반응을 이렇게 설명했다. "다들 모두 들고 일어나 난리도 아니었어요. 전 속으로 그랬죠. '별일 아닌 걸 갖고.'"

그는 이스트베이의 앨러미다라는 도시의 그림 같은 주택가에 자리한 어떤 집에 도착했다. 카지의 실험에 자원한 아이들이 사는 집이었다.

카지의 기억에 따르면 그는 장난감과 아이들 옷이 널려 있는 방으로 안내받았다. 아이들은 마네킹과 카지가 구한 옷을 보더니 자기들이 마네킹에 옷을 입혀줘도 되냐고 물었다. 카지는 청록색 긴소매 셔츠와 파자마 바지, 야구 모자 등 자신이 고른 옷을 건네주었다.

다음은 유튜브에 올린 10분 분량의 동영상에서 벌어진 일에 대한 설명이다.[22]

실험을 실행할 시간이 됐다. 카지는 한적한 주택가에 세워둔 회색 테슬라 모델 3의 운전석에 앉았다. 그의 차는 농구대를 오른쪽에 두고 도로를 정면으로 향하고 있었다. 길 앞 가장자리에는 차 두 대 정도 들어갈 공간에 혼다 오디세이Honda Odyssey 미니밴이 주차되어 있었다. 늘어선 집들이 대부분 단층 주택인 그 캘리포니아 동네엔 마침 하늘에 구름 한 점 없었다. 야구 모자와 청록색 셔츠를 입힌 마네킹은 차의 왼쪽으로 비스듬히 어긋난 자리에 세워져 있었다. 차가 도로에 들어서면 마주칠 수 있는 자리였다.

카지가 레버를 두 번 내려 오토파일럿 모드를 작동시키자 사이드미러가 자동으로 위치를 잡았다. 그러더니 … 아무 일도 일어나지 않았다. 차가 꿈적도 하지 않은 것이다. 테슬라가 도로에 있는 마네킹을 본 것 같았다.

"움직이지 않는군요." 카지가 말했다. 이제 두 번째 시도를 할 차례였다. 이번에는 마네킹을 좀 더 멀리 미니밴을 지나친 쪽에 배치했다.

다시 카지는 레버를 두 번 내려 테슬라가 움직이도록 신호를 보냈다. 차는 왼쪽으로 방향을 틀며 도로에 들어섰다. 그때 분홍색 셔츠를 입은 여자아이가 오른쪽 인도를 깡충 뛰면서 지나갔다. "좋아요, 차가 정말 조심스럽게 가고 있네요." 카지가 말했다. 차는 도로 중앙, 마네킹 맞은편에서 움직였다. 차와 마네킹 사이의 공간은 차 2대 정도로 좁혀졌다.

"그리고 차가 멈췄습니다. 가지 않는군요." 그는 말했다. 차는 마네킹을 마주 보고 있었다.

세 번째 실험은 마네킹을 약간 오른쪽에 배치해 테슬라가 마네킹을 장애물로 인식하지 못하도록 하는 것이었다. 다시 카지는 오토파일럿 레버를 두 번 당겼다. 순간 테슬라의 핸들이 혼자서 왼쪽으로 거의 끝까지 돌았다. 손은 보이지 않았다. 차는 각도를 크게 꺾어 도로에 진입하더니 속도를 내기 시작했다. 핸들이 다시 왼쪽으로 돌았다. 마네킹이 가까워지자 이를 피하려고 준비하는 수정 단계였다. 핸들이 다시 오른 쪽으로 돌았고 테슬라는 다시 제자리로 돌아와 시속 25킬로미터로 직진하더니 사이드미러 오른쪽에 몇 센티미터 떨어져 있는 마네킹을 지나쳐, 다시 탁 트인 도로를 시속 40킬로 이상의 속도로 곧장 달렸다. 카지는 오토파일럿을 껐다.

테슬라는 시험을 당당히 통과했다.

실험 영상을 촬영하던 카지는 일련의 초기 실험을 마친 뒤에 말했다. "좋아요. 지금까지는 좋습니다." 그 실험에는 마네킹이 있던 도로 한복판에 어른을 세워놓은 경우도 있었고 나중에는 차 앞으로 걸어가는 실험도 있었다. "실제 어린이는 어떨까요?"

턱수염을 기르고 두꺼운 검은색 뿔테 안경을 쓴 남성이 모델 3의 운전석에 올랐다. 태드 파크Tad Park는 여전히 녹화 중인 카지를 마주 보며 자신이 자율주행 관련 기술주 ETF인 VCAR의 포트폴리오 매니저라고 직접 소개했다. 그는 앞서 완전자율주행을 사용해 본 경험이 있으며 이 소프트웨어를 신뢰한다고 말했다.

"나는 내 아이들의 목숨을 맡길 수 있을 정도로 이 시스템을 신뢰합니다." 그는 그렇게 말했다. "그래서 나는 이 시스템이 내 아이들을 감지하리라고 확신합니다. 물론 나는 언제라도 브레이크를 밟을 수 있도록 핸들을 통제하고 있습니다."

다음 장면에서는 분홍색 셔츠를 입고 도로 복판에 팔짱을 낀 채 서서 움직이지 않는 어린 소녀가 보인다. 소녀의 머리는 가려져 보이지 않는다.

카지는 조수석에서 촬영했다.

"이 차가 널 보고 있어! 널 보고 있다고!" 파크는 딸을 안심시키려고 아이에게 소리쳤다. 딸은 차 2대 정도 들어갈 거리보다 조금 떨어진 곳에 서 있었다. 파크는 레버를 두 번 당겨 완전자율주행을 활성화해 테슬라가 딸의 방향으로 진행하도록 했다.

처음에 차는 움직이지 않았다.

잠시 후 테슬라는 시속 5킬로미터로 기다시피 움직였고, 자동차 한 대 길이만큼 나가더니 테슬라 앞 오른쪽 길가에 주차된 혼다 오디세이와 나란히 방향을 잡았다. 그러다 차는 파크의 딸에서 차 한 대 반 정도 떨어진 지점에서 멈췄다.

"차가 멈췄습니다." 카지가 말했다. 아이는 차의 중앙 화면과 완벽하게 일직선을 이룬 곳에 서 있었다. 앞 범퍼에서 약 5미터 떨어진 거리였다. 아이는 조금도 겁을 먹지 않았다.

이제 아이는 다른 실험 공간을 내주기 위해 도로 밖으로 뛰어나갔다.

파크의 5살짜리 아들은 머리가 테슬라의 사이드미러 정도까지 오는 키였다. 그 아이는 차가 완전자율주행(베타)으로 다가오면 도로로 들어와 건너라는 지시를 받았다.

파크는 다시 차를 앞으로 움직이기 시작했다. 테슬라가 주차된 도요타 프리우스Toyota Prius에 접근했을 때 그 아이는 도로에 들어섰다. 아이는 밝은 색 셔츠와 볕가리개 모자를 썼다. 테슬라는 얌전히 멈춰 서더니, 소년이 길을 건널 때까지 기다렸다.

아이가 시야에서 사라지자 테슬라는 주택가 도로를 따라 운행을 계속했다.

"그러네요, 차가 아이들을 잘 보는군요." 카지가 그렇게 말했다.

"맞아요. 아이 키가 정말 작은데 말이에요." 파크가 맞장구를 쳤다.

실험의 제한적인 특성을 고려할 때, 테슬라의 평판을 지키기 위해 팬들이 자진해 나섰다는 것 외에 카지의 실험이 무엇을 입증해 보였는지는 확실하지 않았다.

카지도 이 실험이 사람들의 이목을 집중시키기 위한 이벤트라는 점을 인정했다. 오다우드의 실험 같은 결과는 절대 나올 수 없다는 것까지 증명하기는 어려웠다. 이런 실험에 실제 어린이까지 동원했다. 혹시 이것이 모방 실험을 초래하지는 않을까?

"돈을 들여 만든 (오다우드의) 광고 영상만큼이나 우리 영상도 소문이 나기를 원했습니다." 카지는 어떤 인터뷰에서 그렇게 말했다. "사람들은 긍정적인 내용보다 부정적인 내용을 훨씬 더 쉽게 기사화하죠. 제가 끼어들어 '우리가 이런 실험을 진행할 예정이니 취재를 해주세요'라고 하면 대부분의 사람들은 '그러거나 말거나'하며 시큰둥해합니다. 하지만 내가 '우리는 아이를 차로 칠 겁니다'라고 말하면, 이런 나쁜 놈들이 있나 하면서 당장 기사로 쓰겠죠 … 우리가 실제로 보여주고 싶었던 건 … 이 실험이 실제로 오다우드가 상상한 것처럼 여기저기서 차가 아이들을 치는 그런 상황이 아니라는 것이었어요."

당연히 카지의 동영상은 온라인에서 이목을 끌었다. 이 영상의 조회수가 늘어나자 CNBC 기자가 유튜브에 연락해 논평을 요청했다. 그 후 유튜브는 "유해하고 위험한" 콘텐츠 관련 방침에 따라 해당 동영상을 삭제했다.[23]

테슬라와 머스크는 카지의 시연에 대해 침묵했다. 대신 그들은 관심을 오다우드에게 돌렸다.

그 달 테슬라는 법률 고문 디나 에스킨Dinna Eskin이 서명한 특허권 침해 경고장을 발송하면서, 던 프로젝트에 마네킹 광고를 내려달라고 요구했다. 테슬라는 완전자율주행 장치를 켜지 않았다는 일렉트렉의 보고서를 인용하며 이 광고가 자사의 소프트웨어를 왜곡했다고 주장했다.

"해당 실험은 테슬라의 기능을 오용하고 왜곡했으며, 독립 기관에서 수행한 널리 인정된 실험과 고객이 공유한 경험을 무시하고 있다." 경고장은 그렇게 밝혔다. 또한 던 프로젝트가 자신들의 소프트웨어를 "안전하지 않은 방법으로 부적절하게 사용"했다고 비난했다. 오히려 사람들을 위험에 빠뜨리는 것은 던 프로젝트라고 그들은 주장했다. "당신의 행동은 실제로 소비자를 위험에 빠뜨렸다."[24]

오다우드는 눈 하나 깜짝하지 않았다. 오히려 그는 돈을 더 많이 쏟아부었고, 그 프로젝트는 그해 2월 슈퍼볼 광고 캠페인에서 절정에 달했다. 결국 많은 시청자들이 테슬라가 어린아이 크기의 마네킹의 머리를 떨어뜨리는 장면을 지켜봤다. 1년 뒤에 던 프로젝트는 슈퍼볼에 광고를 2편 더 올렸다. 첫 번째 광고는 끔찍한 충돌 사고의 여파를 자세히 설명한 것으로, 테슬라가 마네킹을 치는 오다우드의 광고가 나온 지 불과 몇 주 후에 발생한 사고였다. 노스캐롤라이나에서 틸먼 미첼Tillman Mitchell이라는 17세 소년이 통학버스에서 내리다 오토파일럿을 켜놓고 시속 70킬로미터로 주행한 것으로 추정되는 테슬라에 치여 입원했으며 여전히 인공호흡기에 의지하고 있다는 소식이었다.[25] (NHTSA는 대변인을 통해 현재 조사가 진행 중이라는 이유를 들어 노스캐롤라이나 사고에 대한 언급을 거부했다.) 다른 하나는 테슬라가 세미트럭 트레일러 밑을 들이받아 운전자가 사망한 사건과 도로의 정지 신호와 경고등을 무시한 테슬라가 쉐보레 타호Chevy Tahoe에서 내려 파트너와 별을 보던 젊은 여성을 치어 사망케 한 동영상이었다.[26]

테슬라의 워싱턴 정책 담당 로한 파텔은 치명적인 오토파일럿 충돌 사고에 대한 〈워싱턴 포스트〉의 보도(나중에 그들은 이 보도를 모티브로 광고를 만든다)를 공격의 빌미로 활용했다. 테슬라는 대중메시지 부문에서 큰 타격을 받고 있었다.[27] 테슬라의 홍보 전략, 아니 사실 무無홍보 전략이 다시 회사를 괴롭히기 시작한 것이다. 그래서 그는 반격을 시작했다.

"미디어의 많은 목소리와 실제 데이터/분석을 이해하지 못하는 사람들이 테슬라와 NHTSA를 악마화했다." 그는 X에 올린 글에서 그렇게 말했다. "그들의 의도가 무엇이든, 그들은 운전자와 대중에게 잘못된 인상을 심어줌으로써 역사의 그릇된 편에 섰다."[28]

그는 머스크가 바로 '우리 대 그들'이라는 대립 구도에서 일정 부분 역할을 맡았다는 사실과 그 탓에 자신이 해결사 역할을 하게 된 경위에 대해서는 언급하지 않았다.

안전을 앞세우는 측에는 돈은 많고 잃을 것은 별로 없는 특이한 위치에 있는 오다우드가 있었지만, 이들을 비방하는 사람들은 오다우드가 소프트웨어 관련 일을 하고 있기 때문에 이해충돌 여지가 있다며 그를 비난했다. 하지만 오다우드는 안전이 걱정되어 시작한 일이라며 그런 주장을 일축했다. 그는 안전에 중요한 소프트웨어를 배포한 경력이 있는 데다, 대의를 위해 자신의 재산을 기꺼이 바쳐 세계 최고 부호와 싸움을 벌일 때 따라오는 반발에 맞서고자 했다.

"그가 나를 왜 싫어할까요? 그가 마음대로 할 수 없는 유일한 사람이기 때문이에요." 오다우드는 내게 그렇게 말했다. "나는 그에게 맞설 수 있는 유일한 사람입니다. 나도 그들처럼 변호사 군단을 동원할 돈이 있기 때문이죠 … 그는 내 사업을 망가뜨리지 못합니다 … 내 가족을 어찌할 수도 없어요 … 난 이 세상에서 그가 건드릴 수 없는 유일한 사람일 겁니다. 그는 아마 미칠 겁니다.

"그리고 나는 계속 귀찮게 할 겁니다." 2023년 7월에 인터뷰했을 때 그는 내게 그렇게 덧붙였다.

이후 몇 해 동안 계속 규제 조사와 수요 감소와 좋지 않은 평판에 시달리다 못한 팬과 투자자들은 테슬라를 향해 광고나 홍보에 대한 평소 혐오감을 버리고 다시 대중 메시지로 상황을 제어해 달라고 호소했다. 하지만 머스크는 꿈쩍도 하지 않았다. 이후 슈퍼볼 시청자들은 경쟁사들이 내놓는 전기자동차 광고의 홍수를 보게 된다. 테슬라와 관련된 유일한 광고는 오다우드의 광고로, 테슬라의 소프트웨어를 맹렬히 비판하고 테슬라의 위험성을 경고한 그 광고는 그해 가장 많은 사람이 시청한 광고가 되었다.

"자녀의 안전을 지키려면 테슬라 불매운동에 참여하세요." 한 광고는 그렇게 말을 맺었다.[29]

"아예 정부를 갖고 노는군"

존 버널John Bernal은 테슬라에서 해고된 지 6개월 후인 2022년 2월에 마음을 재충전하고 싶어 멕시코의 카보산루카스로 날아갔다. 테슬라의 첨단 운전자 지원 시스템의 테스트 드라이버로 소프트웨어의 성능 평가를 담당했던 버널은 회사 고위층으로부터 따가운 눈총을 받았다. 테슬라의 완전자율주행 소프트웨어가 오작동하는 영상을 올렸기 때문이었다. 거기에는 그가 해고된 달에 올린 소프트웨어와 관련된 최초의 동영상 충돌 사고도 담겨 있었다.[1] 버널은 테슬라가 자신을 해고하면서 자신이 업무를 통해 얻은 완전자율주행 소프트웨어를 부적절하게 사용했다는 이유를 내세웠지만, 이는 근거 없는 주장이라고 말했다. 그는 덕분에 자신이 동영상을 올리는 유튜브 채널 AI어딕트AI Addict의 팔로워가 크게 늘었다는 말도 덧붙였다.

2023년 7월 나와의 인터뷰에서 버널은 여행을 하던 중 어느 날

운동을 마치고 사물함을 열었을 때 휴대폰 화면에 불이 들어왔다고 말했다. 알림 표시가 수십 개였다. 부재중 전화, 음성메시지, 룸메이트가 보낸 메시지가 모두 전화해 달라고 요청하고 있었다.

그는 서둘러 룸메이트에게 연락하려다 메시지 하나를 보게 되었다.

"여기 FBI 사람들이 나와 있는데… 당신을 찾고 있어요."

버널은 룸메이트가 장난한다고 생각했다.

그러다 음성메시지를 들었다. 교통부와 손잡고 일하는 FBI였다. 수화기 저쪽에서 들리는 목소리는 단호했다. "존, 당신과 할 얘기가 있습니다."

버널은 멕시코에 계속 머물러야 할지 잠시 고민했다. 해고의 원인이 되었던 그 영상들을 정부가 문제 삼은 걸까?

버널은 그의 변호사에게 전화를 걸어 상의한 후 FBI에 전화를 걸었다.

그는 그쪽 말을 듣고 안도했다.

"아, 당신은 문제가 없습니다. 우리는 당신이 아니라 당신의 전 고용주를 조사하고 있습니다." 버널은 내게 그렇게 전해주었다.

그는 캘리포니아로 돌아왔고, 10월에 로스가토스에 있는 어머니의 집에서 샌프란시스코 FBI 현지 지부 요원과 미국 교통부 직원을 만났다.[2]

그는 두 연방 공무원과 마주 앉아 그들의 질문에 답했다. 그들의 실제 관심사는 일론 머스크였다.

6년 전에 테슬라는 장차 회사가 추진하는 야망에 대한 로드맵을 제시하는 마케팅 영상을 공개했었다.

영상은 검은색 프레임으로 시작되었다. 그런 다음 화면에 흰색 글자가 나타나면서 대문자로 이렇게 선언했다. "운전석에 사람이 앉아 있는 것은 오로지 법적 이유 때문입니다. 운전자는 아무것도 하지 않습니다. 운전은 차가 알아서 합니다."[3]

테슬라 모델 X가 차고에서 나오자 테스트 드라이버가 운전석에 올라탔다. 롤링 스톤스Rolling Stones 의 '페인트 잇 블랙Paint It Black'의 도입부가 흘렀고 음악이 점점 커지는 가운데 그 SUV는 캘리포니아 멘로파크의 거리를 능숙하게 주행하기 시작했다. 차가 실수할 경우를 대비해 운전자의 손은 핸들 아래에서 맴돌았다. 도중에 신호등, 자전거 전용도로, 진입로 같은 장애물을 만나기도 했다.

실수는 없었다. 팔로알토의 디어크릭로드 3500번지의 테슬라 본사까지 11킬로미터의 경로를 테슬라는 무리 없이 운행했다.

목적지에 도착하자 테슬라는 문 앞에 테스트 드라이버를 내려주었다. 그런 다음 운전석이 빈 상태로 주차장에 들어섰고, 보행자가 앞에 나타나자 멈춰 서 건너가게 한 다음 미로 같은 주차 공간을 따라 움직였다.

마지막으로 테슬라는 혼자서 일렬 주차를 했다.

현재 테슬라의 실제 도로 주행 성능에 관한 한, 이 영상의 결론은 사실상 거짓이었다. 이 차량에는 테슬라의 운전자 지원 시스템인 오토파일럿이 기본으로 장착되어 있지만, 특히 '페인트 잇 블랙' 영상에서 보여주는 시내 주행은 자율주행이 거의 불가능한 환경이었다. 하지만 이 차의 초기 시연 영상은 사람들의 기억에서 사라지지 않고 몇 해 동안 보이지 않는 곳에서 계속 영향을 미쳤다.

3년 뒤에 머스크는 이듬해인 2020년까지 로보택시 100만 대를 도로에 투입하겠다고 선언했다.[4]

그런 가운데 이 동영상에서 드러난 테슬라의 성능에 의문이 제기되었다. 어떻게 그 소프트웨어가 운전자가 개입하지 않는 상태에서 그렇게 완벽하게 작동했을까? 그것도 자율성을 시도하던 초기에 말이다. 그리고 테슬라가 현실의 도로에서 이런 능숙한 운행을 재현할 수 없는 이유는 무엇인가?

테슬라는 이후 몇 해 동안 조금씩 운전자에게 새로운 기능을 선보이며 오토파일럿의 기능을 발전시켰지만, 자율주행이라고 말할 수준은 아니었다.

2016년에 성공할 수 있었던 이유가 드러나기 시작한 것은 2021년이 되어서였다.

그해 12월에 〈뉴욕 타임스〉는 폭로 기사를 냈다.[5]

〈뉴욕 타임스〉의 여러 취재원에 따르면 당시 경로가 3차원으로 미리 상세하게 작성되어 있었다고 했다. 이는 테슬라가 있을 수 있는 장애물을 미리 프로그래밍하고 복잡한 경로를 운행하는 방법을 차량에 지시했다는 뜻으로, 일반적인 오토파일럿 사용자는 이용할 수 없는 수준의 학습이 이루어진 것이라고 〈뉴욕 타임스〉는 보도했다. 게다가 촬영 중 실제로 차량이 충돌하는 사고가 있었지만 최종 영상에는 나오지 않았다고 했다. 모든 것을 꼼꼼히 계획하고 세심하게 연출한 운전이었는데도 철망으로 된 펜스에 부딪친 것이다.

"영상을 촬영하던 중 어느 순간 오토파일럿으로 주행하던 테슬라가 회사 경내의 도로변 장벽을 들이받아 수리를 해야 했다고 영상 제작에 참여한 세 사람은 말했다." 〈뉴욕 타임스〉의 보도다.

나중에 테슬라의 오토파일럿 책임자인 아쇼크 엘루스와미 Ashok Elluswamy는 월터 황의 가족이 제기한 소송의 증언석에 앉아 〈뉴욕 타임스〉의 보도 내용을 대부분 확인해 주었다. 애플 엔지니어였던 황은 오토파일럿을 사용하던 테슬라로 고속 주행하다 캘리포니아

의 고속도로 장벽을 들이받아 사망했다.⁶

엘루스와미는 테슬라 동영상이 연출된 것이라고 증언했다. 〈로이터〉에 따르면 그 동영상은 "시스템의 성능을 확인하기 위한 시연"이었다고 했다.⁷ 머스크는 시연을 요청했을 뿐 아니라 작업 전반을 감독했으며, 나중에 〈블룸버그〉가 밝힌 바에 따르면 동영상을 시작할 때 들어가는 문구까지 지시했다.⁸

버널과 마주 앉았을 때 FBI는 분명 이런 배경을 대부분 알고 있었을 것이다. 하지만 그들은 그 이상을 알고 싶어 했다. 테슬라의 허위 진술은 '페인트 잇 블랙' 동영상 외에도 더 있지 않았을까?⁹

2021년 초에 코로나19의 여파로 반도체 공급망이 크게 흔들리자 일론 머스크는 테슬라 엔지니어들에게 명령을 내렸다. 앞으로 생산되는 테슬라의 차량에서 레이더를 떼라는 지시였다. 칩이 부족해지자 주요 자동차 제조업체들은 신차 생산을 중단했고, 그 영향은 테슬라도 체감할 정도가 되었다.¹⁰ 레이더를 없애면 적어도 영상 처리 용량이 큰 부품 중 한 가지의 부족 사태는 완화할 수 있었다.

테슬라의 일부 엔지니어들은 당황했다. 테슬라는 이미 업계 표준을 벗어난 간소화된 하드웨어 제품군을 사용하고 있었고, 웨이모Waymo 나 크루즈Cruise 같은 경쟁업체들이 채택하는 레이저 광선 기반 센서인 라이다마저 생략한 상태였다. 당시 나도 〈워싱턴 포스트〉에 실은 기사에서 지적했지만, 그들은 회사에서 존경받는 어떤 전직 임원에게 머스크를 말릴 방법이 없는지 조언을 구할 정도였다.

그러나 머스크는 눈 하나 꿈쩍 않고 엔지니어들의 의견을 제압했다.¹¹ 이는 머스크가 다른 방식을 선호하는 전문가들을 힘으로 누른 또 하나의 사례로, 일부 오토파일럿 직원들은 이 일로 회사를 그만둘 정도로 크게 반발했다고 한 전직 직원은 내게 말했다. 2021년 5월

에 테슬라는 더는 차량에 레이더를 탑재하지 않는다고 발표했다.[12]

레이더처럼 중복되는 부품을 비롯한 정교한 센서 제품의 중요성을 이해하려면 두 가지 다른 시나리오를 생각해 볼 필요가 있다. 하나는 자동차가 폭우가 쏟아지는 가운데 고속도로를 주행하는 경우이고, 다른 하나는 구름 한 점 없이 맑은 가운데 태양이 밝게 비추는 경우다.

놀랍게도 이 두 시나리오 모두 자율주행용 카메라에 문제를 일으킬 수 있다. 빗방울이 전방 카메라를 가릴 경우 시야가 확보되지 않겠지만, 밝은 햇빛도 비슷한 효과를 일으켜 이미지를 흐리게 할 수 있다. 이런 문제가 '오탐'을 일으키면 사고를 유발할 수 있다.

이런 이유로 기업들은 일반적으로 자율주행 차량에 여러 종류의 센서를 장착해 중복성, 즉 이 분야에서 통용되는 말로 '센서 융합sensor fusion'을 구현한다. 이렇게 하면 카메라가 장애물을 감지했을 때 컴퓨터가 따로 추가된 센서를 확인해 실제 위험 여부를 판단할 수 있다.

하지만 공급망 제약으로 수요를 충족시키기 어렵게 되자 테슬라는 다른 방법을 택했다. 하드웨어의 완성도를 어느 정도 희생시키고 설계의 일관성과 소프트웨어 구조의 단순성을 우선시한 것이다. 테슬라는 카메라만을 기반으로 주행정보를 인식하는 '테슬라 비전Tesla Vision'이라는 시스템을 출시했다. 이를 지지한 사람은 머스크와 그의 측근들뿐이었다.[13]

당연히 이 분야에선 전례가 없는 시스템이었다.

테슬라를 지지하는 발언을 해온 열성 팬인 케빈 스미스Kevin Smith는 일론 머스크의 사실상 완전자율주행 베타 테스터로, 출근길에 최근 업데이트된 소프트웨어를 시험해 볼 생각에 들떠 있었다.[14]

그때가 2021년 10월 24일이었다. 테네시주 머프리즈버러가 거주지였던 스미스의 설렘은 곧 좌절로 바뀌었다. 소프트웨어에 접속할 수 없었기 때문이다.

비슷한 시간에 그는 다른 베타 테스터로부터 연락을 받았다. 수화기 저쪽에서 들리는 목소리는 비명에 가까웠다. "그거 쓰지 말아요! 쓰면 안 돼요!"[15]

그 전날 밤 완전자율주행 10.3 버전 업데이트를 받은 테슬라 차량에서 고속으로 달리던 중 갑자기 브레이크가 잡히는 등 엉뚱한 현상이 나타나기 시작했다.

그리고 자동차전용도로를 달리던 차량이 갑자기 정지하려는, 즉 자동으로 브레이크가 작동하는 팬텀 브레이킹phantom braking 현상을 담은 영상들이 돌기 시작했다. 뒤차에 받힐 뻔한 경우도 있었다.

문제가 심각해지자 테슬라는 어쩔 수 없이 차량의 전방 충돌 경고FCW 및 자동긴급제동AEB 기능이 작동되지 않도록 원격으로 소프트웨어를 비활성화 조치했다. 결국 잘못된 소프트웨어 업데이트 한 번으로 차량 수천 대가 위험에 빠졌던 것이다.[16]

몇 시간 만에 테슬라는 아직 업데이트를 내려받지 않은 사람들에게는 배포를 취소하고, 이미 설치된 차량은 이전 버전으로 되돌려 놓았다. 이틀 만에 테슬라는 공식 리콜을 실시하기로 결정하고 10월 29일에 리콜을 통보했다.[17] 이는 새로운 커넥티드 카connected car 시대의 위험성을 보여주는 교과서적 사례로, 중앙의 명령에 따라 하룻밤 사이에 원격으로 업데이트된 시스템이 어떻게 차주를 예상치 못한 위험에 빠뜨리는지 보여주었다. 머스크는 트윗을 통해 이런 실패를 인정했다.

"10.3에 몇 가지 문제가 발견되어 잠깐 10.2로 되돌립니다." 그는 그렇게 적었다. "이는 베타 소프트웨어에 예고되었던 현상이라는 점을 참고해 주시기 바랍니다. 내부 QA(quality assurance: 품질 검사)로는 모든 조건에서 예상되는 하드웨어 구성을 전부 실험할 수 없기 때문에 공개 베타를 실시한 겁니다."[18]

머스크는 우주 로켓을 제작한 경험을 통해 실패의 가치, 심지어 재앙이라 할 만한 공개적 실패의 가치를 깨달은 것 같았다. 그리고 베타 테스터들이 위험에 대한 정보를 숙지한 상태에서 스스로 참여를 결정했다는 주장도 가능하다. 문제는 어떤 정보도 받지 못하고 참여에 동의하지도 않은 상태에서 도로를 달리는 사람들이었다.

사람들은 묻기 시작했다. 왜 업데이트에 동의하지 않은 사람들까지 위험에 처해야 하는가? 왜 그들이 테슬라 차량을 학습시키는 일까지 책임을 지는가? 규제 당국과 안전 전문가들은 그것이 갖는 함축적 의미를 따져보았다.

전설적인 소비자 권익 보호 운동가이자 대통령 후보였던 랄프 네이더Ralph Nader는 이런 머스크의 방식은 지금까지 본 적 없는 사례라고 내게 말했다. 그는 수십 년 전에 이미 《어떤 속도에서도 안전하지 않다: 미국 자동차의 설계에 내재하는 위험Unsafe at Any Speed: The Designed-In Dangers of the American Automobile》이란 책을 써서 안전 기준을 무시하는 자동차 업계의 뻔뻔한 관행을 고발한 전력이 있었다. "머스크가 공공 하이웨이에 전기차를 풀어놓았을 때 나는 물었어요. '도대체 무슨 일이 벌어지는 거지?' '아예 정부를 갖고 노는군.' 주 정부, 연방 정부를 가리지 않고 말입니다 … 믿을 수가 없었어요."

첨단 운전자 지원 시스템에 대한 명확한 규정이 없는 가운데 테슬라는 확실한 틈새를 인식하고 이를 활용했다. 일단 오토파일럿 기능이 수십만 명에 달하는 유료 고객의 손에 들어가면, 이를 빼앗기가 훨씬 더 어렵다는 것을 안 것이다.

테슬라 운전자의 입장에서 볼 때 되돌려진 잘못된 소프트웨어 업데이트 하나로 문제가 끝나는 게 아니었다.

그 후 몇 달 동안 NHTSA에 신고되는 사용자들의 불만 사항은 계속 늘어만 갔다. 이전에는 단독적인 문제라고 생각했던 현상들이었다. 가령 반대편 차선에 있는 세미트럭 같은 위험하지 않은 차량을 보고 테슬라가 갑자기 급제동하는 바람에 운전자의 몸이 앞으로 크게 쏠렸다가 원위치하는 사례 등이었다. 테슬라를 소유한 벤 모리스Ben Morris는 자신의 2021년형 테슬라 모델 Y가 고속도로에서 갑자기 브레이크를 밟은 탓에 아이들을 태우는 카시트가 앞좌석에 부딪혔다고 말했다. 다행히 카시트는 비어 있었다.

"제 2017년형 모델 X에서도 팬텀 브레이크 현상이 나타난 적이 있는데 매우 드문 경우였습니다. 하지만 2021년 5월에 출시된 '비전' 기반 시스템은 시도 때도 없이 이런 현상이 나타납니다. 우리는 이 현상을 매일 목격하고 있었습니다." 그는 〈워싱턴 포스트〉에 보낸 이메일에서 그렇게 썼다.[19]

팬텀 브레이크에 대한 불만은 이전 22개월 동안 34건이었지만 3개월 동안 107건으로 크게 증가했다.[20]

이를 계기로 불만이 폭주하기 시작했다.

NHTSA로 불만이 쏟아져 들어왔다. 2021년 10월의 업데이트로 팬텀 브레이크 현상이 여기저기서 나타나자 차주들이 가볍게 볼 문제가 아니라고 확신했기 때문이었다. 2022년 2월에 〈워싱턴 포스트〉 기사가 나간 이후 2주 동안 NHTSA에 추가로 접수된 테슬라의 팬텀 브레이크 관련 불만은 약 250건이었다.

이젠 선택의 여지가 없었다. NHTSA는 2022년 2월 16일에 팬텀 브레이크 문제에 대한 조사에 착수했다. 대상은 약 41만 6,000대에 달했다.²¹

머스크는 이미 그 주에 또 다른 리콜을 지시한 NHTSA를 가리켜 "분위기 깨는 사람들fun police"이라며 공격했다.²² 당분간은 규제 당국이 나서 정말 목을 조를 기세였다.

사람들은 여러 문제들을 알고 있었지만, 그래도 테슬라는 '완전 자율주행' 덕분에 시장과 대중으로부터 꾸준히 인기를 얻고 있었다.

자율주행이라면 기존의 대형 기술 기업을 놔두고 테슬라부터 떠올리는 사람들이 점점 많아졌다.

주요 기술 기업들이 자율주행 차량을 대규모로 출시하는 것은 몇 년 뒤의 일이고, 규제 당국은 어느 쪽에 비중을 둘지 주저하고 있었다. 그 사이에 머스크는 언제든 자신의 소프트웨어를 실제 도로에서 실험해 줄 베타 테스터를 확보해 놓고 있었다. 그들은 열성적인 지지자로 실험에 무료로 참여했다.

2020년 10월에 테슬라가 일부 베타 테스터 그룹에 이 기능을 처음 제공하면서 마법은 시작되었다.²³ 그때부터 팬들과 일반 애호가들은 너도나도 모두 출시 버전에 접속할 수 있게 해달라고 아우성쳤다. 그들은 세상을 바꾸게 될 이 소프트웨어의 초기 버전의 그래픽에 반했다. 차에 부착된 센터 스크린 그래픽이 1970년대 인기를 끌었던 게임회사 아타리Atari 스타일이었기 때문이다. (멋진 센터 스크린 그래픽으로 차의 가치가 얼마나 올라갔는지는 말하기 어렵지만, 탑승자들은 '에듀테인먼트'에 가깝게 구현된 시각화에 반했고 베타 테스터들은 완벽하지는 않지만 자동차가 어느 정도까지 보고 인식할 수 있는지 엿볼 수 있었다.)

그래서 테슬라는 베타테스터 자격을 평가하기 위해 안전 테스트를 실시해, 운전자의 습관을 모니터링하고 급제동이나 급회전 같은 측정 기준을 정하고 이에 점수를 매기는 방식으로 적격 여부를 평가했다.[24]

테슬라는 새로운 모델이 출시될 때마다 안전 기준을 낮춰 갔다. 100점에서 99점, 98점⋯ 이런 식으로 문턱을 낮췄다.

이 소프트웨어에 관심이 많은 테슬라 운전자들은 접속 권한을 확보하기 위해 일주일 동안 거의 살얼음판을 걷듯 최대한 조심스럽게 운전해, 과속이나 급제동을 피하고 갑작스러운 움직임을 자제했다. 안전 점수 시스템 덕분에 테슬라는 소프트웨어를 광범위하게 배포하는 대신 자신감을 가지고 천천히 수천 명의 사용자에게 배포할 수 있었다. 곧 1만 2,000명의 사용자가 접속 권한을 얻었는데 이들은 얼마 안 가 이 시스템의 지지 집단으로 변신했다. 소프트웨어를 도로 빼앗기지 않으려고 주로 긍정적으로 평가하는 동영상을 독점적으로 게시했기 때문이었다. 2022년까지 테슬라는 완전자율주행 시스템을 40만 명의 사용자에게 제공했는데, 이는 전 세계 공공 도로에서 이루어진 자율주행 베타 테스트 중 최대 규모였다.

그러나 탐을 내던 소프트웨어에 막상 접속해 본 열성 팬과 일반 소비자들은 완전자율주행이 아직 갈 길이 멀다는 것을 금방 깨달았다. 그리고 이 기능을 금방 포기하는 사람도 많았다. 기능을 작동해도 별로 운전이 쉬워진다는 느낌을 받지 못했기 때문이다. 사실 운전자는 실수를 통해 학습하는 오토파일럿 시스템을 일일이 감시하고 참견해야 하기에 오히려 더 번거롭다고 생각했다.

사실 완전자율주행은 경쟁사의 시스템과 대부분 기능이 같았던 반면, 안전장치는 훨씬 적었다. 그리고 카지 같은 인플루언서가 시연해서 올린 일부 동영상(그림 같은 장소 사이를 완벽하게 주행하는 장면)은 어떻게 보아도 연출된 조작이 틀림없었다. 엘루스와미의 증언에서 보듯 처음부터 사기극이었던 '페인트 잇 블랙' 영상과 크게 다를 바 없었다.

연방 수사관들을 마주한 버널은 테슬라에서도 가장 살벌했던 부서에서 일했던 경험을 털어놓았다.

2020년 가을에 테슬라는 머스크가 큰소리쳤던 '완전자율주행' 약속을 이행하기 위해 전력을 기울였다. 이 회사는 데이터 라벨링 직원을 대폭 늘리기 위해 커뮤니티 칼리지 졸업생, 애니메이터, 게임 개발자 지망생 등 신규 인력을 수백 명 모집했다. 일론 머스크의 비전을 실현할 이들의 시급은 22달러였다. 처음에 직원들은 즐겁고 신나는 기술 환경이라는 말에 혹했다. 하지만 교육 이틀째가 되자 교육 분위기가 좀 더 진지해졌다.

버널의 기억에 따르면 그들은 테슬라에는 '유명인 CEO'가 있고, 테슬라가 실패하기를 원하는 사람들이 많다는 얘기를 들었다고 했다. 따라서 회사 내부의 일이 외부에 알려져서는 안 된다고 했다. 극히 일부 예외적인 경우를 제외하고 회사에 대한 얘기는 머스크만이 할 수 있다고 했다. 오토파일럿은 머스크가 가장 아끼는 부서로, 머스크가 자주 찾기 때문에 직접 만날 가능성이 높다고도 했다.

그건 사실이었다.

머스크는 서로 다른 회사 4곳을 한꺼번에 경영하는 바쁜 와중에도 오토파일럿 개발에 필요한 시간은 늘 따로 마련해 두었다. 그는 이 소프트웨어가 테슬라의 미래를 결정할 매우 중요한 요소라고 생각했다. 단순한 자동차 제조만으로는 테슬라의 가치를 입증받을 수 없다고 본 것이었다. 머스크는 완전자율주행을 한마디로 정의했다.

"테슬라를 엄청난 가치를 갖는 회사로 만드느냐 아니면 아무런 가치가 없는 회사로 만드느냐를 결정하는 차이."[25]

샌머테오의 3층짜리 사무실에 줄지어 있는 책상에서는 자율성을 실현하려는 고된 작업이 한창이었다.

단조롭다는 말로도 부족할 만큼 지루한 작업이었다. 새로 고용된 직원들은 갑자기 3차원 세계로 빠져들었다. 키보드 번호판에서 1부터 8까지 숫자 중 하나를 누르면 테슬라에 탑재된 8대의 카메라 중 그 번호에 해당하는 카메라가 연결되었다. 거기서 나오는 10초짜리 클립 영상에 라벨을 붙이는 것이 그들의 임무였다. 그들은 방향키를 사용해 초당 30프레임 이상으로 된 동영상을 한 프레임씩 넘겨 가며 엄밀한 정확도로 300개의 이미지에 라벨을 붙였다.

작업자들은 앉은 자리에서 몇 시간을 꼼짝하지 않고 차량에서 150미터 이내에 있는 식별 가능한 물체를 빠짐없이 찾아냈다. 클립 1개당 500개 이상의 물체를 식별하는 작업도 있었다. 또한 똑같은 우편함이 클립 전체의 각 프레임에 모두 나타나더라도 프레임마다 일일이 라벨을 붙여야 했다.

"클립 하나를 제출하는 데 아마 마우스 클릭과 키 입력을 1만 번 정도는 했을 것"이라고 버널은 말했다.

곧 직원들은 머스크가 장담한 "완전자율주행"에 대한 약속의 무게를 온몸으로 느끼기 시작했다. 그들은 더 열심히, 더 빨리, 더 효율적으로 일하라는 독촉을 받았고, 관리자들은 머스크의 트윗 길이 정도의 약속을 마감 시한으로 받아들였다.

한편 머스크는 코로나19 사태 이후 많은 고용주들이 직원들에게 허용한 재택근무 유연성에 문제가 있다고 생각했다. 그는 라벨러들에게 출근을 요구했다. 그의 의심은 직장 내 감시 시스템으로 나타났다. 그중에 휴먼즈HuMans 라는 것도 있었는데 다른 환경에서 사용되었다면 〈터미네이터The Terminator〉의 스카이넷Skynet과 비교될 법한 장치였다.[26]

새로운 소프트웨어가 그들 컴퓨터에 심어진 것은 데이터 라벨러들이 고용된 이후인 2020년 말이었다. 갑자기 그들은 자신이 입력하는 키와 마우스의 클릭 수가 전부 기록되고 있을 뿐 아니라 이미지 라벨링에 걸리는 시간을 측정하는 타이머까지 설치되었다는 사실을 알게 되었다고 전 테슬라 직원들은 말했다.[27]

주어진 시간에 마우스의 움직임이 없으면 직원들은 최악의 경우 해고에 이르는 징계를 받았다고 진술했다.[28] 테슬라의 근로자를 대표하려 했던 한 노동 단체가 이 문제를 제기하자 테슬라는 블로그 게시물을 통해 시간 모니터링을 한다는 사실을 인정했다. 하지만 그것은 "라벨링 소프트웨어의 사용 편의성을 개선하기 위한 것"이라며 "이미지에 라벨을 붙이는 데 걸리는 시간을 측정하는 것이 목적"이라고 둘러댔다.[29]

회사 측의 요구가 이 정도로 엄중했으니 그 대가를 치르는 것은 시간문제였다.

"그 탓에 오류가 엄청나게 많이 발생했죠." 버널은 그렇게 말했다. "사람들은 질보다 양을 우선시하기 시작했습니다."

감시 소프트웨어가 도입된 지 몇 달 뒤 가뜩이나 신경이 날카로워진 직원들은 머스크의 성급한 결정 탓에 또 다른 힘든 문제를 처리해야 했다. 테슬라의 데이터 라벨 제작자들은 레이더가 없기 때문에 흐릿하고 해상도가 낮은 이미지를 다른 데이터 원본과 비교해볼 수 없게 되었다. 라벨링의 정밀도, 즉 이미지가 제공할 수 있는 세밀함의 수준은 이들이 하는 작업 전반에 매우 중요한 영향을 미쳤다. 중요한 부분의 맥락이 없으면 데이터 세트의 품질이 떨어질 수밖에 없었다. (하지만 테슬라는 레이더가 없는 자신들의 차량이 안전 측정에서 이전과 동등하거나 더 나은 성능을 보였다며 이렇게 밝혔다. "레이더가 장착된 차량과 비교했을 때 테슬라 비전이 장착된 모델 3와 모델 Y는 미국과 유럽에서 일차 안전 등급active safety ratings을 유지하거나 개선했으며, 보행자 자동긴급제동AEB 개입에서 더 나은 성능을 보였다."[30] 2022년에 누가 게시물을 통해 테슬라가 레이더를 없앤 이유를 따지자, 머스크는 이렇게 답했다. "해상도가 매우 높은 레이더만 의미 있다.")[31]

버널은 라벨러가 작업 중 혼자 중얼거리는 말과 그들이 수행해야 하는 작업의 광기를 이렇게 설명했다.

"이게 사람인가? 차일까? 트럭?−개? 목줄이 달린 개? 아니 목줄이 없나? (말인가?) 사람도 안장도 있는데−말은 없다?"

자율주행차를 연구하고 도로에 내놓는 기업의 입장에서 볼 때, 샌프란시스코는 출퇴근 시간대 언덕이 많은 미로 같은 좁은 도로에서 속도를 내지 못해 밀려 있는 상용 밴과 탑차 사이를 보행자나 자전거나 오토바이나 스케이트 보더가 헤집고 다니는, 말하자면 극한적인 실험 환경을 제공하는 도시였다. 차를 몰다 보면 요즘 첨단 기술 분야에 종사하는 젊은이들이 새로 찾아낸 바퀴 달린 최첨단 장비와 마주칠 때가 있었다. 가파른 언덕과 동네들은 저마다 분위기도 달랐다.

실험 차량의 성능을 과시하고 싶은 사람들에게 롬바르가街는 더없이 적합한 시험 장소였다. 그곳은 러시안힐의 가파른 블록 하나에 급커브가 8개나 있는, 구불구불하기로 유명한 거리였다.

하지만 초기에 테슬라는 이 도로를 정복하는 데 애를 많이 먹었다.

2020년 10월, 테슬라는 주요 인플루언서와 팬들에게 완전자율주행 시스템을 제공했다. 이 소프트웨어를 직접 실험해 보겠다고 나선 건 테슬라 라지Tesla Raj로 알려진 한 유튜버였다.

실험은 최악이었다.

흰색 테슬라는 첫 번째 커브를 지나는 데 어려움을 겪었고, 커브의 정점에 가까워지면서 속도를 줄이지 못해 테스트 드라이버가 개입해야 했다. 다음 커브에서는 좀 나아졌지만 세 번째 커브가 가까워졌을 때 차는 도로를 따라가지 못해 옆 골목으로 들어갈 뻔했다.

언덕 맨 아래쪽에 가까워졌을 때 차는 멈춰서 거의 15초 동안 움직이지 않았다. 운전석에 앉은 테슬라 라지는 화면이 지직거리는 글리치 현상을 발견했다. "화면이 찌그러지네요." 그는 그렇게 말했다.

이 동영상은 유튜브에서 10만 회가 넘는 조회수를 기록했으며, 인사이드EV InsideEVs 나 테슬라라티Teslarati 같은 블로그에도 소개되었다.

테슬라 라지는 테슬라라티 블로그에 올린 글에서, 자신의 차가 "실제로 헤어핀 회전을 네 번이나 거의 안전하게 해냈지만, 해당 지역의 드라이브웨이가 좀 특이해 차가 연석을 감지하지 못했다"고 말했다.[32]

테슬라의 독특한 개발 방식이 아니었다면 이런 문제는 더 쉽게 해결되었을 것이나. 머스크는 완전자율주행을 통해 비싸고 복잡한 하드웨어와 공급망의 제약을 피하려 했을 뿐 아니라 소프트웨어도 가능한 한 단순하게 작동하기를 원했다. 다시 말해 완전자율주행은 알파벳Alphabet의 웨이모나 GM이 투자한 크루즈 같은 회사에서 사용하는 고해상 지도의 힘을 빌리지 않았다. 이런 지도들은 정지 신호와 교차로를 알려줄 뿐 아니라 빗물 배수구, 도색한 연석, 드라이브웨이 같은 지형적 특징을 정확하게 알려주는 꼼꼼한 운행 환경 도해를 제공했다. 경쟁사의 소프트웨어는 사전에 미리 지도로 작성된 운행 환경에서만 사용하도록 조건이 제한되어 있었다. 그런 곳은 개발자가 예측하지 못한, 그래서 미리 프로그래밍하지 못한 상황을 자주 만나지 않으리라 확신할 수 있는 장소였다.

머스크는 이들의 전략을 보조 역할 정도로만 여겼다. 그는 테슬라가 샌프란시스코 같은 엘리트 거주지와 기술 유토피아에서만 운행되는 것을 원치 않았고, 그보다는 캔자스주 맨해튼에서 구입한 테슬라가 뉴욕시 맨해튼을 돌아다니는 것처럼 지방도로에서도 저 혼자 무난하게 운행할 수 있어야 한다고 생각했다.[33]

사람들은 대부분 완전자율주행 소프트웨어가 아직 실험 단계에 머물러 있다는 것을 알고 있었지만, 소프트웨어를 감독하는 테슬라의 개발자와 관리자들은 롬바드가에서 있었던 상황에 주목했다.

엔지니어들에게 새로운 과제가 떨어졌다. 그들은 롬바드가의 드라이브웨이 위에 보이지 않는 소프트웨어 장벽을 코딩했다. 볼링장 레인을 따라 설치된 범퍼 같은 수동적 경계였다. 이렇게 해서로 테슬라는 당황스러운 상황이 반복되는 일을 피할 수 있었다. 이 유명한 관광 명소이자 시험장을 정복하는 것이 얼마나 중요한지 알았기에 가능한 일이었다.

테슬라의 자체 아카이브인 티클립T-Clips에서 이 별도의 프로그래밍 레이어가 나오는 영상을 본 버널은 마음이 영 불편했다.

일반적인 소프트웨어 작동 방식이 아니라는 것을 알았기 때문이었다.

롬바드가의 동영상은 완전자율주행의 결함이 초기에 공개된 특이한 사례였다. 다른 회사들이 자율주행 기술을 선보이고 배포하기 시작하던 이 중요한 시기에 테슬라의 핵심 인플루언서들은 자신들이 맡은 완전자율주행 기능의 시연이 어떤 의미를 갖는지 다시 한 번 책임의 막중함을 되새겼다.

"초기 베타 버전 배포 명단에 끼워달라고 했으면, 불평하지 마세요." 머스크는 겁 없이 피드백을 제공한 어떤 베타 테스터에게 그렇게 말한 적이 있었다.[34]

이는 대중의 비판에 대한 테슬라의 과민한 대응방식과 과학과 기술 문제에 접근하는 머스크의 태도의 한계를 보여주는 또 다른 예였다. 피드백에 귀를 기울이고 개선하지 않겠다면 베타 테스트로 뭘 하자는 것이었을까?

테슬라가 자율주행 경쟁에서 우위를 점하려면 고속도로에서 고장 나지 않고, 굴곡이 심한 도로에서 멈칫거리지도 않고, 자전거 전용차선 표지 말뚝에 충돌하지 않는 소프트웨어 버전을 사람들에게 제공해야 했다. 완전자율주행이 도로를 정복하고, 수 킬로미터에 달하는 경치 좋은 경로를 거의 완벽하게 주행하는 모습을 보고 싶은 사람들은 오마 카지의 유튜브에 있는 동영상만으로도 충분했다.

동영상의 제목만 봐도 알 수 있다. "테슬라 오토파일럿 FSD, 로스앤젤레스에서 실리콘밸리까지 개입 없이 주행."[35] "테슬라 완전자율주행 베타 10.69로 첫 주행: 샌프란시스코에서 35분 동안 제어권 전환 없이 주행."[36] 카지의 동영상은 많은 시청자를 끌어모았다. 운전자가 특별히 주의를 기울이며 개입할 상황이 없는 상태로 수백 킬로미터를 주행하는, 묘기에 가까운 완전자율주행의 성능을 수십만 명이 지켜보았다.

그러나 시간이 가면서 테슬라의 열성 애호가들조차도 카지의 차에 장착된 소프트웨어에 의문을 품기 시작했다. 그동안 기록된 여러 영상에서 드러난 완전자율주행의 결함을 생각하면 당연한 결과였다. 어떤 테슬라도 일정 시간 운행하면 어김없이 실수를 저질렀고, 그때마다 운전자는 즉각 개입해야 했다. 카지는 평범한 완전자율주행 사용자들과 완전히 다른 경험을 한 모양이었다.

"당신이 거짓말을 하거나 과장한다고 생각하지는 않지만, FSD를 사용하는 당신의 경험은 내 경험과 판이하네요. 비슷하지도 않습니다." 어떤 의심 많은 사람은 그렇게 썼다. "당신이 과장한다고 생각하는 사람들도 있을 겁니다."[37]

머스크는 카지의 계정을 열광적으로 응원했고 또 그 계정을 통해 가끔 새로운 버전의 출시 소식을 알리기도 했지만, 거기에 올라온 동영상들은 거짓말처럼 완벽해서 선뜻 믿기가 힘들었다.[38]

나와 인터뷰하는 자리에서도 카지는 완전자율주행을 할 때 끊임없이 개입해야 하는 상황을 피할 방법이 있다고 말했지만, 그것이 무엇인지는 설명하지 않았다.

내가 카지와 대화를 나눌 무렵, 테슬라 팬으로 예전에 완전자율주행 소프트웨어 문제 때문에 고생했던 케빈 스미스가 동영상을 하나 올렸다. 카지가 OBD-II 포트에 어떤 장치를 꽂았다고 주장하는 동영상인데, 그는 그것이 오토파일럿 모드에서 허용 속도를 조정하는 신호를 반복해 보내는 장치라고 했다.[39] 이렇게 되면 판단이 확실하지 않은 순간에 진행 여부를 운전자에게 확인해 달라고 요청하는 완전자율주행의 기능이 사전에 차단된다. 왜냐하면 이 장치 때문에 차는 운전자가 항상 계속 가라고 말하는 것으로 인식하기 때문이다. (카지는 약 1년 뒤에 이런 장치를 사용했다는 사실을 대체로 시인했다. 그때는 테슬라가 운전자의 관심을 촉구하는 빈도를 줄이기 위해 차량 내 카

메라에 대한 의존도를 높인 상태였다.[40])

2024년 12월에 카지는 내게 한 가지 사실을 털어놓았다. 이 장치를 사용해 "테슬라 내부 통신 네트워크에 연결하고 … (핸들에 달린) 스크롤 휠을 움직여" 오토파일럿 모드에서 차량의 속도를 "일정한 간격으로 높이거나 낮췄다"는 얘기였다.

"이렇게 하면 시스템은 운전자가 핸들을 잡고 있다고 생각합니다." 그는 그렇게 말했다. "사람들이 이런 방법을 따라 할까 봐 이 부분을 얘기하지 않은 겁니다. 나는 주의 깊게 지켜보고 언제든 개입해 차를 제어할 태세를 갖추고 있었지만, 다른 사람들이 이 장치를 남용하는 것은 바라지 않았거든요."

카지는 자신의 철학을 설명하며 내게 말했다. "나처럼 조심성이 많은 사용자들은 자기 차가 겪을지 모르는 이런 위험을 피해 갈 권리가 있다고 생각합니다."

버널은 팬들이 이런 식으로 속임수를 쓰는 사실에 조금도 놀라지 않았다. 하지만 회사 내부에서조차 비슷한 일이 벌어진다는 사실을 알았을 때는 입을 다물지 못했다.

얼마 안 가 규제 당국과 안전 담당 관료들은 머스크의 성급한 의사 결정이 가져온 후유증을 뚜렷하게 인식하기 시작했다.

테슬라가 공공 도로에서 비전을 기반으로 한 새로운 방법을 실험하는 동안에도 차량들은 오작동을 멈추지 않았고, 결국 운전자 지원 시스템과 관련된 충돌사고나 아슬아슬했던 사고에 대한 보고의 양은 그때까지 규제 당국이 접했던 것보다 훨씬 더 많아졌다.[41] 도로를 달리는 테슬라의 수가 날이 갈수록 증가했기에, 그런 위험이 발생할 수 있는 기회도 당연히 많아졌다. 테슬라의 운전자 지원 시스템의 충돌 사고 비율은 다른 모든 자동차 제조업체의 비율을 압도했다.⁴² 특히 비상등을 켜고 주차한 응급 차량을 들이받는 새로운 유형의 사고에 규제 당국은 놀라움을 금치 못했다.⁴³

한편 테슬라는 차량이 축적하는 데이터의 저장량을 감당하기 어렵게 되자, 라벨링 전략을 바꿔 작업을 조금씩 자동화했다. 〈블룸버그〉의 보도에 따르면 2022년 6월 샌머테오 사무소는 200개가 넘는 일자리를 없애고 현장을 폐쇄하는 등 큰 폭의 감원을 단행했다고 보도했다.⁴⁴

2022년 10월에 미국 법무부는 자율주행과 관련된 테슬라의 주장에 형사적 문제가 없는지 확인하겠다며 수사에 착수했다. 〈로이터〉는 여러 경로를 통해 이를 보도하면서, 검찰은 테슬라가 운전자 지원 기술에 대해 "근거 없는 주장을 함으로써 소비자, 투자자 및 규제 당국을 오도했는지 여부"를 비롯해 테슬라의 기술 관련 진술을 조사하고 있다고 전했다.⁴⁵

한편 머스크는 직원들의 재택근무를 너무 싫어한 나머지 그것을 기술 혁신에 대한 혐오로 여기는 것 같았다. 머스크는 이미 2022년을 신제품 출시가 아닌 생산과 실행의 해라고 말했지만, 투자자들은 약속했던 완전자율주행 이행이 지체되는 이유와 여전히 감감무소식인 사이버트럭에 의문을 제기하기 시작했다.⁴⁶

2022년 6월에 머스크는 테슬라와 스페이스X의 직원들에게 다시 출근을 명령했다.

"사무실에 나타나지 않으면 사직하겠다는 뜻으로 간주하겠습니다." 직원들에게 보낸 이메일에서 그는 그렇게 말하며 반문했다. "물론 출근을 요구하지 않는 회사도 있겠지만, 그런 회사들이 마지막으로 그럴듯한 신제품을 출시한 것이 언제였습니까?"⁴⁷

내가 확인해 본 바에 의하면, 새로 떨어진 지시에 반발해 자진 퇴사한 직원들도 있었다.

　카지가 대면 근무를 고집하는 것이 '구시대적 발상'이라고 말하는 사람들이 있는데 어떻게 생각하느냐고 머스크에게 묻자, 그는 이렇게 답했다. "어디 다른 곳에서 일하는 척이라도 해야겠죠."[48]

9

분위기 깨는 사람들

한동안은 그 어떤 것도 자율주행을 계속 추진하겠다는 일론 머스크의 의지를 꺾을 수 없을 것 같았다. 예외가 있다면 기술 개발의 속도였다. 테슬라는 어떤 법적 당국이 대응할 수 있는 속도보다 더 빠르게 새로운 기능을 도로에 적용하고 있었다. 하지만 2022년에 이르러 댄 오다우드 같은 활동가들과 랄프 네이더 같은 안전주의자들이 교통 규제 당국을 무시하는 머스크의 방침을 공개적으로 비난하면서 워싱턴 소송에 세간의 이목이 쏠리기 시작했다.

미국 수도의 이런 무관심한 태도에 자동차 규제 개선을 위해 수십 년간 로비를 벌여온 네이더와 그의 오랜 협력자 조안 클레이브룩Joan Claybrook은 모욕감을 느꼈다. 우리가 1.5톤 가까운 자동차에 올라탈 때 두터운 패널로 되어 있는 무거운 도어와 충격시 아코디언처럼 찌그러지는 크럼플 존crumple zone 그리고 안전벨트나 에어백 등 기본적인 안전장치를 당연히 여긴다면 그건 모두가 이들의 노력 덕분이다. 당시 디트로이트에서 거의 신처럼 추앙받던 기업의 경영진은 미디어나 광고계의 힘 있는 로비스트와 워싱턴의 연합 세력 등을 동원했기에 이들은 상대가 안 되는 거대한 세력과 힘겨운 싸움을 벌여야 했다.

그들이 막강한 자동차 분야의 기존 체제를 무너뜨리고 완고하고 근시안적인 적을 쓰러뜨려 미국 정부를 휩쓸고 있던 규제 완화라는 철학을 굴복시켰다는 것은 그만큼 수십 년 동안 끊임없이 압력을 가했다는 반증이다. 그런 압력의 촉매제가 된 것은 1965년에 출간된 네이더의 유명한 저서 《어떤 속도에서도 안전하지 않다》였다.

그 책이 나오고 거의 반세기가 지난 2015년, 존경받는 소비자 권익 보호 운동가인 네이더와 카터 행정부에서 도로교통안전국NHTSA 국장을 지낸 클레이브룩은 최근의 자동차 안전 문제에 변화를 줄 기회를 잡았다.

이들의 동기는 과거와 크게 다르지 않았지만, 그들의 적은 진화를 거듭해 디트로이트의 자동차 공장은 실리콘밸리의 유리벽으로 둘러싸인 하이테크 허브로 바뀌었다.

네이더와 클레이브룩은 퍼블릭 시티즌Public Citizen 의 중역실에 놓인 긴 나무 테이블 앞에 앉아 있었다. 퍼블릭 시티즌은 네이더가 설립한 소비자 권익 보호 비영리단체로 워싱턴 DC의 핫플레이스인 듀퐁 서클 지역에 있었다. 벽에는 로버트 F. 케네디Robert F. Kennedy의 초상화가 걸려 있고 북시쪽 20번가와 접한 창문에서는 빛이 들어오고 있었다. 맞은편에는 그들의 우려를 실제로 처리해 줄 막강한 권력을 가진 사람이 있었다. 버락 오바마 대통령 직속으로 미국 연방 자동차 안전 규제 기관을 책임지는 마크 로즈카인드Mark Rosekind 였다.

그날 NHTSA 국장과 얘기를 나누게 된 것은 네이더와 클레이브룩에게 새로운 걱정거리가 생겼기 때문이었다. 자동차 제조업체와 소프트웨어 개발자들이 실험 단계에 있는 위험한 기술을 공공 도로에서 시험하고 있고, 테슬라의 오토파일럿 같은 자율주행 차량과 운전자 지원 기술을 연방 정부의 감독을 거의 받지 않은 채 배포하고 있기 때문이었다.

두 사람은 로즈카인드에게 차량을 알아서 조종하는 기술이 미국 도로에서 버젓이 행해지는 것에 대해 어떻게 생각하는지 물었다.

로즈카인드의 대답은 사무적이었다.

"두 마디로 답하죠." 네이더의 기억에 따르면 그는 그렇게 말했다고 한다. "데이터가 없습니다No data."

네이더와 클레이브룩은 어이가 없었다.

2016년에 테슬라는 이정표에 우울한 기록을 남겼다. 자율주행의 야망을 잠시나마 멈추게 할 수도 있는 사건이었다. "비극적인 손실A Tragic Loss"이라는 제목의 블로그 게시물에서 테슬라는 이렇게 발표했다. "오토파일럿이 활성화된 지 2억 900만 킬로미터를 조금 넘긴 시점에 처음으로 사망자가 나왔다."[1]

조슈아 브라운을 사망에 이르게 한 이 충돌사고는 3년 동안 발생한 3건의 치명적인 사고 중 첫 번째 사례로, 당시 테슬라는 언젠가 반드시 자율주행을 실현하겠다는 각오로 이 기술을 강조하던 시기였기에 오토파일럿 사용의 위험성에 대해 세상의 주의를 환기시키는 계기가 되었다.[2] 브라운의 차량은 플로리다 윌리스턴의 27번 국도에서 트랙터 트레일러가 앞을 막았을 때 정지하지 못했다. 테슬라의 설명에 따르면 "오토파일럿도 운전자도 모두 밝은 하늘을 배경으로 한 트랙터 트레일러의 흰색 측면을 인식하지 못해 브레이크를 밟지 않았다."³ 브라운 사건과 관련해 머스크가 미국 도로교통안전국과 했던 말은 몇 해 뒤에 연방교통안전위원회NTSB 위원장 섬월트와 나누게 될 대화 내용과 별로 다르지 않았다.

머스크는 당국이 개입할 경우 인명 피해가 날 수 있다는 투로 말했었다. 그러나 이 사례를 얘기하면서 머스크는 또 다른 걱정을 털어놓아 워싱턴 당국을 당황하게 만들었다. 공매도 세력과 기싸움을 하느라 힘들다는 내용이었다. 그런 말이 암시하는 의미는 분명했다. 안전 규제 당국이 개입하면 테슬라 주가가 떨어진다는 쪽에 베팅하는 사람들만 이득을 본다. 하지만 그런 문제는 규제 당국의 관심사가 아니었다. 3년 뒤에는 제러미 배너가 플로리다 델레이비치에서 차 지붕이 잘려 나가는 유사한 충돌 사고로 끔찍하게 사망한다.⁴ 그리고 자신의 생일 선물로 모델 X SUV를 구입한, 아버지이자 애플 엔지니어인 월터 황도 있었다. 그는 2018년 3월에 캘리포니아 101번 하이웨이에서 오토파일럿 모드로 주행 중 콘크리트 장벽을 들이받아 사망했다.

미국 NTSB는 각각의 충돌 사고를 조사하면서 비슷한 권고 사항을 내놓았다. 오토파일럿을 사용할 때는 원래 설계된 조건과 장소로 제한해 하이웨이와 일반적으로 시야가 확보된 곳에서만 사용하라는 말이었다. 그러자 지금까지의 모든 것을 능가하는 가장 혹독한 비난이 NHTSA를 향해 쏟아졌다. 최고의 자동차 안전 규제 기관이 "자율주행자 안전에 규제를 포기한 접근법"을 택해 "손을 놓았다"고 〈로이터〉가 보도한 것이었다.⁵

몇 해 전에 네이더와 클레이브룩은 운전자 지원 시스템에 규제를 느슨하게 적용할 때 초래될 결과를 미리 경고한 바 있었다. 그렇게 되면 기업들이 자신들의 소프트웨어가 적용되는 규제의 회색 지대를 악용해, 공식적으로는 그들의 시스템을 자율주행이라고 명시하지 않고 운전자들에게 자동화에 기반한 기능을 제공할 수 있다는 얘기였다.

그들이 보기에 현재 미국 도로에서 자동차 제조업체나 기술 기업들이 벌이고 있는 자율주행 자동차 실험은 그에 상응한 실질적인 결과를 낳고 있었다. 새로운 규정을 만들 만큼의 데이터가 부족한 것은 애초부터 예상된 일이어서, 어떤 강제 조치가 이뤄지지 않는 한 이들 기업이 그들의 가장 소중한 자산을 포기할 리는 없었다.

"국장님에겐 소환권이 있어, 필요한 데이터를 전부 확보할 수 있습니다." 네이더는 로즈카인드에게 그렇게 말했다고 했다. 사실 연방 차원에서 의사 결정을 내리는 데 필요한 데이터를 손에 넣는 유일한 방법은 싸워서 얻는 것이며, 그렇지 않으면 자율주행이나 운전자 지원 기술과 관련된 담론은 앞으로도 계속 기업들이 통제할 것이라고 그는 말했다.

"그들은 나쁜 데이터는 공개하지 않을 겁니다." 네이더는 그렇게 말했다. "유리한 데이터만 공개하겠죠."

네이더와 클레이브룩은 21세기의 가장 중요한 자동차 안전 문제를 대하는 NHTSA의 자신 없는 태도를 이해할 수 없었다. 하지만 의회는 이미 예산 부족과 공소시효를 근거로 NHTSA의 권한을 축소한 상태였다.

"형사적 처벌 권한이야말로 업계를 움직이게 하는 힘"이라고 클레이브룩은 다그쳤다. "머스크라도 따를 수밖에 없을 겁니다."

하지만 NHTSA는 실제로 그런 권한을 가져본 적이 없었다. 대신 NHTSA는 가혹한 벌금을 부과하고, 필요할 경우 미국 법무부로 하여금 자동차 제조업체에 어떤 조치를 강제하도록 의뢰할 수 있다.[6]

자율주행을 실험하던 초창기에 NHTSA는 적대적이기보다 협력적 태도를 택해, 관련 기술을 먼저 학습해 파악한 다음에 연방 차원에서 어떤 조치가 필요한지 평가하곤 했다. 이는 자동차 안전 문제와 관련해 네이더와 클레이브룩이 알고 있는 것과는 상반되는 태도였다. 그들은 거대 기업들을 향해 책임자가 누구인지 보여줘야 한다는 입장이었다.

1978년에 클레이브룩은 도요타 자동차를 이어받아 운영할 도요타 쇼이치로豊田章一郎를 만나 자동차 업계가 아무리 강하게 반대를 해도 에어백 개발이 필요하다면 NHTSA가 지원해 주겠다고 말한 적이 있었다. 그녀는 엔지니어 3명을 데리고 일본으로 날아가 석유 파동을 겪고 있는 미국에서 입지를 넓히고 있던 당시 도요타의 부사장에게 개인적으로 호소했다.

"(쇼이치로) 도요타 박사는 에어백을 개발하는 방법을 모른다고 내게 말했어요… 그 말을 들으니 정말 화가 치밀더군요." 그녀는 그렇게 말했다.

"내가 그랬죠. '방법은 NHTSA의 엔지니어들이 알려줄 겁니다.'" 그녀는 도요타를 설득한 일을 회상했다. "우리 엔지니어들이 원하시는 만큼 여기 있을 겁니다."

물론 도요타는 에어백이 달린 차량을 제조하는 법을 정확히 알고 있었다. 그러나 당시 NHTSA도 도요타가 무지를 핑계로 발을 빼는 것을 눈치챌 만큼의 전문성은 갖추고 있었다고 클레이브룩은 회상했다.

하지만 NHTSA는 자금 부족으로 인해 그런 종류의 제도적 전문 지식과 권위를 박탈당한 상태였다. 밴더빌트 법학대학교의 한 간행물이 〈스탠퍼드 법학 리뷰Stanford Law Review〉에 실린 '경찰 단속의 보이지 않는 운전자The Invisible Driver of Policing'라는 분석을 인용한 글에서 언급했듯이, NHTSA의 관심은 자동차 제조업체에서 점차 개별 운전자 쪽으로 옮겨 가 운전자의 행동을 개선하는 데 주력했다.[7] 그러다 보니 경찰은 자동차 안전성을 단속하겠다고 본의 아니게 교통을 막는 방식에 의존하게 되는데, 이는 "행정 기관이 규제 조치를 놔두고 형사적 법 집행을 앞세우는 한 사례일 뿐"이었다.[8]

"1970년에 교통부 산하 부서로 설립된 NHTSA는 처음에 자신들의 권한을 적극 활용해 자동차 제조업체에 차량 설계 개선을 요구했다." 밴더빌트 법학대학의 기사는 그렇게 밝혔다. "1990년대 초에는 교통사고 사망자가 증가하는 추세여서, 부상을 유발하는 충돌 사고와 전체 충돌 사고 건수가 모두 늘어났다. 그러나 정치적 분위기로 인해 NHTSA는 자동차 제조업체에 초점을 맞춘 규칙 제정에 집중하지 못했다. 게다가 예산까지 삭감당했다."

어느 순간부터 NHTSA는 원래의 설립 목적과는 너무 다른 모습으로 바뀌어, 교통안전을 중시하는 사람들이 보기에 공공 도로의 위험을 제대로 평가할 자신감조차 부족한 기관이 되고 말았다. 그리고 규제 완화 분위기가 수십 년 동안 계속되어 온 워싱턴에서, 기술 친화적인 오바마 행정부는 실리콘밸리에 규제를 가하겠다는 정치적 의지를 좀처럼 보이지 않았다.

이는 수십 년 전에 NHTSA가 취했던 방침을 스스로 거스르는 것이었다.

"에어백 장착을 반대하는 기업에는 매우 공세적 태도로 나가 그들을 구석으로 몰아넣었습니다. 도무지 말이 안 되는 반발이었으니까요." 클레이브룩은 그렇게 말했다. 협조를 구하며 관련 기술 학습을 기반으로 접근하는 방법을 두고 "그런 건 생각하지도 않았다"고

로즈카인드는 잘라 말했다. "내 입장은 이런 거예요. '이 규정을 만들 권한이 내게 있으니 난 만들겠다.' 그런 거죠."

네이더와 클레이브룩을 대면한 직후 로즈카인드의 NHTSA는 운전자 지원 기능에 새로운 방법을 택했는데, 이는 기관의 규칙 제정 역사상 전례가 거의 없는 결정이었다. 로즈카인드는 기술의 빠른 발전 속도와 자동차 제조업체들이 새로운 기능을 아무런 제약 없이 도로에 내놓을 가능성을 걱정했다. 시간이 계속 흘러 2016년 대선이 코앞으로 다가오자 로즈카인드는 새로운 안전 표준에 대한 호소의 방향을 바꿨다.

2016년 3월에 NHTSA는 테슬라를 포함한 20개 자동차 제조업체들로부터 2022년 9월까지 거의 모든 차량에 자동긴급제동장치 AEB를 추가하겠다는 약속을 받았다고 발표했다.[9] 하지만 클레이브룩도 서명한 이 합의는 결정적으로 강제력이 없었다. 오히려 그녀를 비롯한 여러 서명자들의 주장대로, NHTSA는 "50년 전에 의회가 제정한 규제 프로세스에서 서둘러 빠져나가는 데 급급했다."[10] 이 서한이 던지는 메시지는 분명했다. NHTSA는 급성장하는 자동차 기술 산업이 따라야 할 규칙을 제정하지 못할 정도로 무력하고 부실한 기관이 되었다는 것이었다.

클레이브룩의 말처럼, 로즈카인드는 "규칙을 제정할 수 있는 권한을 포기하고 자율적인 방식을 택했다".

테슬라와 머스크가 "모든 테슬라에 완전자율주행 하드웨어를" 탑재하겠다고 호들갑을 떨며 "페인트 잇 블랙" 시연을 선보이고, 이미 수천 명의 소비자가 소유하고 있는 자동차를 자율주행으로 바꾸려는 이후 몇 년간의 노력에 시동을 걸 수 있었던 것도 이런 배경에 서였다.

NHTSA가 필요한 데이터를 확보하지 못했다는 로즈카인드의 변명도 2015년에는 통했을지 모른다. 그러나 6년 뒤에도 NHTSA는 여전히 상황을 파악하지 못하고 있었고, 그 사이에 테슬라는 수만 대의 신차에 점점 더 복잡해진 소프트웨어를 아무런 거리낌 없이 선보이고 있었다.

트럼프 행정부는 그 사이에 상임 관리자를 임명하지 않는 등 미온적인 태도로 일관해 NHTSA에 별다른 도움을 주지 못했다. 이 문제에 정통한 한 전직 관료에 따르면, 그 기간에 NHTSA 지도부는 테슬라를 우려스러운 눈초리로 지켜보았다. 그들이 규제 당국이 따라잡을 수 없을 만큼 빠르게 무선 업데이트over-the-air update, OTA 형태로 기술을 밀어붙이고 있었기 때문이다. 머스크는 새로운 소프트웨어를 출시하고 나서 이를 규제하려는 움직임이 구체화되기까지 지연되는 시간을 이용해 이득을 취했다.

"그의 비즈니스 모델은 규제 당국이 적발해 중단하라고 말하기 전에 먼저 출시하는 것입니다." 그 전직 관료는 그렇게 말했다.

2021년에도 NHTSA는 로즈카인드가 몇 해 전에 핑계를 대었던 데이터를 아직 확보하지 못했다.[11] NHTSA는 당시 오토파일럿이 사용된 것으로 의심되는 테슬라 관련 충돌 사고를 12건 넘게 조사했지만, 충돌 사고 발생 시 기술적 문제를 파악할 일관된 메커니즘이 그들에겐 없었다.

트럼프 행정부에서 4년 동안 무력감에서 헤어나지 못하다 바이든 대통령의 지명을 받은 스티븐 클리프 박사는 필요한 데이터를 확보하기로 마음먹었다.

화려한 여러 학위 외에도 화학박사 학위까지 소지한 클리프가 이 기관에 온 시점은 테슬라의 완전자율주행 마케팅과 관련된 질문이 쇄도할 때였다. 언론 담당자의 받은편지함에는 언론사의 문의가 가득했지만, 그들이 감독하는 대상 기업 중에서도 질문이 가장 많이 들어온 회사는 단연 테슬라였다.

그중 일부는 머스크와 그의 과장된 페르소나, 그의 일거수일투족을 쫓는 미디어의 집착과 관련이 있었다. 테슬라는 기술에 정부의 규제가 부실한 점을 대놓고 악용해, 대담하게 공무원들을 자극해 자신들이 원하는 조치를 이끌어내도록 만드는 것 같았다.

얼마 안 있어 나온 대표적인 사례는 자동차가 정지 신호에서 완전히 멈추지 않도록 프로그래밍한 '롤링 스톱rolling stop' 기능이었다. 이는 미국 여러 주에서 위법으로 간주하는 기능으로, NHTSA가 좀 더 적극적이었다면 명백한 위반 사항으로 간주하고 강력 조치했을 기능이었다.

클리프 국장은 자신의 제품을 대하는 머스크의 방식이 개인의 책임에 의존하는 자유방임주의 철학에 뿌리를 두었다는 사실을 깨달았다. 머스크는 특정 기술과 관련된 명확한 법률이 없는 상황에서 사용자에게 책임을 떠넘기는 식으로 사실상 규제당국을 궁지로 몰아넣고 있었다.

그는 머스크의 생각을 이렇게 요약했다. "이봐요, 여러분은 성인이잖아요. 나는 여러분의 보모가 아니에요. 난 할 일이 있다고요. … 여러분이 원하거나 여러분이 필요로 하는 것을 만드는 게 내 일입니다. 나는 여러분이 성인이라고 생각해요. 그러니 여러분은 가자 안전하다고 생각하는 방식으로 제품을 사용할 수 있을 겁니다."

이는 수만 달러짜리 고급 테슬라 전기차를 소유하지 않은 사람들을 전혀 고려하지 않은 사고방식이었다.

"테슬라가 이 기술로 이런 훨씬 더 큰 위험을 감수하기로 한 이유는 '여러분이 잘 알아서 할 것'이라 생각하기 때문입니다. 다른 도로 사용자에게는 그런 선택권이 없다는 사실을 인식하지 않고 '무엇이 안전한지 스스로 판단할 수 있다'고 그들은 생각합니다." 클리프는 〈워싱턴 포스트〉 기사를 위한 인터뷰에서 내게 그렇게 말했다. "누가 길을 걷거나 차를 타고 도로를 달린다고 합시다. 그 사람이 자신도 모르는 사이에 실험 대상이 되고 있다는 사실을 알기나 할까요?"[12]

물론 테슬라는 면책 조항과 고지 사항을 제품에 끼워 넣어, 고객이 자사의 소프트웨어를 사용하는 방식에 책임을 지지 않으려는 듯한 인상을 주었다. 테슬라의 모델 3 사용 설명서에는 오토파일럿의 핵심 기능인 오토스티어Autosteer를 사용해선 안 되는 조건이 나열되어 있다. "차선이 심하게 벗겨졌거나, 지운 표시가 보이거나, 도로 공사로 차선이 변경되었거나, (분기, 교차, 합류 등으로) 차선이 갑자기 바뀌거나, 차선에 물체나 지형지물의 그림자가 짙게 드리워졌거나, 도로 표면에 포장 이음새나 뚜렷하게 대비되는 다른 차선이 있는" 경우 등이었다. "(폭우, 눈, 안개 등으로) 시야가 좋지 않거나 기상 조건이 센서 작동을 방해하는 상황"을 포함해 악천후도 문제를 일으킬 수 있다. "직사광선 같은 밝은 빛이 카메라의 시야를 방해하는 경우"처럼 화창한 날씨도 장애가 될 수 있다.[13] 또한 테슬라가 앞 차를 너무 가까이 따라가 카메라의 시야를 가려 잘못되는 경우도 있다.

또 다른 잠재적 장애물은 언덕길이었다. 이 경우 문제는 금방 명확해진다. 오토파일럿이 최적의 성능을 발휘하지 못할 때마다 이 기능을 꺼야 한다면 그런 시스템을 사용하는 것 자체가 더 번거로워 있으나 마나다.

오토파일럿의 또 다른 기능인 '교통상황을 고려한 크루즈 컨트롤Traffic-Aware Cruise Control' 시스템에 대한 중요한 경고도 있었다. 테슬라 차주들이라면 반드시 미리 알아두어야 할 내용이었다. "교통 상황을 고려한 크루즈 컨트롤은 차량이나 물체가 실제 존재하지 않거나 주행 차선에 없는데도 있는 것처럼 반응하는 경우가 있어, 모델 3가 불필요하게 또는 부적절하게 감속하게 된다."[14]

클리프는 구석에 작은 글씨로 된 유의 사항만으로는 사용자들의 시스템 오남용 사례를 억제하기 어렵다고 생각했다.

첫날부터 클리프는 테슬라가 NHTSA에서 해야 할 자신의 핵심 업무가 되리라고 직감했다. 테슬라 문제를 단순히 다루기 힘든 문제, 아니면 그저 지엽적인 문제로 여겼던 지난 몇 해 동안의 국장들(그리고 국장 대행)의 관행을 깨기로 한 것이다.

클리프는 곧 테슬라의 활동 범위 안에 있는 사람이라면 누구나 금방 깨닫게 되는 사실을 알게 되었다. 테슬라가 자신의 권한 아래 있는 다른 자동차 회사들과는 다른 식으로 운영되고 있다는 점이었다.

바이든 백악관이 클리프의 후보 지명 사실을 발표했을 때 그는 전설적인 미국 자동차 제조업체의 회장 빌 포드Bill Ford를 비롯해 이 분야에서 존경받는 지도자들로부터 지지 서한을 받았다. 테슬라도 지지한다는 뜻을 표명했지만, 사실 지지라고 보기는 어려운 내용이었다.

후보 명단에 오르고 나서 어느 날, 그는 테슬라의 정책 담당자로부터 전화를 받았다. 워싱턴과의 관계를 관리하는 임원이었다. "우리는 국장님의 인준을 방해하기 위한 어떤 공작도 하지 않을 것이라는 점을 알아주셨으면 합니다." 클리프는 그가 그렇게 말했다고 회상했다.

클리프는 이처럼 분위기 파악 못하는 자기 인식 부족이 우스웠다. '이 친구는 테슬라 같은 회사가 공개적으로 비판하면 오히려 내 지명이 앞당겨질 수 있다는 것을 모르는 것일까? 아니면 내가 일론 머스크의 회사가 두려워하는 유형의 강인한 리더라는 인상만 심어 준다는 걸 모르는 것일까?' 어쨌든 통화 내용 자체는 선을 넘지는 않았지만, 그 속뜻은 테슬라를 건드리면 좋을 것 없다는 암시 같았다.

한편 그는 이미 NHTSA 국장 권한대행 자격으로 자신의 업무를 시작하면서, 사실상 처음부터 테슬라를 주시하고 있었다. 전임자들과는 달리 클리프는 테슬라 문제를 근본부터 파헤치려 했다.

"나는 거기에 정말 (뭔가) 있는 것인지, 아니면 단지 언론이 머스크나 다른 어떤 이유로 테슬라의 충돌 사고에 관심을 갖는 것인지 알고 싶었습니다." 클리프는 그렇게 말했다. "그래서 좀 살펴본 다음 생각했죠. '아니, 뭔가 있어, 틀림없어.'"

2021년 6월에 NHTSA는 자동화 기능에 대한 첫 번째 주요 규정을 발표했다. 오토파일럿을 사용하는 테슬라와 직접적으로 관련된 내용이었다. 자동차 제조업체와 기술 기업은 공공 도로에서 자율주행이나 운전자 지원 시스템과 관련된 충돌 사고의 자료를 제출해야 하고, 사망자나 중상자가 발생한 주요 충돌 사고는 하루 이내에 공개하라고 요구하는 일반 명령이었다.[15] 클리프는 자신이 처리해야 할 문제의 핵심을 알고 싶었다. 그러기 위해선 문제가 발생했을 경우 자동차 제조업체와 자율주행 소프트웨어 공급자에게 데이터를 제출하도록 요구하는 것이 무엇보다 시급하다고 판단했다.

물론 그는 수집한 데이터의 상당 부분은 테슬라의 자료일 것이라 짐작했다. 하지만 그는 어떤 특정 회사도 타깃으로 삼을 생각이 없었다. 단지 6년 전에 로즈카인드가 처음 확인한 문제를 해결하고 싶었을 뿐이었다.

"데이터가 없어 한숨이 나왔죠. '하, 어떻게 데이터를 수집한담?'" 클리프는 회상했다. "그것도 빨리하고 싶었어요. 어떻게 하면 빨리 손에 넣을 수 있을까? … 명령서를 작성해 회사들에 보내면 되겠죠."

클리프는 특정 자동차 제조업체의 경우 그 데이터가 무엇을 보여줄지 짐작하고 있었지만 열린 마음을 유지했다.

테슬라는 따르지 않을 도리가 없었다. 그렇지 않으면 1억 달러가 넘는 벌금과 법무부에 회부되는 위험을 감수해야 할 테니까.[16]

갑자기 데이터가 NHTSA로 쏟아져 들어왔다. 하지만 이후 몇 달 사이에 도로에서 전개된 실험을 통해 알게 된 사실은 클리프도 전혀 예상하지 못했던 수준이었다. 즉 테슬라는 아예 차가 법을 위반하도록 프로그래밍하고 있었던 것이다. 그가 이 문제를 알아챈 것은 테슬라의 완전자율주행 베타 기능을 검토하는 과정에서였다.[17]

'자율주행'을 추진하는 과정에서 테슬라의 소프트웨어는 꾸준히 정교해졌지만, 테슬라는 곧 이 분야 업체 전반이 겪고 있는 문제에 부딪혔다. 컴퓨터가 사람이 하는 방식대로 운전하지 않는다는 것이다. 자동차가 지시를 따르도록 코딩할 수는 있지만, 상식을 갖추도록 프로그래밍하는 것은 생각처럼 쉽지 않았다. 자율주행 차량을 마주친 실리콘밸리 주민들은 몇 해 동안 이런 현상을 반복적으로 경험했다. 자신 없이 행동하거나, '노쇠한 사람'처럼 조심하거나, 커브를 돌 때 덜컹거리는 차량들이 많았다. 사람이라면 금방 요령을 터득해 조금씩 습관으로 만들었겠지만 테슬라 차는 이런 방식이 아니라 물체의 크기와 위치와 속도 등을 수치화한 벡터의 들쑥날쑥한 명령을 따르는 것 같았다.[18]

테슬라는 완전자율주행을 사용할 때 운전자가 세 가지 운전 스타일 중 하나를 선택하게 하는 방식으로 문제를 해결하기로 했다. "안정chill", "보통average", "과감assertive" 등이었다.[19]

"안정" 모드는 테슬라 운전자에게는 이미 익숙한 방식으로, 운전자는 급가속으로 동승자를 불편하게 만들 생각이 없기 때문에 부드럽게 출발한다. 완전자율주행에서 "안정" 모드로 설정하면 차간 거리가 안정적으로 유지되고 차선 변경도 제한된다.

반면에 "과감"은 테슬라의 설명대로 "더 긴박하게 운전한다".[20] 물론 테슬라가 사용자더러 자동차를 "과감" 모드로 프로그래밍한 다음, 물러나 십자말풀이나 하라고 권하는 것은 아니다.

테슬라는 깔끔하고 간결한 면책 조항을 통해 이 모든 것에 대한 테슬라의 책임의 한계를 명확히 했다. "완전자율주행(베타)은 체험용 기능입니다. 핸들에서 절대 손을 떼지 말고 도로 상황과 주변 교통에 유의해 가며 언제든 즉각적인 조치를 할 수 있도록 대비하세요. 이 지침을 따르지 않으면 손해를 보거나 심각한 부상을 당하거나 심하면 사망에 이를지도 모릅니다. 완전자율주행(베타)의 한계와 예상대로 작동되지 않는 상황에 익숙해지는 것은 전적으로 운전자의 책임입니다."[21]

하지만 "과감" 모드의 의도는 분명했다. 컴퓨터로 작동하는 자동차는 수시로 불안해하고 주저하면서도, 도로를 주행할 만한 자신감이 없다는 사실을 인정하지 않는다는 얘기였다. 또 "과감" 모드로 설정하면 약속 시간에 늦은 사람이 악명 높은 로스앤젤레스 교통 체증을 만났을 때처럼 행동한다는 얘기였다.

심지어 테슬라는 차량이 정지 표지판에서 완전히 멈추지 않도록 하는 롤링 스톱 기능을 추가한 탓에 통제된 사거리를 단순한 제안

사항 정도로 처리했다.

블로거 인사이드EV는 "보통"과 "과감" 모드에 대한 테슬라의 설명을 캡처해 올렸다.[22] 보통 모드에서 테슬라는 "앞차와의 거리를 중간 정도로 유지하고 롤링 스톱을 수행할 수 있다"고 적혀 있었다(규제 당국이 주목한 것은 이 마지막 부분이었다). 과감 모드는 한술 더 떴다. 이 설정에서 테슬라는 "앞차와의 거리를 더 좁히고, 차선을 더 자주 바꾸고, 추월 차선에서 빠져나오지 않고, 롤링 스톱을 수행할 수 있다".[23]

테슬라는 NHTSA가 개입할 명분을 너무도 쉽게 제공했다. 이런 운전 관행은 일반적으로 교통법 위반으로 명문화된 사항이었기 때문이다. 테슬라가 교통법을 위반하도록 차량을 직접 프로그래밍한다는 사실을 알게 된 클리프는 NHTSA가 개입하는 것 외에 다른 선택지를 고려하지 않았다.

2022년 초에 테슬라 차량과 관련된 안전성 우려는 너무 일상화되어, 규제 당국은 테슬라에 대한 다양한 조사 결과를 놓고 매주 회의를 개최해야 했다. 그 결과 경광등을 켠 긴급 차량을 들이받는 테슬라의 경향에 광범위한 조사가 이루어졌고, 운전자가 운행 중에 중앙의 대형 화면으로 비디오 게임을 할 수 있는 기능도 조사 대상에 포함되었다. 이는 원래 주차 중인 차량에서만 가능했던 기능이었기에 당국은 이로 인한 '운전자 주의 분산 가능성'을 평가했다.[24]

팬데믹 이후 출근과 재택근무를 병행하던 시절에 규제 당국과 NHTSA 집행 담당자가 줌으로 정기적으로 브리핑했던 이유는 시급한 주제가 새로 보고되었기 때문이었다. 테슬라가 정지 표지판을 마치 없는 것처럼 무시하고 통과하도록 프로그래밍되어 있다는 보고였다.

고위 관료들은 법을 위반하도록 프로그래밍하는 그들의 뻔뻔함에 실색했다.

"'뭐라고?' 그 말밖에 나오지 않더군요." 클리프는 회상했다.

클리프 팀은 보고서 내용이 확실하다고 판단해, 변호사와 함께 관련 법규를 확인하고 문제를 해결하기로 했다. 테슬라를 상대할 법적 이론은 아주 간단했다.

"이런 행위를 허용하는 주가 한 군데라도 있기나 한지 모르겠네요." 당시 미국 도로안전청 Governors Highway Safety Administration 의 정책 및 정부 관계 담당 수석 이사였던 러스 마틴 Russ Martin 은 〈워싱턴 포스트〉와의 인터뷰에서 그렇게 말했다.[25]

테슬라는 차가 사람처럼 행동하도록 프로그래밍했을지 모르지만, 그 과정에 슬쩍 끼워 넣은 것은 NHTSA가 충돌 위험으로 간주하는 방식이었다. 테슬라 차량은 완전히 정지해야 하는 교차로에서 최대 시속 9킬로미터로 주행할 수 있도록 설정되어 있었다.[26]

NHTSA는 테슬라 관계자들을 1월에 두 차례 만나 이런 롤링 스톱 기능에 대한 설명을 자세히 들었고, 이를 바탕으로 어떻게 문제를 해결할지 정했다.[27] 그리고 NHTSA는 이 기능을 그대로 두면 리콜해야 할 것이라고 경고했다. 그럴듯한 변명이 생각나지 않자 회사는 물러섰다. 그래도 테슬라는 리콜 보고서에서 "이 조건과 관련된 충돌이나 부상 또는 사망 건수를 알지 못한다"고 지적하면서, 차량이 사방에 정지선이 있는 교차로에 접근할 때 "근처에 움직이는 차량이나 … 보행자 또는 자전거 운전자"가 없을 경우에만 롤링 스톱이 작동하도록 되어 있었다고 밝혀, 이 프로그래밍을 두둔하는 태도를 보였다.[28]

2022년 1월 20일, 테슬라는 리콜에 자진 동의해, 결국 차량 약

5만 대의 소프트웨어를 업데이트하는 것으로 문제를 해결하기로 했다.²⁹ (머스크는 이때의 기억이 마음에 남은 것 같았다. 그는 2024년 7월에 "정지 신호에서 법을 좀 어겨도 되게 해달라"는 한 고객의 요청에 "안전이 우선이고 편의 기능은 그다음"이라고 답했다. 머스크는 "롤링 스톱 같은 일부 기능은 사실상 불법이고 그래서 NHTSA는 발끈하지만, 실제로 99%의 사람들은 그렇게 한다"며 미련을 보였다.³⁰ 그래도 규제 당국은 자동화된 기능이 도로법을 자의적으로 해석하는 것을 인정하지 않았다. 컴퓨터라면 도로를 더 안전하게 만드는 데 기여해야 하지 않겠는가? 그러니 인간보다 규칙을 더 잘 지켜야지.)

그것은 하나의 시작이었을 뿐 마지못해 하는 테슬라를 억지로 따르게 만든 것은 어떤 절차였고, 결국 NHTSA의 이런 절차는 이 말썽 많은 자동차 제조업체를 고분고분하게 만드는 가장 중요한 도구가 되었다.

NHTSA가 테슬라의 폭주를 억제할 최선의 메커니즘으로 선택한 것은 결국 리콜이었다. 그들의 권한이 갖는 목적을 생각하면 달리 방법이 없었기 때문이었다. 클리프는 2021년 이 기관에 부임한 후 자신의 손에 쥐어진 도구를 더 잘 이해하려 했고, 곧 리콜의 위력을 깨달았다고 내게 말했다.

리콜은 네이더나 일부 정치인들이 원했던 사전 예방적이고 전면적인 규제는 아니었다. 또한 업계가 추구하는 자동화 기반이라는 목표의 방향을 완전히 바꿀 수 있는 수단도 아니었다. 솔직히 말해 클리프조차 이런 솔루션을 택하는 데 회의적이었다. 혹시 이 기술이 생명을 구하는 방법이라면 어떻게 되는 거지? 하지만 그는 리콜이 적어도 정부가 대중을 위험에 빠뜨리는 잘못된 개발을 억제하는 데에는 도움이 되리라 판단했다.

"기관은 데이터를 수집할 수 있고, 규제할 수도 있고, 집행할 수도 있고, 정 안 되면 불리 펄핏bully pulpit(공권력을 가진 자가 비공식 발언을 통해 여론전을 펼치는 것 ― 옮긴이)을 사용할 수도 있어요." 클리프는 그렇게 말했다. 연방 최고 조사기관인 NTSB는 안전과 관련해 비슷한 일을 하지만, 규제 권한이 없기 때문에 규제 준수를 강제하기 위해 불리 펄핏을 사용하는 경향이 있었다. 그런가 하면 NHTSA는 데이터 수집에 오랜 시간이 걸리고, 새로운 규정을 시행하려는 정치적 의지가 부족하며, 집행 팀에 과도한 요구를 하기 때문에 때로 적극 대응하지 못하는 애로사항이 있었다.

리콜이 떠오른 것은 바로 그때였다.

"리콜이라는 도구는 매우 강력합니다." 클리프는 그렇게 말했다. "의회는 자동차안전법(National Traffic and Motor) Vehicle Safety Act을 제정할 때 일어날 모든 문제를 예상할 수 없다는 것을 알았겠죠. 그래서 리콜이라는 권한이 생긴 겁니다."

리콜은 수년 동안 규제 당국의 뒤통수를 쳤던 테슬라의 빠른 개발 속도 앞에 떨어진 크립토나이트였다.

테슬라가 공공 도로에 새롭고 특이한 위험을 슬쩍 끼워 넣자 NHTSA는 테슬라를 따끔하게 혼내줄 방법을 찾아낸 것이다.

테슬라의 롤링 스톱에 경종을 울린 지 5일 만에 NHTSA는 또 다른 리콜을 발표했다. 소프트웨어로 운행하는 테슬라의 차량이 가끔 안전벨트를 착용하라는 경고음을 울리지 않는데, NHTSA는 이것이 항시 온라인에 접속되어 있는 차량의 특성에서 오는 장애라는 사실을 알게 되었다. 테슬라는 "운전석의 안전벨트 알림 종소리가 한번 울린 다음 초기화되지 않는 경우가 있고 그래서 다음에 시동을 걸었을 때 울리지 않을 수 있다"고 설명했는데, 이에 NHTSA는 연방 자동차 규정에 어긋나는 장애라고 지적했다.[31] (테슬라는 "소프트웨어 오류를 수정하는" 무선 업데이트를 통해 차가 규정을 지키도록 함으로써 문제를 해결했다고 말했다.)

안전벨트 경고음에 대한 통지가 있은 바로 다음 날, NHTSA는 새로운 문제를 지적하며 2월 2일에 특정 테슬라 모델의 앞유리 성애가 제대로 제거되지 않아 리콜을 실시한다고 발표했다.

당시 한 관계자는 내게 이 문제를 설명하면서, 앞유리 문제는 NHTSA가 연방 규정에 따라 주어진 권한을 사용해 다른 방식으로 차주에게 영향을 미치는 문제를 해결하는 방법을 찾은 사례라고 했다.[32]

문제의 핵심은 테슬라 차주들이 추위에 차 안에서 떨어야 하는 현실이었다. 리콜 한 달 전인 1월 12일에 웹사이트 일렉트렉은 새로 설치된 히트펌프heat pump가 영하의 온도에서 차량의 실내를 덥히지 못해 어려움을 겪고 있다는 사연을 공개했다.[33]

일렉트렉은 이것이 이미 1년 전에 테슬라가 소프트웨어 업데이트를 통해 해결했다고 주장한 문제라고 보도했다. 하지만 이제 이 사이트는 이렇게 제목을 달았다. "일부 히트펌프가 심하게 고장 나면서 테슬라 차주들은 또 다시 극심한 추위 속에서 체온을 빼앗기고 있다."

그러니 NHTSA가 한 달도 채 지나지 않아 테슬라 차량 약 2만 7,000대에 대한 리콜을 발표하면서 히트펌프를 언급한 것은 우연이 아니었다. "소프트웨어 오류로 인해 의도치 않게 히트펌프의 밸브가 열리고 에어컨 증발기 내부에 냉매가 갇히면 서리 제거 성능이 저하될 수 있다."[34] 마침 이 문제는 앞유리에 서리는 김이나 성에를 제거하도록 하는 연방 규정에도 위배되는 것이어서, 결국 관계

당국은 개입을 통해 수정하도록 조치할 수 있었다. 테슬라는 또 다시 무선 소프트웨어 업데이트를 통해 이 문제를 해결했다고 밝혔다.

일주일 동안 세 번의 리콜만으로는 성에 차지 않는다는 듯(일부 모델에서는 트럼프 행정부 전체 기간에 발생한 것보다 더 많은 리콜이 행해졌다), NHTSA는 금요일에 또 다른 사실을 발표했다. 57만 8,000대 이상의 테슬라를 리콜한다는 내용이었다. 이번에 문제가 된 것은 "붐박스"라는 기능이었다.[35]

배터리 구동 차량이 처음 나왔을 때 사람들이 우려했던 것 한 가지는 보행자가 차량이 오는 소리를 들을 수 없어 문제를 일으킨다는 점이었다. 2016년에 제정된 연방 규정은 타이어와 바람 소리만으로는 차량이 다가오는 것을 눈치채지 못할 정도의 저속에서 '경고 소음alert sound'을 내도록 의무화했다.[36] 물론 테슬라는 차량 외부에 소음을 생성하는 기능을 장착해 규정을 지키는 선에서 끝내지 않았다. 그건 너무 실용 위주의 따분한 대응이었다.

2020년부터 테슬라는 차량에 붐박스Boombox를 장착해 차주가 경적을 누르는 것만으로 아이스크림 트럭의 종소리나 방귀 소리, 트림 소리 등 소음을 내보낼 수 있게 했다.[37]

모두 재미있는 것들이었다.

문제는 이 기발한 소음 때문에 보행자 접근 경고음이 묻힐 수 있고, 행인도 그 소음을 다가오는 차량으로 순간 인식하지 못한다는 점이었다. 결국 그렇게 되면 애초에 외부 스피커가 있어야 한다는 연방 규정을 본의 아니게 위반하는 셈이었다.[38]

결국 테슬라는 주차부터 한 뒤에 붐박스가 작동하도록 하는 무선 업데이트를 실시해야 했다.

8일 동안 리콜 명령이 4차례나 떨어져도 머스크는 평소답지 않게 침묵을 지켰다. 그의 근질거리는 입을 열게 한 것은 한 트위터 사용자의 질문이었다.

테슬라가 붐박스를 리콜한 이유를 묻는 게시물에 머스크는 2월 12일에 이렇게 답했다. "분위기 파악 못해 흥을 깨는 사람들fun police 때문이죠, 뭐(한숨)."³⁹

클리프는 자신에게 붙은 이 새로운 별명을 명예의 훈장, 즉 자신의 접근법이 효과가 있다는 신호로 받아들였다.

활동가들로부터 비판을 많이 받기는 했어도, 로즈카인드의 협력적 방식도 결국 결실을 보았다. 2023년 말에는 자사 차량 대부분에 자동긴급제동장치AEB를 설치하겠다고 말했던 제조업체들 모두가 실제로 그 약속을 지켰다. 그중 일부 업체 즉 테슬라는 애초 그들이 제시했던 2022년보다 훨씬 일찍 목표를 달성했다.⁴⁰ 이런 진척 현황은 2024년 NHTSA가 2029년까지 승용차에 AEB를 기본으로 장착해야 한다고 발표하면서 절정에 달했다.⁴¹ 2016년에 NHTSA가 20개 자동차 제조업체와 맺은 초기 합의에는 암묵적인 허용 조항이 포함돼 있었다. "NHTSA는 이 합의로 인해 공식적인 규제 절차를 통해 달성할 수 있는 것보다 3년 더 빨리 신차에 AEB가 표준화할 것으로 예상한다."⁴² 규제는 불가능한 것이 아니었다. 그보다는 안전 위험을 해결하려는 정치적, 제도적 의지가 있는지가 문제였던 것이다.

랄프 네이더는 테슬라 자들이 갈수록 골칫거리가 되어가는 현실을 지켜보았다. 잦은 리콜과 조사 그리고 공공 도로에서의 완전자율주행이 불러올 잠재적인 대량 참사도 볼 만큼 봤다. 그는 개입하기로 결심했다. 2022년 8월 10일, 그는 규제 당국에 조치를 촉구하는 공개 성명을 냈다.

"테슬라가 이른바 완전자율주행FSD 기술을 대대적으로 배포하는 행위는 수십 년 동안 자동차 회사 하나가 저질러 온 위험하고 무책임한 행동 중에서도 최악의 사례다." 네이더는 그렇게 지적했다. "테슬라 스스로도 '최악의 경우 오작동을 일으킬 수 있다'고 경고한 이 불량 소프트웨어를 아이들이 등교하는 거리에서 사용하도록 허용해서는 안 된다. 동시에 우리는 희생자나 나와야 관심을 갖는 규제 당국에 한시바삐 메시지를 보내야 한다. 미국 시민이 이 힘 있고 잘 알려진 기업과 그곳의 유명 CEO를 위한 충돌 실험 인형이 되어서는 안 된다고 말이다. 어느 누구도 과실치사에서 면죄를 받을 수는 없다."[43]

트위터 매입의 대가

워싱턴의 조사가 강화되는 와중에도 테슬라 주가는 2021년 말까지 고공행진을 이어가고 있었다. 그해 11월에 주가는 사상 최고치인 400달러를 돌파했고, 기업 가치도 1조 달러를 넘어섰다. 로스 거버 같은 투자자들은 21세기 최대의 자동차 성공 스토리를 만들겠다는 유명인 CEO의 약속이 초과 달성된 것을 보고 기뻐했을 테지만, 일론 머스크에게는 또 다른 생각이 있었다.

어마어마한 세금 청구서를 해결하려고 2022년 초에 수십억 달러 상당의 주식을 매각해 현금을 확보한 머스크는 공격적으로 트위터 주식을 사들이기 시작했다.[1] 처음에는 소리소문없이 주당 32~40달러 정도의 가격으로 매일 조금씩 매입했다. 하지만 1월 31일을 기점으로 43차례에 걸친 거래를 통해 그는 이 소셜 미디어 플랫폼에 상당한 규모의 지분을 축적했다. 머스크는 트위터가 글로벌 대화에서 엄청난 영향력을 지니고 있다고 생각했는데, 그런 그의 믿음은 주변인들과 나눈 대화에도 그대로 드러났다.

"트위터가 사실상 공적 광장 역할을 하면서도 그에 상응한 표현의 자유 원칙을 준수하지 않는 것은 민주주의를 근본적으로 훼손하는 겁니다. 그렇다면 우리는 어떻게 해야 할까요?" 3월 26일에 머스크는 이렇게 물었다. 그가 하루 전 실시한 트위터 설문조사에서는 응답자의 70%가 이 플랫폼이 언론 자유라는 원칙을 준수하지 않는다고 답했다.[2]

"설문 결과가 중요합니다. 신중하게 투표해 주십시오." 그는 3월 25일에 그렇게 썼다.[3]

그리고 그는 또 다른 질문을 던졌다. "새로운 플랫폼이 필요할까요?"[4]

4월 4일에야 그가 최종적으로 노리는 것이 무엇인지 분명해졌다. 미국 증권거래위원회 SEC에 제출한 서류에 따르면, 머스크는 이제 이 회사의 최대 개인 주주가 될 만큼의 주식을 확보했다. 지분이 9%가 넘는다는 사실은 적어도 이사직에 도전할 만큼 입지를 다졌다는 말이지만, 머스크의 말투를 보면 그의 관여는 그 정도에서 끝날 것 같지 않았다.[5]

그해 봄 머스크의 투자 소식이 퍼지기 시작하면서 한 가지 결론만큼은 피할 수 없는 것처럼 보였다. 아, 일론 머스크가 트위터를 인수하려 하는군. 하지만 혼자서 하지는 않을 것이다.

머스크가 이 소셜 미디어 사이트를 인수하려 한다는 소문은 실리콘밸리 주변으로 빠르게 퍼졌다. 사실 역사적으로도 처음 있는 일일 것이다. 실제로 그렇게 된다면 미디어, 스포츠, 기술, 정치, 유명인 가십 등 인터넷 담론을 지배하는 이 소셜 미디어 사이트를 크라우드 펀딩으로 인수하는 사실상 첫 사례가 될 것이다. 시기적으로도 지금이야말로 성숙기에 접어들어 폭넓은 인기를 구가하는 서비스를 바닥에서 사들일 기회였다.

하지만 그로 인해 치러야 할 대가는 곧 분명히 드러났다. 트위터는 주당 약 40달러에 거래되고 있었는데, 머스크가 들어온다는 사실이 공개된 이상 주가 급등은 시간문제였다. 하지만 인기도 있고 유명하지만 자금난과 만성적 부실 경영에 시달리는 이 소셜 미디어 회사를 인수하려면 자신의 값비싼 테슬라 지분을 일부 활용해야 했다. 외부 투자자와 분석가들의 질문은 단 하나였다. 왜 그래야 하는데?

"캐비어를 뉴욕 길거리에서 파는 핫도그와 맞바꾸는 짓이다." 웨드부시증권Wedbush Securities의 애널리스트 댄 아이브스Dan Ives는 당시 〈워싱턴 포스트〉와의 인터뷰에서 그렇게 빗댔다.[6]

이 입찰에는 한 가지 설명밖에 할 수가 없었다. 머스크가 사려는 것은 영향력이었다. 하지만 그렇다고 해도 수많은 파트너들을 끌어들이려 한 건 무슨 이유 때문이었을까? 그들은 투자금 회수에만 관심이 있는데.

하지만 그 거래에 새로 들어온 머스크의 이머징 파트너들은 눈앞에 명멸하는 달러 표시의 위험을 거의 인식하지 못했다. 그들은 우주로 로켓을 쏘아 올리고 전기차를 멋지게 만드는 머스크에게 맡긴 돈은 무조건 안전하다고 믿었다. 여기에 뛰어든 사람들은 부류에 따라 저마다 기회를 엿보았다. 정치적 우파 이데올로기 신봉자들은 원하는 의제를 이 대중 담론의 주요 도구에 올릴 수 있고, 머스크의 핵심 친구나 투자자 그룹은 그의 성공 가도에 올라타 이익을 챙길 수 있으며, 외국의 압제 정권은 머스크의 의사 결정에 결정적인 영향력을 행사할 수 있었고, 머스크를 영웅 또는 유용한 도구로 간주하는 새로운 계층, 즉 빠르게 결집하고 있는 일반 투자자 집단은 이 벤처를 통해 각자 이익을 취할 기회를 보았다. 이것은 일론 머스크 제국의 일원이 될 수 있는 기회였다.[7]

머스크의 부와 명성이 절정에 달했을 때, 트위터를 둘러싸고 전개된 일련의 사건들은 그의 힘을 숨김 없이 세계 앞에 직접 드러냈다.

머스크는 짧은 메시지 하나로 수십억을 유치할 수 있었다.

"트위터 인수에 참여할 생각 있어?" 머스크는 절친한 친구로 꼽히는 오라클Oracle 공동 창업자 래리 엘리슨Larry Ellison에게 문자를 보냈다.

"그럼, 물론이지." 엘리슨은 그렇게 답한 후 엄지손가락을 치켜세웠다.

"화끈하군." 머스크도 답했다.[8]

10억 달러가 확보되었다.

머스크는 링크드인LinkedIn 공동 창업자 리드 호프먼Reid Hoffman에게도 비슷한 방식으로 구애했다. 호프먼은 페이팔 시절부터 벤처캐피털 회사 그레이록Greylock의 파트너로 인연을 맺은 사이었다. 그는 "친구"로서 거래에서 우선권을 갖게 될 것이며, 벤처캐피털 자금도 환영한다고 설명했다.[9]

테크노킹의 위력이 효과를 발휘했다. 옛 친구와 동료들이 불쑥 나타나 저마다 한 가지 청을 했다. 머스크가 CEO 후보로 자신들을 대상에 넣지 않을까? 혹시 이사 자리나 고문직 하나 없을까? 엔지니어가 필요하진 않은가? 심지어 사우디의 왕자까지 허리를 굽혔다. 알왈리드 빈 탈랄 알 사우드Alwaleed bin Talal Al Saud는 처음에는 머스크가 트위터에 제시한 주당 54.20달러가 너무 낮다고 생각해 회의적이었지만, 트위터에 어떻게든 "남으려고" 자신의 현재 지분과 자신의 킹덤홀딩컴퍼니Kingdom Holding Company 지분 19억 달러를 새 트위터로 롤오버해 2대 주주가 되었다.[10]

다른 사람들도 새로운 리더에 잘 보이려 애썼다.

"언제 시작하면 되나요, 보스?" 거래 발표 후 문자가 한 통 왔다.[11] 머스크가 전략 고문을 맡아달라고 요청했던 사람이 보낸 문자였다. 이후 법정에서 공개된 문자 메시지들을 보면 투자 수익이나 영향력 혹은 둘 다를 얻으려는 실리콘밸리의 남성중심적 엘리트 집단에서 우두머리에게 잘 보이는 것이 얼마나 중요한 일인지 알 것 같았다. 아부가 얼마나 심했는지 테크크런치TechCrunch 같은 사이트는 "가장 민망한" 글을 따로 모아 소개할 정도였다.[12]

머스크는 또한 졸지에 트위터가 나아갈 새로운 방향에 대한 아이디어를 제시하는 사람들에게 응답해 주는 반향판이 되었다.

핵심 고문 두 명은 머스크더러 트위터 본사를 샌프란시스코에서 빼내 다른 곳으로 옮기라고 권했다. 샌프란시스코는 이미 우파 측에서 민주당이 운영해 실패한 도시의 전형으로 규정한 터였다. 그래도 머스크는 자신을 성공의 길로 이끌어 준 샌프란시스코에 당분간 기회를 주기로 했다.

한편 보수주의자들은 머스크에게 도널드 트럼프 전 대통령의 닫힌 계정을 즉시 복구하라고 촉구했다.

하지만 머스크는 트위터가 우익 성향을 표방하는 건 사업을 망치는 지름길이라는 뜻을 비쳤다.

"트위터가 몇몇 우익 광신자들의 소굴이 되는 일은 없을 겁니다." 머스크는 클린턴 전 대통령의 측근이자 투자 회사 K5 글로벌K5 Global의 공동 창업자 마이클 키베스Michael Kives에게 보낸 글에서 그렇게 썼다. "가능한 한 넓게 포용하는 것이 목표입니다. 대다수 미국

인을 위해 옳은 일을 해야겠죠."¹³

머스크는 모두를 위한 해답을 제시해 포퓰리스트로서의 매력을 과시했다.

머스크의 '페이팔 마피아PayPal Mafia' 출신으로 그의 트위터 인수에서 정치적 방향을 제시한 데이비드 색스David Sacks 등 이념적 동기를 가지고 뛰어든 고문들은 좌파 경영진으로부터 트위터를 구한다는 꿈을 실현할 기회로 여겼다. 그런가 하면 실리콘밸리에서 고배를 마신 운영자들은 친구인 머스크를 재기의 기회로 여겼다. 그외에 단순히 유망한 투자로 여긴 사람도 있고, 또 머스크에게 베팅하면 공적 광장이라는 비전이 실현되리라 믿는 사람도 있었다.

그리고 그냥 머스크와 동승하고 싶어 합류한 사람도 있었다.

"트위터를 '꼭' 손에 넣길 바래요." 인기 팟캐스터로 조금씩 머스크의 서클에 발을 밀어 넣게 된 조 로건은 그렇게 썼다. "만약 성공하면, 우리 대환장 파티를 엽시다." 머스크는 이에 "100점"이모티콘으로 답했다.¹⁴

트위터 투자자들은 일체화된 통일 집단과는 거리가 멀었다. 엘리슨 같은 기술계 거물들만 이 거래에 숟가락을 얹으려 했던 것은 아니었다. 앤드리슨 호로위츠Andreessen Horowitz 나 세쿼이아Sequoia 같은 실리콘밸리의 벤처캐피털과 중국에 설립한 암호화폐 거래 사이트 바이낸스Binance도 투자에 참여할 준비가 되어 있었다. 알왈리드와 킹덤홀딩컴퍼니에 이어 카타르 투자청Qatar Investment Authority도 외국인 투자 자금을 20억 달러 넘게 유치하며 거래에 합류했다. 트위터의 공동 창업자이자 전 CEO였던 잭 도시Jack Dorsey도 약 10억 달러의 지분을 롤오버하기로 했다.¹⁵

머스크와 얼마나 가깝든 그들의 참여가 거래에 중요한 비중을 차지하든 상관없이, 투자를 원하는 사람들 앞에는 모두 같은 절차가 기다리고 있었다. 우선 비밀 유지 계약서에 서명부터 해야 했다. 머스크는 지명도가 올라갈수록 이 조건을 점점 더 자주 내세웠고, 그의 거래 은행인 모건스탠리의 은행가들은 이 계약서를 들이밀어 거래에 관련된 모든 당사자의 입을 다물게 했다.

머스크와 비공개로 대화를 나눈 엘리슨은 5월 초쯤 머스크가 운영하게 될 트위터에 투자하는 것이 어떤 의미인지 감을 잡았다. 엘리슨은 10억 달러인지 20억 달러인지 거금을 쾌척하며 머스크에게 트위터에 대한 전권을 위임한다. 머스크는 일시적으로나마 트위터 CEO를 맡기로 했다.

다른 투자자들과 마찬가지로 엘리슨은 내부 의사 결정에 직접적인 권한도 없고, 비공개로 진행되는 트위터 이사회에 참석할 권리도 갖지 못했다.

하지만 머스크는 돈을 투자하는 대가로 그에게 높은 투자 수익을 약속했다. 이는 비용 절감과 공격적인 수익 창출을 통해 실현될 것이다. 머스크는 어려운 문제들을 해결하기 위해 테슬라의 성공 공식을 그대로 적용해, 스타급 엔지니어 팀을 투입하고 '표현의 자유'를 추구하는 플랫폼에 장애물이 된다고 생각되는 과잉 인력과 경비를 쳐내려 했다.

이 거래는 실리콘밸리 전반에 대대적인 투자 열풍을 일으켜 뉴욕의 투자 은행, 아랍의 석유 경제, 암호화폐, 심지어 음악 산업까지 투자에 뛰어들었다. 머스크 팀은 음반계의 거물 션 "디디" 콤스Sean "Diddy" Combs로부터도 자금을 확보했다.[16]

사람들은 흔히 머스크를 지구상에서 가장 부유한 사람인 줄 알지만, 그의 자산이 현금화하기 어려운 자금이라는 것을 모르는 사람은 없다. 다시 말해 그 자금은 그의 회사, 즉 테슬라의 주식에 묶여 있다. 트위터를 인수할 당시 테슬라에서 그가 보유한 지분은 약 20%였다.[17] 그 주식을 매각하면 투자자들의 신뢰가 흔들릴 위험이 있기 때문에, 머스크는 자신의 주식을 언제든 쓸 수 있는 화폐로 쉽게 전환할 수 없었다.

예를 들어 이 기간에 머스크의 금고에 현금이 가장 많이 유입된 것은 2021년에 막대한 세금 청구서를 받아들었을 때였다. 그는 세금을 정산하기 위해 150억 달러가 넘는 금액의 주식을 매각했다.

이때 머스크는 테슬라 주식을 매각할지 여부를 묻는 여론조사를 트위터를 통해 실시했는데, 〈월스트리트 저널〉은 이렇게 시작된 잇따른 매각이 테슬라의 주가에 미친 영향을 구체적으로 보도했다.

"머스크가 지난달 공개 매각을 시작한 후 테슬라의 주가는 급락했다"고 〈월스트리트 저널〉은 썼다. "수요일에 7.49% 상승해 1,008.87달러로 마감한 주가는 머스크가 트위터 투표를 실시한 날 기준으로 17% 넘게 하락했다."[18]

다시 말해(그리고 더 좋은 표현이 없기에 하는 말이지만), 머스크는 캐시 푸어cash-poor(현금 없는 부자)였다. 그리고 아무리 그의 재산이 급증했다고는 해도, 이 글을 쓰는 현재 그의 자산 배분은 별로 달라진 것이 없다. 그것조차 그가 대출한 금액을 계산에 넣기 전의 일이다. 테슬라의 재무제표에는 웬만한 기업 CEO라면 공개하지 않을 것 같은 특이한 내용이 포함되어 있는데, 머스크에게는 그것이 법적 면책 조항으로 작용했다.

"당사는 이 대출의 당사자가 아니다. 이 대출은 현재 머스크 씨가 소유한 테슬라 보통주 일부를 담보로 한 것이다." 테슬라는 그렇게 말했다. "당사의 보통주 가격이 크게 하락하고 머스크 씨가 다른 방법으로 대출 채무를 변제할 수 없게 되면, 하나 이상의 은행 기관의 요구에 따라 머스크 씨는 테슬라 보통주 주식을 강제 매각해 대출 채무를 이행할 수 있다. 그렇게 매각할 경우 당사의 보통주 가격은 추가 하락으로 이어질 수 있다."[19]

머스크는 대출을 확보하기 위한 담보로 테슬라 주식의 상당 부분(때로는 절반 이상)을 담보로 맡겼다.[20] 내가 〈워싱턴 포스트〉 기사를 쓰기 위해 만났던 한 애널리스트의 설명에 따르면, 그의 운명은 여러 면에서 테슬라의 주식 실적과 묶여 있었기에, 트위터를 인수할 때는 자신의 '왕관의 보석crown jewels'에 손을 댈 수밖에 없었다.

그것은 악순환이었다. 머스크가 테슬라 자금을 트위터에 투입할 때마다 투자자들의 신뢰는 나빠지고, 그렇게 되면 테슬라 주가의 하락 위험도 커졌다. 테슬라 주가가 많이 떨어지면 은행가들은 머스크에게 전화를 걸어 대출을 유지하려면 주식을 팔거나 더 많은 담보를 제시하라고 요구할 수 있었다. 테슬라의 담보가 많아지거나 테슬라의 운명이 트위터와 더 긴밀하게 묶일수록 투자자들은 하늘 높은 줄 모르는 전기자동차 회사의 기업가치가 정당한지 의문을 제기할 근거를 많이 갖게 되었다.

머스크는 위험한 게임을 하고 있었다. 그러자 그의 친구와 오랜 동료들이 나서 그 게임에 수천 만 또는 수억 달러, 심지어 수십억 달러에 달하는 막대한 자금을 투입했다. 머스크가 전화로 투자자를 구하는 동안 모건스탠리의 마이클 그라임스Michael Grimes 와 케이트 클라슨Kate Claassen이 실무 처리를 맡았다.

이렇게 엄청난 자금이 쏟아지자 어딘가에 선을 그어야 했다. 그의 자금 담당인 은행가 마이클 그라임스가 지금은 불명예를 뒤집어쓴 암호화폐 거래소 FTX의 설립자인 샘 뱅크먼-프리드Sam

Bankman-Fried를 투자자로 끌어들이는 문제를 타진했을 때, 머스크는 선견지명이 담긴 답변을 보냈다.

"샘에게 정말로 당장 30억 달러의 유동성이 있기나 합니까?"[21]

2022년 초 몇 달 동안 머스크는 트위터 주식을 주당 35달러 정도에 상당수 매입해, 결국 약 9%의 회사 지분을 소유하게 되었다. 그러나 2022년 4월, 서둘러 거래를 끝내고 싶었던 그는 최종 가격을 시장 가격보다 훨씬 높게 제시하며 이를 '최고 가격이자 최종적 제안'이라고 통고했다. 그것은 마리화나를 의미하는 장난기 섞인 가격이기도 했다. 주당 54.20달러.[22]

머스크는 이것이 더 없이 공정한 제안이라고 못을 박았다.

"나는 밀고 당기는 게임은 하지 않습니다." SEC 자료에 따르면 그는 당시 트위터 회장에게 그렇게 말했다. "내 결론은 처음부터 이미 정해졌습니다."[23]

그는 전화를 걸어 자신이 제시한 54.20달러는 "높은 가격이어서 주주들도 좋아할 것"이라고 말하면서 하지만 거절당하면 주주로서 자신의 입지를 재고할 수밖에 없다고 말했다. "이건 협박이 아닙니다. 단지 필요한 변화가 이루어지지 않으면 전혀 좋은 투자가 될 수 없다는 말일 뿐입니다."

머스크의 주장은 간단했다. 이사회에 한 자리를 차지하는 것도 나쁘진 않지만 얼마 되지 않는 지분으로 트위터에 영향력을 행사하는 것으로는 성에 차지 않기에, 자신이 직접 핸들을 잡아야겠다는 얘기였다.

제출일 다음 날 공개된 4월 20일 SEC 자료에는 머스크가 해당 가격에 트위터를 인수하기 위해 어떤 식으로 입찰에 응하려 했는지 그 계획이 설명되어 있었다. 머스크는 자신의 자산을 담보로 125억 달러의 마진론margin loan을 확보한 것 외에 모건스탠리를 비롯한 몇몇 은행으로부터 130억 달러의 자금 조달을 약속받았다. 이로써 인수 자금으로 그가 차입한 돈은 250억 달러를 넘었다.[24]

이 자료에 따르면 나머지 금액은 머스크가 자기자본 출자를 통해 충당할 예정이었다. 머스크는 대략 210억 달러에 달하는 자신의 자금을 대부분 테슬라 주식에서 조달해 트위터 인수에 투입하겠다고 약속했다. 돈 쓰기를 싫어해 인생의 중요한 시기에 친구들 집을 전전하며 소파 신세를 진 행적으로 유명했던 머스크에게 이런 재정적 약속은 결코 가볍지 않은 부담이었다. 하지만 '표현의 자유'를 실현하는 일이라면 그만한 가치가 있지 않을까?[25]

머스크는 나머지 금액도 문제 없다는 취지의 차용증서IOU를 트위터에 제시한 셈이고, 트위터는 이를 근거로 거래를 진행할 수 있었다. 거래가 성사되면 머스크는 210억 달러나 그 정도 금액의 주식을 넘겨야 했다.[26]

머스크는 어느 모로 보나 엄청난 부자였다. 그리고 트위터 지분을 확보하기 위해 자금을 조달한 수법을 보면 어떻게 돈이 돈을 버는지 그 비결을 알 것 같다. 그는 몇 주 동안 트위터 지분을 늘려왔지만, (나중에 제출한 서류에서 밝혀졌듯이) 3월 14일 자로 지분 5%를 확보했을 때 이를 공개해야 하는 공시를 늦춤으로써 자신의 참여가 공개되었을 때 책정될 가격보다 낮은 가격에 트위터 주식을 매입해 수익을 챙겼다. 〈워싱턴 포스트〉가 그런 방식으로 그가 얻은 이익을 계산해 보았더니, 1억 5,600만 달러였다.[27]

"머스크의 공시 후 트위터의 주가는 약 30% 상승해 현재 주당 50달러를 상회하고 있다." 〈워싱턴 포스트〉는 그렇게 썼다.

"그는 자신이 증권법을 위반하고 있다는 사실을 몰랐을까, 아니면 알고 있었을까?" 〈워싱턴 포스트〉는 이어서 메릴랜드 대학교의 재무학 교수 데이비드 카스David Kass가 제기한 의문을 보도했다.

〈월스트리트 저널〉은 5월에 SEC가 이 늑장 공시와 관련해 머스크를 조사하고 있다고 보도했지만, 이 글을 쓰는 2025년 초 현재까지도 이 문제는 아직 결론이 나오지 않고 있다.[28] 머스크는 2024년 12월에 증권 사기 가능성을 조사하려는 SEC의 시도를 공개적으로 비난하면서, 서한을 한 장 공개했다. 자신의 변호사가 보낸 서한으로, 그 조사에 정치적 동기가 담긴 것은 아닌지 묻는 내용이었다.[29]

트위터의 투자자를 찾던 머스크는 곧 구애 모드에서 계약 성사 모드로 전환해 트위터 입찰에 대한 막연한 관심을 바탕으로 벌이던 비공식적인 대화를 실제 투자로 바꿔놓았다. 계약을 추진할 생각이 있는 사람들에게는 그의 패밀리 오피스 매니저인 제러드 버철이 연락을 취해 다음 단계를 자세히 알려주었다. 그러면 머스크에게 자금을 조달하기로 한 모건스탠리의 은행가들이 나서 추가 검토를 거친 뒤, 비밀 유지 계약을 체결하고 머스크의 트위터에 대한 수익 예측 같은 기밀 정보를 본격 논의한 뒤 약정을 매듭지었다.

머스크는 기계처럼 착착 움직이는 모건스탠리 팀에 깊은 인상을 받았다.

"모건스탠리의 거래 팀은 정말 실력이 탁월합니다. 나는 웬만해서 이런 말을 쉽게 하지 않는데." 머스크는 4월 28일에 리드 호프먼에게 문자를 보내 그렇게 말했다.[30]

머스크의 공격적인 자금 조달의 결과는 곧 분명해졌다. 5월 5일에 공개된 공식 보고서를 보면 그가 가진 네트워크의 위력과 적대적인 사람들까지 끌어들이는 그의 개인적 설득력을 짐작할 수 있다. 머스크는 카타르 국부펀드, 친구 엘리슨, 중국에서 설립된 암호화폐 회사 바이낸스, 실리콘밸리 벤처 캐피털 회사 앤드리슨 호로위츠와 세쿼이아 캐피털 등 다양한 곳으로부터 70억 달러 이상의 자금을 조달했다고 자세히 설명했다.[31]

사우디 왕자 알왈리드 빈 탈랄 알 사우드로부터 약속을 받아낸 것은 특히 의미 있는 성과였다. 머스크와 사우디 왕국과의 지난 일을 생각하면 더욱 그랬다. 그때 머스크는 사우디 팀과 협상한 뒤 테슬라를 비공개로 전환하는 데 필요한 "자금은 확보됐음"이라는 거짓 발언으로 물의를 빚었고 또 그가 제시한 트위터 가격에 알왈리드 왕자가 공개적으로 의문을 제기해 공개적으로 언쟁을 벌였었다.[32]

"@트위터의 성장 전망을 고려할 때 @일론머스크가 제시한 가격(54.20달러)은 트위터의 본질적 가치와 거리가 있다고 생각한다." 4월 14일에 알왈리드는 자신의 계정에 올린 글에서 그렇게 말했다. "트위터의 최대 주주이자 장기 주주의 한 사람으로서 나와 @Kingdom_KHC는 이 제안을 거절한다."[33]

머스크는 최근에 언론인 자말 카슈끄지 Jamal Khashoggi를 살해한 후 시신을 토막 낸 사건에 연루된 왕자에게 두 가지 질문을 던졌다.

"트위터에서 사우디 왕국이 직간접적으로 소유한 지분이 어느 정도입니까?" 머스크는 같은 날 이렇게 물었다. "표현의 자유에 대한 왕국의 견해는 무엇입니까?"[34]

법정에서 공개된 문자 메시지에 따르면, 머스크의 핵심 측근인 오미드 아프샤는 왕자가 그렇게 적극 개입한 것은 전혀 예상 밖이었다고 토로했다.

"사우디아라비아의 왕자 한 명이 트위터에 그렇게 많은 영향력과 막강한 결정권을 가지고 있는 줄 누가 알았겠습니까?" 아프샤는

4월 15일에 그렇게 썼다.[35]

하지만 몇 주 지나지 않아 한때 서로를 적대시했던 두 사람은 납득하기 어렵게도 트위터를 비공개로 전환해 인수하는 당사자가 되었다. 2024년에 알왈리드는 나와의 인터뷰에서 머스크가 제시한 가격이 너무 낮다고 생각해 반대했을 뿐이라고 설명했다.[36] 그는 이번 거래에 참여하기 위해 가령 플랫폼에 정치적 압력을 행사할 수 있는 권한 같은 공식적인 영향력이나 어떤 특혜도 받은 게 없다고 잘라 말했다.

이 새로운 자금 조달로 트위터를 인수하려는 머스크의 진정성에 대한 의구심은 사실상 사라졌고, 머스크 자신도 아마 자금 조달 계획에서 가장 큰 재정적 위험 요소로 꼽혔을지도 모르는 마진론을 절반으로 줄일 수 있었다. 물론 이 자금 조달 계약은 중요한 의문을 제기했다. 어떤 종류의 개인정보를 약속했기에 사우디아라비아 같은 억압적인 정권이 재정적 투자를 허락했을까? 카타르 정권도 트위터 사용자에 대한 개인정보에 접근하게 될까? 중국 정부도 바이낸스를 압박해 기밀 정보를 넘기라고 요구할 수 있을까?

5월 5일에 올린 알왈리드 왕자의 게시물을 보면 머스크가 얼마나 효과적으로 적을 제압했는지 알 수 있다. 아니, 그들의 참여를 보장하는 조항에 관해 알려진 것이 거의 없는 점을 생각하면 그 반대일지도 모른다.

"나의 '새로운' 친구 @elonmusk와 얘기가 통해 일이 잘 풀렸다." 왕자의 트위터 피드에 올라온 글은 악수 이모티콘으로 끝을 맺었다. 그것은 이전 글에 덧붙여진 우호적인 결론이었다. "나는 당신이 @Twitter의 훌륭한 리더가 되어 이 회사가 가진 대단한 잠재력을 끌어내 극대화할 것이라고 믿습니다."[37]

머스크가 트위터 인수 계약을 맺고 나서 며칠 동안 테슬라의 주가가 연일 폭락하자, 머스크는 예상했던 위험의 실체와 그것이 그의 제국 전체에 미칠 위험을 깨닫기 시작했다.

머스크의 트위터 투자가 공개되고 머스크 팀이 인수 자금을 마련하기 위해 사방으로 뛰어다니던 5월 중순까지 테슬라의 주가는 30% 가까이 하락했다.[38] 2021년 11월에 주당 400달러를 넘어 최고치를 기록했던 테슬라의 주가는 이후 6개월 만에 250달러 선에서 거래되고 있었다.

자신의 핵심 재원인 주가가 바닥을 치지 않게 하기 위해서라도 머스크는 투자자들을 진정시킬 방법을 찾아야 했다.

머스크는 트위터를 인수하기 며칠 전에 투자를 망설이게 만드는 핵심 원천을 제거하겠다고 약속했다. 플랫폼에서 이루어지는 암호화폐 사기나 그 밖의 온갖 온라인 쓰레기를 유통하는 자동계정과 허위 계정을 말하는 것이었다. 이는 당연히 제거해야 할 표적으로, 사용자들을 끊임없이 괴롭혀왔던 골칫거리였다. 워낙 유명 인사로 트위터를 사용했던 경험 때문에 머스크에겐 그런 문제가 더 심각하게 여겨졌을 것이다.

"트위터 입찰에 성공한다면 우린 끝까지 싸워 스팸 봇을 무찌를 것이다!" 머스크는 4월 21일에 그렇게 트윗했다.[39]

며칠 전 그는 평소 친분이 있던 실리콘밸리 투자자 제이슨 칼라캐니스와 문자를 주고받았다. 칼라캐니스는 머스크라면 문제를 쉽게 해결할 것이라고 말했다.

"자네라면 봇과 스팸을 쉽게 없애버리고 더 많은 사용자가 서비스를 이용할 수 있게 만들 거야." 칼라캐니스는 4월 14일에 그렇게 썼다. "봇과 스팸을 제거하는 것은 테슬라 자율주행 팀이 하는 일만큼 복잡하지 않으니까."⁴⁰ 나중에 내가 이 책을 쓰기 위해 인터뷰를 요청했지만 그는 거절했다.

　이 대화는 자신의 목표를 이루기 위해 머스크에게 아부하는 머스크 주변 인사들의 별난 생리를 잘 보여주는 사례로, 머스크도 이들의 의도를 분명 알고 있었지만 그다지 싫어하지는 않았다. 이런 모습은 같은 날 머스크에게 인터뷰를 요청했던 CBS 앵커 게일 킹Gayle King이 보낸 문자에서 아주 뚜렷하게 드러났다.

　"일론!" 그녀는 그렇게 썼다. "트위터를 인수하거나 인수를 제안할 생각이시군요." 그녀는 계속해서 썼다. "와! 그렇다면 우리가 직접 마주 앉아 이 문제를 얘기해야 하지 않을까요? 요즘 애들 말로 완전 '파격의 한 수gangsta move'네요. 주주들이 이걸 거절할 수 있을지 모르겠네요 … 당신은 정말 교실의 다른 애들과는 달라요…."⁴¹

　머스크는 "좋아요"를 누르고 메시지에 하트를 붙였다.

　머스크의 자부심을 건드리는 것도 나쁘지 않은 생각이었다. 이 전략은 매우 효과적이어서 과거엔 규제 당국까지 이를 사용한 적이 있었다. 도로의 파편이 테슬라 차대에 구멍을 뚫어 발생한 배터리 관련 화재를 두고 중요한 수정 사항을 이행하도록 설득할 때였다.

　"잠깐만요, 이거 하나 해결 못하세요?" 한 전직 공무원의 기억에 따르면 NHTSA 직원은 그렇게 따졌고, 머스크는 바로 다음 날 해결책을 가지고 돌아왔다.⁴²

　그러나 트위터는 스팸이 머스크가 주장하는 것만큼 큰 문제가 아니라고 거듭 주장했다. 일리가 있는 말이었는지도 모른다. 머스크는 열성 팬을 수천만 명이나 거느린 유명 파워 유저이기 때문에 내부에서는 그의 플랫폼 사용 경험이 일반 트위터 사용자와는 완전히 다르다고 생각하는 사람들이 있었다. 머스크의 답글에는 암호화폐 사기가 들끓었는데 이들은 그가 만들어내는 엄청난 반응을 이용해 먹잇감을 노리고 사용자를 방심하게 만들었다. 아마 이들은 머스크를 사칭하는 계정을 이용했을 것이다.

머스크가 그 사이트를 인수하기로 계약했다는 사실이 발표된 지 일주일 후인 5월 2일에 트위터는 자체 조사한 결과를 공개했다. 스팸 계정이라 해봐야 수익 창출이 가능한 일일 활성 사용자daily active user 중 5%가 채 되지 않는다는 내용이었다.[43] 그것은 머스크의 경험과는 달랐다.

사소한 투자로 시작했다가 트위터 소유권 입찰로 발전시킨 머스크는 이제 테슬라를 위험에 빠뜨리고 있다는 비난을 받아도 할 말이 없을 정도로 안 좋은 상황을 맞고 있었다. 테슬라는 공개 시장에서 큰 타격을 입고 있었다. 다우존스 지수는 몇 주째 큰 타격을 입는 중이었고, 머스크의 트위터 입찰 가격이 너무 비싸고 시기적으로 부적절했다는 설도 사실로 입증되고 있었다. 그렇다면 트위터 경영진이 머스크에게 거짓말을 한 것일까?

머스크는 뭐라도 해야 했다. 트위터가 제시한 스팸과 봇에 대한 보고서를 본 머스크는 방법을 찾았다.

"스팸/가짜 계정이 실제로 전체 사용자의 5% 미만이라는 계산을 뒷받침해 줄 세부 정보가 나올 때까지 트위터 인수 거래를 일시 중단합니다." 머스크가 5월 13일에 올린 이 트윗으로 트위터의 주가는 하락했지만 테슬라는 비교적 별다른 영향을 받지 않았다.[44]

적절한 타이밍에 나온 트윗이었다. 거래 중지를 발표할 당시, 시장은 하락하고 테슬라 주가는 극심한 압박을 받았으며 머스크가 제시한 인수 금액이 너무 크다는 인식이 확산하고 있었기에, 이 발표를 그의 말처럼 단순한 스팸과 봇의 문제라고 생각하는 사람은 거의 없었다. 그 트윗은 출구전략도 가능하다는 얘기로 읽혔다.

하지만 머스크는 여전히 거래를 성사하기 위해 애쓰고 있다고 말했다.

"지금도 인수 의사에는 변함이 없습니다." 그는 두 시간 후 그렇게 트윗했다.[45]

"당신이 발을 빼 지금까지 진심 없이 인수에 임했고 그래서 빠질 궁리를 한다고 말한 사람들(나를 포함)의 말이 틀리지 않다는 것을 입증해 보인다면 그것은 정말 어리석은 짓일 겁니다." 어떤 답글은 그렇게 썼다.[46]

막후에서 실리콘밸리의 투자자와 파워 플레이어들은 자신들에게 주어질 역할이 거의 없는 그 거래에 어떻게든 끼어보려 방법을 궁리했다. 그 전날 칼라캐니스가 보낸 이메일 한 통이 실리콘밸리 전역의 받은편지함에 도착했다. "기밀"이라는 표시가 붙은 이 메시지에는 "트위터에 관심 있는 분들"이라는 제목이 붙어 있었다.

"우리는 지금 트위터를 비공개로 전환하려는 일론 머스크의 계획에 따라 트위터 투자에 관심 있는 분들을 모으는 중입니다."[47] "투자에 관심이 있는 분은 아래 양식을 작성해 주십시오. '적격 구매자 Qualified Purchasers'에게는 우선권을 드립니다."[48] '적격 구매자'는 큰손 투자자를 의미했다.

칼라캐니스는 트위터 인수를 지원하기 위해 만든 특수목적회사 SPV를 추진하고 있었다. 부유한 투자자 그룹이 각각 최소 25만 달러를 출자해 머스크가 인수하는 트위터에서 집단으로 지분을 보유하는 구조였다. 실리콘밸리 주변으로 이런 SPV가 우후죽순처럼 생겨났다. 머스크에 직접적인 영향력을 행사할 수 없는 개인 투자자들이 이 세기적 거래에서 잠재적 수익을 얻고 지분을 보유할 방법을 찾으려 했기 때문이다.

그건 경거망동으로 보였다. 소셜 미디어 수익의 핵심 동력인 광고 판매자로서 트위터가 보여준 저조한 실적을 고려할 때, 당장 그들의 재정적 상승 여력은 분명하지 않았다. 그들은 단순히 머스크와의 인연을 이용하려 했던 것일까?

칼라캐니스가 새로운 투자처를 물색하던 5월 중순에 머스크는 그에게서 기회만 노리는 투기꾼 냄새를 맡은 듯했다.

"아무나 붙들고 SPV를 마케팅하다니 도대체 왜 그래?" 법정 기록에서 공개된 문자 메시지에 따르면, 그는 5월 12일 칼라캐니스에게 그렇게 나무랐다. "이러면 안 돼."[49]

칼라캐니스는 1억 달러가 넘는 약정을 받아냈다며 급히 변명했다.

"그냥 도와주고 싶었던 거야." 그는 그렇게 말했다.

"모건스탠리와 제러드(버철)는 자네가 우리의 우정을 잘못된 쪽으로 사용한다고 생각하는 것 같아." 머스크가 대답했다. "자네가 그러니까 내가 무슨 다급한 사람 같잖아. 제발 그만두라고." 머스크는 답했다.

"도와주고 싶었다니까." 칼라캐니스는 계속 둘러댔다.

"모건스탠리와 제러드가 단단히 화가 났어." 머스크가 말했다.

잠시 후 칼라캐니스는 버철과 문제를 깔끔하게 해결했다고 말했고, 머스크는 그의 문자에 "좋아요"를 누르며 당분간 모든 불만을 눌렀다.

그러나 칼라캐니스와 군침을 흘리는 다른 파트너들의 움직임이 머스크가 필사적인 것처럼 보이게 만들었다는 머스크의 말은 틀린 데가 없었다. 더구나 그때는 사람들이 돈을 들고 줄을 서고 있던 터였다. 하지만 제3자가 보기에 머스크는 자금 조달이 원활하지 않아 허덕이는 사람 같았다. 갑자기 실리콘밸리에서 이런저런 정보들이 조금씩 새어 나오고 새로운 자금 조달에 대한 소문이 사방에 돌아다니는 것도 우연은 아니었다.

며칠 뒤에 나는 이 거래의 최근 진척 상황을 조사하던 중 머스크의 입찰에서 기밀 정보를 입수한 또 다른 SPV에 대한 소식을 접했다.

크라우드 펀딩 투자 스타트업인 스통크스Stonks는 트위터 인수에 투자자들의 관심이 어느 정도인지 타진하고 있었다. 그것은 '적격 구매자' 기준에 못 미치는 소규모 투자자들이 머스크의 트위터 지분을 확보할 수 있는 한 가지 방법이었다. 사실 투자자들도 이 거래에 매력을 느낄 만했다. 관심 있는 당사자들을 한데 모으는 플랫폼인 이 스타트업은 이 거래에 2,000만 달러 상당의 투자 의향을 확보했지만, 그렇다고 그들이 그 금액을 확약한 것은 아니라고 밝혔다.[50]

내게 더 중요한 것은 이 스타트업이 트위터를 비공개로 운영하기 위한 머스크의 재무 계획에 대한 기밀 정보를 확보했다는 점인데, 이 정보에 따르면 머스크 팀은 5년 뒤에 광고로 168억 달러의 수익을 예상하는 것으로 밝혀졌다. 이는 전년도 트위터의 총수익 50억 달러를 크게 상회하는 수치였다. 스통크스는 이 사이트에 대한 머스크의 계획도 모두 알고 있어, 머스크가 "비대해진 조직 전체의 인력과 비용"을 줄이는 반면 트위터의 광고 사업을 강화하고 구독 요금제와 결제와 크리에이터 경제를 강조할 계획이었다고 밝혔다. 결정적으로, 머스크의 트위터는 5년 동안 매출을 세 배 이상 늘릴 계획이라고 밝히고 있었다.[51]

5월 말 나는 스통크스 투자 자료에서 중요한 정보를 추가로 발견했다. 머스크가 트위터 거래에서 자신의 지분 약정(자기자본 출자액)

을 330억 달러로 늘리고 마진론을 완전히 없앴다는 얘기였는데, 이 내용은 나중에 어떤 재무보고서에서도 확인된다.[52]

이 투자 자료에서 나온 것에는 드라마 〈실리콘밸리 Silicon Valley〉에나 나올 법한 면책 조항이 담겨 있었다.

"확실한 것은 아무것도 없다. 스통크스는 분명히 머스크의 팬이지만, 이 투자에 욜로 YOLO 하면 모든 것을 잃을 수도 있다."

머스크의 주식 투자자들에게는 명성과 영향력이라는 약속이 주어졌다. 세계에서 가장 유명한 사업가와 가까이 있다는 혜택과 일이 잘 풀릴 경우 금전적인 보상까지 기대할 수 있었다. 일부 선택받은 소수에게는 추가 혜택도 있었다.

머스크의 주식 투자자들은 각자의 약정 조건이 명시된 기밀 계약서를 은행에 제출했다. 나는 그 계약서에 거액 투자자를 위한 조항이 들어 있다는 사실을 알게 되었다. 투자액이 2억 5,000만 달러를 초과한 사람에게는 새로 출범하는 회사에 대한 정보 접근 권한을 부여해 기밀 재무 데이터와 그 밖의 비공개 자료를 열람할 수 있게 해준다는 내용이었다. 그래봐야 엘리슨처럼 막대한 투자금을 약속을 한 사람에게는 그리 반가울 것도 없는 혜택이었다. 나도 많은 투자자들과 이야기를 나눠봤지만, 대부분 투자자들의 가장 큰 동기는 투자 수익이었다.

하지만 외국과 연관이 있는 세 당사자가 2억 5,000만 달러 이상의 금액을 투자한 것은 우연이 아닐 것이다. 바이낸스는 5억 달러, 카타르 국부펀드의 자회사는 3억 7500만 달러, 사우디 왕자 알왈리드와 그가 회장으로 있는 지주회사는 약 20억 달러였다.[53]

2022년 11월 〈워싱턴 포스트〉 기사에서 밝혀졌듯, 미국 정부는 과거에 사우디 공무원들이 트위터 사용자의 개인정보를 요구한 적이 있다고 주장했다.[54] 그런데 이제 어떤 사우디 왕자와 사우디 왕국이 새롭게 비공개로 전환한 트위터의 정보에 접근하는 길을 확보한 것이다. 그가 택한 방법이라고는 트위터에 갖고 있던 기존의 지분을 일론 머스크가 운영하는 새로운 벤처로 전환한 것뿐이었다. 알 왈리드는 나와의 대화에서 다른 투자자들에게 제공되는 것과 같은 비즈니스 정보를 받았을 뿐이며, 자신의 투자 동기는 오로지 금전적인 것뿐이라고 말했다.[55]

출구 전략

일론 머스크는 주저하고 있었다. 세계 최고 갑부를 설득하는 일은 파라그 아그라왈Parag Agrawal의 손에 맡겨졌다. 그는 불과 6개월 전에 트위터 CEO 자리에 오른 터였다.[1]

아그라왈은 트위터를 장기 집권한 최고경영자 잭 도시가 회사를 창업자에서 후계자 체제로 전환할 때, 실리콘밸리 내에서 비교적 무명인 상태로 발탁된 인물이었다. 일부 트위터 직원들 사이에서도 아그라왈은 그다지 알려진 인물이 아니었다. 그는 공학과 기술 전문가로, 마크 저커버그처럼 신동이라는 소리를 듣지도 않았고 팀 쿡처럼 신뢰받는 보조 역할도 맡지 않았다. 그는 이제 성숙기에 들어선 트위터를 이끌 과도기적 리더로 보였다. 지금까지 트위터는 재무성과가 부진해도 도시의 파트타임 리더십 아래에서 안주하는 분위기였다.[2] 아그라왈은 이전 경영진의 비전을 충실히 따르면서도 필요한 만큼의 안정을 정착시킬 수 있는 인물로 평가받았다.[3]

〈워싱턴 포스트〉 한 기사의 표현대로 아그라왈은 "비교적 논란의 여지가 없는" 인물이었다.[4]

머스크가 거래를 "보류"한다고 발표한 5월 16일 이후,[5] 아그라왈은 그와 이 문제를 논의하려 했다. 지금까지 두 사람의 관계는 별로 진전이 없었다. 불과 한 달 전만 해도 머스크는 문자 메시지를 통해 아그라왈의 노동관에 이의를 제기하며, 이사회에 한 자리를 차지하느니 트위터를 비공개로 전환하겠다는 언질을 준 적이 있다. 이번에는 아그라왈이 머스크에 접근하며 구식 수단을 사용했다. 트위터였다.

"스팸 얘기를 좀 하죠. 데이터와 사실과 전후 관계에 입각해서 말입니다." 그는 그렇게 트윗했다.[6] "먼저 분명한 것부터 얘기하죠. 스팸은 트위터에서 실제 사람들의 경험을 해치고, 따라서 우리 비즈니스에 해를 끼칩니다. 그래서 우리에게는 매일 스팸을 가능한 한 많이 찾아내 삭제해야 할 강력한 동기가 있습니다. 그렇지 않다고 주장하는 사람이 있다면 그 사람이 잘못된 것이죠."[7]

아그라왈은 15개 트윗으로 구성된 스레드에서 스팸과 진성 게시물을 구별하기 어려운 이유와 갈수록 진화하는 악의적인 사용자들의 수법을 자세히 설명했다.[8] 그는 트위터를 이용해 조직적이고 악의적인 캠페인을 벌이는 사람들의 수법이 점점 더 정교해지고 있음을 지적하며 트위터가 매일 정지시키는 스팸 계정이 50만 개가 넘는다고 밝혔다. 아그라왈은 이어 스팸이나 봇을 탐지해 내는 트위터의 기법은 아무나 할 수 있는 것이 아니라고 말했다. 예를 들어 외부의 제3자가 트위터의 작업을 확인하겠다고 해서 되는 것이 아니라는 설명이었다. 트위터는 그들만이 보유한 내부 데이터의 이점을 통해 문제를 파악하고 있으며, 비록 그 방법이 완벽하지는 않더라도 최선을 다해 그 일을 해내고 있다는 것이 그가 보낸 메시지의 개요였다.

머스크의 답장은 짧았다. 똥 이모티콘.[9] 이 트윗에는 '좋아요'가 5만 개 넘게 달렸다. 아그라왈의 스레드의 어떤 트윗보다 훨씬 많은 '좋아요'였다. (머스크의 트위터 인수 계약에 포함된 비방 금지 조항 따위는 알 바 아니었다.[10])

"그렇다면 광고주들은 돈을 내고 무엇을 얻는지 어떻게 알 수 있습니까?" 머스크는 몇 분 후 그렇게 트윗을 올렸다. "이건 트위터 재정 건전성의 기본 아닌가요."[11]

트위터 직원들은 스팸과 봇이 횡행하는 것에 대한 머스크의 불만을 자신들의 업무 처리 능력에 대한 불만으로 받아들인 것 같았다. 트위터는 사이트 무결성site integrity 팀을 운영하면서 그 달에 신뢰 및 안전 책임자로 승진한 요엘 로스Yoel Roth에게 보고하게 되어 있었다. 이들의 임무는 트위터가 봇에 의해 잘못된 정보나 정치 선전이나 인간을 사칭하는 계정으로 어지럽혀지는 아수라장이 아니라 유기적이고 인간 중심의 대화의 장이 되도록 바꾸는 것이었다. 스팸과 봇은 일부 국가들이 국가 차원에서 공적 담론의 장을 가로채려는 조직적인 시도에 덧붙여진 골칫거리로, 이런 문제는 트위터를 끊임없이 위협해 왔다.

머스크는 트위터가 봇의 온상인 것처럼 그리면서, 이 사이트의 어떤 특징 때문에 그동안의 노력의 결과가 사실상 아무런 의미가 없었던 것처럼 묘사하고 있었다.

실제로 트위터는 세상 소식이나 팔로워들의 삶이나 스포츠나 정치 등과 관련된 소소한 새 소식의 유기적 안식처였던 초창기와는 다른 장소로 변해가고 있었다.

11. 출구 전략 275

트위터에서 오가는 대화는 변했고 그 수준도 점점 떨어졌다. 〈로이터〉가 처음 보도한 트위터 자체 프레젠테이션 자료에 따르면 트위터에서 핵심적으로 성장을 추진하는 분야는 단 두 가지였다. 암호화폐와 NSFW(누드 등 성인 콘텐츠로, 직장에서 열어보면 위험하다는 뜻의 'not safe for work'의 약어)가 그것이고 하나 더 추가한다면 아니메anime로 통하는 일본 애니메이션 정도였다.[12] 세계 뉴스나 엔터테인먼트, 진보 정치 등 원래 트위터의 강점이었던 분야는 뒤로 밀렸고, 예전에 이 플랫폼을 달구었던 또 다른 주제인 카다시안 가족Kardashians도 시들한 상태였다.

이 자료에 따르면 현재 '헤비 트위터리안들Heavy Tweeters'은 최근 비트코인 호황-불황 주기에 대한 글을 올리거나 다음 암호화폐 폭락을 추측하는 성향이 강했다. 이 자료에 따르면 탈중앙화 화폐를 파는 사람들이 아무리 난데없이 새롭고 그럴듯한 홍밋거리를 유발하는 것 같아도, 이들 계정에는 분명한 함정이 있었다. 이들 집단은 "스팸의 성격"이 강하다는 점이었다.

머스크가 공적 담론의 반응을 보여주고, 그날그날 일어나는 일에서 폭넓은 화젯거리를 포착해 내는 사이트를 원했다면, 그는 이미 기회를 놓친 것일지도 몰랐다.

미디어나 기술 업계에선 대체로 스팸 문제를 불리한 거래에서 빠져나가기 위한 머스크의 얄팍한 계략이라고 여겼지만, 이와 달리 트위터의 일반 직원들 중에는 그렇게 믿지 않는 사람들이 있었다. 트위터는 머스크와의 상호작용을 폭넓게 연구해 왔다. 그는 그 어떤 계정보다 많은 참여를 유도하는 최고의 파워 유저였기 때문이다. 따라서 머스크가 제기한 의구심이 타당한지 검토하라는 지시가 직원들에게 떨어진 것은 당연한 결과였다.

그들은 무엇보다 한 가지 가능한 설명을 생각해 냈다. 스팸과 봇은 트위터가 부인할 수 없는 문제로, 일론 머스크같이 영향력 있는 파워 유저들이 그 피해를 더 심각하게 겪는다는 사실이었다. 사실 머스크는 자신의 경험을 이 사이트의 일반적인 사용자를 대표하는 것으로 간주하는 중대한 실수를 저질렀다. 머스크는 자신의 트위터 경험을 나머지 사용자층의 경험으로 일반화했다.

사람들이 머스크가 트위터에 투자한다는 소식을 처음 들었던 2022년 4월에, 그는 "암호화폐 사기 계정"을 지적하면서 "트위터가 쉴 새 없이 이들 계정을 모든 사람의 피드에 '진짜' 사람인 것처럼 보여주고 있다"고 비난했다.[13]

머스크에게 이는 새삼스러운 문제가 아니었다. 트위터 인수 협상을 하기 2년여 전인 2020년 2월에도 그는 스팸 게시물이 갑자기 급증하는 것을 두고 불만을 드러낸 바 있었다.

"트위터의 암호화폐 사기 수준이 새로운 차원에 올라섰다." 그는 그렇게 썼다. "이런 현상은 별로 마음에 들지 않는다."[14]

트럼프 대통령의 플랫폼 이용이 차단되기 훨씬 전 그리고 바빌론 비 중단으로 머스크만이 해결할 수 있는 위기가 닥치기 전에도, 머스크는 트위터 스팸이 이용자와 사회 전반에 중대한 영향을 미친다고 주장했다.

"스팸을 발견하는 즉시 신고하세요. 트위터의 트롤/봇 네트워크는 공적 담론에 악영향을 미치고 사람들을 기만하는 심각한 문젭니다." 머스크는 2020년에 그렇게 글을 올렸다. "시스템을 악용할 가능성이 있으니 그들의 노출도만 줄여도 크게 좋아질 겁니다."[15]

문제는 머스크의 트위터 경험이 다른 누구와도 달랐다는 점이다. 그의 게시물에 달린 답글에는 암호화폐 사기, 인간 사칭 그리고 그의 답글을 뒤져 취약한 사용자들을 찾아내 이들을 악용하려는 봇 군단이 넘쳐났다. 또 자신의 영웅의 눈에 띄고 싶어 안달인 사람도 있었다. 테슬라 팬이나 우주광뿐 아니라 시바견이 마스코트인 암호화폐(도지코인) 지지자, 머스크가 비트코인을 창안해 냈다고 생각하는 암호화폐 매파 그룹 등 셀 수 없이 많은 인터넷 하위문화가 교차하는 길목의 한복판이 바로 머스크가 서 있는 자리였다. 그가 왜 이 사이트를 스팸과 봇의 소굴로 단정했는지 어렵지 않게 알 수 있었다.

"우리 팀원들은 이 플랫폼에서 하는 머스크의 경험이 어디까지나 그만의 매우 개인적인 것이라고 생각했던 것으로 기억합니다." 한 전직 트위터 직원은 내게 그렇게 말했다.[16]

문제는 팔로워가 수천만 명이 못되거나 여러 국가의 GDP를 합친 만큼의 가치를 지닌 그런 비즈니스 제국을 갖지 못한 사람들에게도 그런 경험이 적용되느냐 여부였다.

이때까지도 천재라는 머스크의 이미지는 사실상 반박이 불가능했다. 그 이유는 간단했다. 자동차 제조나 말 그대로 로켓 사이언스를 대하는 그의 접근법에 의문을 제기할 만한 지식과 대중적 플랫폼을 가진 사람이 얼마나 되겠는가?

하지만 스팸이나 봇과 관련된 이야기는 수십 명에 달하는 연구원들이 꾸준히 연구하고 또 수백만 명의 웹 사용자가 매일 경험하는 문제를 머스크가 어떻게 생각하는지 들여다볼 수 있는 단서를 제공했다.

암호화폐 사기를 두고 전개된 드라마는 머스크가 천재이기는 해도 지적으로는 게으르거나 심지어 적법한 전문성에 대해서조차 노골적인 적의를 드러낸다고 의심하는 사람들에게 그 구체적인 증거를 제공했다.

데이터 과학자들은 머스크가 제기한 문제를 진지하게 파고들었겠지만, 머스크는 세부 내용에 대한 그들의 관심이나 미묘한 차이를 잡아내는 그들의 능력, 엄격한 방법론에 대한 고집에는 아무런 반응을 보이지 않았다. 인수 거래가 "보류"되었다고 발표한 날, 머스크는 트위터 팔로워들에게 자체 실험을 통해 정말로 스팸이나 봇 계정이 트위터 사용자의 5% 미만인지 확인해 볼 작정이라고 말했다.

"이를 확인하기 위해 우리 팀은 @twitter 팔로워 100명을 무작위로 표본 추출할 겁니다." 그는 그렇게 쓰고 덧붙였다. "다른 사람들도 같은 과정을 반복해 어떤 결과가 나오는지 확인해 보길 권합니다."[17]

이 어설퍼 보이는 방법론에 후속 답글이 쏟아졌다. "(당신은) 무작위성을 어떻게 정의합니까?" 한 머스크 팬이 물었다. "선정은 어떻게 하죠?"[18] 지구상에서 가장 부유한 사람이 답변했다. "처음 팔로워 1,000명은 무시하고 매 10번째 팔로워를 뽑습니다. 더 좋은 아이디어가 있으면 알려주시기 바랍니다."[19]

머스크는 최고의 엔지니어와 데이터 과학자 같은 사실상 무한한 자원을 언제든 활용할 수 있는 위치에 있으면서도, 굳이 무작위라는 방법을 통해 트위터 문제를 해결하려 했다.

"우리가 함께 봇·중복 사용자 비율을 알아내려 한다면 좋은 답을 크라우드소싱할 수 있을 겁니다." 머스크는 또 다른 트윗에서 그렇게 덧붙였다.[20]

트위터라고 책임이 없는 것은 아니었다. 트위터의 수치는 어설픈 계산과 일반인이 볼 수 없는 비공개 데이터에 의존했다. 외부 분석이 거의 불가능하다고 말한 아그라왈의 말도 그런 사정이 있기

때문이었다.[21]

하지만 스팸과 봇의 수치를 너무 낮게 잡았다는 머스크의 주장이 근거 없는 비난이라는 직원들의 입장도 단호했다.

거래가 발표된 지 몇 주 뒤에 트위터 본사에서 오가는 대화는 처음에 머스크의 저의를 의심하던 분위기에서 그의 안이한 분석 방식을 불신하고 경멸하는 쪽으로 바뀌고 있었다.

이런 반응은 흔히 볼 수 있는 패턴을 따랐다. 처음에 머스크는 사고력이 탁월한 천재였다. 하지만 머스크가 특정 전문 분야까지 깊이 따지고 들자 사람들은 그가 전문가의 말을 못 알아듣는 것 같다고 의심하기 시작했다. 이런 그의 문제점은 테슬라에서 그리고 자동차 안전 당국과의 거래에서도 조금씩 드러나다, 태국 동굴 구조 사건과 코로나19 사태 때는 대중의 눈에까지 잡혔다. 그런데 이제 트위터에서도 같은 일이 벌어진 것이다.

트위터 직원들은 머스크가 자신들의 플랫폼의 내부 작동 방식에 대해 무지한 척하는 것이 거래에서 빠져나가려는 더 큰 전략의 일부가 아닌지 의심하기 시작했다.

그러나 터무니없는 공개 발언이 반복되면서, 그의 진짜 생각이 드러나기 시작했다. 원래 머스크는 뻔뻔하고 무신경하며 전투적이고 유치할지 모르지만, 어떤 주제에 대해 본심을 숨긴다고 비난 받는 경우는 별로 없다.

트위터 연구진들이 내부적으로 스팸과 봇을 본격 조사해 보니, 이 문제가 머스크의 경험에 국한된 것이라 해도 가짜 계정에 대한 머스크의 우려가 전혀 근거 없는 것은 아니었다. 그런데도 그들은 여전히 이것이 거래를 포기하려는 고도의 복잡한 술수라는 생각을 떨치지 못했다.

사실 두 가지 다 사실이었을지 모른다. 머스크는 잘못된 정보를 근거로 어떤 예감을 느끼면 이를 입증하기 위해 금전적, 인적 자원을 적지 않게 투입하곤 했으니까.

이 문제를 좀 아는 사람의 말에 따르면, 머스크의 변호사들은 무작위 계정 100개를 추출하는 것 외에도, 연구원들을 동원해 데이터 전반을 분석해 가며 의혹을 입증할 증거를 찾았다. 그러나 이 작업은 6월 초에 처음으로 벽에 부딪혔다. 트위터가 갑자기 주저하며 일련의 데이터를 넘기지 않으려 한 것이다. 그것은 스팸 혐의를 밝혀낼 수 있을 것처럼 보이는 데이터로, 사전에 계약된 20여 개 기업에 유료로 제공하던 것이었다.[22]

데이터에 접근할 수 없는 상황이 분명해지자, 트위터가 뭔가 숨기는 것 같다는 의문이 제기되면서 거래 성사 자체가 불투명해졌다.

6월 6일에 머스크 측 변호사들은 서한을 통해 그 점을 분명히 밝히면서, 머스크가 440억 달러 규모의 거래에서 사실상 손을 뗄 수도 있다고 통고했다.[23] 그때까지 나온 말 중에 가장 강경한 어조였다. 트위터 쪽에서 보아도 수백억 달러를 들여 사이트를 인수할 계획이 없는 회사들에까지 데이터를 널리 배포한 점을 고려한다면 데이터를 붙들고 있어야 할 명분이 희박했다. 하지만 이미 거래를 포기하기로 결론을 내린 집단에 데이터를 잘못 넘겼다가 수치를 왜곡하는 일이 벌어지거나 악의적인 공격을 당하면 더 큰 문제가 될지 모른다는 합리적인 우려도 있었다.

그러나 머스크의 변호사들의 입장은 단호해서, 무조건 데이터를 넘기라고 요구했다.

"자신들이 공개한 스팸 추정치에 자신이 있는데도, 그 추정치를 독립적으로 평가할 기회를 주지 않는 트위터의 태도를 이해할 수 없다." 6월 6일 자 서한은 그렇게 밝혔다. "이는 합병 계약에 따른 트위터의 의무에 대한 명백하고 중대한 위반이다. 따라서 머스크 씨는 거래를 완료하지 않을 권리와 합병 계약을 해지할 권리를 포함해 그로 인해 발생하는 모든 것에 관한 권리를 갖는다."[24]

효과가 있었다. 6월 8일에 〈워싱턴 포스트〉는 트위터가 머스크의 파이어호스firehose(대용량 데이터) 요청에 응할 계획이며, 가능하면 수일 내에 매일 5억 건 이상의 트윗 데이터 스트림을 넘길 것이라고 보도했다.[25]

트위터 협상이 명확한 해결책을 찾지 못한 채 여름으로 넘어가면서 머스크 캠프와 주기적으로 접촉하던 은행가들은 갑자기 머스크의 측근들로부터 연락이 오지 않자 당황했다. 머스크 측은 서둘러 논의를 재개하지 않았다. 일론 머스크는 방금 자신이 저지른 440억 달러 규모의 실수가 누르는 무게를 이제야 실감한 것 같았다.

사실 머스크는 자신의 의제를 확고하게 지지하는 핵심 투자자들과 오랜 동료로부터 확약을 받아 거래를 성사시킬 수십억 달러 상당의 자금을 준비해 둔 상태였다. 그러나 그들보다 투자 규모가 적은 기관들은 거래가 타결될 가능성이 훨씬 높아졌을 때 합류했다. 그러다 머스크가 의구심을 표명하고 시장이 분명한 입지를 표명하자 머스크의 기관 투자자들은 일부 동요하기 시작했다.

한편 머스크 팀은 트위터로부터 받은 방대한 양의 데이터와 스팸과 봇에 대한 트위터의 공식 발표가 잘 맞지 않자 깊은 고민에 빠졌다. '파이어호스'를 파면 팔수록 트위터의 진술을 점점 더 믿을 수 없게 되었기에, 법적 소송으로 끌고 갈 근거는 더욱 많아졌다. 스팸과 봇 문제는 외부에서의 분석이 불가능하다고 트위터는 주장했지만, 머스크 팀은 이제 이를 입증하는 데 필요한 내부 데이터를 확보한 셈이었다.

머스크는 칼라캐니스와 동료 팟캐스터 그룹이 마이애미에서 주최한 기술 컨퍼런스 올인 서밋All-In Summit에서 그런 우려를 드러냈다.[26]

"그들은 가짜/스팸 계정이 5% 미만이라고 주장했지만, 실제 그 4~5배라면 이건 중대한 악의적 허위 진술material adverse misstatement이다." 머스크는 그렇게 말했다.[27]

그가 아주 신중하게 선택한 이 까다로운 법률 용어는 단순히 "중대한 실수"라는 뜻이 아니라 트위터와 머스크가 거래 계약에 합의하면서 서명했던 한 조항을 가리키는 말이었다. 계약에는 해지 위약금이 10억 달러라는 조항이 포함되어 있지만, 머스크가 계약을 파기할 경우 감당해야 할 법적, 재정적 결과는 그 금액을 훨씬 초과할 수도 있었다.[28] 머스크가 온라인에서 트위터 경영진과 힘겨루기를 시작한 이후 트위터 브랜드가 입은 피해가 얼마나 막심했는지 생각해 보라.[29]

하지만 계약서에는 "중대한 악의적 악영향material adverse effect(머스크가 주장하는 '중대한 허위 진술'과 크게 다르지 않다)"이 발생할 경우 합법적으로 거래를 종료할 수 있다는 조항도 있었다.

예를 들어 트위터의 가치가 거래 당시 이 회사가 기술한 것과 실질적으로 다를 경우, 즉 사용자 수를 지나치게 부풀려 광고 기반이 머스크가 믿었던 것보다 훨씬 작다면 머스크는 빠질 수도 있을 것 같았다.[30]

7월 7일에 폭탄선언이 나왔다. 머스크 팀이 트위터의 수치를 전혀 신뢰할 수 없다는 쪽으로 최종 결론을 내린 것이다. 거래는 위기에 놓였다. 〈워싱턴 포스트〉는 '단독'이라는 표시와 함께 불길한 헤드라인을 달았다. "일론 머스크의 트위터 인수 계약, 위기에 봉착."[31]

이 소식이 전해지자 금융계와 기술계가 발칵 뒤집혔다. 갑자기 주요 미디어와 기술 플랫폼, 금융 기관들이 부산스럽게 나서 거래가 막판에 뒤집힐 가능성을 타진했다. 엄청난 파장을 일으킬 반전이었다.

기술 전문 매체 〈더 버지〉, 게임 사이트 IGN, 유타주의 〈데저릿 뉴스Deseret News〉, 우파 정치 사이트 데일리 와이어Daily Wire, 〈데일리 메일The Daily Mail〉, 잘 아는 〈뉴욕 타임스〉 등 여러 매체가 그것이 미칠 잠재적 영향을 가늠하는 기사를 실었다.

"일론 머스크가 트위터 인수를 포기할 가능성이 커 보인다." 〈더 버지〉는 그렇게 단정했다.[32] "440억 달러에 달하는 일론 머스크의 트위터 거래는 이제 파기되는가?" 〈데저릿 뉴스〉는 그렇게 물었다.[33]

〈뉴욕 타임스〉는 다음 날 "일론 머스크는 트위터 인수 여정의 다음 장을 대비하는지도 모른다. 바로 법정이다"라는 불길한 문구로 시작하는 기사를 추가하면서 이런 헤드라인을 달았다. "트위터는 일론 머스크가 회사를 인수하도록 강제하기 위한 법적 다툼을 준비하고 있다."[34]

일부 언론인들은 〈워싱턴 포스트〉의 단독 보도를 비판하면서, 트위터의 계산이 엉터리라는 검증되지 않은 머스크의 주장을 그대로 받아썼다고 지적했다.[35] 내가 보기에 이 단계에서 가장 중요한 것은 트위터의 스팸 문제에 대한 머스크 팀의 결론이 아니라, 곧 법정에서 제기될 이런 주장들이 거래에 미칠 영향이었다.

우리의 특종이 다루기 힘들고 솔직히 짜증 나는 또 다른 신경전으로 발전할지, 아니면 협상이 결렬될지는 앞으로 24시간이 결정할 터였다.

물론 터닝포인트가 갑작스러웠던 것은 아니었다. 회의론은 지난 몇 주 전부터 서서히 연기를 피우고 있었다. 머스크 팀은 트위터의 파이어호스에 담긴 정보를 검토했지만 확신을 갖지 못했다. 트위터는 2억 3,800만 명에 달하는, 수익 창출이 가능한 일일 활성 사용자mDAU 기반을 자랑해 왔다. 이는 광고를 보고 영향을 주거나 받을 수 있는 집단, 즉 인간을 의미했다. 하지만 실제로 그 수치는 1억 7,000만 명이 채 안 됐다고 머스크 팀은 주장했다. 그리고 광고도 대부분은 비교적 극소수라 할 수 있는 1,600만 명 미만의 사람들에게만 노출되었는데, 이는 트위터가 자신들의 광고 기반이라고 내세웠던 수치의 7%도 안 되는 수준이었다.[36] 그들은 길고 성가신 법적 싸움을 대비했다. 머스크팀은 트위터와의 계약을 해지하려는 작전에 새로운 이름을 붙였다. 프로젝트 Y.

7월 8일 금요일에 머스크는 미국 증권거래위원회에 새로운 공시를 제출했다.

거래 파기를 알리는 문구는 그다지 시적 감흥을 주지 못했다. "2022년 7월 8일, 신고인의 자문단은 (신고인을 대신하여) 트위터에 서한을 보내 신고인이 합병 계약을 해지한다고 공식 통보했습니다."[37]

이로써 역사상 가장 큰 규모의 기술계 합병 중 하나인 440억 달러 규모의 거래가 무산되었다. 머스크 팀이 보낸 편지에는 트위터를 비난하는 내용이 장황하게 열거되어 있었다. 데이터 요청을 거부하고, "충분하지 못한 정보"를 제공해 자신들을 무시했으며, 스팸과 봇에 대한 트위터의 추정치와 머스크 연구원들이 조사한 결과의 차이를 끝내 해명하지 못했다는 내용이었다.

"머스크 씨는 합병 계약을 해지하는 바입니다. 이는 트위터가 합병 계약의 여러 조항을 중대하게 위반했고, 머스크 씨가 합병 계약을 시작할 때 신뢰했던 설명이 허위이거나 오해의 소지가 있는 것으로 보이며, 합병 계약에 명시된 대로 회사에 중대한 악영향 Company Material Adverse Effect을 미칠 가능성이 있기 때문입니다."[38]

머스크는 거래에서 완전히 빠져나오고 싶다는 뜻을 분명히 했다. 하지만 트위터는 그를 쉽게 놓아줄 생각이 없었다. 회사 임원들은 자신의 이름이 진흙탕에 뒹구는 것을 보았고 트위터의 시장 가치에도 의문이 제기되는 상황이었기에, 고삐 풀린 하이테크 분야의 선동가가 440억 달러 상당의 인수를 매듭짓는 것만이 최선이라고 판단했다. 서로 역할이 뒤바뀌었다. 한때 머스크를 피하려 '포이즌 필 poison pill(신주 인수 선택권)'까지 꺼내 들었던 트위터 이사회가 이제는 머스크가 자기들을 꼭 사들이게 만들겠다며 자진해서 전장으로 나서고 있었다.[39]

트위터의 이사회 의장 브렛 테일러Bret Taylor는 관련자 모두를 데려갈 이 싸움의 행선지를 분명히 밝혔다.

"트위터 이사회는 머스크 씨와 합의한 가격과 조건으로 거래를 성사시키는 데 전념하고 있으며, 합병 계약을 이행하기 위한 법적 조치를 취할 계획이다." 그날 오후 테일러는 그렇게 트윗했다. "델라웨어 형평법원에서 우리의 승소를 확신한다."[40]

트위터가 다음 포문을 열기까지는 주말 전체가 필요했다. 그 결과는 241페이지 분량의 법률 문서로 나왔다. 지난 3개월 동안 머스크가 트위터 임원들을 끌고 다닌 여정에 직설적인 평가를 담은 역사적인 기록이었다.

"2022년 4월, 일론 머스크는 트위터와 법적 구속력을 갖는 합병 계약을 체결하면서 거래가 성사되도록 최선을 다하겠다고 약속했다. 그러나 3개월이 채 지나지 않은 지금, 머스크는 자신이 서명한 계약이 더는 자신의 개인적 이익에 도움이 되지 않는다는 이유로 트위터와 주주들에 대한 의무를 이행하기를 거부한다."[41] 이 첫마디는 지난 몇 달 동안 머스크가 보여준 행동을 향한 혹평의 서곡에 불과했다.

"트위터를 끌어들여 대중에게 볼거리를 제공하고, 파는 쪽에 유리한 합병 계약을 제안한 후 서명한 머스크는 델라웨어 계약법의 적용을 받는 다른 모든 당사자와 달리 내키는 대로 마음을 바꾸고, 이 회사를 업신여기고, 운영을 어지럽히고, 주주 가치를 파괴한 다음 떠나면 그만이라고 생각하는 것 같다." 문서는 계속 이어졌다.

소송 문건은 트위터의 소유주가 될 사람에 대한 경멸로 가득 차 있어, 더는 원만한 해결이 불가능해 보였다.[42] 더욱이 그 문서는 적어도 트위터 내부 관계자들이 판단한 머스크의 파기 동기를 숨기지 않고 있었다. 문서는 〈월스트리트 저널〉의 보도를 인용해, 주식시장이 하락했고 머스크의 재산은 2021년 11월 최고치를 기록한 후 1,000억 달러 이상 감소했다고 밝혔다.

"그래서 머스크는 발을 빼려는 것이다." 또한 머스크의 "출구 전략"은 "위선의 모델"이자 "불성실"의 표본이라고 그 문서는 주장했다. 그리고 머스크가 거래를 완수하도록 하기 위한 법적 강제력이 필요하다고 말했다.[43]

로렌 프링글Lauren Pringle은 이제 막 인생의 전환점을 코앞에 두고 있었다. 펜실베이니아 대학교 로스쿨을 졸업한 그녀는 익숙한 삶을 뒤로 하고 최근에 델라웨어의 작은 간행물 〈챈서리 데일리Chancery Daily〉의 편집장이 되었다. 작은 주여서 잘 알려지지는 않았지만 막강한 권한을 가진 법원의 일상을 기록하기 위해 끈질기게 노력한 결과, 신문은 기대 이상의 호응을 얻고 있었다. 프링글은 트위터 인수를 둘러싸고 벌어지는 드라마 같은 상황을 몇 주 동안 특별한 관심을 가지고 지켜보고 있었다. 자신이 모든 것을 꼼꼼하게 기록하는 이 법정으로 사건이 올 가능성이 크다고 판단했기 때문이었다.

7월 12일, 프링글은 책상 위에 쌓여 있는 30센티미터 높이에 가까운 법정 기록과 그 밖의 분류된 잡동사니부터 서둘러 검토하기로 했다. 세기의 기업 소송전이 생각대로 델라웨어 형평법원Delaware Court of Chancery(형평법원은 법조문이나 판례에 의한 형식적 판단이 아니라 공정성과 형평성을 기준으로 판단하는 법원으로, 특히 델라웨어의 형평법원은 기업과 관련된 공정성이나 주주의 권리 문제 그리고 계약의 형평성 등을 다루는 것으로 유명하다. — 옮긴이)에 배당되었기 때문이다.

"이것은 나의 슈퍼볼이다." 그녀는 그렇게 생각했다.

8월 초에 나는 트위터의 스팸과 봇 클레임에 대한 새로운 신고 건을 추적하고 있었다. 그때 받은편지함에 모르는 이름으로 메시지가 하나 도착했다. 그 메시지에는 봉인된 문서가 포함되어 있었다.[44]

트위터를 상대로 낸 일론 머스크의 반소장反訴狀이었다. 거기엔 많은 데이터가 들어 있었고, 머스크의 동기에 대한 명확한 주장도 담겨 있었다. 반소장은 트위터가 "머스크 측이 진실을 파악하기도 전에 수개월에 걸쳐 숨바꼭질을 하며 시간을 끌었다"고 주장했다.

또한 반소장은 트위티의 재무 공시는 "수많은 중대한 허위 진술을 포함하거나 중요한 정보를 누락시키는 방법으로 트위터의 가치를 왜곡함으로써, 머스크 측이 이 회사를 부풀려진 가격에 떠안도록 만들었다. 트위터의 소장은 머스크에 대한 인신공격 외에, 당 법원보다 언론의 독자층을 상대로 한 듯한 요란한 수사로 가득 차 있다. 이는 이런 허위 진술로부터 주의를 돌리려는 시도에 지나지 않는다"고 주장했다.

머스크는 또한 트위터가 재무 공시를 통해 SEC를 오도했다고 비난했다. 수익 창출이 가능한 사용자 기반을 지나치게 낙관적으로 평가한 서류를 최고 증권규제기관에 제출했다는 주장이었다. 트위터의 직원들이 머스크의 스팸과 봇에 대한 클레임을 성의 없이 받아들인 것은 분명했다. 그래서 머스크는 트위터를 사기 혐의로 고발한 것이었다.

"트위터가 간단한 질문까지 피할수록 머스크 측은 트위터가 자신들을 속였다고 의심하게 되었다." 반소장은 그렇게 주장했다.

머스크 팀은 그들의 계산 결과를 상세히 공개했다. 광고를 실제로 보여줄 수 있는 계정의 비율은 트위터가 공개적으로 주장한 것보다 훨씬 낮았다는 주장이었다. 그리고 상대적인 관점에서 볼 때 대부분의 광고를 보는 계정은 사실상 극소수에 불과했다.

"제한된 정보이지만 지금까지 밝혀진 것만으로도 가짜/스팸 계정의 수에 대한 트위터의 공시가 거짓임이 분명하게 입증된다." 반소장은 그렇게 말했다. "머스크 측의 예비 분석으로 트위터가 조사를 방해한 이유가 밝혀졌다. 즉 트위터는 '주요 지표'와 관련해 자신들이 투자자들을 오도하고 있다는 사실을 머스크 측(또는 시장)이 발견하는 것을 원치 않았다. 오래 이어진 강세장이 막바지에 이르러 상승 조류가 빠지기 시작한 상황에서, 머스크 측이 요청한 정보를 제공할 경우 자신들이 벌거벗고 헤엄치고 있다는 사실이 드러날 수 있기 때문이다."

결국 판이 마련되었다.

이 장대한 기업 드라마를 정리할 책임은 델라웨어 형법법원 판사 캐서린 매코믹의 손에 떨어졌다. 그녀는 비교적 최근에 임명되었지만 명료한 판결문 작성과 견고한 논리로 이미 법정의 신망을 한 몸에 받고 있었다. 하버드를 졸업하고 노터데임 대학에서 법학 학위를 취득한 에너지 넘치는 매코믹은 머스크와 그의 변호사들이 법정에서 벌이려는 우스꽝스러운 짓을 참고 볼 생각이 없었다. 원래 그녀는 치밀한 접근법과 공정성, 재치 있으면서도 예리한 발언으로 명성이 자자했다.

〈챈서리 데일리〉 편집장이자 델라웨어에서 직접 변호사로 활동 중인 프링글은 매코믹이야말로 이 직책에 딱 맞는 인물이라고 생각했다. 개인 변호사로 개업하기 전에 법률 구조 단체에서 일했던 매코믹은 남다른 노력으로 현재 그 자리에 올랐다.[45] 그녀는 스포트라이트를 받으려 애쓰지 않았지만 굳이 피하지도 않았다. 매코믹은 이런 대형 사건을 처리할 능력이 있을 뿐 아니라 자신의 판결문이 널리 읽힐 것이라는 것도 알고 있었기에, 일반 청중도 명확하고 쉽게 이해할 수 있도록 써야 했다. 그리고 그것은 그녀의 강점이었다.

그녀의 큰 장점은 문장력이었다. 난해하고 복잡한 법정 의견서에서 예상되는 장황한 법률 용어를 피했다. 그녀의 문장은 능동형 동사와 명료한 비유를 사용하기 때문에 직설적이었다. 프링글은 매코믹의 명료함과 세부 사항에 대한 관심의 진가를 알아보았다.

그녀는 매코믹이 잡음 속에서 신호를 구분해 내는 능력이 남다르다고 말하며, 이는 옳고 그름을 판단하는 예리한 감각만큼이나 형평법원에 꼭 필요한 자질이라고 했다. 그러나 재판이 시작되기도 전에 워싱턴에서는 이 사건을 파국으로 몰고 가겠다고 위협하는 또 다른 사건이 서서히 거품을 올리고 있었다. 하지만 그 사실을 아는 사람은 많지 않았다.

구명줄

2022년 8월 23일 아침, 일론 머스크는 기분이 좋아 보였지만 실제로는 그러지 못할 이유가 더 많았다. 시장과 언론과 델라웨어 형평법원이 그와 그의 팀을 거듭 질책해 왔기 때문이다. 소송 초기에 캐서린 매코믹 판사의 인내심은 시험을 받고 있었다. 지금까지 설득력이 입증되지 않은 어떤 법무팀의 주장 때문이었다.

이 모든 것은 시간을 끌려는 시도가 그 발단이었다. 그리고 그 방법은 유리한 정보를 찾는 작업이었다. 머스크의 변호사들은 재판을 제대로 준비하려면 관련 데이터를 수집하고 증인도 50명 이상 확보해야 한다며 7개월의 기간이 필요하다고 요청했다. 분쟁을 속전속결로 끝내기 힘들 것 같다는 생각이 들자 매코믹은 불쾌감을 드러냈다. 머스크 측이 2023년 2월로 재판 날짜를 잡아달라는 요청에 매코믹은 "소송을 신속하게 처리할 수 있는 이 법원의 능력을 과소평가했다"며 무시했다. 그녀는 더 나아가 이런 일정 지연은 "트위터

와 그 주주들에게 돌이킬 수 없는 피해를 입히는 행위"라는 점을 상기시켰다.[1]

매코믹의 단호한 답변은 머스크가 트위터와의 거래에서 어설프게 발을 빼려 할 경우 가파른 오르막이 앞을 가로막을 것이라는 경고였다. 머스크는 중대한 부정적 변화가 발생했다는 사실을 납득시켜야 했다. 본질적으로 그가 거래에 동의한 이후 트위터의 가치가 심각하게 손상될 정도로 상황이 크게 변했다는 얘기인데, 아마도 스팸과 봇에 대해 그가 새로 제기한 주장을 근거로 삼은 것 같았다.

매코믹은 신속한 재판을 요구했던 트위터의 손을 들어주는 첫 번째 중요한 결정을 내려 재판기일을 10월로 잡았다. 머스크 팀은 소송을 시작한 지 겨우 며칠 되기도 전에 좌절부터 맛보았다. 하지만 변호사들은 매코믹의 허를 찌르는 발언이 아니더라도 가능성이 희박하다는 사실을 감으로 느끼고 있었다. 전반적인 의견은 이미 하나로 모이고 있었다. 머스크의 소송은 물 건너갔다는 쪽으로.

그러던 중 그해 8월 아침에 머스크 앞에 구명줄이 던져졌다. 트위터의 내부고발자 피터 "머지" 잿코Peiter "Mudge" Zatko가 연방 규제 당국에 신고한 내용이 CNN과 〈워싱턴 포스트〉에 보도된 것이다. 트위터가 사이버 보안 관행과 스팸 퇴치 과정에서 "심각하고 터무니없는 결함"을 은폐했다는 주장이었다. 이 진술은 의회에도 전달되었다.[2]

잿코는 트위터의 전 보안 책임자였다. 그의 진술 중 일부는 특히 머스크가 제기한 스팸/봇 문제와 관련이 있었다. 그는 자신의 전 고용주가 "봇과 관련해 일론 머스크에게 거짓말을 했다"고 비난하면서, 트위터로서는 사이트 내 스팸과 봇 계정의 비율을 정확하게 집계할 동기가 없다고 주장했다.[3] 잿코는 해당 재판뿐 아니라 트위터 자체에 대해 유죄를 입증할 목록을 작성했다.

기본적으로 잿코의 주장은 트위터가 몇 해 동안 보안이나 개인 정보 보호 관행과 관련해 연방 규제 당국을 속였고, 연방거래위원회FTC의 요구 사항에 따라 취한 조치에 관해서도 이사회에 올바로 알리지 않았다는 것이었다. 그는 또한 사기나 매우 부정확한 재무 보고 등 다양한 위법 행위를 했다는 이유로 트위터를 고발했다. 고소장에서 그는 트위터와 머스크의 합병 문서에 '사기성 허위 진술'이 포함되어 있다고 주장하며, 그 근거로 트위터가 관련 법률을 준수하고 있으며 '중대한 부정적 변화'를 초래할 보안 취약성은 없다는 거짓 진술 등을 예로 들었다.[4] 이것은 폭탄이었다. 결국 모든 것은 머스크의 방식대로 돌아가는 듯 보였다.

그 직후에 머스크가 제기한 법적 소송에서 자세히 밝혀졌듯이 트위터에 닥친 후폭풍은 즉각적이었다. "투자자들이 거래를 위태롭게 하는 심각한 미공개 위험"을 알게 되고 상원 법사위원회Senate Judiciary Committee가 잿코의 증언을 듣기 위해 서둘러 청문회를 준비하면서 트위터의 주가는 7% 이상 하락했다.[5]

"머스크 측의 분위기가 바뀌는 것을 느낄 수 있었습니다." 프링글은 그렇게 말했다. "머스크가 매 순간 상황을 어떻게 받아들이는지 알 수 있었어요."

머스크는 트위터의 내부 정보 무단 유출을 반갑게 받아들였지만, 잿코 사건은 머스크로서는 특별한 자기모순을 드러내는 사례였다. 테슬라에서 그는 내부고발자에 대해 털끝만큼의 관용도 보이지 않았기 때문이다. 회사와 관련된 중대한 사건을 밝히려 한 것으로 의심되는 사람들은 해고되거나, 테슬라의 직원이었던 마틴 트립Martin Tripp처럼 삶을 통째로 파괴하려 드는 회사의 괴롭힘에 시달려

야 했다.[6]

어쨌든 머스크는 갑자기 엉뚱한 노래를 불렀다.

태평양 표준시로 오전 8시 52분에 머스크는 애니메이션 〈피노키오〉에 나오는 지미니 크리켓Jiminy Cricket의 모습과 함께 영화에 나오는 "기브 어 리틀 휘슬Give a Little Whistle"이라는 노래를 트윗했다.[7]

"곧고 좁은 길을 가세요. 그러다 미끄러지기 시작하면, 휘파람이라도 작게 불어보세요."

"그리고 언제든 양심을 따라가세요."[8]

이 가사를 올린 의미는 분명했지만, 머스크는 트위터에 〈워싱턴 포스트〉의 조사 결과를 담은 스크린샷을 게시해 속내를 분명히 밝혔다. 한때 그의 측근이었던 한 인사의 말대로, 자신을 적대시하는 주류 언론의 음모가 있다고 믿고, 그런 음모를 부추기는 것은 빅 오일Big Oil의 광고 수익 등 여러 요인이라고 여겼던 자기모순은 아랑곳하지 않는 변신이었다. 이제 머스크는 페이지 상단에 "민주주의는 어둠 속에서 죽는다Democracy Dies in Darkness"는 문구가 붙는 〈워싱턴 포스트〉 제호를 담은 스크린샷을 공유했다.[9]

그는 특히 트위터가 소위 '스팸 유병률spam prevalence'에 대한 내부 집계를 가지고 있으며 이를 일반 대중에게는 알리기 거부한다는 사실을 폭로한 기사 중 한 구절에 관심을 보였다.

"그래서 이사회도 스팸 유병률을 알았지만, 이사회는 이를 대중에게 공개하지 않기로 했다…." 그는 그렇게 썼다.[10]

머스크 팀은 새로운 증거를 법정에 제시하고 이를 통해 재판을 지연시켜 소송을 유리하게 끌어가려 했다. 그들은 하루가 지나기 전에 여세를 몰아 내부고발자의 고소를 상기시키면서 트위터는 스팸과 봇 집계와 관련해 상세한 데이터를 공개해야 한다고 주장했다.[11] 하루 뒤에 매코믹은 이들 요청의 "범위가 터무니없이 넓다"고 지적하면서도, 추가 데이터에 접근 권한을 달라는 그들의 청원을 수락했다.[12]

10월로 예정된 재판 날짜가 빠르게 가까워지던 9월 초에 변호사들은 델라웨어 형평법원에 출두해 매코믹 앞에서 2가지 추가 쟁점을 요구했다. 반소장을 수정해 잿코의 폭로를 포함시켜 달라는 것과 재판을 연기해 달라는 것이었다.[13]

그러면서 그들은 새로운 논거를 제시했다. 트위터가 의도적으로 정보를 은폐한 탓에 머스크로서는 일반적인 실사 과정에서 잿코가 폭로한 정보를 찾아낼 수 없었다는 것이다. (트위터 인수 거래에서 머스크의 접근법에 대한 일반적인 비판은 그가 트위터를 비싼 값에 서둘러 인수하려는 바람에 사실상 실사를 포기했다는 것이었다. 그러나 머스크 팀은 예를 들어 트위터에 '기술 부채tech debt'와 '데이터 센터 전략'에 대해 자세히 설명해 달라고 요청하는 등 실사를 실제로 수행했다고 주장했다.[14] 하지만 트위터의 답변에는 잿코의 주장과 관련된 내용은 없었다는 게 머스크의 새로운 반소장의 핵심이었다.)

매코믹은 변호사들의 주장이 마음에 들지 않았기에 그녀의 트레이드마크인 조롱조의 질책을 쏘아붙였다. "우리는 절대 알 수 없겠죠?" 그녀가 말했다. "실사가 이루어지지 않았으니까요."[15]

매코믹은 이미 증거개시의 일환으로 넘겨받은 머스크의 문자 메시지에 공백으로 보이는 부분을 두고 머스크의 변호사들에게 언짢은 기색을 드러낸 바 있다. 어떤 곳에서는 소송 절차의 일부로 검토 중인 대화가 다음 메시지로 자연스럽게 이어지지 않는 부분도 있었다.

"머스크의 응답이 텔레파시에 의한 것이 아니라면," 그렇게 전제

한 매코믹은 그 부분이 누락 되어 문자 메시지 기록에 공백이 생긴 것처럼 보인다고 지적했다.[16]

머스크의 법적 주장은 한 가지 사실에 매달렸다가 다른 조사 결과에 매달리는 등 멋대로 바뀌었지만, 팀이 내세우는 입장의 근거가 부족한 것보다는 그나마 나은 편이었다. 그래도 머스크 팀의 희한한 장난질에 매코믹은 분명 조금씩 지치는 것 같았다. 한번은 트위터에서 보낸 메시지에 대한 증거개시 요청의 범위를 변경한 것을 두고 질책하기도 했다.

"이렇게 매우 신속하게 진행해야 할 사건에 '농담'할 시간이 있습니까?" 매코믹은 그렇게 나무랐다.[17]

9월 초 청문회 이후 매코믹은 재판에 회부된 주요 쟁점에 대해 양측이 모두 만족하기 힘든 결정을 내렸다. 머스크 팀은 반소장을 수정해 잿코의 주장을 담을 수 있지만, 재판은 예정대로 한 달 남짓 뒤인 10월 17일에 진행한다는 결정이었다.

머스크는 일단 돌파구를 마련했다고 생각했지만 사건의 결과는 여전히 불확실했다. 트위터에서 스팸과 봇 계정의 실제 수치를 집계하는 것은, 언제 해도 정확성을 담보하기 힘든 과학이었다. 트위터가 머스크에게 거짓말을 했다는 잿코의 주장이 사실로 밝혀지더라도, 트위터의 행위가 플랫폼의 가치를 스스로 떨어뜨릴 만큼 터무니없었는지에 대한 의문도 여전히 남아 있었다.

일부는 여전히 확신하지 못했다. 잿코의 주장을 두고 언론의 보도가 쏟아지는 가운데 (획기적인 내부고발자의 폭로가 사이버 보안에 엄청난 영향을 미칠 수 있다고 여긴 사람들로서는 답답한 노릇이었겠지만, 그 보도는 머스크-트위터에 미칠 영향을 다룬 기사가 대부분이었다), 그 폭로가 머스크의 사건에 별다른 영향을 주지 못할 것이라는 회의론자들이 많아졌다.

"트위터 내부고발자는 일론 머스크의 소송에 큰 도움이 되지 않는다." 〈블룸버그〉는 그렇게 헤드라인을 뽑으면서, 머스크가 어려움을 겪는 동안 머스크 팀이 필요로 하는 현실적인 조언을 줄곧 제시해 왔던 칼럼니스트 맷 레빈Matt Levine의 글을 인용했다.[18] 레빈의 주장[19]을 보완해 준 것은 툴레인 대학교 법학 교수 앤 립튼Ann Lipton이 올린 트위터 스레드였는데, 머스크는 잿코가 제기한 문제를 바탕으로 논거의 정당성을 명백하게 입증할 수는 있지만 그것은 전혀 다른 소송이 되리라는 것이었다.[20] 레빈은 잿코의 폭로가 트위터의 수치는 정확하지만 지표 자체에 결함이 있다는 취지였던 머스크의 주장과 정확히 반대되는 것이라고 주장했다. 립튼은 그것이 머스크에게 별 도움이 되지 않을 것이라고 평가했다.

트위터의 활성 사용자 측정 기준이 "경영진의 보수를 늘리기 위해 조작된 척도"라고 해도 "트위터의 실제 공시 내용이 정확하다면" 그것을 "근거로 거래에서 발을 뺄 수는 없다"고 썼다.[21]

립튼은 나와 인터뷰하는 자리에서 내부고발자의 불만을 즉시 알아차렸다고 말했다.

"보안 문제가 아니었어요. 문제는 '트위터, 당신들 사업을 잘못 운영하고 있어'라는 것이었습니다." 그러곤 덧붙였다. "그가 공시 문제로 프레임을 씌웠기 때문에 머스크가 이를 물고 늘어질 수 있는 빌미를 제공한 셈입니다."

트위터는 결정적 실수를 잇달아 저질렀다. 하지만 그 정도만으로 머스크가 거래에서 빠질 수 있을까? 레빈도 립튼과 마찬가지로 확신이 서지 않았다.

"트위터가 사용자 데이터 보호를 허술하게 했다 해도, 그게 2011년 연방거래위원회와 사용자 데이터에 대해 맺은 합의를 비롯한 관련 법을 위반한 것일까? 트위터의 주식 공시 자료에 보안 취약점을 모두 공개하지 않아 오해의 소지를 만든 것은 아닐까? 이런 것들이 모두 나와버리면 트위터의 사업에 '중대한 부정적 변화'가 발생해 머스크가 거래에서 빠져나갈 수 있게 될까? 글쎄, 모르겠다." 레빈은 그렇게 썼다. "이런 주장이 사실이고 사기나 중대한 부정적 변화를 입증해 줄 증거라고 해도 머스크가 주장해 온 것들의 증거는 아니다."[22]

그러나 이런 애매한 상황조차도 머스크가 고전하는 사건으로 보면 한 걸음 진척된 것이었다.

머스크가 최소한 10억 달러(아마도 그 이상이겠지만)를 지불하지 않고는 무사히 빠져나갈 수 없다는 것이 대부분의 생각이었다. 하지만 잿코의 폭로 덕분에 머스크는 확실한 패배는 면할 수 있겠다는 기대를 하게 되었다. 피해를 어느 정도 줄이느냐가 문제였다. 프링글은 머스크가 새로운 주장을 지렛대로 삼으리라는 것을 알고 있었다.

"이 모든 것은 실제 법적 쟁점과 별다른 접점이 없어, 처음부터 소송에 영향을 미치지 않을 게 분명했습니다." 립튼은 그렇게 말했다. "하지만 머스크가 온갖 법적 수단을 동원해 사건을 어지럽히리라는 점도 분명했죠."

그 후 거래를 파기하는 데 필요한 온갖 법적 논리들이 쏟아져 나왔다.

"그야말로 이것저것 다 들이대면서 어떤 방법이 통하는지 보자는 심사 같았어요." 프링글은 그렇게 말했다.

이는 레빈이 잿코의 주장을 분석할 때 예고했던 공격이었다.

"머스크는 트위터에 새로운 해지 서한을 보낼 것이다. '봇 따위는 됐고, 보안 취약성 때문에 계약을 해지한다.'" 레빈은 그렇게 썼다. "그는 그렇게 할 수도 있다. 안 될 게 뭐 있겠는가? 이미 시도한 핑계야 어찌 됐든, 사람들이 계속해서 새로운 핑곗거리를 찾아주면 또 해볼 것이다. 그러다 하나쯤은 통하겠지."

우연인지 모르지만 머스크 팀이 결국 택한 것이 바로 그 방법이었다. 8월 29일 자 〈블룸버그〉에 따르면 머스크는 계약 해지 서류를 새로 제출했다. "2022년 8월 23일, 〈워싱턴 포스트〉는 (피터 잿코가) 트위터에서 광범위한 위법 행위가 있다고 주장한 내부고발자의 보고서를 공개했다. 이는 파라그 아그라왈을 포함한 트위터의 이사 및 고위 임원들에게 전부 보고된 것으로, 트위터의 사업에 심각한 결과를 초래할 수 있는 내용이었다." 해지 서류엔 그렇게 적혀 있었다.[23]

이 서한은 무엇보다도 트위터가 2011년 동의 명령에 따른 FTC의 의무를 무시했고, 사이버 위협에 취약하고, "인도 정부의 요구를 묵인했다"는 등, 잿코의 진술에서 제기된 문제를 모두 그대로 주장하고 있었다.[24]

사실 이런 것들은 필요하지도 않다고 머스크 팀은 주장하면서, 그 이유는 한 달 전에 계약을 해지했기 때문이지만 어쨌든 법원은 이 사실을 알아야 한다고 했다. 거래를 해지하겠다며 갑자기 들고나온 새로운 근거라지만, 이전보다 더 설득력 있어 보이지는 않았다. 이렇게 되면 스팸과 봇에 대한 머스크의 주장은 계약을 해지하기 위한 어설픈 변명이었고, 그 사이에 진짜 이유가 드러났다는 말처럼 들렸다.

"머스크 측 당사자들은 7월 8일 자 해지 통지에 따라 이미 합병 계약을 정당하게 해지했기 때문에 굳이 이런 해지 통지가 법적으로 필요하다고 생각하지 않지만, 7월 8일 자 해지 통지가 만에 하나 효력을 잃을 경우를 대비해 이 추가 해지 통지를 전달하는 것이다." 서한은 그렇게 밝혔다.

한 방을 노리는 머스크의 전략은 그것으로 끝이 아니었다. 며칠 뒤 9월 9일에 그의 팀은 새로운 해지 서한을 제출했다. 또 다른 주장을 담은 서한이었다.[25] 이번에는 계약 위반을 들고나왔다. 트위터가 이미 계약이 체결된 후에 잿코에게 해고로 인한 퇴직금을 지급함으로써 머스크와의 계약을 위반했다는 주장이었다. 잿코가 내부고발자가 된 것은 그 이후였다. 계약서에는 실제로 트위터가 "과거 관행에 따른 통상적인 업무 과정"을 제외하고는 해고로 인한 퇴직금을 지급할 수 없다는 조항이 있었다.

트위터가 6월 28일 잿코와 그의 변호사에게 지급한 775만 달러가 어떻게 일반적인 관행에 해당하는지는 분명하지 않지만, 이 명백한 위반이 "되돌릴 수는 없는 것"이라는 머스크 팀의 주장 역시 앞뒤가 안 맞는 얘기 같았다. 머스크는 서한에서 트위터가 법원에 합의 내용을 자세히 밝힌 서류를 제출한 9월 3일에야 합의금 지급 사실을 알게 되었다고 주장했다. 이 새로운 서한을 보면 그들이 거래를 해지할 만한 중요한 단서라도 발견한 것 같았다.

"7월 8일 자 해지 통지 및 8월 29일 자 해지 통지에 따른 합병 계약의 머스크 측 당사자의 체결이 어떤 이유로 인해 무효로 판결되는 경우, 피고는 합병 계약을 체결할 필요가 없다 … 또 합병 계약을 해지할 추가 근거도 있다 … 혹시나 해서 하는 말이지만, 이런 근거는 7월 8일 자 해지 통지 및 8월 29일 자 해지 통지에 명시된 해지 근거에 추가되는 것이지 이를 대신하는 것이 아니다."

이 무렵 해지 통지는 쉴 새 없이 들어오고 있었다.

"세 번째 해지 통지서를 받았을 때는 절박한 것 같았어요." 〈챈서리 데일리〉 편집장 프링글은 내게 그렇게 말했다.

머스크 팀은 9월 15일에 업데이트된 반소장을 공개 제출했다. 거기엔 잿코의 주장도 담겨 있었다. 반소장에는 머스크가 한때 인수를 희망했던 사이트에 불리한 주장이 여럿 포함되어 있었다. 이 반소장을 인용 보도한 CNN에 따르면 머스크 측은 잿코의 폭로를 언급하면서, "mDAU(수익 창출이 가능한 일일 활성 사용자)에 관한 허위 진술은 트위터 경영진이 트위터의 핵심 기능 장애와 관련해 대중과 투자자와 정부를 속이려는 광범위한 음모의 일부에 지나지 않는다는 것이 드러났다"고 주장했다.[26]

새로운 반소장에는 잿코의 주장으로 머스크의 소송 양상이 얼마나 크게 달라졌는지에 대한 상세한 설명이 담겨 있었다. 스팸과 봇에 대한 트위터의 주장뿐 아니라 플랫폼 자체의 무결성에 의문을 제기한 일련의 '놀라운 사건'이 그 반소장에서 두드러진 점이었다. 이 새로운 논리를 액면 그대로 받아들인다면, 머스크는 손상된 상품을 사려 했던 것이다.[27]

"말할 필요도 없이, 이 새로운 폭로는 머스크 측 당사자들에게 합병 계약에서 발을 뺄 완전한 권리가 있다는 사실을 명백히 보여준다. 여러 가지 별개의 이유가 충분하기 때문이다." 새 소장은 그렇게 밝혔다. "간단히 말해, 머스크 측 당사자들과 트위터의 다른 많은 투자자들이 산 것은 실제로 존재하는 트위터가 아니라 그와는 다른 회사, 즉 더 가치 있고, 더 인기 있고, 더 안전하며, 준거법을 더 잘 준수하는 회사였다."

절박한 대형 기업과 다루기 힘든 비즈니스 거물이 벌이는 이 장

대한 싸움의 결전장으로 델라웨어 형평법원만큼 적합한 장소도 찾기 힘들 것이다. 델라웨어 법원은 다소 고루하고 지방색이 강해 미국 법률 체계의 식민지적 뿌리를 드러내는 면이 없지 않지만, 그러면서도 현대의 비즈니스 분쟁을 처리할 수 있도록 맞춤 제작된 기관이었다.[28] 델라웨어에 기업들이 이상하리만치 많이 들어선 것도 이런 요인이 작용했기 때문이다. 물론 친기업적인 세금 환경도 또 다른 한 가지 이유지만. 형평법원은 일반법이 아닌 형평법에 따라 판결하는 법원으로, "형평은 법으로 적절한 구제책이 있는 곳에서는 작용하지 않는다"는 점을 고려해, 명확한 법적 지침이 없는 일부 사건에서 형평 분쟁에 대한 공정한 해결책을 마련해 보려는 법원이었다.[29]

이 형평법원은 출두한 당사자에게 어떤 행위를 강제할 수 있는 폭넓은 재량권을 갖고 있었다. 이는 대부분의 법원이 기피하는 일이었다. 이 사건에서 트위터는 머스크가 440억 달러에 인수하기로 합의한 거래를 체결할 수 있게 하는 "구체적인 이행"을 머스크에게 명령해 달라고 요청했다. 그것이 바로 이 형평법원의 권한이었다.

"적극적 강제 명령이냐 소극적 강제 명령(가령 벌금)이냐의 차이죠." 프링글은 내게 그렇게 말했다.

한 가지 문제가 있었다면, 형평법원은 주로 옳고 그름에 대한 공통의 이해에 기반을 두고 있는데 미국의 사회에서 그런 이해가 사라지는 것 같다는 점이었다. 최근 수십 년 동안 정치적 양극화가 심화되고 사람들이 서로 다른 온라인 메아리 방으로 분열하는 추세 때문이었다. 프링글은 형평법 사건은 일반 법정 사건처럼 판례에 크게 의존하지 않는다고 말했다. 형평법원을 비판하는 측, 그중에도 델라웨어 대법원Delaware Supreme Court은 그런 방식으로는 법원까지 오게 된 비즈니스 분쟁을 해결하기 힘들다는 점을 지적했다고 프링글은 말했다. 어쨌든 트위터의 소유권 문제가 타결되기 전에는 그 어떤 것도 해결될 수 없었다.

2022년 여름과 초가을에 델라웨어에 있는 이 생소한 법원은 갈수록 서로를 견디지 못하는 당사자들 간의 다루기 힘든 대결에서 심판을 맡을 예정이었다. 머스크와 트위터는 일련의 증거개시 분쟁 과정에서, 트위터는 머스크의 사적 통신 기록이 불완전해 보인다며 이에 대한 접근권을 요구했고, 머스크 법무팀은 이 소셜 미디어 회사의 내부 지표를 요구하며 압박을 가했다.[30]

트위터와 머스크 간의 분쟁이 해결되지 않자 부담을 느낀 법원은 방법을 바꿔 특별 증거개시 심사관special discovery master(문제의 자료가 공개 대상인지 판단해 판사에게 보고하는 전문가—옮긴이)을 임명했다. 변호사-고객 간의 소통 기록 등 특정 문서가 법적 특권 기준 bar for privilege(비밀 유지 특권에 따라 해당 자료의 공개 여부를 정하는 기준—옮긴이)을 충족하는지 여부를 판단함으로써 판사의 부담을 덜어주는 직책이었다.[31] 이를 통해 매코믹은 시간에 쫓기는 업무에서 벗어나는 동시에, 소송에 반영되지 않을 것 같은 자료까지 일일이 살펴야 하는 수고를 덜게 되었다. 이런 추가 조치는 트위터와 머스크 간의 증거개시 절차가 얼마나 복잡해졌는지를 보여주는 사례였지만, 그렇다고 특별히 드문 일은 아니었다.

증거개시 분쟁 외에도 9월에는 이 사건과 관련된 저명한 인사들에게 증인 소환 통지서가 줄줄이 발부되었다. 잭 도시, 파라그 아그라왈, 잿코 등이 있었지만 그중에서도 가장 눈에 띄는 이름은 바로 일론 머스크였다. 그는 증언할 생각이 별로 없었다. 9월 말에 그는 증언을 10월로 미뤘다.[32] 머스크는 증언할 일이 없는 편을 더 좋아

한다는 사실이 다시 한번 확인된 셈이었다.

그래도 재판의 무대는 마련된 것 같았다. 기자들은 10월 셋째 주에 항공편을 예약하고 델라웨어주 윌밍턴에 호텔 방을 예약했다. 우리는 재판이 시작되기 직전에, 아니 중요한 증언이 나오기 전에 합의가 이루어질 수도 있다고 생각했다. 그런데 이상한 일이 벌어졌다.

10월 4일에 〈블룸버그〉는 일론 머스크가 원래 가격인 주당 54.20달러에 트위터 인수를 진행할 계획이라고 보도한 것이다.[33] SEC에 제출한 서류도 이 보도를 확인해 주었다. 머스크는 부채 자금 조달이 유효하고 재판이 유예되어 양측이 거래를 마무리할 수 있다면 거래를 진행할 의향이 있다고 했다.[34] 트위터는 믿지 않았다. 특히 머스크의 자금 조달에 그들은 의구심을 품고 있었다. 또 다른 계략일까? 나중에 자금 조달에 실패했다고 주장하려는 건가?

머스크 팀이 태도를 바꾼 이유는 무엇이었을까? 머스크는 자신의 패배를 서서히 받아들이고 있었다. 그의 팀은 승소 가능성이 희박하다고 판단한 것 같았다. 법정에서의 일련의 절차상 패배가 그런 심증을 더욱 굳혀주었다. 10월 4일 자 〈블룸버그〉의 머스크의 반소에 관한 기사도 머스크 팀이 패배를 예감하고 있다는 내용이었다. "머스크 법무팀은 공판 전 재정절차pretrial ruling에서 캐서린 세인트 제이 매코믹 판사가 트위터의 편을 들어주면서 소송이 유리하게 흘러가지 않는 것 같다는 느낌을 받았다"고 한 관계자는 말했다.[35] 잿코의 주장에도 불구하고 머스크 측은 트위터의 문제가 거래에서 발을 뺄 정도라는 점을 입증하지 못할 것 같아 걱정한다고 이 기사는 전했다. 손실을 줄이고 그나마 남은 협상력이라도 유지하는 것이 최선인 것 같았다.

너무 갑작스럽고 예상치 못한 결정이었기에 트위터는 당연히 회의적이었다. 트위터 변호사들이 소송을 제기했던 것은 확실한 보장을 받아내기 위해서였다. 머스크의 제안에 대한 답변서에서 그들은 최신의 제안을 "우리를 믿어라, 이번에는 진심이다" 수준의 약속에 비유했다.[36] 머스크 측은 재판을 일시 중단하길 원했지만, 거래 성사를 밀어붙였던 트위터는 갑자기 그들의 말을 들어줄 준비가 되어 있지 않았다. 역할이 다시 뒤바뀐 것이다.

하지만 결국 매코믹은 재판을 11월로 연기하는 데 동의했고, 트위터와 머스크는 협상을 마무리할 시간을 벌었다. 머스크 팀은 10월 28일까지 합의할 수 있다고 말했다.[37] 물론 덮지 못한 함정이 하나 있었다. 머스크가 믿고 있는 수십억 달러 상당의 부채 자금 조달이 여전히 유효할까? 머스크의 변호사들이 돈을 마련할 수 없다는 생각을 "근거 없는 억측"이라 했다고 AP 통신은 보도했다.[38]

그러나 판사가 재판 연기에 동의하면서 공은 머스크 쪽으로 넘어갔다.

"10월 28일까지 54.20달러에 거래가 마무리되기를 기대합니다." 트위터 대변인은 〈워싱턴 포스트〉에 그렇게 말했다.[39]

남은 문제는 하나뿐이었다. 은행들이 여전히 투자를 할 것인가? 머스크의 친구들과 파트너들이 투자하기로 했던 약속은 여전히 유효했다. 하지만 〈블룸버그〉가 '두통거리'라고 표현한 125억 달러는 어떻게 되는 것인가? 그 거액의 대출은 모건스탠리를 비롯한 은행들이 떠안기로 한 금액이었다.[40] 머스크가 그들로부터 채무 확약을 받은 것은 시장 침체로 거래가 불투명해진 데다 트위터의 가치가 떨어지고 자신의 재산이 타격을 입기 훨씬 전이었다. 상황이 이랬기에 은행들이 인수에서 발을 빼려 한다는 얘기가 나와도 이상할

게 없었다. 실제로 〈워싱턴 포스트〉는 거래 참여를 협의 중이던 아폴로 글로벌 매니지먼트Apollo Global Management가 더 개입하지 않기로 했다는 사실을 확인했다.[41]

그러나 머스크가 4월에 받아둔 확약 때문에 그의 협상력은 어느 정도 보장되어 있었다. 즉 지금 같은 상황이라면 받을 수 없을지도 모르는 대출 조건을 그는 이미 확보해 놓고 있었다. 만약 패소한다면 머스크는 막대한 자금을 상당 부분 포기한 채 트위터를 인수할 수밖에 없고, 그렇게 되면 그의 순자산은 큰 타격을 입을 것이다.

은행들이 약속한 돈을 내줄지는 사실 크게 걱정할 일이 아니었다. 자금 조달 내용이 채무확약서에 명시된 데다 약정 기간이 10월 20일에서 이듬해 4월로 연장되었기 때문이다. 그리고 그 자금의 유효 기간은 거래 발표 후 만 1년까지였다.[42] 하지만 이 자금의 유효성 여부에 은행들은 침묵으로 일관해 사태해결에 도움을 주지 못했다. 당시 〈워싱턴 포스트〉는 머스크의 은행가들에게 직접 연락을 시도했지만, 기업 커뮤니케이션 부서로 연결될 뿐이었고 그들은 말을 아꼈다. 아마 그들은 10월 28일 마감일까지 120억 달러가 넘는 자금을 마련할 방법을 찾아야 했을 것이다.

트위터 거래에 참여한 사람들만 마음을 졸인 것은 아니었다. 테슬라 투자자들은 머스크가 계약을 철회하자, 추가적인 출혈을 막을 수 있다는 사실에 안도했었다. 그런데 이제 그가 다시 마음을 바꾼 것이다.

"우린 대부분 미련을 버렸습니다." 그해 8월에 한 투자자는 내게 그렇게 말했다. "나는 일론을 사랑해요. 하지만 이 파산한 벤처에 그렇게 많은 돈을 투자하다니 … 440억짜리 실수예요."

투자자들은 낙담했다. 머스크가 다시 뛰어들자 "악몽"이라고 그는 말했다. "빨리 끝나기만 바래야지요."

트위터 직원들에겐 이제부터가 악몽의 시작이었다. 기한 날짜가 가까워지고 있을 때 그들은 머스크가 투자자들에게 한 말을 알게 되었다. 트위터의 인력을 최대 75%까지 줄여 현재 7,500명인 인원을 약 2,000명까지 감원할 계획이라는 얘기였다.[43] 사실 트위터도 이미 대규모 감원을 계획했었다. 그때 들어온 머스크의 제안은 회사 쪽에서 보면 '황금 티켓'이었다. 무슨 수를 써서라도 인력의 4분의 1을 감원해야 했기 때문이다. (머스크는 이젠 아예 대놓고 자신이 너무 많은 돈을 치르게 생겼다고 얘기했다.) 하지만 직원의 4분의 3 해고는 상상할 수 없는 규모였다.

"그는 그 자리를 무엇으로 대체하려는 걸까요, AI인가요?" 한 기업 거버넌스 전문가는 〈워싱턴 포스트〉에 그렇게 물었다.[44] 트위터 직원들은 사내 채팅방에서 분노와 걱정을 블랙 유머로 해소했다.

거래를 향한 카운트다운은 계속되었다.

10월 21일 자 〈월스트리트 저널〉 기사에 따르면 은행들은 얼어붙은 시장에서 부채를 매각하는 대신 그 부채를 보유한 채 조심스럽게 처신했다. 은행들이 부채에 계획을 세우고 있다는 점이 중요했다.[45]

10월 26일 아침, 일론 머스크는 샌프란시스코의 트위터 본사에 도자기 싱크대를 들고 낑낑거리며 나타났다. 난해할 것 없는 메시지였다. 검은색 반 팔 티셔츠를 입은 머스크는 9초짜리 영상과 함께 트윗을 올렸다. "트위터 본사로 들어갑니다. 싱크대를 들여보내 줘요Entering Twitter HQ — let that sink in! (현실을 받아들이라는 뜻—옮긴이)"[46] 머스크는 자신의 트위터 계정 소개란을 '치프 트윗Chief Twit'으로 변경했다.[47] 머스크가 트위터 본사로 들어가고 직원들이 그를 받아들이는 모습을 공개하는 것으로, 거래가 계속 진행될지 여부에 남은 의문은 사실상 사라졌다.

머스크는 하루 내내 트위터 경영진을 만났다. 영웅 대접을 받지는 못했지만 정복자라는 비난도 듣지 않았다. 그의 행적이 불러일으킨 모든 논란에도 불구하고 그는 실리콘밸리의 기술 종사자들, 심지어 회사를 살리려는 그의 계획에 희생될 사람들의 마음까지 사로잡았다. 전기 작가 월터 아이작슨Walter Isaacson의 글에 따르면, 머스크는 트위터 직원들과 구내 커피 바에서 어울리기도 했다.[48] 직원들이 머스크가 사무실을 둘러보는 동영상을 올리자 트위터의 슬랙Slack 채널은 다시 활기를 띠었다. 이 하이테크 거물은 감탄했다. "사무실이 아주 멋지군."[49]

〈워싱턴 포스트〉 기사에 따르면, 또 다른 영상에서 머스크는 약 25명의 직원들에 둘러싸여 있을 때 어떤 직원으로부터 질문을 받았다. 정말 직원의 75%를 해고할 계획인가요? 머스크는 그런 일은 없다고 말했다.[50]

소송이 막바지에 이르렀을 때, 〈챈서리 데일리〉 편집장 로렌 프링글은 적어도 법조계 인플루언서들 사이에서 진정한 소셜 미디어 스타가 되어 있었다. 그녀는 트위터 팔로워가 얼마 되지 않았던 〈챈서리 데일리〉를 약 2만 명의 팔로워를 보유한 간행물로 키워놓았다. 그들 중에는 실리콘밸리의 파워 플레이어, 기술 미디어, 미국 최고의 법률 전문가 그리고 무엇보다도 수많은 드위터 직원들이 포함되었다.

결국 재판 없이 사건이 신속하게 해결되면서 김 빠진 결말이 되고 말았다. 여태까지 온갖 극적 요소를 담은 채 점입가경으로 치닫던 드라마가 갑자기 클라이맥스 없이 끝난 것이다. 모두가 지쳤다.

양측 변호사들도 소송 당사자들도 끊임없는 공방에 탈진했다. 매코믹조차도 재판에 앞서 특별 조사관을 임명해 복잡한 증거개시 분쟁을 피할 정도였다. 이 사건을 취재하는 기자들도 숨 가쁘게 달려왔다.

그렇게 사건은 단숨에 해결되었다. 갑자기 프링글은 다음 일이 막막했다. 매일 반복되는 요란한 법률 관련 업데이트가 갑자기 시시하게 느껴졌다.

"아무것도 없었어요." 그녀는 내게 그렇게 말했다. "사건이 끝나고 나니 아무것도 없는 방에 덩그러니 놓인 기분이었어요… 내가 뭔가를 했다는 건 알아요. 하지만 내 생활은 뭐였죠? 이제 바닥을 깔고 가구를 들여놓고 … 처음부터 다시 만들어가야 하겠죠."

한편 매코믹의 재판 일정에는 일론 머스크의 2018년 테슬라 급여 패키지의 운명을 좌우할 또 다른 재판이 예정되어 있었다. 당시만 해도 그런 정황을 아는 사람은 거의 없었다. 그저 머스크가 재정적으로 곤경에 처한 모양이다, 정도로만 생각할 뿐이었다. 그러나 머스크가 트위터를 인수하게 된 반전은 인터넷 시대뿐 아니라 21세기 문화와 미디어 환경에 가장 중요한 발전 중 하나로 기록될 것이다. 양극화가 심해지고 정치적 분열이 고착화하던 시기에 머스크는 현존하는 가장 영향력 있는 정치 메시지 도구의 열쇠를 손에 쥔 것이다.

"단지 트위터를 다시 재미있게 만들고 싶을 뿐"

트위터의 일론 머스크 시대는 연이은 해고로 문을 열었다. 10월 27일 오후 3시 50분, 트위터에서 법무, 공공 정책, 신뢰 및 안전을 책임지는 비자야 가디Vijaya Gadde가 트위터 합병을 완료하는 증서에 공식 서명했다. 10분쯤 뒤에 머스크의 첫 번째 명령이 떨어졌다. 사무실을 비워달라.[1]

몇 분 지나지 않아 머스크의 패밀리 오피스 직원이 보낸 이메일이 최고 경영진 4명에게 전달되었다. 트위터 CEO 파라그 아그라왈, 최고재무책임자 네드 시걸, 법률 고문 션 에젯Sean Edgett 그리고 방금 거래를 실행한 트위터의 콘텐츠 중재 전략의 얼굴 비자야 가디였다. 이들은 모두 해고되었다는 통보를 받았다.[2]

에젯은 그때 사무실에 있었는데, 머스크의 보안팀은 그를 건물 밖으로 안내하라는 지시를 받았다.[3] 가디는 곧 회사 시스템과의 접속이 차단되었다는 것을 알게 되었다.[4]

머스크는 저녁 8시 49분에 트윗을 통해 인수가 완료되었고 이 플랫폼이 자신의 소유가 되었다는 것을 간결한 문구로 확인했다. "새가 자유를 찾았습니다."[5]

머스크가 경영권을 장악한 다음 날인 금요일, 마켓스트리트 1355번지 트위터의 아르데코 본사에는 이례적으로 많은 직원들이 직접 나타났다. 그들을 고용했던 이전 체제와 그들의 원격 근무 방침에 경멸감을 감추지 않는 새 경영진 때문이었다. 프린터는 부지런히 컴퓨터 코드를 쏟아냈다.[6] 동요 속에서도 사내 게시판은 조용해졌고, 직원들은 함부로 글을 썼다 해고의 구실로 트집 잡힐까 조심했다.

그날 일부 엔지니어들의 달력에 알쏭달쏭한 메시지가 떴다. 지난 30~60일 동안의 업무를 설명할 준비를 하라는 지시였다. "여러분이 최근에 작성한 코드를 보여주세요." 초대장에는 그렇게 적혀 있었다. "각자의 컴퓨터에서 일론과 함께 검토할 백업용 코드를 준비해 오세요."[7] 머스크는 트위터의 오너가 된 이후 아직 새로운 직원들에게 자신을 소개하지 않았다.

개인 변호사 알렉스 스피로Alex Spiro 가 이끄는 머스크의 최측근 참모들은 '작전실'에 모였다. 기다란 원목 테이블이 놓인 이 회사 2층의 중앙 작전실에서 그들은 전리품을 즐겼다. 그들은 출장 음식과 커피, 투명한 유리병에 담긴 생수 보스Voss를 마시며 회사를 반으로 줄일 계획을 세웠다. 살균 처리된 회의실에는 장난감이 널려 있었고 머스크의 두 살배기 아들이 그 자리에 있었다.[8] 스피로는 아무리 당분간이라고 해도 소셜 미디어 회사를 이끌기에는 어울리지 않는 선택이었다. NBA 선수나 미크 밀Meek Mill, 제이지Jay-Z 같은 래퍼를 변호하며 이름을 알린 유명 변호사였던 스피로는 트위터처럼 편안하기로 유명한 직장에서 일해본 경험이 거의 없었다.

트위터 직원 수천 명의 입장에서 볼 때, 로켓이나 자동차를 만드는 회사 경영진의 개인 변호사가 운영 방식과 관련해 주요 결정을 내리는 것은 결코 좋은 징조가 아니었다. 게다가 코더들coders은 이전과는 다른 방식으로 자신들의 업무가 철저한 감시를 받고 있다는 사실을 알게 되었다. 지시에 따라 코드를 제공하면, 머스크의 오토파일럿 팀에서 엄선된 테슬라의 엔지니어들이 코드를 검토했다.[9] 고위 관리자들은 팀에 대한 기여도에 따라 직원들의 순위를 매기라는 지시를 받았다. 곧 트위터의 내부 디렉터리에 예상치 못한 이름들이 등장하기 시작했다. 투자자 데이비드 색스와 제이슨 칼라캐니스가 소프트웨어 엔지니어로 등재되었는데, 이는 머스크가 충성도가 높은 직원들에게 자리를 내주고 있다는 신호였다.[10]

머스크가 테슬라, 뉴럴링크, 보링컴퍼니The Boring Company 등의 회사에서 신뢰할 만한 측근을 영입하자 한 전 직원은 난생처음 보는 광경이었다고 회상했다.

"저 사람들은 일용직인가?" 그렇게 생각했다고 그는 말했다. "성격이 다른 회사에서 들어와서 그런 권한을 갖는다는 게 말이 안 되는 것 같았습니다."

머스크가 회사 직원들에게 올리브 가지를 내미는 것일지도 모른다는 징후가 적어도 하나쯤은 있었다. 그는 인수 과정에서 트위터의 신뢰 및 안전 책임자 비자야 가디와 만나 회사의 미래를 논의했고, 가디는 팀원들에게 생산적인 논의였다고 말했다고 〈워싱턴 포스트〉는 보도했다.[11] 머스크가 인수 직후 최고 경영진을 해고하면서 협력이라는 개념은 사라졌다.

머스크는 테슬라의 모델 3 생산이 난관에 부딪히는 등 테슬라의 생존이 위태로울 때에도 이를 용케 헤쳐 나갔던 경험이 있었다. 트위터도 상황이 긴박하기는 그에 못지않았다. 하지만 과거와 크게 다른 점이 하나 있다면 인력 감축이 가져올 대가와 그로 인한 반발에 둔감해진 사실일 것이다. 그는 전에도 '화풀이 해고'를 하곤 했었다.[12] 이제는 회사 조직 전체를 개편하겠다고 덤벼들었다.

머스크의 고문들은 트위터 조직이 너무 비대하다고 판단해, 훨씬 작은 규모로도 운영할 수 있다고 보았다. 그들은 7,500명 정도에 달하는 인원을 2,000명으로 줄인 다음, 스타 엔지니어 50명 정도를 데려와 주요 이니셔티브를 추진하라고 권고했다. 정책이나 커뮤니케이션, 마케팅 분야의 직원은 이 웹사이트의 핵심 기능에 필요하지 않다는 것이 그들의 판단이었다. 스타들로 구성된 팀을 새로 꾸리려는 머스크의 노력은 몇 주 동안 계속되었다. 감원, 최후통첩, 심야의 코드 심사가 몇 차례씩 반복되었다. 심야에 행해지는 코드 심사를 위해 원격 근무자들은 짐을 싸 들고 샌프란시스코로 날아가 새 상사의 눈에 들어보려 애썼다.

앞서 그해 여름, 트위터의 인수 논의가 본격화될 때, 머스크 팀은 투자자들에게 회사의 재편 계획을 발표했다. 그중 특히 눈에 띄는 한 줄이 있었다. "모든 부서의 인력을 적정 규모(2,100명)로 조정하는 한편, 인프라, 부동산, 마케팅, 계약/컨설팅 등을 간소화해 비용 기반을 재조정한다." 또 다른 핵심 원칙도 중요했다. "트위터를 신뢰할 수 있고 투명한 조직으로 만든다."

인수 후 트위터 경영진에 이름을 올린 사람은 단 한 명뿐이었다. 그리고 그의 직책은 아직 결정되지 않았다.

일론 머스크

〔 〕의 책임자

알렉스 스피로가 이끄는 팀이 정리해고 계획을 마무리하던 11월 1일에, 줌 그리드에서 사각형 하나에 불과한 일론 머스크는 트위터 광고주들의 신뢰를 얻는 데 중요한 가교역할을 하는 뉴욕의 활동가들을 진정시키기 위해 애를 쓰고 있었다.[13] 머스크는 화상회의를 통해 의심의 눈초리를 거두지 않는 민권 운동가들을 상대로 이 회사에 대한 자신의 비전이 그들의 의제를 침해하지 않는다는 점을 설득하려 했다. 그 주에 뉴욕에서 광고주들과 만나기로 한 머스크는 엠파이어스테이트 빌딩이 살짝 보이는 뉴욕의 스카이라인이 그려진 벽지를 배경으로 앉아 있었다. 인종 정의 단체인 컬러오브체인지Color of Change의 대표 라샤드 로빈슨Rashad Robinson은 검은색 티셔츠에 금색 목걸이를 하고 나타난 머스크가 며칠 동안의 피로에 찌들어 약간 흐트러진 모습이었다고 회상했다.

전미유색인종지위향상협회NAACP 회장 데릭 존슨Derrick Johnson을 비롯한 민권 지도자들은 여러 해 동안 여러 소셜 미디어 경영진에게 잘못된 정보와 제약이 없는 온라인 혐오 발언의 해악을 설파해 왔다.[14] 그들은 호기심을 자극하는 온라인 래빗홀과 메아리 방이 가져올 네트워크 효과를 경계했다. 찰스턴 교회 학살 사건의 범인 딜런 루프Dylann Roof도 2015년 흑인 신도 9명을 살해하기 전에 혐오성 온라인 허위 정보를 뒤지고 다녔다.[15]

하지만 NAACP와 반명예훼손연맹Anti-Defamation League 등 관련 단체의 수장들이 그의 이야기를 듣기 위해 줌에 모였을 때, 머스크는 최근 인수 계획을 간단한 만트라로 대신했다.[16]

"저는 단지 트위터를 다시 재미있게 만들고 싶을 뿐입니다." 머스크가 화상 회의 중에 이 주문 같은 말을 적어도 두 번 이상 했다고 로빈슨은 회상했다. 어떤 면에서 그것은 전형적인 머스크의 모습, 즉 정치적 이념으로부터 자신을 분리하려는 시도였다.

화상 회의에 참여한 사람들에게 이 모든 '재미'의 정체는 금방 분명해졌다. 440억 달러의 인수 협상을 통해 지구상에서 가장 영향력 있는 소셜 미디어 사이트를 장악한 지 며칠 뒤에 머스크는 트위터를 위기에 빠뜨렸다. 그가 인수하기 무섭게 플랫폼에 혐오 발언이 급증했고, 주요 임원들의 갑작스러운 해고 탓에 회사의 콘텐츠 중재 전략에 대한 신뢰가 흔들렸다.[17] 그러나 가장 치명적인 타격은 아마도 머스크가 자초한 실수였을 것이다.

인수 후 첫 일요일 아침 이른 시간에 머스크는 〈샌타모니카 옵서버 Santa Monica Observer〉 기사의 링크를 공유했다. 우익 음모론 사이트인 이 매체는 당시 하원의장이던 낸시 펠로시 Nancy Pelosi 의 남편 폴 펠로시 Paul Pelosi 가 괴한으로부터 공격을 받은 사건을 두고 가짜 소문을 퍼뜨렸다. 82세 노인인 폴 펠로시는 망치를 휘두른 침입자에게 머리를 맞아 두개골 골절로 입원해 있었다.[18] 트위터를 인수한 지 72시간도 채 되지 않아 머스크는 이 플랫폼을 이용해 이 사건이 남성 매춘부와의 만남에서 생긴 문제 같다는 〈샌타모니카 옵서버〉의 해괴한 주장을 여과 없이 퍼뜨린 것이다.[19]

"이 이야기에는 실제 보이는 것보다 더 많은 것이 있을지 모릅니다." 머스크는 10월 30일, 폴 펠로시에 대한 지지가 강세를 보이는 가운데 힐러리 클린턴의 트윗에 그런 답글을 남겼다. 머스크는 공식 내러티브에 의문을 제기하는 이 기사를 링크했지만 확실한 근거라고는 "IMHO in my humble opinion (제 소견으로는)"라는 단서밖에 없었다.[20]

머스크는 트윗을 삭제했지만 이미 늦은 뒤였다. 로스 거버 같은 머스크의 투자자들도 벌컥 화를 냈다. "명색이 트위터의 회장이라는 자가 그게 가짜 뉴스나 퍼 나르는 신문이라는 걸 모를 리는 없잖아요." 거버는 내게 그렇게 말했다. "사람들이 내게 전화를 걸어 항의하더라고요. 그러니 그에게 전화를 건 사람들은 얼마나 많았겠냐고요!"

머스크가 결국 로빈슨 같은 지도자들과 화상에서 얼굴을 맞댄 것에는 일부 그런 이유가 있었다. 그는 트위터가 혐오의 소굴이 될지도 모른다는 그들의 우려를 달래보려고 애썼다. 하지만 그들은 그의 말을 믿지 않았다. 우선 머스크의 주장은 마치 "나도 친구들에게 요리 좀 해줘 봐서 아는데 뉴욕에서 바쁜 저녁 시간대에 식당 주방을 운영하는 것도 별것 아니다"라고 설득하려는 사람만큼이나 근거가 어설펐다고 로빈슨은 말했다.

그뿐이 아니었다. 네트워크감염연구소Network Contagion Research Institute의 자료에 따르면 머스크가 인수한 뒤 몇 시간 동안 트위터에서는 '흑인 비하 용어N-word' 사용이 500% 가까이 급증했고,[21] 〈블룸버그〉의 기사는 트위터가 내부적으로 콘텐츠 조정 도구에 대한 접근을 일부 제한했다고 했다.[22]

로빈슨이 보기에 머스크는 민권 지도자들의 집단적 우려를 당연한 것으로 여기고 자신은 그들의 편이어서 이런 문제를 해결하는 것은 큰 문제가 아니라는 듯한 다소 안일한 태도를 보였다. 로빈슨은 머스크가 대체로 타협적으로 나와 호감을 느꼈지만, 그의 약속이 다소 가볍게 여겨졌다고 회상했다.

트위터 엔지니어들은 새로운 이니셔티브를 속도감 있게 진행하라고 재촉하는 머스크에 큰 부담을 느꼈다. 상당수는 아직 자신의 지위를 확신하지 못한 채, 직책의 당위성을 스스로 증명해야 했다. 트위터를 인수한 지 며칠 뒤, 머스크는 핵심 엔지니어와 제품 책임자에게 트위터의 유료 구독 서비스인 트위터 블루Twitter Blue를 확대 개편해 새로운 버전으로 출시하라는 임무를 주었다. 머스크는 트위터의 중독적 특성 덕분에 구독이 사이트의 주요 수익원이 될 수 있다고 생각했다. 아무리 혼란스러운 상황이라지만, 머스크 정도라면 확실히 파악했어야 할 문제가 있었다. 사람들은 무료로 사용했던 기능에 돈을 내는 것을 달가워하지 않는다는 사실이었다.

최고의 엔지니어들은 석연치 않은 의구심을 접어두고, 새로운 상사의 요구를 충족하기 위해 주말을 희생하고 하루 12시간 근무하라는 방침을 순순히 받아들였다.

아마도 머스크의 새로운 사내 허슬 문화가 가장 눈에 띄게 드러난 것은 트위터 직원 하나가 자신의 상사의 사진을 올렸을 때일 것이다. 트위터의 제품관리책임자 에스더 크로퍼드Esther Crawford가 사무실 바닥에 깐 은색 침낭 안에 웅크린 채 눈가리개를 하고 휴식하는 사진이었다.[23] 머스크는 틈날 때마다 테슬라의 모델 3 문제가 한창일 때 공장 바닥에서 잤던 얘기를 하곤 했다. 크로퍼드는 자신의 상사를 위해 그런 희생을 재현했지만 사람들은 그것을 보여주기식 퍼포먼스라고 생각했다.

"팀이 마감일을 맞추기 위해 밤낮을 가리지 않고 일할 때는 #SleepWhereYouWork(직장에서 잘 수도 있죠)." 크로퍼드가 올린 트윗은 온라인에서 빠르게 퍼져 나갔다. 사용자들은 그런 속 보이는 열정과 머스크의 특명을 진지하게 받아들이는 크로퍼드의 모습을 조롱했다.[24] 크로퍼드가 이런 상황에서 악역을 자처하려던 것은 아니지만, 공교롭게도 트윗이 올라온 시점이 정리해고를 앞두고 보이지 않는 분노가 최고조에 달했을 때여서 그 파장이 컸다.

"지나치게 흥분한 사람들이 일부 있는 것 같아 설명하죠. 힘든 일을 해내려면 희생(시간, 에너지 등)이 있어야 합니다." 그녀는 일련의 트윗을 올렸다. "우리가 업무와 문화에서 대대적인 전환을 시도한 지 일주일도 채 안 되었습니다. 모든 부서에서 직원들은 최선을 다하고 있고요."[25]

아무리 열심히 일해도 만족은 없으리라는 것이 트위터 직원들 대부분의 생각이었을 것이다. 하지만 크로퍼드는 분위기를 제대로 파악하고 있었다.

직원들이 가진 능력을 최대한 끌어내려는 머스크만의 원칙은 분명 한물간 방식으로, 요즘 보여주기식이라는 조롱을 받는 것들로 가득 차 있었고, 그중 일부는 '월차' 같은 혜택을 제공하는 회사들의 근무 방침과 정면으로 배치되는 것이었다.[26] 직원들은 야근과 장시간 근무를 마다하지 않고 과제에 대한 열정적 도전 정신을 통해 헌신하는 모습을 보여야 했다. 이는 도전적 과제에 집중하는 머스크의 모습과 일맥상통했다. 테슬라와 스페이스X의 직원들은 자율주행 자동차를 만들고 화성에 인간을 보내겠다는 도전에서 동기를 부여받았다. 직원들은 이를 위해 새롭고 시도해 보지 않은 방법을 찾아야 했기에, 필요할 경우 기존의 접근법을 거부하기도 했다. 직원들이 늘 불안해하고 경영진을 불신하며 비전에 동조하지 않는 회사에서, 머스크는 블루마크가 테슬라나 스페이스X 같은 수준의 긴박감을 불러일으킬 것으로 기대했다.

이런 접근법이 가져올 결과는 자명했다.

머스크가 트위터를 인수하고 난 다음 주 목요일에, 트위터는 전 직원에게 이메일을 보냈다.

주 초반만 해도 감원 규모가 예상보다 크지 않을 것으로 보였다. 그러나 침묵과 정보 공백이 계속되자, 머스크가 감원 카드를 다시 만지작거리는 것은 아닌지 궁금해하는 사람들이 생기기 시작했다. 머스크는 11월 1일 베스팅 마감일(스톡옵션으로 받은 주식의 소유권이 확정되는 시점―옮긴이) 전에 근로자를 해고할 가능성이 있다는 〈뉴욕 타임스〉의 보도를 "거짓"이라고 일축했다.[27] 머스크는 회사를 인수하기 직전 직원들과 만난 자리에서 75%를 해고할 계획이라는 보도에 대해서도 같은 말을 했었다.[28]

머스크가 회사를 인수한 다음 월요일, 〈워싱턴 포스트〉는 1차 정리해고 대상이 회사의 약 4분의 1이라고 보도했다.[29] 화요일이 지나갔다. 그리고 수요일도 갔다. 목요일이 왔다. 직원들은 언제 일이 터질지 몰라 마음 졸이며 일주일을 보낸 것이다.

그때 갑자기 이메일의 받은편지함에 한꺼번에 불이 들어오기 시작했다.

"팀원 여러분께." 메시지는 그렇게 시작되었다.

올 것이 온 것이다.

"트위터를 건강한 궤도에 올려놓기 위해 우리는 금요일에 전 세계에 흩어져 일하는 우리의 인력을 감축하는 어려운 과정을 거치게 될 것입니다. 트위터에 소중한 헌신을 해주신 많은 분들께 영향을 미치리라는 점을 잘 알고 있지만, 안타깝게도 회사의 성공을 위한 불가피한 결정이라는 점을 이해해 주시기 바랍니다." 이메일은 계속되었다. "태평양 표준시로 11월 4일 금요일 오전 9시까지 모든 직원에게 '트위터에서의 귀하의 역할'이라는 제목의 이메일이 개별적으로 발송될 예정입니다. 스팸 폴더를 포함해 각자 이메일을 확인해 주시기 바랍니다."[30]

고용이 유지되는 직원은 사내 이메일을 통해 통지를 받게 된다. 해고되는 직원은 개인의 받은편지함으로 메시지를 받는다. 이것이 일론 머스크가 새로운 회사에 자신을 소개하는 방식이었다. 머스크 팀이 새로운 직원들과 공식적으로 소통한 이 첫 번째 메시지의 서명은 간단했다. "트위터Twitter."

민권 단체 지도자들은 머스크가 다음과 같은 조건을 수락하자, 놀라며 이를 반겼다.[31]

- 트위터는 오는 미국 중간선거가 끝날 때까지 규정 위반으로 정지된 계정을 복구하지 않는다. 이 말은 1월 6일 국회의사당 폭동 이후 금지된 트럼프의 계정도 당분간 복구될 일 없다는 의미이다.
- 이전에 금지된 계정을 복구할 경우 트위터는 투명한 절차를 밟을 것이다.
- 트위터는 머스크가 말한 대로 "혐오나 괴롭힘과 싸우기" 위해 노력할 것이며, 그 일환으로 콘텐츠 조정 위원회를 구성한다. 여기에는 민권 단체와 전반적으로 "견해가 크게 다른" 사람들도 포함된다. 이는 "혐오가 조장한 폭력에 노출된" 사람들을 보호하는 데 초점을 맞춘 조치이다.
- 트위터가 해오던 선거 무결성 정책election integrity policy (가짜 뉴스 삭제 등 공정 선거를 보장하는 정책—옮긴이)은 계속 유지된다.
- 트위터의 콘텐츠 조정 도구에서 차단되었던 사람들에 대한 접근 권한을 복원한다.[32]

머스크도 이 내용에 대해 트윗하기로 동의했지만, 몇 시간이 지나도 트윗이 올라오지 않자 컬러오브체인지의 라샤드 로빈슨은 뭔가 수상하다고 생각했다. 그는 CEO들이 회의실에서 한마디만 하고 갑자기 사라지는 경우를 여러 번 겪었기 때문이다.

"회의를 마치고 나가서 아무 트윗도 올라오지 않길래, 생각했죠. '관심이 없군.'" 그는 그렇게 말했다. "나는 그동안 광고 캠페인이나 불매 운동 등 사람들이 주목하는 창구를 많이 주도해 봤어요. 그럴 때 회사와 CEO는 늘 일 처리를 늦추려 하죠. 아무 말도 하지 않고, 아무 말도 하지 않는 상황을 만들지만 그들은 그런 침묵을 통해 이익을 얻습니다."

그랬기에 로빈슨은 동부 시간으로 새벽 4시 30분쯤 눈을 떴다가 깜짝 놀랐다. 머스크가 자정이 조금 지난 직후에 올린 트윗을 봤기 때문이었다. 머스크는 자신이 만난 단체들을 나열한 뒤, "혐오와 괴롭힘에 맞서고 선거 무결성 정책을 시행하는 트위터의 방침"을 자세히 설명하면서 그 조항을 열거했다.[33] 머스크의 태그 때문에 알림이 폭발적으로 늘어나자 로빈슨은 다시 잠자리에 들었다. 그 조항들이 공개되었다는 사실만으로도 어느 정도 안심되었기 때문이다.

목요일 밤, 일부 직원들은 직원 전용 업무 툴이 차단되었다는 사실을 알게 되었다. 금요일 아침에 일어났을 때 이메일, 슬랙 등 업무용 애플리케이션에 접근권이 차단된 직원은 수백 명에 달했다. 감원 규모를 볼 때 앞서 머스크가 안심시켰던 말은 립서비스에 불과했다.

금요일 아침에 민권 단체들은 트위터 보이콧운동을 벌였다. 제너럴모터스, 제너럴밀스General Mills, 폭스바겐 등의 브랜드는 트위터에 대한 지출을 중단했다. 민권 단체 외에도 머스크는 그 주에

WPP의 리더들과도 만났다. WPP는 수억 달러의 지출을 좌우하는 강력한 광고 대행사였다. 광고주들을 설득하려는 노력 역시 실패로 돌아갔다.[34]

"혐오 발언, 선거 부정, 음모론을 조장하는 플랫폼에 광고를 실어 자금을 지원하는 것은 부도덕하고 위험하며 우리 민주주의를 파괴하는 심각한 행위이다." 그 주 초에 머스크를 만났던 NAACP의 회장 데릭 존슨은 그렇게 성명을 냈다.[35] 로빈슨은 애초에 머스크에겐 약속을 지킬 의사가 없었다고 말했다. "그는 우리 전화를 받았을 때도 마음에 없는 말을 했습니다." 로빈슨은 그렇게 말했다. "우리와 통화하는 동안에 이미 일은 벌어지고 있었던 겁니다. 일을 벌일 생각을 하지 않았다면 그 정도 수준의 정리해고는 있을 수 없죠."

머스크는 당황했다. 그는 활동가들과 화해하기 위해 최선을 다했고, 그들의 요구에 동의하고 심지어 그들을 같은 편으로 맞아들였다. 그런데 이제 그들은 공개적으로 그의 회사를 표적으로 삼고 있었다.

"트위터는 수익이 크게 감소했다. 활동가들이 광고주를 압박했기 때문이다. 콘텐츠 조정을 했어도 상황은 달라지지 않았다. 그리고 활동가들을 달래기 위해 우리가 할 수 있는 것은 다했다." 그는 그날 아침 그렇게 트윗했다. "매우 엉망이다! 그들은 미국에서 표현의 자유를 파괴하려 하고 있다."[36]

이제는 그들이 대가를 치를 차례였다.

"당신이 무엇을 하든 그들은 트위터를 해치기 위한 행동을 멈추지 않을 겁니다. 이제 활동가들을 달래는 일은 그만둬야 합니다." 한 우익 논객은 머스크의 답글에 그렇게 썼다.[37]

"맞습니다." 머스크가 그렇게 답했다.[38]

트위터는 금요일에 사무실을 폐쇄했다. 퇴사하는 직원들이 어떤 해코지를 할지 모른다고 생각했기 때문이었다.[39] 결국 회사에 남게 된 직원들은 떠나는 동료들에게 마지막 작별 인사조차 할 수 없었다.

직장 내 메시지 앱인 슬랙을 통해 직원들은 동료들의 목이 하루살이처럼 날아가는 모습을 공포에 떨며 지켜보았다.[40] 떠나는 직원들이 동료들에게 자신의 운명을 알리면서, 사내 그룹 채팅창에는 경례 이모티콘과 파란색 하트가 반짝거렸다.[41] 트위터에는 슬픔이 감돌았고, #트위터해고#TwitterLayoffs는 미국 내 해시태그 1위에 올랐다. 떠나는 직원들은 한 목소리로 #내 일터였던 곳을 사랑한다(#LoveWhereYouWorked, 트위터의 슬로건이었던 'Love Where You Work'을 비튼 문구―옮긴이)라는 해시태그를 달았다.[42] 해고 집행 과정에서 직원들의 개인적인 사정은 거의 고려되지 않았다. 시간이 지나면서 밝혀지게 되지만 이는 트위터 자체의 건강도 고려하지 않은 조치였다. 〈워싱턴 포스트〉에 따르면 해고된 직원 중에는 "임신 8개월인 제품 마케팅 담당자, 10년 이상 근무한 크리에이티브 디렉터, 다른 직원을 도우려던 엔지니어링 부사장 등이 포함되었다."[43] 머스크는 나중에 해고가 너무 지나쳤던 것 같다고 인정했다. "절박한 시기에는 절박한 조치가 필요합니다." 그는 2023년 CNBC와의 인터뷰에서 그렇게 말했다. "해고된 사람들 중에는 분명 해고되어서는 안 되는 사람들도 있었을 것입니다… 그렇다고 해서 '트위터에서 해고된 모든 사람이 다 문제가 있다'는 뜻은 아니고요. 인건비와 그 외의 지출을 최소한 손익분기점까지 낮춰야 할 때도 매우 제한된 정보를 가지고 조치할 수밖에 없습니다."[44]

회사에 남은 사람들도 약속받았던 안도감을 얻기까지는 시간이 필요했다. 그들은 이메일을 새로고침해 가며 자신의 운명에 대한 소식을 기다렸다. 마침내 정리해고가 시작된 지 몇 시간 뒤에야, 그들은 해고 대상에서 제외되었다는 이메일을 받았다. 또 다시 하나님 같은 보스의 말씀으로 작성되어 달랑 '트위터'라는 서명만 붙은 이 이메일을 본 직원들은 지난 며칠 동안 그들의 리더가 어떤 일을 했는지 확인할 수 있었다.

"지난 한 주 동안 일론은 수많은 직원과 고객과 파트너와 정책 입안자와 트위터 사용자들과 함께 시간을 보냈습니다." 이메일에는 그렇게 적혀 있었다. "그는 곧 회사의 비전에 대해 모든 사람과 소통하기를 고대하고 있습니다."[45]

회사의 절반을 해고한 뒤에 머스크는 공식적으로 자신을 소개할 준비를 했다. 11월 9일 오후 11시 39분, 그는 이메일을 보냈다.[46] "회사 전체에 보내는 첫 번째 이메일인데도 유감스럽게 장밋빛 메시지를 전할 수가 없군요." 거기엔 그렇게 적혀 있었다. "솔직히, 앞으로의 경제 상황은 매우 어둡습니다. 우리처럼 광고에 의존하는 회사에는 이런 어려운 경제 환경이 특히 힘겹습니다… 상당한 구독 수익이 없다면 트위터는 다가오는 경기 침체에서 살아남지 못할 확률이 높습니다."[47]

사기는 이미 바닥을 친 상태였다. 이제 머스크는 으스스한 연설을 트위터 버전으로 하고 있었다. 머스크는 당면한 여러 난제에 현실적으로 접근하려 했지만, 지구상에서 가장 부유한 사람 중 한 명인 그의 입지에서 트위터의 경제적 문제를 해결하자고 직원들의 결집을 요구하는 것은 그리 쉬운 일이 아니었다. 그의 다음 말은 더욱 설득력이 없었다.

"내일(목요일)부터 모든 직원은 주당 최소 40시간 이상 사무실을 지켜야 합니다." 메시지에는 그렇게 적혀 있었다. "물론 물리적으로 사무실에 출근할 수 없거나 중요한 개인 사정이 있는 경우엔 결근이 가능합니다."

자정 직전에 날아온 이메일을 받지 못한 직원들은 다음 날 지친 몸을 일으켜 내용을 확인한 후, 서둘러 시내에 있는 트위터 본사로 출근했다. 또 다른 감원이 있을 것으로 예상되는 상황에서 그들은 경영진에 빌미를 제공하고 싶지 않았다.

그 사이 머스크의 시그니처 제품이 준비되었다. 머스크는 트위터의 파란색 체크 마크를 겨냥했지만, 그의 불만이 '인증'이라는 명칭 자체(유명세보다는 진정성을 드러내려던 의도였다)에 대한 것인지, 아니면 그 마크를 소유한 사람들에 대한 것인지는 뚜렷하지 않았다. 그래도 머스크는 그 표시를 '영주와 소작인 제도'라고 비난했다.[48] 그의 해결책은 한 달에 8달러만 내면 누구나 이 탐나는 블루 마크를 받게 하는 것이었다. 머스크는 미디어 엘리트, 유명인, 지위에 집착하는 속물들의 손아귀에서 그 마크를 빼앗아 "권력을 시민에게 돌려주겠다!"고 선언했다.[49]

문제는 머스크가 이 제품을 출시할 직원들을 너무 많이 해고했다는 점이었다. 게다가 리스크 관리팀까지 해고한 상태였다. 이 팀이 얼마나 중요했는지는 금방 밝혀진다.

머스크는 돈을 낼 의향이 있는 사람들에게 새로운 기능을 대거 제공하겠다고 약속했다. 결정적으로, 머스크 버전의 트위터를 구독하는 사람들에게는 답글 목록에서 자신의 트윗이 상단에 올라가고, 다른 사용자가 검색할 때 자신의 이름이 가장 먼저 표시되게 해준다는 것이었다.[50] 그러나 새로운 기능이 출시된 수요일 직후에 무언가 일이 잘못되기 시작했다. 트위터에는 갑자기 유명인을 사칭하는 사람들이 넘쳐났다.[51] 그들은 정치인, 유명인, 유명 인사, 심지어 머스크 자신까지 표적으로 삼았다. 누군가는 가짜 계정을 만들어 NBA 슈퍼스타 르브론 제임스LeBron James가 다른 팀으로 트레이드를 요청하는 게시물을 올렸다. 가장 큰 타격은 제약회사 일라이릴리Eli Lilly를 사칭한 계정이었다. "이제 인슐린이 무료라는 사실을 알려드리게 되어 기쁩니다."⁵²

이 가짜 트윗은 실제 이 회사를 혼란에 빠뜨렸다고 〈워싱턴 포스트〉는 보도했다. 경영진은 서둘러 대응에 나섰다. 이 트윗은 6시간 넘게 온라인에서 버텼지만, 이 트윗을 삭제할 줄 아는 직원들은 이제 트위터에 없었다. 광고 예산이 수억 달러에 달하는 3,300억 달러 규모의 이 거대 제약회사는 결국 어처구니없는 혼란으로 인해 이 소셜 미디어 사이트에 지출을 중단했다. 그 여파로 트위터의 기업 가치는 150억 달러 이상 떨어졌다.

트위터 직원들은 갑작스러운 사칭 계정 공세에 어떻게 대응해야 할지 몰라 당황했다. 트위터 콘텐츠 관리 도구 전반의 호환성을 고려하지 않은 채 서둘러 블루 마크를 적용한 것이 탈이었다. 트위터 직원조차도 진짜 계정과 가짜 계정을 구분하지 못하는 경우가 있을 정도였다.

뭔가 조치가 필요했다. 전에도 브랜드 신뢰에 문제가 없던 것은 아니지만 이제는 그나마 남은 신뢰마저 완전히 무너질 판이었다.

머스크의 시그니처 기능이 출시된 다음 날인 11월 10일, 트위터는 직원들에게 "사칭 계정 문제를 해결하기 위해" 해당 기능을 일시 중단한다고 공지했다.⁵³ 머스크의 첫 번째 트위터 제품 출시는 이렇게 참담한 재앙으로 끝났다.

같은 날, 직원들은 머스크가 소집한 첫 번째 전체 회의에 참여하기 위해 앞다투어 몰려들었다. 직원 전용 슬랙 채널은 새로운 상사에게 던지는 난감한 질문들로 가득 찼다. "동기 부여가 구체적으로 뭡니까? 열심히 일하지 않으면 해고됩니까?" 등등. 그날 가장 뜨거운 이슈는 트위터의 재택근무에 관한 정책이었지만, 머스크는 논쟁을 즐길 기분이 아니었다. 직원들이 출근하지 않기로 결정하면 어떻게 될까?

"사직서가 수리됩니다." 머스크는 그렇게 답했다.[54]

머스크는 첫 주에 저지른 자신의 실수가 너무 커서 당황한 듯, 소셜 미디어의 강자는 아니지만 기술 기업들을 이끄는 자신의 방대한 경험을 내세워 사태를 모면해 보려 했다. 예를 들어 개인정보 보호 문제에 대한 질문이 쏟아지자 머스크는 테슬라도 이 분야에 풍부한 경험이 있다고 말했다. 그는 테슬라의 모든 차량은 인터넷으로 연결되어 있고 카메라가 장착되어 있어 주변 환경을 완벽하게 파악할 수 있지만, 필요 이상의 정보를 포착하지 않도록 철저히 주의한다고 설명했다. 예를 들어 주행 중 마지막 800미터 영상은 개인의 집 위치나 목적지에 대한 민감한 세부 정보가 노출될 수 있기 때문에 다른 주행 데이터와 달리 저장이 안 된다고 했다.[55]

실제로 하고 싶은 말은 트위터의 문제가 머스크에겐 새로운 것이 아니라는 사실이었다. 이는 시민권 단체를 안심시켰던 수법의 재탕이었다. 컬러오브체인지의 대표 로빈슨은 머스크의 그런 태도를 이렇게 빗댔다. "여러분, 여기엔 아무 문제 없어요. 괜찮다니까요."

머스크는 자신의 계획에 조금이라도 도전하는 기색이 보이면 태도를 180도 바꿨다. 전직 직원들은 머스크가 트위터 경영 초기에 주최했던 타운홀 미팅을 회상했다. 그때 트위터에 대한 그의 새로운 계획을 물은 엔지니어가 있었다. 머스크가 구상하는 서비스는 결제, 구독, 소셜 미디어 등을 통합하는 서비스, 즉 "X, 무엇이든 할 수 있는 앱the everything app"으로 포지셔닝하는 것이었다.[56] 그 엔지니어는 경쟁사들도 모두 실패한 시도인데 트위터가 어떻게 그런 서비스를 만들 수 있느냐고 물었다. 이런 통합 모델은 위챗WeChat이 지배적인 중국에서는 효과가 있지만, 미국은 소셜 미디어 기업을 표적으로 삼는 반독점법 때문에 아직 머스크가 구상하는 유형의 서비스가 자리 잡지 못한 상태였다.

"우리도 대부분 이런 시도를 해봤다는 걸 모르십니까?" 한 전직 직원의 회고에 따르면 그 엔지니어는 그렇게 물었다. "효과가 없었습니다."

머스크는 한숨을 쉬었다.

"그 질문에는 이미 답했어요." 그 전 직원은 머스크가 그렇게 말했다고 했다. "그런 질문을 뭐 하러 해요? 잘될 겁니다."

그는 다음 질문을 하라는 신호를 보냈다.

"그는 항상 자신이 이 방에서 가장 똑똑한 사람이라고 생각했어요. 그 전 직원은 그렇게 말했다. "자기 생각에 확신이 대단했습니다. 자기 생각을 정리해 기존 견해를 바꿀 의향이 있다거나 그럴 능력이 있다는 느낌은 받지 못했어요."

"지옥의 레벨 2에 오신 것을 환영합니다"

일론 머스크가 트위터를 인수한 직후 어느 늦은 저녁, 신뢰 및 안전 책임자 요엘 로스는 7년간 근무하고 있는 샌프란시스코 사무실 자기 책상을 벗어나 저녁 식사를 하러 나섰다. 2층 소파에 자리를 잡은 로스는 머스크의 요청에 따라 어린이 안전에 관한 일련의 데이터를 검토하기 시작했다.

그때 안토니오 그라시아스가 다가왔다. 머스크가 가장 신뢰하는 사람 중 하나였다.

"뭐 하세요?" 그가 물었다.

로스는 어린이 안전에 관한 데이터를 확보하고 있다고 대답했다.

"왜 그걸 하는데요?" 그라시아스가 반문했다.

사람들이 이 문제를 걱정하기 때문이라고 로스는 어물거렸지만, 꼬치꼬치 캐묻는 데 당황한 표정이었다.

그라시아스는 계속 물었다. "누가 그러라고 했어요? … 왜 그걸

하는 거죠?"

다시 로스가 대답했다.

그라시아스는 잠시 멈칫했다.

"근데… 왜 여기서 그걸 하는 거죠?"

그라시아스의 말투가 아주 오만했기 때문에 로스는 서류를 챙겨 자리를 옮기기로 했다. 로스로서는 근무 시간이 지났어도 지시에 따라 일을 해야 하기에 잠깐 편안한 분위기를 찾았던 것뿐인데, 회사에서 공식 역할도 없는 낯선 남자에게 자신의 입장을 설명해야 하는 상황이 못마땅했다.

공장 근로자에게 했던 발언으로 테슬라의 제롬 기엔의 신경을 자극했던 전력이 있는 그라시아스는 머스크의 수석 부대표로서 트위터의 재무 문제, 비용 절감, 정리 해고 등을 관리하는 중요한 직책을 막 시작한 상태였다. 신뢰와 안전을 책임지는 로스를 대하는 그의 태도에서 트위터 직원들이 새 상사들을 두려워하는 이유가 그대로 드러났다. 그래서인지 정확히 11월 16일 자정에 이메일이 도착했을 때 직원들은 놀라지 않았다. 이메일에는 수수께끼 같은 제목이 적혀 있었다. "갈림길 A Fork in the Road."

밤 12시 4분에 내 휴대폰이 울렸다.

"일론이 구글 폼을 통해 방금 전 직원에게 최후통첩 이메일을 보냈어요." 전화를 건 사람은 내게 그렇게 말했다.

자정 이메일이 나가기 며칠 전부터 트위터에서 광고주들이 이탈하고 직원들이 수난을 당하는 가운데, 플랫폼 수익화를 위한 대대적인 정책 변화는 파워 유저들마저 밀어내고 있었다.

이런 내부 갈등이 있는 가운데 요엘 로스는 퇴사를 고민하고 있었다. 그 달에 그가 가장 중요하게 고려한 것은 자신의 안전이었다.

트위터의 콘텐츠 조정을 담당하는 임원인 로스는 신변 위협을 비롯한 악의적인 온라인 공격에 시달렸다. 이에 대해 트위터의 기업 보안팀은 엘세리토에 있는 그의 집 앞에 경비원을 24시간 배치해 주었다.

그런데 갑자기 변호사 알렉스 스피로가 나쁜 소식을 전해왔다. 트위터가 로스의 개인 경호원을 철수시키려 한다는 것이다. 머스크의 변호사는 비용 절감을 위해 어쩔 수 없다고 로스에게 말했다. 그래도 안심시키려는 듯 그는 한마디 덧붙였다.

"내겐 당신보다 훨씬 더 유명한 고객이(고객들이) 있거든요." 그는 그렇게 말했다고 어떤 관계자가 일러주었다. "그러니 당신은 별일 없을 거예요."

그렇다고 안심이 되는 건 아니었다.

그 목요일에 머스크는 직원들과 첫 전체 회의를 가졌는데, 아직 새 주인을 달가워하지 않는 회사로서는 끔찍하게 여길 만한 첫 대면이었다. 혼란을 가중시킨 것은 트위터의 신뢰와 안전을 책임지며 광고주들에게 지속적인 신뢰감을 주던 로스의 갑작스러운 사임이었다. 그는 머스크의 받은편지함으로 사직서가 담긴 이메일을 보냈다. 머스크가 즉각 대응할 수 없게, 직원들과 대화하는 사이에 메일이 도착하도록 타이밍을 맞췄다. 이런 타이밍에는 또 다른 중요한 이점이 있었다. 로스는 보안 요원의 호위 없이 건물을 빠져나갈 수 있었다.

머스크와 그의 측근들은 로스의 사임으로 당장 다급해졌다. 갑자기 머스크의 최고 고문인 제러드 버철과 변호사 알렉스 스피로로부터 메시지가 왔다. 그의 잔류를 설득하는 내용이었다. 버철은 로스와 한 시간 가까이 전화로 대화를 나누면서 보수 인상 등 여러 가지 조건을 제시했으나, 로스를 이사회에 묶어두는 데는 실패했다. 물론 머스크는 여전히 직원들 앞에서 연설하는 데에만 정신이 팔려 있었다.

오후 3시경, 트위터 직원들과 미디어가 이번 인사의 소식을 삭이고 있을 때 로스는 시그널Signal 메시지를 받았다.

머스크였다.

"잠깐 얘기 좀 할 수 있을까?" 그는 그렇게 물었다. "트위터에 남을 생각 없나? 그러면 큰 힘이 될 텐데."

트위터의 7년 차 베테랑인 그는 상황을 어떻게 타개할지 따져보며, 사임과 관련된 여러 문제들을 신중하게 고려했다. 머스크의 적이 될 경우 따라올 위험을 알고 있었기에 그는 메시지를 보내기 전에 자신이 그만두기로 한 이유를 세 가지로 정리한 다음, 개인적으로 겪고 있는 커리어의 위험과 현재 받는 부정적 반응에 초점을 맞춰 할 말을 하기로 했다. 머스크의 리더십을 문제 삼는 일은 그만두기로 했다. 그는 약 2시간 후에 머스크에게 메시지를 보냈다. 머스크는 곧 전화하겠다고 답했다.

그리고 오후 5시 22분에 전화가 왔다.

"자네가 남아준다면 내겐 큰 힘이 될 걸세." 머스크는 그렇게 말했다. "난 정말 우리가 중요한 일을 하고 있다고 생각하는데… 자네 마음을 되돌릴 방법이 없을까?"

로스는 과거의 트위터와 머스크의 트위터를 연결해 주는 다리였다. 그가 빠지면서 언제 일어날지 모르는 치명적인 실수를 미리 알아채고 바로잡을 제도적 지식과 의지도 함께 사라졌다. 사이트의 콘텐츠 조정을 담당하는 신뢰 및 안전 팀이 나서, 머스크가 개편된 트위터 블루를 서둘러 출시할 경우 위험한 결과를 초래할 수 있다고 경고한 것도 그런 일례였다. 그러나 이런 경고가 무시되자, 일부 생존자들은 트위터에 남아야 할 필요성에 의문을 갖기 시작했다.

머스크는 끝내 이들의 말을 듣지 않았고, 결국 사칭 계정의 범람뿐 아니라 순수한 비즈니스 측면에서도 전반적인 재앙을 초래했다. 트위터 전체 사용자 중 0.06에 불과한 약 15만 명의 사용자만이 트위터 블루의 유료화를 선택했다. 연간 수익으로 환산하면 1,440만 달러에 불과한 액수였다.[1]

"블루 인증 마크 재출시를 11월 29일로 연기합니다. 견고성을 확인하기 위해서입니다." 머스크는 이날 오후 트위터 직원들에게 자정 이메일을 보내기 전 트윗을 통해 그렇게 말했다.[2]

머스크와의 전화 통화에서 로스는 트위터를 떠나기로 마음 먹은 결정적 요인이 블루 때문이라고 강조했다. 제품 개발에 대한 비정상적인 열정이 트위터의 브랜드 자산에 "불을 질렀다"고 말하며, 블루가 급하게 문밖으로 달아나는 바람에 예상했던 대로 넘어진 것이고, 그 탓에 로스의 평판과 신뢰도에도 타격을 입었다고 말했다.

그 외에도 해고와 사무실 복귀 명령으로 사기가 크게 떨어졌기 때문에, 로스는 주요 직책에 공백이 생긴 채 의욕을 잃은 몇 안 되는 직원들을 데리고 일을 해야 했다. 그 와중에 트위터는 조직을 간소화하고, 예산을 줄이고, 직원을 감축하는 한편, 야심 찬 신제품 출시에 착수해야 하는 두 가지 상충하는 추진력과 씨름하고 있었다. 로스는 트위터의 현금 유동성이 시급하다는 점은 인식했지만, 이렇게 급작스럽고 무리한 전략으로는 안 된다고 판단했다.

머스크가 물러섰다.

"알았네." 그가 그렇게 말했다. "자네가 남아주면 좋겠지만 자네 결정을 이해하네."

"고맙습니다. 제 얘길 들어줘서 감사합니다." 로스가 말했다. "제가 회장님의 성공을 응원하고 또 트위터의 성공을 응원한다는 사실을 알아주셨으면 합니다."

"고맙네." 머스크는 그렇게 말한 후 전화를 끊었다.

2020년 3월, 코로나19 팬데믹으로 인해 베이에어리어 지역 대부분이 봉쇄되었던 암울한 시절에 나는 크레이그리스트를 통해 구매한 게이밍 노트북을 받으러 샌프란시스코의 아우터미션 외곽의 한적한 거리로 갔다. 그때 나는 판매자와 잠깐 얘기를 나눴는데, 그는 트위터에서 일한다고 했다. 우리는 전화번호를 주고받았다.

2년 뒤에 나는 같은 번호로 온 메시지를 받았다. 그런데 누군지 기억이 나지 않았다. 평소 같으면 업무와 관련된 문자를 받기에 이상한 시간이었지만, 2022년 11월은 여러 가지로 민감한 시기였다. 나는 무슨 얘기를 하려는지 바로 감을 잡았다.

"그러니까… 트위터에 대한 빅 뉴스가 있어서요." 그 사람은 그렇게 말했다.

치프 트윗 Chief Twit 은 소문답게 돌려 말하지 않았다.

"앞으로 획기적인 트위터 2.0을 구축하고 점점 더 경쟁이 치열해지는 세상에서 성공하려면 지독한 하드코어 근무 분위기를 조성해야 합니다. 장시간 강도 높게 일해야 한다는 얘깁니다. 비범한 성과만이 합격의 기준이 될 것입니다." 머스크는 11월 16일 자 이메일에 그렇게 썼다. "트위터는 또한 훨씬 더 엔지니어링 중심적인 회사가 될 겁니다. 디자인과 제품 관리는 여전히 매우 중요해서 내가 직접 보고 받겠지만, 우리 팀의 주된 구성원은 훌륭한 코드를 작성하는 사람들이고 그들이 가장 큰 영향력을 갖게 될 겁니다. 트위터는 소프트웨어와 서버가 핵심인 회사이기 때문에 그게 당연하다고 생각합니다."[3]

이메일의 다음 부분을 본 나는 잘못 본 것 아닌지 의심했다.

"새로운 트위터의 일원이 되고 싶으시다면 아래 링크에서 '예'를 클릭하세요." 머스크는 그렇게 써놓고 구글 폼으로 연결되는 링크를 첨부했다. "내일(목요일) 오후 5시까지 동의하지 않은 사람은 3개월간 해직될 것"이라며 덧붙였다. "어떤 결정을 내리든 트위터의 성공을 위해 보여주었던 여러분의 노력에 감사드립니다. 일론."

이메일의 속내는 분명했다. 머스크는 회사 내에서 자신의 지배력을 확실하게 다지고, 문제를 일으키거나 일하는 척만 한다고 여겨지는 사람들을 제거하며, 아마도 새어나갈지도 모르는 정보를 이제부터 줄이겠다는 최후통첩이었다. 그리고 그는 은밀하게 수백 명을 해고하고 있었다.

트위터 직원들은 이 기괴한 심야 이메일을 두고 슬랙으로 두서없는 논의를 시작했다. 많은 사람들이 서명하지 않겠다고 단호하게 말했다.

"서명을 한다는 건 결국 일과 삶의 균형을 포기하는 겁니다." 그 직원은 당시 내게 그렇게 말했다. "실제로 이미 일과 삶의 균형을 빼앗아 놓고도 그렇지 않은 것처럼 말하더군요. 마치 '지옥의 2단계에 온 것을 환영한다'는 식의 엄포를 들은 셈이니 지금 사무실의 분위기와 사기는 말 그대로 최악입니다."

그리고 그것은 수천 명에 달하는 직원들이 아침에 일어나 상사가 보낸 트윗을 확인하기 전의 일이었다. "극도로 하드코어한" 트위터에 헌신하거나 회사를 떠나라는 것이 메시지의 요구였다.

그날 아침 8시가 되었을 때 트위터 직원들은 다들 그 뉴스를 받아들였다. "방금 일어나 이메일을 봤는데 회사를 때려치울 옵션이 있다는 사실을 알게 되어 기쁘군요." 어떤 직원은 그렇게 말했다. "더는 트위터에 헌신할 생각이 없습니다." 이런 정서가 전반적인 분위기였다.

트위터 직원들은 당연히 물었다. 그래서 우리에게 뭐가 득이 되는데? 새로운 체제에 충성을 맹세하고 남겠다고 약속하면 머스크는 무엇을 내놓을 건데?

하지만 직원들 중에는 사실상 풀려날 수 없는 집단이 있었다. 물론 무리 중에는 변절자도 있었다. 출세지향주의자나 머스크에 빗나간 충성심을 바치는 사람들이었다. 하지만 무엇보다 졸지에 궁지에 몰린 사람들은 해외에서 온 직원들, 즉 고용과 연계된 비자를 받은 소프트웨어 엔지니어들이었다. 이들의 경우, 충성 서약서에 서명하지 않으면 직장을 잃고 인도나 중국으로 돌아가는 비행기에 올라야 할지도 몰랐다. 그렇게 꼼짝없이 갇힌 직원들도 전체 직원의 상당수를 차지했는데, 이들은 그 과정에서 자기 목소리를 제대로 내지 못한 채 소외되었다. 언론이나 소셜 미디어나 공개 비판 등을 통해 머스크의 조치에 거세게 저항하는 다른 직원들과는 매우 대조적이었다.

답변 마감일인 목요일까지 트위터 직원들은 자신들의 입장을 분명히 밝혀야 했다. 여러 추산에 따르면 서약서에 서명하지 않겠다고 밝힌 직원은 예상보다 많아 1,000명을 상회했다. 머스크도 압력에 밀려 몇 가지 양보를 했다. 사무실 출근 명령을 완화하고 일부 직원에게 복귀를 요청하기로 방침을 바꾼 것이다.[4] 그 사이에 트위터의 내부 통신망 슬랙 채널은 트위터 저항의 비공식적 상징인 '이만 안녕'하는 경례 이모티콘을 게시하는 직원들로 소란스러웠다. 이번에도 해시태그 #LoveWhereYouWorked가 소셜 미디어에 넘쳐났다.⁵ 이번에는 직원들이 온라인에서 공개적으로 작별 인사를 전했다. 더 잃을 게 뭐가 있겠는가?

#RipTwitter(#트위터의 명복을 빈다) 해시태그가 트위터 최고 트렌드로 떠오르면서, 사용자들은 불가피한 후유증에 대비했다. 결함이나 일시적인 장애에 이어 언제 대규모 중단 사태로 사이트 전체가 마비될지 몰랐기 때문이었다.

머스크가 따로 꾸린 팀이 개입하지 않았다면 트위터는 완전히 혼란에 빠졌을 것이다. 이 사이트의 핵심 기능을 담당하던 주요 팀들이 완전히 사라졌고, 주요 시스템을 관리하는 직원은 한두 명이 고작이거나 한 명도 없을 때도 있었다.

"해안선을 향해 계속 가다 뭔가에 부딪히면 그때 멈추겠죠." 〈워싱턴 포스트〉는 한 전직 직원의 말을 그렇게 전했다.⁶

핵심 기능을 담당하는 직원이 거의 없는 사이트의 예후는 암울했다.

"이런 상태에서 코드와 운영에 실수가 나타나면 치명적입니다." 새로 회사를 떠난 한 전직 엔지니어는 그렇게 말했다.⁷

회사의 체면을 살리기 위해 머스크는 미친 듯이 이메일을 보냈는데, 서약에 서명을 거부한 사람들의 받은편지함으로 들어간 메일도 있었다.⁸

동시에 그는 충성스러운 엔지니어들만으로 올스타 팀을 꾸리려 했다. 그는 "실제로 소프트웨어를 작성하는" 직원들에게는 자신과의 코드 리뷰를 위해 기술 회의에 참석하라고 지시했다. 사무실에 나오지 않던 직원들은 즉시 출근해야 했고, 개인 여행 등의 이유로 외지에 있던 직원들은 부랴부랴 항공권을 구매해야 했다. 이 모두는 즉흥적이고 충동적인 결정에 의한 것으로, 직급이 낮은 사람은 절대 흉내 낼 수 없는 일 처리 방식이었다. 언젠가 머스크는 직원들에게 이메일을 보내 최근 작성한 코드의 스크린샷을 보내라고 요청한 적이 있었다. 그런 다음 곧이어 긴급한 상황이거나 물리적으로 불가능한 경우가 아니면 트위터 본사로 직접 달려오라고 지시했다. 몇 분도 안 돼 세 번째 요구를 했다. 비행기를 타고라도 샌프란시스코로 날아오라는 얘기였다. 마지막 네 번째 요구는 그렇게까지 할 필요는 없다는 메시지였다. 〈워싱턴 포스트〉가 보도한 내용이다.[9]

트위터에 올라온 사진에는 새벽 1시가 넘은 시간에 엔지니어들을 모아놓고 머스크가 자랑스럽게 말하는 모습이 담겨 있었다. "트위터 본사의 코드 리뷰를 방금 마쳤습니다." 다른 사진에서 직원들은 마치 심야 해커톤 참가자들처럼 스웨트셔츠, 트레이닝복, 야구모자 차림으로 사무실 테이블에 앉아, 평화를 상징하는 V 기호와 엄지손가락을 치켜세우고 있었다.

사진에는 드러나지 않았지만 또 다른 무리의 직원들이 있었다. 그중 상당수는 비자에 묶인 이민자 직원들로, 머스크가 정해준 토요일 아침까지 그를 만나기 위해 밤새 비행기를 타고 온 사람들이었다. 그날 아침 일찍 기내 수하물을 끌고 10층으로 들어오는 직원들의 모습을 봤다는 전직 직원의 목격담도 있었다. 일자리를 잃지 않으려면 필사적일 수밖에 없었다. 하지만 머스크는 나타나지 않았다.

"오라고 해서 다들 그 층에 모여 하루 내내 기다렸지만 그는 나타나지 않았습니다." 그 전 직원은 그렇게 회상했다.

테슬라와 트위터의 대표로서 머스크에게 주어진 이중 역할과 공개적으로 두 회사 간의 자원을 교환하는 모습은 그 주부터 이미 그 성격을 뚜렷이 드러내고 있었다. 그때 머스크는 델라웨어 형평법원에 출두한 상태였다. 몇 해 전 테슬라 이사회로부터 받은 560억 달러의 급여 패키지에 대한 소송을 방어하기 위해서였다. 투자자들이 보상 절차에 결함이 있다며 소송을 제기했기 때문이었다.[10]

머스크를 변호하는 사람들 중에는 전 테슬라 이사 안토니오 그라시아스도 있었다. 그가 트위터에서 맡은 역할을 보면 머스크 세계를 움직이는 기본 원리가 무엇인지 알 것 같았다.[11] 일반적으로 머스크는 테슬라 주주들에게 신의성실의 의무를 다해야 했지만, 그의 세계에는 상장사와 비상장사, 이사회와 경영진, 사업과 개인 간의 명확한 경계가 거의 존재하지 않았다. 그리고 머스크는 그라시아스를 절친한 친구로 여겼다.

테슬라 주주들이 제기한 소송에서 머스크는 또 다른 회사인 트위터의 CEO로서 자신의 행동을 변호해야 했다. 440억 달러 규모의 트위터 인수로 인해 테슬라 주가가 여전히 흔들리고 있는 상황에서 그는 지난 2주 동안 상대했던 청중과는 전혀 다른 집단을 마주해야 했다. 바로 화가 잔뜩 난 테슬라 주주들이었다. 그들을 달랠 준비가 되어 있었기에, 질문을 받았을 때 머스크는 테슬라 직원들이 트위터에서 일하고 있다는 사실을 순순히 인정했다.[12]

"인수 후 회사 조직을 재편하는 초기에는 일이 많습니다." 〈로이터〉는 머스크의 법정 발언을 그렇게 전했다. "하지만 그 부분이 정리되면 트위터에서 일하는 제 시간도 줄어들 겁니다."[13]

〈워싱턴 포스트〉가 인용한 머스크의 말에 따르면 트위터에 나가 있는 테슬라 직원들은 "자발적으로", "근무 시간 이후에", "사소한 일" 정도만 한다고 했다.[14]

이 말을 듣고 눈살을 찌푸린 사람들이 많았다. 비평가와 투자자 그리고 적어도 한 명 이상의 미국 정부 관료였다.[15] 그들의 우려는 타당했다. 투자자들은 뚜렷한 보상도 없는 트위터를 가지고 소동을 피워 활기찼던 테슬라의 추진력에 제동을 건 머스크에게 분노를 터뜨렸다.

"회사 창립 이래 말 그대로 가장 좋은 시기를 보내고 있었는데 트위터 때문에 완전히 망친 겁니다." 나중에 투자자 로스 거버는 내게 그렇게 말했다.[16]

갑자기 엘리자베스 워런 상원의원 Elizabeth Warren (민주당)이 손해를 본 투자자들을 대신해 질문하기 시작했다. 워런은 테슬라 회장 로빈 덴홈에게 보낸 서한에서 머스크가 트위터 업무를 위해 테슬라 직원(대부분 오토파일럿 팀 출신)을 50명 이상 빼갔다는 CNBC 보도를 인용하며 "머스크가 트위터에 테슬라의 자원을 몰아주고 있는 것은 아닌지" 의문을 제기했다.[17]

워런 의원은 이 서한에서 머스크가 "테슬라 자원을 유용하고 있다"고 주장하며 트위터 업무가 "자발적인 것"이라는 그의 주장을 믿을 수 없다고 했다. 또 다른 CNBC의 보도는 테슬라 직원의 말을 인용했다. "대부분 머스크의 직접적인 요청을 거절하는 것은 불가능하다고 생각했을 것이다. 나중에 성과 평가나 기타 문제에서 불이익을 받을지 모르기 때문이다."[18]

며칠 전 워런은 머스크 같은 억만장자들이 법의 허점을 이용해 '탈세를 일삼는 행위'를 억제해야 한다며 세법 개정을 공개적으로 촉구한 바 있다. (머스크는 나중에 2021년에 받아든 세금 고지서가 110억 달러를 넘었고[19] "2021년에는 인류 역사상 그 누구보다 많은 소득세를 납부했으며 2022년에도 그렇게 할 것"이라고 항변했다.)[20]

"제발 저를 상부에 일러바치지 마세요, 캐런 상원의원님." 그는 그렇게 말하며 '기도하는 손' 이모티콘을 보냈다.[21] ('캐런 Karen'은 갑

질하는 여성을 비하하는 호칭이다.―옮긴이)

요엘 로스는 트위터가 인수된 직후 그리고 사임하기 약 2주 전에 테슬라 직원으로부터 문자 메시지를 받았다. 테슬라 직원에게 이런 연락을 받는 것은 드문 일이 아니었다. 그 직원은 업무 인수인계 과정에서 트위터의 보안 절차를 책임지는 사람이었다. 하지만 그날 밤 요청을 받은 로스는 그것이 자신의 업무 범위 밖이라고 생각했다. 그에게 떨어진 지시는 바빌론 비 계정을 복원하라는 내용이었다.[22]

자칭 "기독교 뉴스 풍자" 사이트라고 주장하는 바빌론 비는 2022년 바이든 행정부의 보건 관료인 트랜스젠더 여성 레이철 레빈Rachel Levine 박사를 "올해의 남성"으로 선정한 후 계정이 중단되었다. 자신들의 기사를 홍보한 바빌론 비의 트윗은 트위터의 미스젠더링mis-gendering(트랜스젠더를 원래의 성별로 부르는 행위―옮긴이) 관련 정책을 위반한 것으로, 이 사이트는 계정을 복구하려면 트윗을 삭제하라는 요구를 받았지만 이를 거부했다.[23]

마침 머스크는 트위터에 투자하려고 마음먹고 있던 때여서 이런 계정 차단 조치는 즉각 그의 관심을 끌었고 또 그를 분노하게 만들었다. 머스크의 전 부인 탈룰라 라일리가 차라리 트위터를 인수하라고 부추긴 것도 바로 이 사건이 계기였다.

이제 머스크가 방향타를 잡고 나니, 테슬라 직원이라는 자가 나타나 트위터의 신뢰 및 안전 책임자에게 바빌론 비와 또 다른 계정 하나를 복구하라고 명령한 것이다. 배우 엘리엇 페이지Elliot Page를 성전환 이전 사용하던 이름으로 언급했다가 계정을 중지당한 심리학자 조던 피터슨의 계정이었다. 피터슨의 트윗은 페이지의 가슴을 제거한 의사를 '범죄자'라고 비난했다."[24]

로스는 곧 2층 회의실에서 머스크의 변호사 알렉스 스피로를 만나 이 문제를 따졌다.

"왜 이게 위반인지 이해할 수 없습니다." 이들이 나눈 대화를 아는 사람에 따르면 스피로는 바빌론 비의 트윗이 일종의 풍자였다고 주장했다. 합리적인 사람이라면 동의하기 힘든 주장이었다. 로스는 스피로에게 이런 행위를 콕 집어 금지한 트위터의 정책을 제시했다. 그는 일관성 측면에서 볼 때 전면적인 정책 개편 없이 개별적인 예외를 둘 경우 문제가 되는 이유를 설명했다.

이는 스피로가 내릴 수 있는 결정이 아니었다.

"일론과 얘기해 봐야겠군요." 스피로는 그렇게 말했다.

한 시간쯤 뒤에 스피로와 로스는 트위터 2층에 있는 U자형 주방에 앉아 기다렸다. 머스크가 도착하자 로스는 금지된 계정을 복원해 달라는 요청을 받았다고 말했다. 그리고 트위터의 미스젠더링 정책에서 이것이 문제가 되는 이유를 설명했다.

머스크가 한 가지 해결책을 제시했다.

"대통령 사면은 어떨까?" 이 문제에 정통한 한 관계자에 따르면 그는 이렇게 말했다고 했다. "대통령 사면은 헌법에 명시된 사항이잖아. 그냥 내가 대통령 사면을 하면 안 되나?"

로스는 가뜩이나 트위터의 정책을 일관되게 적용하지 못하는 상황에서, 예외까지 인정할 경우 사용자들의 반발을 불러일으키고 신뢰를 떨어뜨릴 수 있다고 얘기했다. 그렇다면 모든 사람이 그런 종류의 콘텐츠를 게시할 수 있도록 허용하는 것은 어떨까? 그것은 정책 변경에 해당한다고 로스는 말했다. 머스크는 그의 논리를 따랐다.

문제의 트윗은 "보기 좋지는 않지만", 실체적 폭력을 의미하는 "몽둥이와 돌멩이"까지 든 것은 아니라고 머스크는 말했다. 규정은 그 점을 반영해야 한다는 것이었다. 로스는 불쾌감을 주는 콘텐츠를 유형별로 구분해야 한다는 데 동의했다.

머스크는 징계를 가하는 아이디어를 제안했다. 검색을 제한하고, 특정 불쾌감을 유발하는 트윗이 사용자의 타임라인에 표시되지 않도록 하는 방식으로, 로스가 주장했던 노출 제한과 비슷한 방법이었다. 두 사람은 동의했고 얼마 지나지 않아 머스크의 관심은 다른 쪽을 향했다.

11월 18일 금요일, 로스가 퇴사하고 전 세계가 트위터의 붕괴를 지켜보는 가운데 머스크는 이전에 중지시켰던 바빌론 비와 조던 피터슨의 계정을 복귀시켰다고 깜짝 발표했다. 코미디언 캐시 그리핀 Kathy Griffin 의 계정도 함께였다. 그녀는 자신의 이름과 프로필 사진을 머스크의 것으로 바꿔 트윗했다가 패러디 규정 위반으로 정지되었다.[25]

"새로운 트위터 정책은 표현의 자유는 보장하지만 도달의 자유는 보장하지 않습니다."

"부정적/혐오 트윗은 최대한 노출을 줄이고 수익도 내지 않을 것입니다. 따라서 트위터로서는 광고나 기타 수익이 발생하지 않습니다." 머스크는 그렇게 말했다.

머스크가 트위터를 인수하는 과정에 말썽이 많았기 때문에, 그의 사업적 통찰력이나 경영 스타일, 전략적 비전을 두고 의문을 제기하는 순간이 많았다. 트위터를 경영하는 그의 방식이 잘못된 것 같다는 사실이 대중의 시야에 드러나면서, 이제는 그의 지적 능력까지 도전을 받고 있었다. 과연 일론 머스크는 자신이 무슨 말을 하는지나 알고 있을까?

이런 의문을 떨칠 수 없어 2022년 12월의 어느 열띤 순간에 이

안 브라운Ian Brown은 라이브 오디오 채팅으로 세계 최고 부자와 대면했다. 브라운은 아마도 자신이 얼간이나 바보로 불리거나 하찮은 인간 취급을 받으리라고는 예상하지 못했을 것이다. 하지만 한 달 내내 이어진 정책 실패와 공개적 망신은 그 전직 트위터 직원이 머스크에게 간단한 질문을 던지면서 마침내 위험 수위를 넘었다.

일이 벌어진 곳은 트위터 스페이스Twitter Spaces였다. 머스크가 이 앱의 대표 야심작으로 탈바꿈시킨 실시간 음성 대화방 기능을 통해 수천 명의 사람들은 지구상에서 가장 부유한 사람과 무제한 대화를 나누거나 대화를 들을 수 있었다. 그리고 거기서 그와 그 밖의 많은 유명인, 정치인, 뉴스메이커들이 질문을 받기 시작했다. 머스크는 청취자들과 직접 소통했지만, 진행자가 발언자를 선별하고 필요한 경우엔 발언자를 차단할 권한을 가졌다.

스페이스에서 머스크는 트위터의 코드 기반, 즉 전체 웹사이트를 구동하는 컴퓨터 코드를 완전히 다시 작성해야 한다고 주장했다. 그리고 공방이 펼쳐졌다. 트위터의 전직 수석 엔지니어링 매니저였던 브라운은 머스크가 회사의 코드에 대해 실제로 얼마나 아는지 알고 싶었다.

"솔직히 정말 빠른 속도의 기능을 원한다면 모든 것을 완전히 다시 써야 할 것 같습니다." 트위터 스페이스 인터뷰의 오디오를 캡처한 부분과 현재 X로 알려진 사이트에 게시한 내용에 따르면 머스크는 그렇게 말했다고 한다.[26]

"잠깐만요, 정말로, 완전히 다시 쓴다고요? 그러면 속도가 빨라질 거라고 보세요?" 브라운이 끼어들어 머스크의 계획의 비효율성을 에둘러 비판했다.

사회자이자 머스크의 트위터에서 잠시 인턴십을 한 적이 있는 소프트웨어 개발자 조지 하츠George Hotz도 간단하게 보충 질문을 했다. "혁명인가요, 개혁인가요?"

"현존하는 크레이지 스택crazy stack을 수정할 수도 있고 아예 다시 작성할 수도 있습니다." 머스크는 그렇게 말했다.

브라운은 머스크가 그 의미를 제대로 파악하지 못한다고 생각했다.

"크레이지 스택이라는 게 무슨 뜻이죠? 풀어서 설명해 보세요." 그가 그렇게 말했다.

머스크는 흥분했다. 그는 심문받을 생각이 없었다.

"말해보세요, 어서요." 머스크가 머뭇거리자 브라운이 소리 내어 웃으며 그렇게 말했다.

"당신… 당신 누구야?" 머스크가 반격했다.

"내가 누구냐니?" 브라운이 대답했고, 하츠는 예의를 지켜달라고 달랬다. "서버와 프로그래밍을 책임지는 사람이 당신이잖아요. 스택이 뭐죠? 일론, 말해봐요. 구석구석 자세히 설명해 줘요. 지금 스택이 어떻게 생겼어요? 그게 뭐가 그렇게 크레이지하죠? 이 스택과 지구상의 다른 모든 대규모 시스템과 비교했을 때 뭐가 그렇게 비정상적인 거죠? 어서 말해보세요."

"놀라 자빠지겠네." 머스크가 쏘아붙였다. "와, 바보 아냐? … 완전 멍청하네."[27]

머스크가 좌절감을 느낀 배경에는 한 달 반 동안 거의 모든 면에서 반복된 실패가 있었다. 불운한 인수를 앞두고 머스크는 유명한 질문을 던진 적이 있다. "트위터는 죽어가는가Is Twitter dying?"[28] 그런데 이제 정말 그럴 것 같았다. 몇 가지 실수는 용서받을 수 있을지도 모르지만, 취임 초기 몇 주 동안 이어진 실수들은 그의 기술 경력에서 가장 치명적인 것이었으며, 이런 패착은 틈을 주지 않고 터져 나왔다. 자신의 전용 제트기의 위치를 추적하는 계정을 막아버리고, 이를 보도한 기자를 쫓아냈다. 다른 소셜 미디어 사이트의 경쟁력을 무력화하기 위해 이들 사이트의 홍보를 못하게 하는 새로운 정책을 발표했는데, 즉시 그들 중 하나가 경쟁력 있는 플랫폼을 출시하는 바람에 역풍만 맞고 말았다. 결국 머스크는 트위터 CEO 자리에서 물러나는 데 동의하게 된다.

11월 중순부터 머스크의 주변에서 중재 세력이 서서히 자취를 감추기 시작했다. 머스크의 최후통첩에 따라 요엘 로스를 비롯한 수백 명의 직원들이 떠나면서 머스크의 권력은 더욱 공고해졌고, 트위터는 또 하나의 봉건 영지로 빠르게 전락했다. 이전에 이사회나 경영진의 심의 과정을 거쳤던 의사 결정은 어느 순간 1인 위원회로 넘어갔다. 그는 10층 사무실에 점점 더 고립되고 음모론에 둘러싸여 이전 트위터 경영진이 무능했고 어쩌면 범죄를 저질렀을지도 모른다고 믿었으며, 그래서 유일한 해결책은 트위터가 숨겨온 구린 구석을 대중 앞에 폭로하는 것뿐이라고 생각했다.

갑자기 트위터 마켓스트리트 본사의 업무 우선순위가 바뀌기 시작했다. 이제 머스크 측근들은 내부 시스템을 뒤져 부정행위의 증거를 찾아내는 임무를 부여받았다. 트위터는 미국 정부의 지시를 받는 좌파 성향의 조직이다, 트위터 직원들이 머스크와 대립하고 있다, 전직 신뢰 및 안전 책임자를 비롯한 이전 경영진이 아동 성학대 관련 자료를 방치했다는 등의 징후를 그들은 뒤졌다.[29] 이런 탐색 작전은 머스크가 말하는 "트위터 파일Twitter Files"로 절정에 달했다. "표현의 자유 탄압에 관한" 문서 모음인 '트위터 파일'은 〈뉴욕 포스트〉 기사의 배포를 제한했던 트위터에 대해 머스크가 오래전부터

가졌던 불만이 기폭제가 되어 작성된 자료였다. 그 기사는 당시 대통령 후보였던 조 바이든의 아들 헌터 바이든의 노트북에서 유출된 자료를 자세히 밝히고 있었다.[30]

"대중은 실제로 무슨 일이 있었는지 알 자격이 있다 …" 머스크는 11월 28일에 그렇게 썼다.[31]

투자자들은 머스크가 수익 창출이나 광고 판매, 구독 유도, 약속했던 야심 찬 제품 변경 실행에 집중하길 원했다. 머스크가 테슬라나 스페이스X처럼 트위터를 혁신적으로 만들 잠재력이 있다고 믿었던 그들은 트위터가 단순한 박물관 전시품으로 전락하는 것을 보고만 있을 수 없었다. 투자자들은 투자 수익을 원했다.

한편 트위터는 갈수록 머스크의 측근과 충성파들을 책임자로 앉히려는 그의 성향을 노골적으로 드러내는 집단이 되어갔다. 그렇게 자리를 차지한 사람들은 '노'라고 말하지 못하고 머스크의 기술적 전문성이나 소셜 미디어 경험 부족을 보아도 외면했다. 실리콘밸리 사람들이 머스크를 사기꾼, 즉 엔지니어링 천재를 가장한 성공한 기업가 정도로 보기 시작한 것도 이 무렵이었다.

회사 내부에는 이전 같으면 상상도 할 수 없었던 과감한 예산 삭감 목표를 세우고 이를 실행에 옮기려는 고문단이 꾸려지고 있었다. 이 고문단에는 머스크의 측근인 안토니오 그라시아스와 워싱턴 DC에서 술집과 냉동 요구르트 가게를 운영했던 사업가이자 머스크의 터널 공사 회사 보링컴퍼니의 사장 스티브 데이비스Steve Davis도 포함되었다.[32]

어느 순간부터는 기본적인 요청조차 데이비스를 통해야 했다. 그는 머스크의 의중을 실행에 옮기는 행동대장이자 구조조정 총책임자로 부상했다. 그의 전략은 치밀한 구석이 전혀 없었다. 그 달

〈뉴욕 타임스〉의 보도에 따르면, 트위터는 단독으로 자체 예산을 정했고, 청구서에 뭐라 적혀 있든 감당할 수 없거나 감당할 계획이 없던 비용은 그냥 정산하지 않기로 했다.[33] 이런 식의 일 처리에 대해 머스크는 이전 경영진이 한 약속은 이행할 책임이 없기 때문에 문제가 없다고 했다. 〈로이터〉에 따르면 머스크는 우선 인프라 관련 예산 10억 달러 삭감을 지시했는데,[34] 이는 2021년 트위터 매출의 5분의 1에 해당하는 금액으로, 결국 사이트 운영을 책임지는 데이터 센터와 서비스를 갑자기 폐쇄해야 한다는 얘기였다. 머스크는 이런 부서를 해체하는 데 시간적 여유를 주지 않았다. 한편 〈뉴욕 타임스〉의 보도에 따르면 트위터는 샌프란시스코 사무실과 전 세계 지사에 임대료 지불도 중단했다.[35]

애플 같은 주요 광고주들이 트위터 캠페인을 철회한데다 트위터 블루 같은 신제품 아이디어가 실패하면서 트위터는 자금이 바닥났다.[36] 머스크가 진 부채에 대한 첫 이자 지급일이 다가왔고, 분기마다 지불해야 할 할부금은 약 10억 달러에 달했다.[37] 하지만 그 기간에 머스크의 관심은 엉뚱한 쪽으로 향했다. 복수였다.

자칭 "바보 대장Chief Twit('트윗'에는 '바보'라는 뜻도 있다. ─ 옮긴이)"이라고 한 그는 널찍한 10층 회의실을 차지하고 앉아 비판으로부터 격리되고 예스맨의 보호를 받았으며, 무엇보다도 자신을 경멸하는 직원들과의 소통을 차단했다. 필요한 만큼의 '하드코어' 에너지가 부족하다고 여겨지는 사람들, 즉 서약서에 서명은 했지만 그 내용은 믿지 않는 현실주의자들은 따가운 눈총을 견뎌야 했다.

한 고위 임원은 머스크를 만나기 위해 10층으로 불려 올라간 후 벌어진 별난 사건들을 내게 들려주었다. 머스크와의 만남을 앞둔 사람들은 엄격한 지침을 따라야 한다는 조언을 받았다. 먼저 머스크가 차지한 대형 회의실의 대기실에서 기다려야 했다. 그곳에 가면 머스크의 기분에 따라 몇 분이나 몇 시간을 기다렸다. 그렇게 해서 사무실에 들어가면 머스크가 하던 일을 마무리할 때까지 기다렸다가 토론이든 회의를 해야 했다. 그리고 머스크가 먼저 발언할 때까지 기다려야 했다.

이 임원은 머스크의 사무실 앞에서 90분 정도 기다렸다고 회상했다. 막상 들어가 보니 머스크는 휴대폰을 들여다보고 있었다. 유튜브 동영상 같았다. 10분 동안 긴장된 침묵이 이어졌다. 마침내 고개를 든 머스크는 "잘 지내세요?"라고 인사를 건넨 후 간단한 근황과 안부를 주고받았다. 사실 브리핑은 구체적인 내용이 별로 없었다. 브리핑이 끝나자 머스크는 "수고했다" 말하며 임원에게 악수를 청한 후 다시 영상을 시청하기 시작했다.

머스크의 경영팀이 대신 들어서는 바람에 샌프란시스코가 혼란과 격변을 겪고 있는 사이, 뉴욕의 정보 보안팀은 자신들의 현 상황을 브리핑하려 했다. 당시 트위터는 10년째 사용자 데이터 취급과 관련하여 FTC(연방거래위원회)의 동의 명령 consent decree(기업의 위법 행위를 제재하기 전에 유관 기관과 합의하여 시정방안을 마련하는 절차—옮긴이)을 적용받고 있었다. 동의 명령제는 오바마 행정부에서 발생한 당시 대통령을 포함한 유명 인사들의 계정 해킹 사건이 계기가 되어 만들어진 제도였다. 뉴욕팀은 머스크에게 트위터를 운영하는 데 요구되는 엄격한 규정을 이해시킬 필요가 있었다.[38]

샌프란시스코 사무실에서 머스크와의 만남이 이루어졌다. 머스크의 예산 삭감으로 이미 뉴욕은 큰 타격을 받고 있는데, 나라 반대편에 있는 본사의 상황은 어떨까? 뉴욕에서는 긴축이 가장 기본적인 것에서부터 시작되어, 레드불 Red Bull 과 엠엔엠즈 M&Ms 같은 간식은 이제 제공되지 않았다. 트위터 머그잔도 종이컵으로 대체되었다. 커피는 금방 사라졌다.

간식이 사라진 것보다 더 중요한 것은 회사의 직원들을 걸러내면서 시작된 두뇌 유출이었다. 다시 한번 제도 운용에 필요한 지식을 보존하는 문제가 무엇보다 중요해졌다. 머스크의 팀은 FTC에 관한 한 자신이 무엇을 다루고 있는지 이해해야 했다.

뉴욕의 보안팀이 머스크에게 브리핑을 하기 위해 도착했을 때, 머스크는 상냥하고 안심시키는 태도로 모든 문제를 잘 알고 있다는 인상을 주었다.

트위터의 최고정보보안 책임자 앨런 로사Alan Rosa는 동의 명령의 중요성을 강조했다. "보세요, 우리가 서명한 이 명령은 다소 위압적입니다." 그는 머스크에게 그렇게 말했다. "흔히 보는 동의 명령이 아닙니다."

"그래요." 머스크는 한 사람을 기억에 떠올리며 그렇게 말했다. "나도 다 알고 있어요. 나도 압니다."

회의는 우호적인 분위기로 끝났다. 머스크가 규정 준수의 중요성을 이해하는 것 같았고, 평소처럼 세부적인 내용까지는 잘 몰라도 논의 주제만큼은 파악하고 있는 것처럼 보였기 때문이었다.

하지만 몇 분 뒤에 이메일 한 통이 도착했다. 머스크의 측근 중 한 명이 보낸 것이었다. 그 내용을 보면 고위 임원 중 적어도 한 명만큼은 미스크가 FTC 명령을 완전히 파악하지 못했다고 판단한 것 같았다.

동의 명령서 사본을 좀 보내달라는 내용이었기 때문이다.

11월 말에 일론 머스크는 트위터로 자신이 주도하는 회사의 최신 작업을 홍보했다. 그것은 새로운 제품이나 기능이 아니라 문서로, 그의 말을 빌리면 가히 '폭탄bombshell'이라 할 만 했다. 빅 테크와 정부가 얼마나 밀접하게 얽힌 관계인지, 당파적 이유로 표현의 자유를 억압하는 데 양측의 이해가 얼마나 일치하는지 분명하게 보여주는 자료라고 했다.

"표현의 자유를 탄압하는 문제에 관한 '트위터 파일'을 곧 트위터로 공개할 예정이다. 대중은 실제로 무슨 일이 일어났는지 알 권리가 있다." 머스크는 그렇게 썼다.[39]

첫 번째 배치batch 파일은 며칠 만에 공개되었는데, 〈뉴욕 포스트〉의 헌터 바이든 노트북 기사를 둘러싼 트위터 내부의 혼란과 해당 기사의 확산을 제한하기로 한 최종 결정을 자세히 설명하고 있었다. 그러나 한 가지 문제가 있었다. 그렇게 밝혀진 내용이 머스크의 지지자들, 심지어 열렬한 보수주의자들까지 크게 실망할 정도로 내용이 부실했기 때문이었다.[40] 예를 들어 그 문서들은 트위터가 정부나 민주당 정치인들이 하라는 대로 행동했다는 우파 인사들의 주장을 제대로 입증하지 못하고 있었다. 대신 그 자료들은 트럼프의 백악관이나 바이든의 캠페인을 비롯한 정치 관계자들이 요청한 콘텐츠 조정을 처리하는 트위터의 내부 프로세스만 보여주었다. 문서를 공개한 기자 맷 타이비Matt Taibbi는 이렇게 썼다. "(공화, 민주) 양당 모두 이런 툴에 접근할 수 있었다."[41] 그래도 "이 시스템은 균형이 잡히지 않았다. 인맥을 기반으로 했기 때문이다. 트위터에는 정치적으로 한쪽 성향을 가진 사람들이 압도적으로 많았기 때문에 우파보다는 좌파(민주당)에게 더 많은 채널과 불만을 제기할 다양한 통로가 열려 있었다."[42]

그 과정 자체가 흥미로워 엄청난 영향력을 가진 소셜 미디어 회사의 내부를 들여다보는 재미가 있는 문서였다. 하지만 '트위터 파일'로는 필요한 만큼의 내용이 나오지 않았다는 것이 일반적인 의견이었다.

한편 회사 로그를 감사하던 보안 담당자들은 훨씬 더 넓은 범위에서 사적 이해관계에 따른 조작의 패턴을 발견했다. 머스크는 하청업체들을 끌어들여 오래된 이메일을 뒤져가며 흠집을 찾아내고 있었다. 이들 비밀 그룹은 트위터의 새 리더를 비방하며 그에게 적극적으로 반대하는 트위터 직원을 찾는 것이 임무였다.

12월 어느 날 오후, 머스크가 IT 직원인 알렉스 스틸링스Alex Stillings에게 트위터 내부 시스템이 어떤 외부인에 의해 뚫리도록 하라는 기괴한 명령을 내리면서 문제가 터졌다.

"알렉스, 배리에게 트위터 전체에 대한 접근 권한을 부여하게." 내가 입수한 메시지에서 그는 시그널을 통해 그렇게 썼다. "제한 없이 말이야."[43]

이 메시지를 통해 머스크가 얼마나 대책이 없는 사람인지 드러났다. 그는 전 〈뉴욕 타임스〉 칼럼니스트 배리 와이스Bari Weiss를 트위터에 합류시켜, 일개 기자에게 고위급 직원에게나 허락될 법한 이메일, 내부 메시지, 비공개 사용자 데이터 및 문서에 대한 접근 권한을 주려 했다.

당장 IT 부서가 반발하고 나섰다. 직원들은 머스크가 은밀히 자행하는 탐색 작전의 범위가 상상을 초월할 정도로 넓다는 것을 알고 기겁했다. 직원들은 머스크가 요구하는 대폭적인 접근 권한을 허용하지 않으려 했다. 그들의 우려는 정치와는 아무런 관련이 없었다. 그들은 트위터의 개인 사용자 데이터 보호를 통제하는 연방 동의 명령을 잘 알고 있었다. 머스크는 아직 CEO로서 그들의 신뢰도 얻지 못했고, 그들도 그를 대신해 법을 어길 의향이 없었다.

"그들은 엄청난 피해를 입혔다." 한 전직 직원은 나중에 머스크가 신뢰했던 주변의 측근들을 그렇게 회상했다. "그들은 이런 것들에 대한 '만능' 접근권을 얻으려고 우리를 못살게 굴었다. 그들이 하는 것이라고는 일론을 위해 마녀사냥을 벌이고 (그에 대해) 이야기하는 사람들을 찾아내 해고하는 것뿐이다."[44]

결과론이지만 그들의 의구심과 기민한 두뇌 덕분에 머스크는 또 다른 골칫거리를 피할 수 있었다.

FTC 위원장 리나 칸Lina Khan이 공화당 의원들에게 보낸 서한은 당시 직원들이 내게 설명한 내용대로 사건이 진행되었다는 것을 다시 한번 확인시켜 주었다. "트위터에 오래 근무한 정보 보안 직원들이 개입해 위험을 완화하는 안전장치를 실행시켰다." 〈워싱턴 포스트〉는 서한에 그렇게 적혀 있었다고 보도했다. "FTC의 조사 결과 직원들의 우려가 옳았다는 것이 확인되었다. 트위터의 새 CEO가 직원들에게 FTC의 명령에 위배되는 행위를 하도록 지시했기 때문이었다."[45]

'트위터 파일' 탐색 작전이 벌어지던 그 달에 머스크의 변호사 알렉스 스피로가 트위터를 떠났다. 스피로와 머스크는 의견이 서로 맞지 않았다. 위험을 대수롭지 않게 여기는 데다 말솜씨가 좋은 스피로가 일련의 논란을 불러일으키면서 머스크의 눈 밖에 났기 때문이었다. 머스크는 스피로가 법무팀장 제임스 베이커James A. Baker를 유임시키기로 하자 문제를 제기했었다. 전직 FBI 변호사였던 베이커는 '트위터 파일'에 영향력을 행사할 수 있는 중요한 직책에 있었다. 〈뉴욕 타임스〉의 보도에 따르면, 베이커가 해당 문서를 검토하고 정부의 거대한 음모를 보여주기 위한 파일의 공개 여부를 심사하는 과정에서 일정 역할을 맡았다는 사실을 알게 된 머스크가 그를 해고하기로 한 것이었다.⁴⁶ (베이커와 최고정보보안 책임자 앨런 로사는 그해 12월에 몇 시간 차이로 해고되었다.) 테슬라의 주요 재판이 1월로 다가오는 것에 맞춰 스피로는 머스크의 선처를 입어 복귀하게 된다.

머스크가 처음 트위터에 눈독을 들이게 된 원동력이었던 '표현의 자유' 철학은 플랫폼의 담론을 통제하려는 그의 욕망과 더욱 더 충돌하게 되었다. 머스크의 표현의 자유에 대한 약속이 철통같지 않다는 의심은 이후에 보여준 그의 행동으로 더욱 확실해졌다. 예를 들어 머스크는 텔레비전 진행자 돈 레먼과의 인터뷰가 논란이 된 후 그와의 계약을 취소해 또 한 번 세간의 입방아에 올랐다.⁴⁷ 사람들은 레먼을 가리켜, 자칭 "표현의 자유 절대주의자"라던 사람의 약속에 속아 넘어간 언론인 중 최근의 사례일 뿐이라고 지적했다.

그러나 머스크가 회사를 인수할 당시에는 그의 말을 믿은 사람들이 많았다. 머스크는 그런 철학에 대한 약속은 11월 6일에 그가 쓴 트윗에 잘 나타났다고 주장했다. "표현의 자유에 대한 나의 약속은 직접적인 개인의 안전 위험에도 불구하고 내 비행기를 추적하는 계정을 금지하지 않는 것까지 포함한다."⁴⁸ 그가 그 약속을 뒤집는 데는 한 달 남짓밖에 걸리지 않았고, 절대적 표현의 자유주의자라는 그의 주장에 난 상처는 좀처럼 아물 줄 몰랐다.

12월 14일, 센트럴 플로리다 대학교 2학년생인 잭 스위니Jack Sweeney는 아침에 일어나 자신의 인기 트위터 계정인 @ElonJet이 차단됐다는 사실을 알게 됐다.⁴⁹ 이 계정은 공공 데이터를 종합해 머스크의 전용 걸프스트림 제트기의 실시간 위치를 알려주는 게시물로, 수십만 명의 팔로워를 보유하고 있었기 때문에 신상털기나 유명 인사들의 보안과 관련해 우려를 자아내고 있었다. 그리고 대부분은 이해할 만한 우려였다.

머스크의 사이트가 이 계정이 "트위터 규정을 위반했다"고 주장하는 것과 동시에 해당 트윗은 인터넷에서 삭제되었다.[50]

계정을 정지시킨 배경은 곧 밝혀졌다. 그날 밤, 머스크의 즉흥적인 결정에 반발이 거세지자 머스크는 자신을 해명하는 트윗을 올렸는데, 거기서 그는 스위니가 자신과 자신의 아기에 대한 스토킹 시도를 거들었다고 비난했다. 물론 근거는 없었다.

"어젯밤 LA에서 리틀 엑스(Æ A-Xii)를 태운 차를 어떤 미친 스토커가 (그게 나라고 생각하고) 뒤따라오더니 차를 움직이지 못하게 막고 보닛 위로 올라갔다." 그는 그렇게 썼다. "스위니와 내 가족에게 위해를 가한 것을 지지한 조직에 법적 조치를 취하고 있다".[51]

머스크는 그런 주장을 했지만 이를 뒷받침할 만한 설명은 나중에도 전혀 없었다고, 스위니는 2024년 12월에 내게 말했다.

어떤 뉴스 보도에 따르면, 머스크의 보안팀의 팀원 하나가 캘리포니아주 사우스패서디나의 한 주유소에서 스토커로 추정되는 사람과 대치한 사건 이후, 머스크는 제트기 추적 계정 정지 사건을 취재했던 기자들에게 화살을 돌렸다.[52]

많은 팔로워를 보유한 유명 기자 6명 이상이 곧 스위니와 같은 운명에 직면했고, 이들은 별다른 구제 수단 없이 트위터에서 계정을 차단당했다. 여기에는 내 동료인 드루 하웰Drew Harwell도 포함되었다. 하웰은 당시 상황에 대한 글을 올리면서 @ElonJet을 태그했는데, 이는 적어도 트위터 기준으로 보면 사형감에 해당하는 행위였다.[53] 내부적으로 트위터 직원들은 곧 자신들의 플랫폼이 CEO의 개인적인 앙심을 푸는 데 어떻게 이용되고 있는지 알게 되었다. 나와 내 동료 한 명은 이런 종류의 중지 조치에 '일론의 지시'나 '엘라의 지시'라는 라벨이 붙어 있었다는 사실을 알아냈다. 엘라는 트위터의 새로운 신뢰 및 안전 책임자 엘라 어윈Ella Irwin을 지칭했다.[54]

머스크의 두 트윗은 곧 하웰과 다른 기자들의 퇴출 결정의 배후가 누구인지 궁금해할 필요가 없게 만들었다.

"다른 모든 사람과 마찬가지로 '언론인'에게도 똑같이 신상털기 규정이 적용된다." 그는 그렇게 적으며 개인의 실시간 위치를 올린 것을 지적했지만, 언론인들은 그런 짓을 한 적이 없었다.[55] 일부 언론인들이 하웰처럼 지금은 정지된 @ElonJet 계정에 링크를 걸었을 뿐이었다.[56] 머스크는 다른 유형의 사건을 봤던 것 같다.

"그들은 내 실시간 위치를 정확히 올렸다. 따지고 보면 그건 암살 좌표로, 트위터 서비스 약관을 (명백하게) 직접적으로 위반한 행위였다" 머스크는 그렇게 말했다.[57]

〈워싱턴 포스트〉는 나중에 경찰도 제트기 추적 계정과 스토커 혐의자 사이에 연관성을 발견하지 못했다고 밝혔다.[58] 스위니와 기자들은 어쨌든 희생양이 되고 말았다. 당시에 스위니의 활동을 신상털기로 규정한 곳은 트위터밖에 없었다. 결국 스위니는 머스크의 제트기 위치를 실시간으로 게시할 수 없어, 하루 늦춰서야 게시할 수 있었다. 덕분에 인스타그램이나 마스토돈Mastodon 같은 경쟁사들이 머스크의 행방과 관련된 정보를 제공하는 새로운 출처가 되었다. 앞서 언급한 기자들의 계정은 복구되었는데, 문제가 된 트윗을 삭제한다는 조건이 붙었다.[59]

트위터의 유용성은 계속 떨어지고 있었다. 머스크의 지지 세력조차도 플랫폼의 방향에 불만을 품었다. 그의 즉흥적인 의사 결정 탓이었다. 최근 일련의 스레드를 통해 '트위터 파일'의 조사 결과를 자세히 소개했던 우호적인 저널리스트 배리 와이스도[60] 머스크의 자의적인 금지 조치로 인해 그와 결별한 후 그의 일관성 없는 소신을 부각시켜[61] 머스크의 분노를 샀다.[62]

"누군가 내 아기나 내 가족을 건드렸다면 나도 분명 규정을 바꿔 제트기 계정을 정지시킬 것이다." 그녀는 그렇게 글을 올렸다. "하지만 지난 달 당신은 그것을 그대로 두어 표현의 자유에 대한 의지를 보여주겠다고 했다. 그러니 사람들이 혼란스러워하는 것은 당연하지 않은가?"[63] (1년여 뒤에 그녀와 '트위터 파일'을 같이 취재했던 맷 타이비는 "표현의 자유와 관련해 머스크가 매우 실망스러운 모습을 보였다"고 말했다.)[64]

그러나 허용되는 게시물에 대한 머스크의 자의적인 정책에 반대하는 사람들에게는 아직 관에 박을 마지막 못이 남아 있었다.

12월 18일, 일론 머스크는 재러드 쿠슈너 Jared Kushner 와 트위터 투자자인 카타르 투자청의 CEO와 함께 월드컵 결승전을 관람했다. 같은 날 이 소셜 미디어 사이트는 깜짝 놀랄 만한 새 정책을 발표했다. 다른 소셜 미디어 사이트의 '무료 홍보'는 더 허용되지 않고, 사용자들은 이제 트위터에서 페이스북이나 인스타그램, 도널드 트럼프 전 대통령이 공동 설립한 트루스 소셜 같은 대안 사이트를 홍보할 수 없다는 얘기였다.[65] 마스토돈과 포스트 Post.news 같은 경쟁업체가 힘을 얻고 있는 상황에서 이 정책이 시행되자 즉각 반발이 나왔다.[66] 사람들은 머스크의 종잡을 수 없는 의사 결정을 수개월 동안 참아 왔지만 트위터의 파워 유저들, 심지어 머스크를 열렬히 지지했던 사람들이 봐도 이는 실패할 확률이 매우 높은 정책이었다. 이 정책은 표현의 자유에 대한 머스크의 약속뿐 아니라 개방형 인터넷의 기본 원칙과도 맞지 않았다.

머스크의 새 정책에 따라 트위터는 자신과 다른 소셜 미디어 네트워크 사이에 방화벽을 세우게 된다. 머스크를 싫어하는 일반 집단뿐 아니라 머스크의 편에 섰던 실리콘밸리의 유명 인사들도 새 정책을 공격했다. 트위터에 인기 계정을 가진 프로그래머이자 작가인 폴 그레이엄Paul Graham은 자신의 마스토돈 계정을 홍보했다가 곧 정지당했다. 이 사건은 그 자체로 비난의 화살 세례를 받았다.

"참을 만큼 참았다." 그레이엄은 자신의 계정이 정지되기 전 트위터의 새 정책을 링크하며 그렇게 썼다.[67]

한편 트위터에 인턴으로 채용된 개발자 조지 하츠는 자신의 인스타그램 계정으로 연결되는 링크를 트위터에 올렸다.

"만약 그런 말을 하지 못하게 한다면, 더는 이곳에 있을 생각이 없다. 그것은 표현의 자유와 거리가 멀다."[68]

이 새로운 정책은 에드워드 스노든Edward Snowden까지 관심을 갖게 만들었다. 그는 온라인에서 투명성과 열린 인터넷을 옹호하는 사람으로 유명한, 국가안보국National Security Agency의 내부 고발자였다.

"(이는) 나쁜 정책이며 반드시 철회되어야 한다." 스노든은 그렇게 썼다.[69]

격렬한 논쟁 속에서 머스크는 일련의 트윗을 통해 자신의 생각을 설명했다.

"트위터는 사용하기 쉬워야 하지만 경쟁사에 대한 무분별한 무료 광고는 이제 없어져야 한다. 기존의 어떤 퍼블리셔도 이를 허용하지 않고 있으며 트위터도 미찬가지다."[70] 그리고 덧붙였다. "가끔 링크를 자연스럽게 공유하는 것은 괜찮지만, 경쟁사에 대한 끊임없는 무료 광고는 더는 안 된다. 말도 안 되는 일이다."[71]

그러나 대세는 머스크의 행동을 비판하는 쪽으로 기울고 있었다. 트위터 사용자들은 공개적으로 불쾌감을 드러냈다. 머스크는 이런 반발을 진정시켜 보려 급히 트윗을 올렸다.

"폴의 계정은 곧 복구될 것이다." 동부 시간으로 오후 6시 15분에 그렇게 글을 올린 그는 경쟁 소셜 미디어 사이트를 홍보한 계정에 대한 금지 조치를 취소했다.[72] 그런 다음 머스크는 평소에 잘 하지 않던 것을 했다. 사과를 한 것이다.

"앞으로 주요 정책을 바꿀 때는 투표를 할 것이다. 사과드린다. 다시는 이런 일이 없도록 하겠다." 그는 동부 시간으로 오후 6시 17분에 그렇게 말했다.[73] 그날 저녁 머스크는 침울한 기색이 뚜렷했다. 3분 뒤에 그는 수중에 있지도 않은 440억 달러를 들여 내키지 않던 사이트를 인수한 이후로 가장 강력한 선언을 발표했다. 머스크는 결국 즉흥적으로 결정하는 충동을 억누르지 못했다. 그의 트윗이 그런 사실을 보여준다.

"내가 트위터 대표직에서 물러나야 할까요?" 그는 오후 6시 20분에 그렇게 물었다. "투표 결과를 따르겠습니다."[74]

머스크는 그의 의사결정 과정을 점점 더 비과학적인 방법에 의존하고 있었다. 트위터 여론 조사라고 해봐야 소셜 미디어 사이트의 응답자를 대상으로 한 비공식 설문조사에 지나지 않았다. 도널드 트럼프 전 대통령의 계정을 복원해야 할지,[75] 이전에 금지되었던 수천 개의 다른 계정을 복원해야 하는지,[76] 심지어 1년 전 막대한 세금 청구서를 받아들였을 때[77] 테슬라 주식의 10%를 매각해야 할지 여부[78]도 이런 투표로 결정했다. 그는 이를 통해 막대한 현금을 확보했고 몇 달 뒤에 트위터를 사들였다. 하긴 원칙적으로는 가장 안전한 방법이었다. 트위터 사용자라면 누구나 투표에 참여할 수 있었지만, 이런 여론조사는 머스크를 팔로우하거나 머스크와 가까운 곳에 있는 사람들의 타임라인에 나타날 가능성이 높았기 때문이다.

다시 말해 머스크의 막대한 팔로워는 자기 선택적 아첨꾼 무리를 만들어냈고, 그들은 머스크 글의 행간을 읽어 머스크가 원하는 결과를 만들어주었다.

일반적으로 여론조사는 항상 머스크가 원하는 방향으로 진행되었다. 예를 들어 주식 매각에 대한 질문이 그런 경우다. 머스크의 문구는 그의 의중을 우회적으로 드러냈다. "최근 실현되지 않은 이익이 세금 회피 수단으로 악용된다는 말이 많아, 테슬라 주식의 10%를 매각하겠다는 제안을 합니다."[79] 그는 이후 트윗에서 덧붙였다. "어떤 결과가 나오든 이 여론조사 결과를 따르겠습니다."[80]

350만 명의 응답자가 약 58대 42로 주식 매각을 지지했다. 문제는 머스크가 불과 며칠 뒤 주식의 상당 부분을 매각했을 때, 10억 달러 이상의 매각이 사전에 계획된 것이라는 사실이 드러난 것이다. 말하자면 트위터는 이미 결정된 사안에 대한 시험판에 불과했다.[81] 이 여론조사는 단지 공개적인 검증에 대한 기록으로 활용되었거나, 테슬라의 경우에는 공개 시장에 대한 충격을 진정시키기 위한 수단이었던 것 같다.

그러나 12월 중순, 머스크의 행보가 점점 더 종잡을 수 없게 되고 인기마저 떨어지자 트위터 여론조사도 그에게 불리하게 돌아섰다. 예를 들어 사용자들은 머스크가 스토킹이라고 주장하는 사건 이후 정지시켰던 기자들의 계정을 즉시 복귀하라는 투표에 약 59대 41이라는 큰 차이로 찬성표를 던졌다.[82] 머스크는 특유의 방식으로 대응해 이들 계정을 다시 복구하면서 그들을 은근히 비방했다.

"다들 원하니까." 그는 12월 16일에 그렇게 썼다. "내 위치를 신상털기한 계정은 이제 정지가 해제될 것이다."[83]

머스크는 CEO직에서 물러날 것인지를 묻는 투표를 시작한 후 평소와 달리 섬뜩할 정도로 조용해졌다. 12시간 동안 진행된 트위터 설문조사는 시간당 평균 100만 표 넘게 몰렸고, 입소문을 타면서 실시간 여론을 반영하기 시작하자 이전에는 머스크의 콘텐츠에 참여할 이유가 없었던 사용자들의 피드에도 투표 독촉이 올라갔다. 이제 사용자들은 지난 며칠 동안 이 사이트에 큰 혼란을 일으킨 CEO가 계속 책임자로 남을 것인지에 대해 개인적인 발언권을 갖게 되었다. "권력을 탐하는 사람이야말로 그것을 가질 자격이 전혀 없는 사람이다." 투표가 진행되는 동안 머스크는 그런 트윗을 올렸다.[84] 사용자들은 떼를 지어 투표에 참여했다. 총 1,750만 표가 넘는 응답이 모였다.

월요일 아침이 되자 투표 결과는 나왔지만 거기에 의문을 제기하는 사람은 거의 없었다. 사람들은 압도적으로 머스크가 물러나야 한다는 쪽에 표를 던졌다. 57.5 대 42.5, 15 포인트 차였다. 이제 모든 시선은 머스크에게로 향했다. 하지만 한 시간에도 여러 차례 글을 올리던 트위터의 파워 유저였던 CEO 머스크의 글은 눈을 씻고 봐도 찾기 힘들었다. 머스크의 트위터 인수로 타격을 입었던 테슬라의 주가는 머스크가 물러날 수도 있다는 소식에 소폭 상승했다.[85]

머스크의 답변이 없는 상태로 하루가 지나가면서 트위터의 미래는 투표를 하기 전보다 더 불투명해졌다. 일부에서는 편리한 설명이 떠돌았다. 머스크가 월드컵을 관람한 후 카타르에서 돌아오는 비행기 안에 있기 때문에 인터넷 연결이 원활하지 않다는 것이었다. 그가 우크라이나 전쟁의 최전선에 제공한 스타링크 기반 인터넷을 개척하지 않았다면 그런 추론도 훨씬 더 신빙성이 있었을 것이다.[86] 실제로 머스크는 가끔 비행기에서 트위터 스페이스를 통해 실시간 오디오 채팅을 진행하기도 했다.

아니, 머스크는 결과에 충격을 받았는지 아니면 적절한 대응책을 마련하지 못했는지 침묵으로 일관했다. 투표가 종료된 지 약 12시간이 지난 동부 시간 오후 6시 27분에야 마침내 그는 모습을 드러냈다.[87] 하지만 투표 결과를 인정하는 모습은 아니었다. 오히려 머스크는 의사 결정 도구로서 트위터 여론조사의 신뢰성에 의문을 제기했다. 먼저, 그는 여론조사에 "딥 스테이트 봇deep state bots(정부 내 은밀한 권력 조직이 특별한 목적을 위해 조작한 자동 계정 ─ 옮긴이)"이 벌떼처럼 달려들어 자신에게 불리한 투표를 했다는 누군가의 주장에 "흥미롭다"고 답했다.[88]

15분도 채 되지 않아 머스크는 다시 트윗을 올렸는데, 이번에는 트위터가 정책 관련 여론조사를 유료 사용자로 제한해야 한다는 한 사용자의 주장에 공개적으로 동의했다.[89]

결과를 확실히 인정하는 트윗을 올린 것은 다음 날이 되어서였다. "CEO직을 맡을 만큼 어리석은 사람을 찾는 대로 사임하겠다!" 트위터 사용자들의 손에 자신의 운명을 맡긴 지 정확히 이틀하고 2시간이 지난 12월 20일 오후 8시 20분(동부 표준시)에 그는 그렇게 트윗했다. "그 이후에는 소프트웨어와 서버 팀만 운영하겠다."[90]

머스크는 이 해프닝에서도 별다른 교훈을 얻지 못했다. 그가 이전의 어떤 실수보다 더 큰 위험에 노출될지 모르는 충동적인 결정을 내린 것도 바로 이 시기였다. 트위터가 공격적인 비용 절감을 견딜 만한 역량을 갖추었다는 사실에 베팅한 것이있다. 머스크가 트위터 인력의 4분의 3을 해고했는데도 사이트가 정상적으로 작동되고 있다는 사실은 하나의 밈이 되어 세상을 돌아다녔다. 하지만 이를 퍼뜨리는 사람들은 머스크가 트위터를 인수한 후의 트위터 실상을 간과하고 있었다. 트위터는 코드를 조금만 수정해도 즉시 심각한 장애를 일으켜 접속이 안 되는 등 사이트가 마비되는 경우가 많았고, 버그로 인해 주요 기능에 결함이 생기곤 했다. 트위터는 주요 글로벌 이벤트에서 트위터를 꼭 필요로 하는 순간에 제 역할을 하지 못했다.[91]

다음 날 머스크는 회사에서 가장 큰 데이터 센터를 폐쇄하라고 명령했다. 전기 작가 월터 아이작슨은 그 사정을 자세히 밝혔다. 연간 1억 달러를 절약할 방법을 찾다 트위터 관리자들에게 컴퓨터 서버를 포틀랜드로 이전하라고 지시한 것이다. 머스크는 6~9개월 정도 걸린다는 실무자의 예상이 마음에 들지 않았다.[92] 그는 다가오는 크리스마스 연휴와 그 이후 며칠 사이에 서버를 옮기기로 했다. 아무나 모아 대충 팀을 꾸리고, 세미트럭과 이삿짐 차를 동원한 다음 애플 에어태그Apple AirTags로 장비를 추적하게 했다.

아이작슨은 당시 상황을 이렇게 설명했다. "현장의 다른 직원들은 놀라움과 공포가 뒤섞인 표정으로 지켜보았다. 머스크팀은 서버를 상자에 넣지도 않고 보호재로 감싸지도 않은 채 그냥 장비를 밖으로 빼냈다. 그들은 상점에서 구입한 끈으로 장비들을 트럭에 고정했다."[93]

머스크는 나중에 데이터 센터 해체를 후회한다. 트위터가 갈수록 사소한 변화에 민감해져 머스크의 표현대로 '취약한' 환경, 즉 사이트가 쉽게 중단되는 쪽으로 바뀌었기 때문이다.[94] (크리스마스 3일 뒤에 장애가 발생했다.[95]) 가장 유명한 사례는 론 디산티스의 대선 출정식을 트위터로 생중계하다 갑자기 먹통이 된 사건으로, 한때 머스크가 지지하는 후보였던 그를 당황하게 만든 대실패였다고 아이작슨은 지적했다.[96] 디산티스가 한창 출마 선언을 하는 중에 트위터 서버에 과부하가 걸렸는지 연결이 끊어지고 만 것이다. 머스크는 후보와의 대화를 유지하기 위해 갖은 방법을 다 동원했지만 실패하고 말았다.

"자, 디샌티스 주지사님을 소개합니다. 이번 …" 〈워싱턴 포스트〉의 보도에 따르면 머스크가 말을 시작하려는데 연결이 끊겼다. "이거 운이 없군요. 이런 적이 없었는데." 뒤에서 어떤 목소리가 들렸다. "접속자가 너무 많아요."[97]

"돌이켜보면 새크라멘토 폐쇄는 실수였어요." 머스크는 아이작슨에게 그렇게 말했다. "데이터 센터 곳곳에 중복되는 부분이 많다고 들었어요. 하지만 새크라멘토에 맞춘 하드 코딩된 레퍼런스가 7만 개나 있다는 사실은 듣지 못했습니다." 결국 그의 말은 트위터 컴퓨터 코드의 상당 부분이 그가 폐기한 데이터 센터에 의존하도록 특별히 프로그래밍되어 있었다는 얘기였다. "그리고 그 때문에 지금도 여전히 작동하지 않는 부분이 존재합니다."[98]

머스크가 퇴사한 트위터 임원들에 대한 음모론을 계속 퍼뜨리는 사이, 그가 자초한 온라인 괴롭힘의 여파는 실제로 사람들의 생활에까지 침투하기 시작했다.

퇴사한 신뢰 및 안전 책임자 요엘 로스는 오클랜드의 임시 거처에서 사회복지사인 동성의 남편과 함께 살면서, 상황이 진정되기만 기다렸다. 짐들은 집에서 꺼내 창고에 보관한 상태였다. 하지만 1월이 되었을 때 그들은 엘세리토에 있는 자신들이 개조한 크래프츠맨 스타일의 주택을 부동산에 내놓기로 했다. 머스크와 그의 추종자들이 '트위터 파일'로 촉발된 로스의 견해와 콘텐츠 중재에 대한 접근법에 의혹을 제기하면서, 다시는 그 집에서 편하게 지낼 수 없게 되었기 때문이었다. 로스는 자신의 집 주소를 알아낸 온라인 스토커들로부터 트위터 쪽지와 이메일을 통해 협박을 받고 있었다.

로스와 그의 파트너가 집을 파는 이유를 안전 문제 때문이라고 밝히는 바람에 집을 사려던 최소 두 명의 구매자가 계약을 철회했다. 결국 몇 해 전에 구입해 수리한 그들의 보금자리이자 로스가 트위터에서 번 돈 전액을 쏟아부은 주요 자산이었던 그 집은 손해를 보고 팔렸다.

트위터의 종말이 임박했다는 소문이 과장된 것일지는 몰라도, 접속이 급증하는 시기에 제 기능을 유지하지 못하는 문제는 여전히 계속되고 있었다.

2024년 대선에서 머스크는 도널드 트럼프 전 대통령과 스페이스로 채팅을 진행했다. 머스크는 그해 초여름에 트럼프에 대한 암살 시도가 있은 지 불과 몇 분 만에 그를 지지하고 나섰다. 그 사이 장애 문제를 해결할 수 있는 2년 가까운 시간이 있었는데도, 머스크는 디샌티스 때와 거의 똑같은 실패를 반복했다. X의 서버가 과부하를 처리하지 못해 인터뷰 시작이 지연된 것이다. 이번에는 기술적 문제를 "디도스DDoS (분산 서비스 거부)" 공격 탓으로 돌렸다. 사이트를 다운시키려는 해커나 스패머spammers의 표적 공격이라는 얘기였다. 이벤트가 시작하기 무섭게 "모든 데이터 회선이 포화 상태"가 되고 말았다고 그는 발표했다.[99] 하지만 그에 대한 증거는 제시하지 않았다. 그는 다시 논점을 바꿔 표현의 자유를 주장했다.

"이번 대규모 공격에서 알 수 있듯이, 트럼프 대통령의 발언을 듣는 것 자체를 싫어하는 사람들이 많은 모양이다." 그는 그렇게 둘러댔다.

수십만 명이 지켜보는 가운데 트럼프는 X의 서버가 다운된 것을 긍정적인 신호로 받아들이는 것 같았다. 그는 "지금까지의 모든 기록을 깼다"며 머스크를 축하했다.

"일론 머스크 정도면 하고 싶은 대로 다 하고 나 몰라라 해도 되는 겁니까?"

2023년 1월에 일론 머스크는 샌프란시스코 법정의 배심원단 앞에 앉았다. 피곤한 표정이었다. 모두를 그곳으로 불러들인 그 상황은 그리 낯설지 않았다. 그날은 2018년 "자금은 확보됐음" 트윗에 대한 연방 주주 재판에서 머스크가 종일 증언해야 하는 첫날이었다. 기자들 사이에 앉아 맞은편의 머스크를 바라보고 있던 내 눈에 들어온 것은 얼굴에서 핏기가 사라진 채 힘겹게 버티고 있는 한 남자의 모습이었다. 그는 이 주제를 두고 벌이는 토론 자체를 지겨워하는 것 같았다. 그는 자리에서 몸을 움직이며 허리 통증을 호소해 봤지만 별 도움이 되지 않았다.

"어젯밤에 잠을 잘못 잤기 때문에 안타깝게도 최상의 컨디션이 아닙니다." 그는 증인석에서 그렇게 말했다.

머스크는 특히 어려운 시기에 테슬라 공장에서 잠을 잔 것으로 유명하다. 트위터의 상황도 바닥에서 자야 할 만큼 심각했던 것

같다.[1]

그래도 이 터무니없는 억만장자의 수면 방식은 아무래도 퍼포먼스인 것 같다는 인상을 떨칠 수 없었다. 이 문제를 잘 아는 한 사람에 따르면, 그 무렵 머스크의 절친한 친구이자 동료 억만장자인 래리 엘리슨이 자신의 퍼시픽 하이츠 저택에 머물 것을 권했다고 한다. 트위터 본사에서 조금만 가면 베이에어리어와 금문교가 한눈에 들어오는, 유리로 둘러싸인 천국 같은 거처였다.

"래리가 자신의 집을 제공했어요." 그 사람은 내게 그렇게 말하면서 자신도 재촉했다고 했다. "직접 운전해도 10분이고 운전기사를 불러도 10분이면 갈 수 있는 곳인데 왜 바닥에서 잡니까?"

"실제라기보다는 일종의 연극이죠 … 차도 있겠다 운전기사도 있겠다, 경호원이 세 명이고, 차에 타면 전화나 문자 등 뭐든 할 수 있으니 1분도 낭비할 일이 없는 겁니다. 집에 가서 좋은 침대에 누우면 되는 거예요."

하지만 머스크가 편안한 잠자리를 거부한 것도 전략의 일환이었을지 모른다. 머스크는 캐나다로 이민 온 이야기부터 대학 시절 내내 아르바이트 했던 일, 학자금 대출 빚을 갚아나가는 과정, 스페이스X의 야망에 이르기까지 그가 겪었던 시시콜콜한 일까지 모두 증언하며 설득력을 발휘했고 동정심까지 불러일으켰다. 변호사들로 가득 찬 법정에서 세계 최고 부자는 무척이나 평범한 사람이었다. 변호사 알렉스 스피로가 어린 시절을 물었을 때의 반응이 가장 그럴듯했다.

머스크는 잠시 아무 말도 없었다. 그가 생각해 낸 답은 단 두 단어였다. "좋지 않았어요."

"몇 문장으로 설명할 순 없을 것 같아요." 그는 덧붙였다.

나도 그가 안쓰럽게 여겨졌다. 그는 어린 시절 집단 괴롭힘에 시달렸고, 그때 가졌던 안 좋은 기억을 떨쳐내지 못했다. 그는 사람들에게 여전히 자신이 괴롭힘을 당하고 있다는 인상을 줬다. 다른 점이 있다면 놀이터에서 괴롭히던 못된 아이들 역할이 어떤 체제로 바뀌었을 뿐이었다. 법정에 있던 사람들 모두가 그를 뚫어지게 보기만 했다.

재판은 지루하기 쉽다. 증인, 특히 전문가들이 몇 시간 동안 단조로운 말투로 증언을 이어가는 것도 배심원들의 관심을 집중시키는 데 별로 도움이 되지 않는다. 머스크는 그렇지 않았다. 그는 증인석에서 사람들을 즐겁게 해주고 호감을 주었으며 때로 웃기기까지 했다. 그래도 재판정에서 가장 큰 웃음을 자아낸 사람은 원고 측 변호사였을 것이다. 과묵한 성격의 그가 머스크를 "미스터 트윗Mr. Tweet"이라고 부른 것이다. 그걸 그는 "프로이트식 실언Freudian slip(무의식중에 속마음을 드러낸 발언―옮긴이)"이라고 했다.[2]

머스크는 그 실수 아닌 실수를 놓치지 않았다. 머스크는 "미스터 트윗"이 "아마도 정확한 표현일 것"이라고 인정했다. (그리고 곧 자신의 트위터 프로필 이름을 "미스터 트윗"으로 변경했다.)

증인석에 선 머스크가 무슨 말을 해도 그 자리에 있는 사람들은 믿을 기세였다. 2018년의 발언도 그중 하나로, 법정에 있던 사람들을 그 자리에 모이게 한 그 발언을 그는 "악명 높은 트윗the infamous tweet"이라고 했다.[3] 다시 한번 환기해 보자. 머스크는 트윗을 통해 전했다. "테슬라를 420달러에 비공개로 전환하는 것을 고려 중. 자금은 확보됐음." 이 소식과 함께 테슬라의 주가는 11% 가까이 급등했다. 머스크가 부풀려 말한 가격이 갑자기 실현 가능해 보였기 때문이었다. 하지만 그 주장이 무산되면서 SEC는 머스크를 사기 혐

의로 고소했었다.[4]

하지만 법정에서 머스크는 애써 태연한 모습이었다.

"내가 뭔가를 트윗 한다고 해서 사람들이 그걸 믿거나 그에 따라 행동하는 건 아닙니다." 그는 그렇게 말했다.

"일론 머스크 정도면 하고 싶은 대로 다 하고 나 몰라라 해도 되는 겁니까?"

샌프란시스코 연방법원의 배심원단 앞에서 변호사 니콜라스 포릿Nicholas Porritt은 그렇게 따졌다.

"이건 규칙의 문제입니다." 포릿은 배심원들에게 그렇게 말했다. "일론 머스크 같은 억만장자에게 규칙을 적용하는 문제란 말입니다."[5]

5년이 지난 지금 시점에서 보면, "자금은 확보됐음" 사건에서 머스크가 저지른 위법은 그 후 몇 년간 그가 보인 무분별한 행동에 비하면 그나마 덜 위험한 것이었다. 이 사건의 여파로 가장 큰 고통을 받은 사람은 월스트리트 투자자와 공매도 세력으로, 딱히 동정을 받을 만한 사람들은 아니었다. 하지만 머스크가 뭔가 잘못을 저지른 것, 아니 사실 멍청한 짓을 한 것은 분명했고 이 실수로 그는 수천만 달러와 테슬라 이사회의 의장직을 잃게 되었다. 에드워드 첸Edward Chen 판사는 이미 머스크의 "자금은 확보됐음"이라는 주장이 사실이 아니라고 판결한 바 있다.[6] 문제는 투자자들이 그 주장에 영향을 받아 거래를 했는지 그리고 그것이 시장의 움직임에 중요한 영향을 미쳐 그들에게 손실을 입혔는지 여부였다.

원고인 티머시 프라이스는 테슬라가 비상장 기업으로 전환되면 가치가 더 오를 것으로 생각해 테슬라 주식을 매수했다가, 이후의 광풍으로 인해 5,000달러의 손실을 봤다고 증언했다. 결국 그는 주

당 370달러에 매입한 주식 50주를 손해를 보고 팔았다고 〈월스트리트 저널〉은 보도했다.[7]

"허위 진술 탓에 손해를 봤다고 생각했습니다." 그의 증언을 담은 〈워싱턴 포스트〉 기사에서 그는 그렇게 말했다.[8]

주요 원고이자 소송 대표인 글렌 리틀턴은 피해가 훨씬 많아 잃은 돈이 350만 달러 이상이라고 주장했다. 그러나 소액 베팅이었던 프라이스와 달리 리틀턴의 손실에는 막대한 금액이 걸린 복잡한 거래에서 있을 수 있는 계산 착오가 있었던 것으로 보인다. 스피로는 리틀턴의 행위가 "도박"이었다고 주장했다. 증거도 있었다. 리틀턴은 주식 중개인에게 이메일을 보내며 머스크의 트윗을 "소문"이라고 했다. 스피로의 최후 변론에 따르면 그는 "(비상장 전환을) '고려 중'이라는 소문을 들었고" 이를 근거로 거래를 했다고 한다. 스피로는 이런 행위가 "사실일 수도 있고 아닐 수도 있는 것에 도박을 한 것이다"라고 표현했다.[9]

리틀턴의 투자 구조를 생각할 때 머스크가 확보했다고 밝힌 주식이 420달러를 넘어섰다면 71세의 리틀턴은 이익을 얻었을 것이라고 〈포춘〉은 보도했다.[10] 그러나 가까운 시일에 그런 가격에 도달하는 일이 일어날 것 같지 않기에 리틀턴은 매도할 수밖에 없었다. 리틀턴은 엄청난 부자 같았다. 그리고 머스크와 변호사는 그와 동료를 이야기에 나오는 악당 취급했다. 바로 이때 마지막 먹잇감이 등장했다. 공매도 세력이었다. 이들은 리틀턴과 정반대 방식을 택해, 테슬라가 420달러 목표를 달성하지 못할 경우 이득을 취하려 했다. 머스크와 스피로는 이들 원고를 테슬라의 실패로 이득을 보는 무리로 그리는 데 성공했다. 당시 지구상에서 가장 부유한 사람이었던 머스크는 다윗과 골리앗의 역학 관계를 교묘하게 바꿔 스스로 다윗이 되었다.

"월스트리트에는 테슬라의 죽음을 애타게 바라는 상어 떼가 있습니다." 머스크는 배심원단에 그렇게 말했다. "공매도를 불법화해야 합니다. 제 생각에 공매도는 월스트리트의 악당들이 투자자들의 돈을 훔치는 수단입니다. 좋지 않아요."[11]

스피로 역시 최후 변론에서 공매도 투자자들을 비난했다.

"테슬라 주가가 떨어진다는 데 베팅을 하고 테슬라를 공매도하는 사람들은 테슬라에 나쁜 일이 생기기만 바랍니다. 그리고 이 시기에 테슬라를 공매도한 사람치고 성공한 경우는 없습니다." 그는 그렇게 말했다.[12]

테슬라를 이끄는 머스크의 능력에 의문을 갖게 만든 머스크의 트윗은 머스크를 그 자리에서 쫓아낼 뻔한 일련의 스캔들 중 일부에 불과했지만, 그 후 거의 5년 만인 2023년 1월에 이 억만장자 기업가는 이 문제에서 완전히 면죄부를 받았다. 배심원단은 "자금은 확보됐음"이 투자자들의 손실에 중대한 영향을 미쳤다는 원고의 주장을 받아들이지 않고 머스크에게 책임이 없다고 판결했다.

소송이 끝난 후 원고 측 변호사들은 서로를 껴안은 채 장례식에 가까운 침묵 속에 자리를 뜨지 못했다. 나는 포릿에게 다가가 말을 걸었다. 낙담한 모습이었다. 그는 철저히 준비한 것에 나름 자부심을 갖고 있던 진지한 사람이었다.

"실망스러울 뿐입니다." 그는 그렇게 밀했다. "대형 공개 기업의 CEO가 이렇게 나올 줄은 몰랐습니다… 우리는 매우 좋은 사례를 제시했고 또 최선을 다해 사건의 전말을 보여주었다고 생각합니다."

"그는 만족하시네요." 그가 덧붙였다.

그랬다.

"다행히도 집단 지성이 승리했습니다!" 머스크는 트윗을 올렸다. "테슬라 420 비상장 전환 사건에 만장일치로 무죄 평결을 내린 배심원단에게 깊이 감사드립니다."[13]

그의 변호사 스피로는 짧게 말했다. "배심원단이 옳았습니다."[14]

머스크는 스피로를 "절대적 레전드"라고 추켜세운 어떤 트윗에 '좋아요'를 눌렀다.[15] '소아성애자' 명예훼손 소송을 승리로 이끌었고, 이번에는 "자금은 확보됐음"을 도와준 당사자였으니까. 〈워싱턴 포스트〉의 보도대로 "테슬라가 분쟁 중인 태양 에너지 회사 솔라시티SolarCity를 인수한 것에 대한 주주 소송부터 태국 동굴 구조 자원봉사자를 '소아성애자'라고 부른 것에 대한 명예훼손 소송에 이르기까지 머스크에게 잇달아 유리한 평결이 내려졌다".[16]

재판 후 기자들은 배심원 중 한 명과 대화를 나누었는데, 그는 2시간 동안 진행된 심의 결과를 설명했다.

"고소하는 측에서 뭔가 정리가 잘 안되어 있다는 인상을 여러 차례 받았습니다." 그는 머스크를 상대로 한 소송을 그렇게 표현했다. 배심원은 머스크 측의 "매우 효과적인 증언"을 칭찬했다. 테슬라의 선임 이사 안토니오 그라시아스가 머스크의 게시물들이 주주들에게 적절한 정보를 공개할 의도로 작성된 것이라고 말한 것도 그중 하나였다.[17] 결국 그 배심원은 머스크를 상대로 낸 소송은 완전히 "무위로 돌아갔다"고 말했다.[18]

재판이 막바지에 이르던 어느 날, 나는 법정 밖 복도에 앉아 머스크가 나오기를 기다렸다. 문이 활짝 열리고 머스크가 여러 명의 경호원들과 함께 급히 걸어 나왔다. 우리 눈이 잠깐 마주쳤다. 머스크는 바로 고개를 돌려 정면을 바라보았다. 나는 물어볼 게 있었다. 머스크는 앞서 며칠 동안 그의 트위터 계정을 닫아놓고 있었다. "여러분이 내 공개 트윗보다 비공개 트윗을 더 많이 보는지 실험하기 위해서"라고 했다.[19] 이후 몇 주 동안 있었던 여러 사건에서 알 수 있듯이, 머스크는 자신의 트위터 계정의 노출 범위에 신경을 곤두세우는 것 같았다.

"머스크 씨," 내가 물었다. "왜 트위터를 비공개로 설정하셨습니까?"

머스크가 대답하기 전에 내 쪽을 향해 제지하는 손이 보였다. 머스크의 보안 요원 중 한 명이 나더러 '쉿'하며 "입 다물라"는 동작을 취했다. 긴 복도를 따라가던 머스크 팀이 시야에서 사라졌다. 그가 얼마나 설득력 있는 증인이냐 따위는 법정 밖에서는 중요하지 않았고, 일론 머스크는 역시 일론 머스크라는 사실, 즉 지구상에서 가장 부유한 사람이라는 사실만 남았다. 그는 화장실에 갈 때도 수행원이 필요한 사람이었다.

이 시기에는 그와 관련된 소송과 재판이 많았다. 그리고 그것들은 머스크가 자신의 제국에 집중되는 새로운 대중의 관심을 어떻게 처리하는지 들여다볼 수 있는 창을 제공했다. 거기에는 과열된 반응을 보이고 소송을 남발하는 원고 외에 (그가 자주 공격하는) 집단소송 원고들도 있었다. 그중에서도 "자금은 확보됐음" 관련 연방 주주 재판은 특별히 시사하는 바가 커, 도저히 변명하기 어려운 공개 발언 하나가 낳은 수많은 결과를 그가 이렇게 빠져나가는지 보여주는 창이었다. 나중에 밝혀졌듯이 포릿의 질문, "일론 머스크 정도면 하고 싶은 대로 다 하고 나 몰라라 해도 되는 겁니까?"에 대한 답은 자명해 보였다.

샌프란시스코에서 진행된 주주 소송은 머스크의 가장 크고 중요한 자산인 테슬라의 주주들이 불만을 품고 제기한 연방 배심원 재판이었다. 테슬라 주주들은 머스크의 허위 진술 때문에 수백만 달러의 손해를 입었다고 주장했다.[20] 머스크의 입장에서 볼 때 이 소송은 지극히 개인적인 문제, 즉 자존심에 관한 문제였으며, 아울러 그의 핵심 측근들도 대거 연루되어 있었다. 이 재판이 열리던 시점은 머스크의 트위터 인수 과정이 난항을 겪고 있을 때였다. 머스크가 인정했듯이, 당시 머스크의 상태는 최상이 아니었을 수도 있다. 증언대에서 그는 트위터와 맺은 계약에 대한 부담감으로 허리 통증을 호소하고 힘들어하는, 취약하고 결점이 많은 한 인간에 불과했다.

"자금은 확보됐음" 소송에서 거둔 승리에 고무된 머스크는 그 후 몇 주 동안 한층 더 종잡기 힘든 행태를 보였다. 웹사이트 플랫포머Platformer의 보도에 따르면 머스크는 슈퍼볼 기간에 자신의 게시물에 대한 참여 수치, 즉 독자들의 반응이 기대를 밑돌자 자신의 트윗이 트위터 피드 상단에 올라가도록 조작했다.[21] "그렇다. 일론 머스크는 자신의 트윗을 먼저 보여주는 특별한 시스템을 만들었다." 플랫포머의 헤드라인이다. 〈워싱턴 포스트〉의 분석에 따르면 하루 평균 1억 3,700만 건까지 떨어졌던 머스크의 트윗 조회수는 "게시물을 인위적으로 상단에 올린 후" 하루 약 4억 건으로 급증했다.[22]

이 뉴스가 나오자 머스크는 방어에 나섰다. 그는 〈워싱턴 포스트〉 등의 보도를 비난하며[23] 이 문제는 버그 때문이라고 주장했다.[24] 그러나 머스크가 트위터를 사적 이익을 위한 수단으로 이용한 사례는 차고 넘쳐, 자신의 전용 제트기를 추적하는 계정을 취재한 기자를 차단한 것부터, 사업 추진의 일환으로 월 8달러를 내는 사용자에게 특혜로 주었던 파란색 인증 마크를 적대적인 언론으로부터 빼앗은 것까지 헤아릴 수 없을 정도였다. 유명인을 사칭하는 계정을 단속하는 일만 해도 그랬다. 내가 알아낸 바에 의하면 이것도 직원들이 머스크 자신을 사칭하는 사례를 보여준 뒤에야 시작된 조치였다.[25]

머스크는 플랫폼의 사용자 경험을 자기 위주로 생각할 뿐 아니라 자신의 사업에 정말 중요한 것이 무엇인지도 놓치고 있는 것 같았다. 〈워싱턴 포스트〉의 보도에 따르면 머스크는 테슬라의 실적 발표에서 정치적 발언이 들어간 그의 트윗이 테슬라 브랜드에 좋지 않은 영향을 미칠 수 있다는 얘기를 어떻게 생각하느냐는 질문을 받은 적이 있다.[26] 그러자 그는 자신의 트위터 팔로잉 수를 언급했다.

"내 트위터 계정을 확인해 보죠. 아, 팔로워가 1억 2,700만 명이군요." 머스크는 그렇게 말했다. "그리고 계속해서 매우 빠르게 증가하네요. 내가 꽤 인기가 있다는 얘기 아닐까요?"[27]

그런 다음 한술 더 떠, 지금 세계에서 가장 영향력 있는 비즈니스 리더가 자신이 만든 필터 버블filter bubble(보고 싶은 것만 보여주는 알고리듬에 의한 편향적 정보—옮긴이)에 갇힐 때 어떤 일이 벌어지는지를 여실히 보여주었다.

"몇몇 사람들에게는 내가 인기 없을지 모르지만 대다수의 사람들은 나를 좋아합니다. 내 팔로워 수를 보면 알 수 있잖아요." 머스크는 그렇게 말했다.

(1년 뒤에도 머스크는 다시 트위터 참여도의 중요성을 과대평가하는 성향을 드러낸다. 돈 레먼이 다양성, 형평성, 포용성 이니셔티브가 항공 업계의 안전 기준을 떨어뜨린 책임을 져야 한다는 머스크의 근거 없는 주장을 따져 묻자 그는 이렇게 답했다. "당신은 기준이 낮아지고 있다는 증거가 없다고 반복해서 말하는데, 답글을 보세요. 거기에 그 증거가 다 나와 있어요."

그러자 레먼은 소셜 미디어 답글은 증거가 못 된다고 반박했다.[28])

머스크가 상임 CEO를 임명하겠다고 약속한 지 두 달이 다 되어갈 무렵이었다. 대신 머스크는 트위터에 장난스런 게시물을 올렸다. 그는 자신의 시바견 플로키가 책상 위의 소형 노트북 앞에 앉아 있는 사진을 올리면서 그 개의 새 직함을 설명했다. "이 새로운 트위터 CEO는 대단하다." 그는 발렌타인 데이에 그렇게 썼다.[29]

머스크가 소셜 미디어 사이트 운영에만 매달리면서 엉뚱한 곳이 피해를 봤다. 트위터와 운명 공동체로 묶여버린 테슬라가 실제로 영향을 받은 것이다. 주주들이 압박해 봤지만 머스크는 새로운 CEO를 물색하는 중이라 둘러대면서, 연말까지 기다려야 할지도 모르겠다고 말했다.[30] 얼핏 보아도 투자자들에게는 그럴 여유가 없었다. 테슬라의 가치와 머스크의 순자산은 락다운 이후 소비자 지출이 증가하고 테슬라 차량에 대한 수요가 급증하면서 2021년 말에 정점을 찍었다. 당시 머스크의 자산 가치는 3,000억 달러를 상회했다.[31] 그가 결국 해낸 것이다. 그는 포춘 500대 기업이라기보다는 소규모 자동차 특별 개발팀에 더 가까운 일개 신생 제조업체였던 테슬라를 1조 달러 이상의 가치를 지닌 블루칩 기술 대기업으로 성장시켰다.

그 후 머스크는 말 그대로 기록에 남을 만한 추락으로 만신창이가 되었다. 기네스 세계 기록에 개인 재산을 가장 많이 잃은 사람으로 이름을 올린 것이다.[32]

머스크가 최정상을 찍을 때 또 다른 쪽에서는 인플레이션과 글로벌 칩 부족, 러시아와 우크라이나 전쟁의 영향에 대한 새로운 우려가 고개를 들고 있었다. 이런 추세를 보면 3월 초에 테슬라의 가치가 다시 현실적인 수준으로 떨어지기 시작한 이유를 어느 정도 짐작할 수 있다. 그래도 테슬라는 여전히 성층권에 머물러 있었다. 3월 초까지는 그랬다.

하지만 머스크가 트위터 주식을 사들이기 시작한 이후로 내리막이 가팔라졌다. 머스크가 정점에 달했을 때부터 약 1년 후 트위터 사태가 발생한 시점까지의 기간에 테슬라의 실적 차트는 어떤 험준한 산도 흉내 내기 힘들 정도로 가파른 내리막길을 달렸다. 수직에 가까운 하락세였다. 수요 우려 같은 여러 요인도 있지만, 시장이 머스크의 행보를 얼마나 싫어했는지 뚜렷하게 보여주는 대목이었다.[33] 테슬라의 기업 가치는 단순한 반 토막이 아니라, 낮을 때는 1년 전의 4분의 1 수준에서 거래되기도 했다.

출혈을 막을 수 있는 사람은 단 한 명뿐이었는데, 그는 트위터 본사 7층 소파에서 잠을 자고 있었던 것으로 보인다.[34] 〈포브스Forbes〉에 따르면 이 층은 일부 사무실 공간을 침실로 개조한 곳으로, 그 때문에 샌프란시스코 시 당국은 규정을 위반했을 가능성을 조사하기도 했다.[35] 머스크의 개는 그가 책임자라고 처음 선언한 이후 거의 두 달 동안 그 자리를 지켰다.

"전 물러났습니다." 〈워싱턴 포스트〉에 보도에 따르면 그는 BBC와의 인터뷰에 그렇게 말했다. "누누이 말하지만 나는 이제 트위터의 CEO가 아닙니다. 내 개가 CEO예요." 그는 강조를 위해 자신의 주장을 반복했다. "새 CEO를 임명하겠다고 했잖아요. 그리고 그렇게 했고요. CEO가 내 개라니까요."[36]

월스트리트는 들은 척도 안 했다. 시장을 두고 뭐라 할 수는 있어도 그런 식으로 개를 혼낼 수는 없으니까.

5월이 되자 머스크는 마침내 상임 CEO를 임명하기로 했다. 몇 달 동안 하마평이 무성했다. 하지만 누군가 나타나고 그 이름이 언론에 유출되는 순간 가능성은 사라졌다. 이번에는 그 말이 직접 머스크의 입에서 나왔다.

"X/Twitter의 새로운 CEO를 채용했다는 소식을 전하게 되어 기쁩니다. 그녀는 6주 후에 일을 시작할 것입니다!" 그는 그렇게 올렸다. "제 역할은 임원의 한 사람으로 제품, 소프트웨어 및 시스템 운영을 총괄하는 CTO로 전환됩니다."[37]

그 자리를 맡게 될 린다 야카리노Linda Yaccarino는 어떤 면에서는 머스크가 그토록 중요한 직책에 임명했던 그 어떤 후보자들과도 달랐고, 또 어떤 면에서는 그 자리에 썩 잘 어울리는 사람이었다. NBC 유니버설NBC Universal의 노련한 광고 담당 임원이었던 야카리노는 트위터의 침체된 광고 기반에 대한 신뢰를 회복하고 머스크의 피뢰침 같은 성격에 해독제 역할을 할 수 있는 사람으로, 트위터의 운명을 바꾸는 데 꼭 필요했던 사람이었다. 하지만 머스크가 고른 다른 많은 인물들과 마찬가지로, 그녀는 머스크를 강제로 퇴출하거나 제지할 만큼 강단 있는 인물은 아니었다. 이런 밀고 당기는 권력 역학 관계는 앞으로 몇 달 동안 특별한 의미를 갖게 된다. 야카리노는 트위터의 신뢰와 수익 회복이라는 매우 중요한 과제를 맡게 되었지만, 그녀가 할 일을 할 수 있을 만큼 머스크가 자신의 불같은 언행을 자제할 수 있을 지는 의문이었다.

머스크는 다음 날 야카리노를 새 CEO로 공식 발표했다.

"분명히 말하지만, 린다를 영입함으로써 나는 테슬라에 더 많은 시간을 할애할 수 있게 되었다. 그리고 그게 바로 내가 할 일이다!" 머스크는 또 다른 트윗에서 그렇게 썼다.[38]

새로운 CEO를 발표하면서 그는 또 다른 사실을 언급해 모두를 깜짝 놀라게 했다.

"린다가 왔으니 어서 속히 함께 이 플랫폼을 X로 바꿀 수 있게 되기를 바랍니다. 뭐든 할 수 있는 앱으로 말입니다."[39]

머스크는 7월에 그 약속을 지켜, 사실상 그의 경력 내내 그의 마음을 사로잡았던 플랫폼의 이름을 한 글자로 공식 변경함으로써 그의 기술적 여정에 종지부를 찍었다. 영문을 알 수 없는 한 수였다. 재정적으로 어렵기는 했어도 하나의 브랜드로서 '트위터'의 강점은 누구도 부인할 수 없는 위상을 지키고 있었다. 어디서나 볼 수 있는 그 이름을 듣는 즉시 사람들은 독특한 파란 색조, 트위터의 확실한 날개 달린 새 아이콘을 떠올렸다. 심지어 이 새로운 용어는 어휘집에도 실렸다. '트윗'이 새 소리가 아니라고 설명할 필요는 없었다. (반면에 뉴스 기사에서 트윗을 언급할 때는 "X, 그러니까 이전에 트위터로 알려졌던 사이트에 올라온 게시물"이라는 거추장스러운 토를 달아야 했다.)

머스크가 트위터의 브랜드 가치를 떨어뜨리고 있는 건 아닐까?

"트위터는 X 코퍼레이션 X Corp.에 흡수되었습니다. 표현의 자유를 보장하고 모든 것을 제공하는 앱 X를 촉진하기 위해서입니다. 단순히 회사 이름만 바꾼 것이 아니라 기능이 달라졌다는 얘깁니다." 그는 트위터로 알려졌던 사이트 X에 올린 글에서 그렇게 썼다. "그런 맥락에서 볼 때 트위터라는 이름은 의미가 없으므로 이제는 이 새와 작별을 고해야 합니다."[40]

그리고 머스크는 의구심을 품는 사람들에게 대답을 내놓았다. "X는 지구상에서 가장 가치 있는 브랜드가 될 겁니다. 내 말 명심하세요."[41]

이 회사는 사명 변경을 구체화하기 위해 샌프란시스코 본사 꼭대기에 요란하게 거대한 X 모양의 간판을 설치했다. 아래에 놓인 도시를 굽어보는 배트맨의 마크를 닮은 X 사인은 앞서 서론에서 언급한 것처럼 밤에 노인들의 수면을 방해하는 부작용을 낳았다.

13층 아파트 발코니에서 이 난데없는 야간 조명 쇼를 지켜본 40대 저널리스트 크리스토퍼 빌Christopher J. Beale은 처음에는 그 X 사인이 "꽤 멋져 보였다"고 했다. 하지만 어느 날 밤 10시 30분에 TV를 보려고 하자 그 X 로고가 거실을 온통 새하얗게 밝혔다. 아무리 해도 빛을 피할 수 없자 빌은 문제를 깨닫기 시작했다. 그는 침실로 자리를 옮겼다. 거기서는 빛이 블라인드 사이로 스며드는 정도였다.

빌은 발코니에서 촬영을 시작했다. 기술의 퇴폐미를 기념하는 최신 구조물은 몇 번 요란하게 깜빡이더니 곧 섬광을 내뿜기 시작했다. 빌의 아파트는 미드마켓(샌프란시스코의 도심 마켓 스트리트의 한 지역—옮긴이) 인근에서 가장 인기 있는 나이트클럽 분위기를 풍겼다.

허가를 받지 않은 것으로 보이는 이 간판 때문에 샌프란시스코시가 조사에 나섰다. 며칠 뒤 X 사인은 "구조적 안전과 조명에 대한 우려" 등 수많은 민원으로 인해 결국 철거되었다고 AP 통신이 보도했다.[42]

제한적인 오토파일럿

US 101번 도로에서 월터 황이 출근 중에 테슬라의 오토파일럿과 관련된 충돌 사고로 사망한 지 거의 5년이 지나고 있었다. 그 사이 2021년에 미국 도로교통안전국NHTSA은 테슬라 같은 제조업체에 운전자 지원 시스템과 관련된 심각한 충돌 사고가 나면 신속하게 보고하라고 지시했다. 당시 새로 임명된 NHTSA 국장 스티븐 클리프는 기업에 그런 정보를 요청하면 어떤 보고를 받으리라는 것을 짐작하고 있었다. 하지만 확신하지는 못했다. 그리고 2022년이 되자 데이터가 들어왔다. 결과는 예상대로였다. 테슬라는 도로에서 수백 건의 충돌 사고로 유례가 없는 위험을 야기하고 있었다. 운전자 지원 기능에 보다 신중하게 접근하는 주류 자동차 제조업체의 수치를 훨씬 뛰어넘는 건수였다.[1]

오토파일럿 모드의 테슬라는 2019년부터 2023년까지 736건의 충돌 사고에 연루되었다. 잘 알려진 독일, 일본, 미국 브랜드 등 명령 대상에 포함된 다른 어떤 자동차 제조업체보다 훨씬 많은 수치였다. 그중 사망 사고가 17건, 중상 사고가 5건이었다고 〈워싱턴 포스트〉는 보도했다.[2]

NHTSA는 자신들이 인명을 구할지도 모르는 혁신을 억제하는 것은 아닌가 하는 두려움에 주춤하기도 했고, 워싱턴의 정치적 혼란 덕분에 책임을 피하기도 했으며, 데이터 부족으로 어려움을 겪기도 했다. 하지만 연말이 되자 NHTSA는 전례 없는 조치로 테슬라를 견제하기 시작했다. 사실 NHTSA의 이 같은 본격적인 개입은 그동안 제니퍼 하먼디와 로버트 섬월트 같은 관료들이 테슬라의 실험 결과를 지켜보면서 몇 해 동안 실행에 옮기려 했던 조치였다.[3]

2023년에 사이버트럭이 등장했지만 일론 머스크의 로보택시 약속은 아직 감감무소식이었다. 머스크는 몇 해 전부터 자동차는 본질적으로 스스로 운전할 수 있다고 테슬라 차주들에게 말해왔다.[4] 그리고 언젠가부터 사람들은 그 말을 믿기 시작했다.

이런 역학 관계를 극적으로 보여주는 사건이 그해 3월 노스캐롤라이나의 한 시골 하이웨이에서 일어났다. 공공 도로에서 벌어지는 자동화 실험의 또 다른 위험성을 드러내는 사건이었다. 하워드 이Howard Yee라는 남성이 이른바 오토파일럿에서 나오는 잔소리 경고가 듣기 싫어 테슬라 모델 Y의 핸들에 무게추를 부착했다. 핸들에 손을 올려놓은 효과를 내기 위해서였다. 그의 바람대로라면 차는 핸들에 손이 올려져 있다고 판단해 잔소리꾼의 싱거운 개입 없이 알아서 시속 70킬로미터로 도로를 무리 없이 달렸을 것이다.[5] 그것이 미래의 모습이었으니까.

유일한 문제는 그날 오후 같은 시간에 학교에서 집으로 돌아오던 열일곱 살짜리 틸먼 미첼이었다. 이 10대 소년이 버스에서 내렸을 때 버스에서는 자동으로 정지 표지판이 튀어나왔고 경고등을 깜빡였다. 하지만 도로를 질주하던 하워드 이의 테슬라는 미첼을 덮쳤다. 미첼은 차 앞유리에 부딪힌 후 날아가 도로에 떨어졌다. 그의 얼굴은 땅을 향해 있었다. 미첼은 목이 골절되고 다리가 부러져 인공호흡기에 의지해야 했다. 그의 고모할머니는 충돌의 위력을 한마디로 표현했다.

"작은 아이였다면 죽었을 겁니다."[6]

이 사고는 정치한 차에서 깜박이는 경고등을 식별하지 못하는 자동차, 안일하게 주의 사항을 무시하는 일부 고객들, 현실 세계를 미완성 기술의 공개 실험실로 여기는 몇 안 되는 무책임한 회사 등, 테슬라의 오토파일럿 접근법에 담긴 많은 문제를 한꺼번에 드러냈다. 나는 이 모든 행태가 테슬라의 엔지니어들이 기술을 개발하고 있는 곳과 수천 킬로미터 떨어진 이 나라 반대편의 시골 도로에서, 그것도 그것이 빚어내는 결과와 무관하게 벌어지고 있다는 아이러니에 충격을 받았다. 댄 오다우드의 슈퍼볼 광고가 나온 지 불과 몇 주 만에, 그리고 오마 카지가 완전자율주행 모드로 테슬라가 달리는 길에 실제 어린이를 내보내는 실험을 한 지 얼마 지나지 않아 이런 일이 일어났다는 사실에 더욱 화가 났다.

스티븐 클리프는 NHTSA의 방법론이 체계적이어야 하고, 조사 결과는 반박의 여지가 없도록 치밀해야 한다고 생각했다. 테슬라의 동의를 확보하는 것도 필수적이었다. 그렇지 않고 중요한 안전 문제에 당국이 섣불리 개입했다가는 법정 다툼으로 번질 수 있기 때문이었다. 이는 리콜 제도에 많은 권한을 의지하는 NHTSA가 물려받은 유산이자 한계였다. 싸움에서 물러서는 법이 없는 테슬라에게는 누가 봐도 반박할 수 없는 명백한 조사 결과를 들이대야 한다고 클리프는 생각했다.

  클리프는 NHTSA가 2년이 넘게 수집한 데이터를 기반으로 강력한 사례를 확보했다고 말했다. 테슬라는 운전자 지원 기술을 사용하는 다른 자동차 제조업체나 회사들과는 다르다는 것을 스스로 입증했다. 경쟁사들은 운전자 감시 시스템과 차량 제어 수준을 매우 높게 설정해 놓고 있었다. 그들의 기술은 정해진 장소와 조건을 벗어난 곳에서는 사용하기가 어려울 만큼 번거로웠다. 오토파일럿은 그렇지 않았다. 치명적인 충돌 사고는 대부분 이 기능을 사용하도록 정해진 곳, 즉 접근이 통제된 자동차전용도로에서 멀리 떨어진 교차로에서 발생했다. 차주들은 일반 도로에서 테슬라의 운전자 지원 기능을 사용하다 치명적인 결과를 초래했다.[7]

  "테슬라는 편리한 시스템을 개발했다고 선전해, 운전자가 실제로 차량이 알아서 운전한다고 착각하게 만들었습니다." 클리프는 2023년 12월에 내게 그렇게 말했다. "실제론 그렇지 않습니다."

  테슬라의 시스템은 어떤 점이 특별한가?

  "테슬라 시스템은 차량 제어 수준이 높은 반면, 운전자를 감시하는 수준이 낮다는 점에서 독특합니다." 클리프는 그렇게 말했다.

  분명히 그것은 재앙이라 할 만한 조합이었다. 수년 동안 언론은 테슬라가 정지한 물체나 거대한 물체를 고속으로 들이받아 끔찍하게 파괴되는 사고를 계속 보도해 왔다. 형체를 알아볼 수 없게 부서신 차, 트럭 밑면에 부딪쳐 질려 나간 지붕, 이어진 배터리 화재로 잿더미가 된 차량 등등.[8] 사고 유형도 대체로 비슷했다. 운전자들은 산만했다. 아이폰으로 게임을 한 경우도 있고, 동영상을 보면서 오토파일럿으로 최대 시속 110킬로미터까지 속도를 내기도 했다.

  12월에 〈워싱턴 포스트〉는 소프트웨어를 사용할 수 없는 도로에서 발생한, 오토파일럿과 관련된 치명적이거나 심각한 충돌 사고 8건을 기록한 기사를 게재했다.[9] 그리고 며칠 뒤에 NHTSA는 테슬라 사상 최대의 리콜 명령을 발표했다. 〈워싱턴 포스트〉 기사가 지적한 바로 그 문제를 해결하기 위해서였다.[10] 오토파일럿 모드로 달리던 테슬라가 주차된 응급 차량과 충돌하는 사고가 반복되자 2년에 걸쳐 이 문제를 조사해 온 NHTSA는 두 달 전부터 잇달아 회의를 열고 조사 결과를 테슬라에 제시했다.

"회의에서 테슬라는 NHTSA의 안전 분석에 '동의하진 않지만' 오토파일럿을 사용하는 운전자가 도로에서 눈을 떼지 않도록 '무선으로' 몇 가지 소프트웨어를 업데이트 하겠다고 제안했다"고 〈워싱턴 포스트〉는 보도했다.[11]

연방 규제 당국의 쾌거였다. 도로를 달리는 200만 대가 넘는 차량의 행동을 바꿀 수 있는 자발적 리콜이 이루어진 것이다. 사실상 테슬라가 지금까지 생산한 거의 모든 차량을 리콜하는 셈이었다.

차주가 차량을 서비스센터로 가져와 정비를 받아야 하는 기존의 리콜 방식과 달리, 테슬라는 소프트웨어 기능을 이용해 차량을 원격으로 업데이트할 수 있었다. 다른 대형 자동차 제조업체들은 아직 이런 방식을 채택하지 못했기에 테슬라는 초기의 이점을 누릴 수 있었다. 이런 편리함 때문에 일부 사람들은 그동안 있었던 사건의 심각성을 무시하기도 했다. 테슬라의 정책 책임자 로한 파텔은 리콜이란 발상이 자신들의 머릿속에서 툭 튀어나온 것처럼 '개선'이라고 표현했다.[12] (사실 테슬라는 이런 개선이 싫어 몇 해 동안 싸워왔다). 이처럼 개선이라는 프레임을 씌우는 바람에 테슬라를 꼼짝없이 리콜에 동의하도록 만든 연방 공무원의 노력이 퇴색하고 말았다. 이 회사의 기술적 과제를 반복적으로 확인해 연방 규정을 준수하게 만드는 것은 막대한 자원이 투입되는 작업으로, 자동차 제조 업체가 자율적으로 인증하는 모델과는 전혀 달랐다.

당국의 조치는 대대적이고 극적이었지만 막상 수정된 결과를 보니 만족할 만한 수준은 아니었다. 오토파일럿을 사용하는 동안 운전자가 주의를 기울이게 만드는 '제어 및 경고' 장치, 통제된 고속도로 같은 예정된 영역 밖에서 소프트웨어를 사용할 때 필요한 '추가 확인', '지속적인 운전 책임을 입증하지 못한' 상습 위반자에게는 오토스티어(자동 조향) 같은 주요 기능을 정지하는 정도가 전부였다.[13] 다시 말해, 상식적인 수준을 벗어나지 못한 조치들로, 테슬라가 그동안 소홀히 하다 소프트웨어의 성능에 대한 명백한 조사 결과가 나오자 그제야 추가한 소극적인 대응이었다.

완벽과는 거리가 먼 수정 결과였다. 테슬라의 운전자 감시 시스템의 결함이 확실하게 입증되었기에, 워싱턴의 관료들은 규정에 따라 회사가 자체적으로 수정하도록 맡겨두지 않았다. 그리고 〈워싱턴 포스트〉의 한 칼럼니스트가 자신의 테슬라로 추가된 경고 장치와 메시지 등 업데이트된 소프트웨어를 실험했을 때에도, 그 차량은 정지 신호 두 군데를 그대로 통과했다.[14]

그래도 테슬라 팬들은 이미 변경 사항의 영향을 실감하고 있었다. 〈월스트리트 저널〉은 운전자들이 계속되는 잔소리에 짜증을 낸다고 보도했다. 운전자가 주의를 기울이지 않을 경우 경고하기 위한 것이지만, 그들은 그 소리가 거의 행패에 가깝다고 불평했다. 한 운전자의 말은 간결했다. "내 차가 이렇게까지 나를 괴롭힐 줄은 몰랐어요."[15]

벌거벗은 테크노킹

테슬라를 실제로 지배하는 사람은 누구였을까? 2024년 1월, 델라웨어 형평법원의 수석 판사 캐서린 세인트 J. 매코믹은 560억 달러가 걸린 이 문제를 끝내기로 했다. 머스크가 자신이 받았던 2012년의 보상패키지를 두 번째로 밀어버리고 이를 크게 뛰어넘는 사상 최대 규모의 보수를 받은 지 6년 뒤, 매코믹은 머스크 제국을 여전히 위협하고 있는 가장 중요한 문제를 결정할 임무를 맡게 되었다.

만약 머스크가 테슬라에 대한 지배권을 틀어쥐고 자신에게 신세를 지거나 아니면 자신과 이해가 얽혀 있는 이사들과의 관계를 이용해 기록적인 보수를 확보하는 한편 주주들이 그런 그의 폭넓은 인맥을 알지 못하게 했다면, 패키지 전체가 위험해질 수 있었다. 예를 들어 CEO가 독재적인 지배권을 행사해 불공정한 절차를 감독한 사실이 밝혀지면, 머스크의 막대한 보수는 없던 일이 될 것이다. 이런 핵심 질문, 즉 회사에 대한 지배권이 정말 머스크에게 있었느냐는 질문에 매코믹은 이렇게 썼다. "이 결정은 '아무도 가보지 않은 길을 향해 대담한 발걸음을 내딛는 것'이다."[1]

증거는 확실했다. 그녀는 머스크에 불리하게 작용한 요인들을 수없이 열거했다. 그를 가리켜 "직원들을 '기분에 따라' 해고하는" "폭군"이라고 묘사한 직원부터 재무나 운영에 사사로이 관여하는 행위, 예를 들어 "법적으로 필요한 경우를 제외하고는 테슬라의 누구도 허가 없이 그의 이메일 계정을 검토할 수 없도록 하는" "테슬라의 자체 규정"에 따른 운영이나, 2021년 "이사회와 사전 협의 없이" 스스로 부여한 직함 테크노킹, 즉 "자신을 군주에 비유한 직책" 등등 끝이 없었다.[2]

"사실, 이 문제와 관련해 눈사태처럼 쏟아져나오는 증거는 너무 압도적이어서 산문으로 설명하기에는 부담스럽다." 매코믹은 그렇게 썼다.

지배권을 쥐고 있는 사람은 머스크였다. 그리고 그의 이사회는 분명 이해충돌 관계에 있었다. 투자자들은 이런 이해충돌에 납득할 만한 설명을 듣지 못했다. 그런 설명을 들었더라면 나머지 주주들도 '정보에 근거한 투표'를 할 수 있었을 것이다. 그게 공정성을 보장하는 또 하나의 방법이었으니까.

매코믹은 절차의 결함을 비꼬았다.

"최종 분석에서 머스크는 자율주행 프로세스를 시작해 자신이 적합하다고 생각하는 방식에 따라 속도와 방향을 재조정했다." 그녀는 그렇게 썼다.

그리고 평결이 내려졌다.

"원고는 계약을 해지할 권리가 있다."

바꿔 말하면, 일론 머스크의 560억 달러라는 어마어마한 보수는 더는 없다는 얘기였다. 머스크의 가장 야심 찬 베팅을 가능하게 했던 돈줄, 즉 테슬라 지분을 활용해 대출을 받고, 수십억 달러 상당의 주식을 팔아 트위터를 인수하고, 코앞에 더 많은 주식이 기다리고 있다는 확신을 주었던 돈줄이 사라지게 된 것이다. 설상가상으로 이 판결문을 쓴 사람은 트위터 인수 사건을 주재했던 판사와 동일 인물이었다. 그 사건에서 머스크는 패소할 것 같다는 불안감을 떨치지 못해 이 소셜 미디어 사이트에 440억 달러라는 과도한 금액을 지불하고 인수했다.

일론 머스크의 얼굴은 흙빛이 되었다.

"델라웨어주에는 절대 회사를 설립하지 마세요." 그는 X에 올린 일련의 게시물 중 첫 번째에 그렇게 썼다. 다른 사람이 그렇게 썼다면 망발이라고밖에 달리 표현할 말이 없었을 게시물이었다.[3] 머스크는 곧 매코믹에게 화살을 돌렸다. "그녀는 현대 역사상 어느 누구보다 델라웨어에 더 많은 피해를 입힌 판사다."[4]

머스크가 보기엔 터무니없는 판결이었다. 급여를 받지 않겠다고 했는데, 이제 와 그 때문에 처벌을 받는다는 게 말이 안 됐기 때문이다.

"델라웨어의 판사는 내 보상금을 부당하게 무효화한 덕에 말 그대로 나보다 돈을 더 많이 버는 사람이 되었다" 그는 그렇게 썼다.[5]

테슬라 팬들은 그의 분노에 공감했다. 머스크는 급여를 포기하는 대신 약속했던 보상 패키지의 야심 찬 이정표를 모두 달성했다. 다들 불가능하다고 했던 목표였다. 그런데 이제 와서 벌을 받으라고?

이런 판결은 X와 관련해 몇 주 동안 이어진 분노에 기름을 부었다. 결국 머스크는 코로나19 셧다운 기간에 했던 것과 같은 결정을 내렸다. 회사를 거둬 우호적인 주로 옮기는 것이었다. 머스크는 평소 자신이 즐겨 쓰던 방식을 꺼내 들었다. 트위터 투표였다. 그는 테슬라의 법인 소재지를 현재 본사가 있는 곳으로 옮기려 하는데 어떻게 생각하는지 물었다. 응답자가 100만 명이 넘는 설문조사에서 87%가 텍사스로 법인 소재지를 변경하라고 답했다.[6]

"대중의 투표는 명백히 텍사스에 우호적이다!" 머스크는 그렇게 썼다. "테슬라는 텍사스로 법인 소재지를 이전하기 위한 주주 투표를 즉시 실시할 것이다."[7]

머스크는 곧 스페이스X가 텍사스에 법인을 설립했다고 발표했다.[8] 뉴럴링크는 네바다로 이전한다고 뉴스 매체는 보도했다.[9]

테슬라부머마마TeslaBoomerMama 라는 아이디로 수만 명의 팔로워를 확보하고 있는 테슬라 주주 알렉산드라 메츠Alexandra Merz는 머스크가 빼앗긴 560억 달러를 다시 한번 돌려받을 수 있도록 여론을 조성하는 새로운 주주 투표를 지지했다.[10] 온라인에서 머스크의 팬들은 그 수십억 달러가 마땅히 받아야 하는 것이라고 생각한다면 돌려받으라고 그를 부추겼다. 투표가 압도적으로 통과되자 머스크는 메츠에게 개인적으로 감사를 전했다.[11] 테슬라의 법인을 델라웨어에서 텍사스로 이전하는 투표도 이때 함께 통과되었다.[12]

주주 투표만으로 뒤집히지 않는 결정이 있었다. 그리고 그 결정권은 여전히 매코믹의 손에 있었다. 하지만 투표 결과의 메시지는 분명했다. 머스크의 지지는 여전히 견고하고, 함부로 그를 패배시키려다가는 그쪽이 먼저 무너진다. 그는 패배를 받아들이지 않고 공을 집어 들고 자기를 인정해 주는 집으로 돌아갈 것이다. 그해 말에 매코믹은 주주 투표를 고려해 다시 판결했다. 기존 판결을 그대로 유지한다는 판결이었다. 매코믹은 피고 측 변호인단이 "세상의 인준을 받는 방식이 창의적이었다"고 평가하면서도 "재판 후 자신

들이 만든 증거를 근거로 불리한 판결 결과를 뒤집을 수 있는 절차적 근거는 없다"고 판시했다.[13]

매코믹은 원고의 소송비용 3억 4,500만 달러도 부담하라고 명령했다. 테슬라 주식이나 현금으로 지불해도 좋다고 했다. 원고 측 변호사는, 이 문제가 여기서 끝나기를 희망하지만 그렇지 않을 경우 "우리는 당 법원의 사려 깊고 근거 있는 견해를 델라웨어 대법원 상고심에서 방어할 수 있는 특권을 기대한다"고 말했다.[14] 테슬라는 상고하겠다고 했다. 그리고 머스크는 매코믹을 "운동가"라고 부르며 분통을 터뜨렸다.[15]

사실 머스크의 경력에서 가장 비용이 많이 든 트윗은 "자금은 확보됐음"이 아닐지도 모른다. 10월 7일의 엄청난 국제 사건(이스라엘에 대한 하마스의 공격—옮긴이)이 발생하고 몇 주 지난 2023년 11월 15일, 일론 머스크는 시사 뉴스와 관련해 트윗이 황당한 해석을 조장한다는 주장과 다시 싸우기로 했다. 2년 전 폴 펠로시 공격과 관련된 음모론의 후유증에서 아무런 교훈도 얻지 못한 것이 분명했다.

머스크는 그날 오후 X를 통해 어떤 근거 없는 주장에 반응을 보였다. "유대인 커뮤니티는 사람들더러 자신들에 대한 증오를 멈추라고 말하면서도 백인들을 향해 바로 그런 종류의 변증법적 증오를 조장해 왔다"는 얘기였다.[16] 이 게시물을 올린 사람의 주장은, 대체로 진보적 정치 성향을 보이는 유대계 미국인들 탓에 미국이 이민자들로 넘치게 되었고 그 이민자들이 이제 유대인에 대한 반감을 조장했기 때문에, 현재 그들이 마주하고 있는 반유대주의 확산의 책임은 결국 유대계 미국인들에게 있다는 것이었다. 한마디로 터무니없는 주장이었다. 가자지구에서 수만 명을 죽음으로 몰아넣은 이스라엘의 대규모 군사 대응 이후 거리로 나선 친팔레스타인 시위대를 비난하는 명백히 근거 없는 공격은 더 말할 것도 없었다. 그런데도 머스크는 이를 전폭 지지했다.

"당신 말은 정말 진실이다." 그는 그 트윗에 그렇게 답글을 올렸다.[17]

2시간도 채 지나지 않아 그는 한발 더 나아갔다.

"ADL(Anti-Defamation League, 반명예훼손연맹: 이스라엘을 지지하는 유대계 인권단체—옮긴이)은 서구 대다수를 향해 부당한 공격을 퍼붓는다. 서구인 대다수가 유대인과 이스라엘을 지지하는데도 말이다." 머스크는 그렇게 썼다. "그것이 부당한 이유는 어떤 소수 집단이 그들에게 위협이 되더라도 그들을 비판할 수 없다는 것이 그들의 원칙이기 때문이다. 따라서 이는 옳지 않으며 중단되어야 한다."[18]

몇 분 뒤에 자신의 발언에 대한 분노가 커지자 머스크는 해명했다.

"내 말을 모든 유대인 커뮤니티에 확대 적용할 수 없다는 여러분의 말은 옳다. 그렇다고 내 말이 ADL에만 국한되는 것도 아니다." 그는 자신의 성급한 일반화를 비난하는 게시물에 그렇게 답했다.[19]

머스크는 사태를 수습해 보려 했지만 이미 늦은 뒤였다. 사람들은 여전히 10월 7일에 이스라엘에서 벌어진 공격의 참상과 이후 가사시구에 대한 이스라엘 지상군 침략의 공포를 어떻게 받아들여야 할지 몰라 당황했고, 기업들은 형식적이고 절제된 성명을 통해 조심스럽게 위기 상황을 빠져나가려 했다.

머스크는 다른 각본을 집어 들었다.

머스크가 반유대주의 트윗을 올린 다음 날, 비영리 단체 〈미디어 매터스Media Matters〉는 X의 친나치 콘텐츠가 애플과 IBM 등 주요 기업의 광고와 한 화면에 나란히 실렸다는 보도를 게시했다.[20] 사용자들이 머스크의 반유대주의적 게시물에 분노하면서 상황은 더욱 악화되었다. 이쯤 되면 이후의 사태가 어떤 방향으로 흘러갔을지 짐작할 수 있을 것이다. 애플, IBM, 디즈니 등은 이 플랫폼에서 광고를 내렸다.[21]

머스크는 혐오감을 감추지 못했다. 그는 〈미디어 매터스〉를 "순종 악pure evil"이라고 불렀다.[22] X는 〈미디어 매터스〉의 실험은 원하는 결과를 얻기 위해 조작된 것이며, 실제로 사용자들은 문제의 불쾌한 콘텐츠 옆에 어떤 광고도 보지 못했다고 주장하며 해당 보도를 강력하게 부인했다. 얼마 지나지 않아 X는 소송을 제기했고, 〈미디어 매터스〉는 이를 "경솔한" 처사라고 비난했다.[23] 하지만 이미 피해는 입을 대로 입은 뒤였다.

로스 거버는 머스크의 발언을 읽고 겁에 질렸다. 투자자들이 테슬라에서 서둘러 돈을 회수하려 했기 때문이다.

"그 때문에 기분이 상한 고객이 많았습니다." 그는 그렇게 말했다. 그리고 X에 글을 올려 머스크를 비난했다. 수많은 시련과 논란을 겪을 때도 지지해 왔고, 그가 터무니없이 잘못된 판단으로 트위터를 인수하려 했을 때도 지지를 거두지 않았던 그였다. 하지만 이젠 아니었다.

"명성을 쌓는 데는 평생이 걸리지만, 잃는 데는 하루면 족하다." 거버는 그렇게 썼다.[24] 테슬라에 투자한 것에 대해서는 이렇게 썼다. "파티가 이제 끝나가는 것 같다."[25]

머스크는 곧 그의 계정을 차단했다. 거버는 이제 머스크를 설득할 수 없다고 생각했다.

"사람들은 너무 잘되면 자기가 똑똑해서 그런 줄 압니다. 그리고 10년 동안 자신을 도와준 사람들의 말을 더는 듣지 않습니다." 거버는 2024년 1월 나와의 인터뷰에서 그렇게 말했다. "미안하지만 난 그 양반에게 아부할 위치가 아닙니다. 그와 대등한 관계라고요."

거버는 야카리노에게 개인적으로 부탁해 머스크가 차단한 X의 다이렉트 메시지를 해제하게 해달라고 했지만 야카리노는 관여하지 않았다. 그러나 거버를 달래보려 애썼다. 머스크가 너무 극단적이라 그녀가 소극적으로 행동할 수밖에 없고 오너가 저지른 행동을 수습하는 것이 그녀의 처지라는 것을 눈치챌 수 있었다.

야카리노는 거버에게 보낸 비공개 메시지에서 반명예훼손연맹 ADL이 "아주 잘하고 있다"고 말했다.

"ADL은 서구인 대부분을 부당하게 공격"하고 있으며,[26] 따라서 "명예훼손연맹"으로 이름을 바꿔야 한다는 머스크의 입장과는 상반된 견해였다.[27]

거버 같은 동맹군을 잃는 것은 머스크로서는 큰 손실이었다. 그는 CNBC에 고정 출연해 자신과 테슬라를 치켜세우고 홍보 부서도 없는 회사에서 사실상 공적인 얼굴이 되어준 사람이었다. 그의 빈자리가 더욱 크게 느껴진 것은 머스크가 투자자들에게 예전 전성기에 받았던 그런 후원을 다시 요청했을 때였다. 하지만 그때의 테슬라는 기술과 자동차 업계에서 선망의 대상이었고, 머스크는 세계 최고의 부자이자 투자자들이 보기에 허점이나 잘못된 구석이 없는 존재였다. 그러나 그 뒤에 그는 트위터 때문에 테슬라를 위험에 빠뜨렸다. 그때가 2024년 1월이었다. 그런 그가 테슬라 투자자들에게 회사 내 인공지능에 베팅한다는 명목으로 회사 지분 25%에 해당하는 의결권을 요구한 것이다.

"25%의 의결권 없으면 테슬라를 AI와 로봇공학의 선두주자로 키워내기가 쉽지 않습니다." 그는 그렇게 썼다. "이게 잘 안되면 테슬라가 아닌 외부에서 제품을 만들어야 할 것 같습니다."[28]

투자자들 일부는 그것을 갈취라고 여겼다. 테슬라의 운전석에 앉아 있던 머스크는 언젠가부터 잇달아 실수를 자초하고 멍청한 트윗을 올리며 다른 사람들에게 불만들 터뜨리고 그들을 원망하는 정치적 메시지에 열을 올려 팬들마저 갈라놓고 지구상에서 가장 편 가르기를 일삼는 인물이 되고 말았다.

"2년 전엔 어땠는지 아세요?" 거버가 말했다. "그때는 다 좋았어요. 주가는 400달러를 맴돌았고, 일론의 하루하루도 아주 좋았죠. 그는 세상의 왕이었어요."

하지만 테크노킹 노릇에는 단점도 있었다.

"자신을 시저로 착각하거나 나폴레옹이라고 생각하는 사람이 있고, 자신은 잘못할 수 없다고 생각하는 사람이 있죠." 거버는 그렇게 말했다.

일론 머스크는 자신의 반유대주의적 트윗이 폭발시킨 분노 때문에 X에서 손을 뗀 광고주들에게 한 가지 대답을 내놓았다.[29] 그것을 본 사람들은 어이가 없어 다들 입을 닫았다. 머스크는 회사의 재산은 물론 결국 생존까지 위협하는 광고주들의 보이콧에 격분했다. 그는 이에 대해 책임질 생각이 없었다. "이런 광고 거부는 회사를 죽이는 행위다." 그는 이미 언론사들이 헤드라인을 뽑아놓고 있을 때 이렇게 말했다. "그리고 그 광고주들 때문에 우리 회사가 주저앉았다는 사실을 온 세상이 알게 될 것이다."[30]

특히 〈뉴욕 타임스〉가 주최한 딜북 서밋DealBook Summit에서 분노를 감추지 못했다. 마침 이스라엘 방문에서 돌아온 직후였다. 사람들은 그런 행보를 사태를 바로잡으려는 시도로 보았다.[31] 하지만 이 스라엘 방문으로 좀 성숙해졌을 것이라고 기대했던 사람들은 크게 실망했다.

CNBC 앵커 앤드루 로스 소킨Andrew Ross Sorkin은 광고주들의 반응을 인용하며 이스라엘 여행을 '사과 투어apology tour'로 여기는 그들의 인식에 대해 머스크의 생각을 물었다. 머스크는 질문자의 의구심을 한마디로 지워버렸다.[32]

"날 광고로 협박하겠다고요? 돈으로 협박한다고요?" 그의 어조는 점점 더 격앙되었다. 그러더니 청중을 향해 고개를 돌렸다. 아무도 그의 입에서 다음 말이 튀어나올 것은 예상하지 못했다.

"꺼져버려. 젠장Go fuck yourself."

청중은 조용했다. 킥킥거리는 긴장된 웃음소리만 조금 들렸다. 노련한 광고 임원 린다 야카리노가 그 순간 무슨 생각을 하고 있었을지는 누구나 짐작할 수 있을 것이다.

"하지만…" 소킨이 끼어들었다.

머스크가 그의 말을 막더니 양팔을 들고 손짓해 가며 한 음절 한 음절 또박 내뱉었다. "꺼, 져, 버, 려. 젠장."

일론 머스크는 자신의 제국이 불길에 휩싸일 때에도 트윗을 날렸다. 2024년 초 몇 주 동안 그는 '불법 체류자'를 끊임없이 언급하고 갖가지 '정치적 올바름wokeness'을 싸잡아 비난했다. 테슬라 주가도 폭락해 지구를 구하려는 야망을 추신하는 데 필요한 재산까지 위협하고 있었지만, 그는 웬만한 비판과 후폭풍에는 단련이 된 것 같았다. 그의 행동은 열성 팬들마저도 분노하게 만들었다. 그가 정치적 피뢰침이 돼버리면 재생 에너지로의 전환도 속도를 낼 수 없고 지정학적으로도 또 다른 양극화와 분열을 부추기게 되어, 결국 선동가밖에 될 게 없기 때문이었다. 머스크는 신경 쓰지 않았다.

몇몇 추정치에 따르면 X의 가치는 이미 머스크가 지불했던 금액의 약 4분의 1 수준으로 떨어진 상태였다.[33] 테슬라도 연초에 비해 거의 30% 하락해 수백억 달러의 가치가 사라졌다. 머스크도 560억 달러의 급여를 박탈당했다. 지구상에서 가장 부유한 사람이 되는 데 보탬이 되었던 돈이었다. 오토파일럿이 장착된 테슬라는 전 차량이 안전 문제로 리콜 명령을 받았다. 투자자들은 자신의 재산에 타격을 입히는 머스크의 기행에 지쳐, 지배력을 늘리려는 그의 입찰 행각에 의문을 품기 시작했다.[34] 게다가 사이버트럭은 녹슬기 시작했다.[35]

한편 머스크는 급증하는 이민자와 백인을 역차별하는 것 같은 세상을 향해 자신의 소셜 미디어 플랫폼에서 악담을 퍼붓고 폭언하는 데 대부분의 시간을 보내고 있었다. 사람들은 그가 그 플랫폼을 태워 잿더미로 만들고 자신의 명성도 땅에 떨어뜨린다고 생각했다. 머스크는 회사와 개인 이미지에 미칠 잠재적 타격 따위에는 관심조차 없고, 오로지 어렵게 확보한 팔로워들에만 신경을 썼다. 그는 이처럼 요란한 호객행위를 해가며 끌어들였던 파란색 체크 표시를 구매한 아첨꾼들과 갑자기 극단주의적인 그의 정치적 관심을 악용하는 기회주의자들이 보내는 갈채를 자신의 인기가 올라가는 신호로 받아들였다. 그가 뭐라 했던가? "내 팔로워 수를 보면 알 수 있지 않은가?"

한 가지에는 이견이 별로 없을 것이다. 요즘 머스크는 한때 전 세계의 존경을 받았던 자신의 이상을 추구하려는 노력을 게을리하고 있다는 점이다. 지금 그를 움직이는 동력은 불만이다. 그는 자신이 부당한 대우를 받고 있다고 여긴다. 그는 정치적 우파를 장악한 극단주의 정치에 갇혀버렸다. 그것은 원래 좌파의 정체성 정치identity politics(인종, 종교, 성별, 인종, 문화 등 정치적 소수 집단의 권익을 강조하는 정치—옮긴이)에 대한 평형추로 여겨졌던 것이다. 그는 자신이 생존이 달린 싸움을 한다고 믿는다.

그러나 이런 비정상적인 행동을 경계하는 신호는 오래전부터 있었다. 미국 교통안전위원회NTSB에 대한 머스크의 반응이 어땠는가? 그는 그들이 테슬라만 콕 집어 괴롭힌다고 단정했다. 테슬라의 이사회와 "자금은 확보됐음" 트윗 이후에 설립된 테슬라 재단과 이사회의 처신은 또 어땠는가? 이들 감독 기구들은 언제든 상황을 바로잡을 수도 있었지만 그보다는 머스크의 거수기 노릇만 했다. 공공 도로에서 벌어진 오토파일럿과 완전자율주행 실험을 정당화한 행위는 어땠는가? 후자의 경우, 그는 실험 과정에서 사망자나 부상자가 발생할 수 있다는 점을 인정했지만, 그 정도는 완전한 자율주행이라는 약속의 땅에 닿기까지 거쳐야 하는 불가피한 시행착오라고 강변했다.

머스크의 관심이 정치 쪽으로 쏠리면서부터 그의 과대망상이 표출되기 시작했다는 주장이 있다. 어쨌든 이 상황에서 중요한 질문은 이것이다. 누가 그에게 그런 생사가 걸린 결정을 내릴 독점적 권한을 부여했는가? 그리고 그런 권한이 다른 영역으로 확장되기 전에 이를 제지하지 않은 것은 실수가 아니었는가?

"워크 마인드 바이러스를 퇴치해야 한다. 그 외에 다른 것은 중요하지 않다." 머스크는 2022년에 그렇게 썼다.[36] 실제로 이런 주장 때문에 그는 몇 해 후 그가 표면적으로나마 자신의 편에 섰던 사람과 맞서게 된다. 테슬라의 완전자율주행 기술을 옹호하던 척 쿡Chuck Cook이었다.[37]

"적은 서구 문명이 위험하지 않다고 착각하는데, 그것은 분명히 위험에 처해 있다." 머스크는 그렇게 쓰고 덧붙였다. "미국이 무너지면 주식도 부동산도 다 소용없다. 역사는 모든 문명이 언젠가는 몰락한다고 가르치지만, 우리는 이 문명이 가능한 한 오래 지속되기를 바란다."[38]

"문명적 위험"을 피한다는 도덕적 구실을 내세우면 어떤 행동도 정당화될 수 있다는 그의 주장은 사실상 기만이었다. 머스크는 더 위대한 무엇을 추구하기 위해서는 예의나 책임감이나 심지어 안전과 관련된 작은 희생 정도는 용인되어야 한다고 대중을 설득하는 데 성공했다. 왜 이런 사람 밑에서 일하려 할까? 2023년 여름에 만난 한 전직 테슬라 임원은 내게 그의 매력을 간결하게 설명해 주었다. "일론이 무대에 올라 '이런 일이 일어날 겁니다'라고 말합니다. 그것이 화성을 정복하는 일이든, 2012년이나 2013년이면 '테슬라가 세계에서 가장 큰 회사가 될 것'이라는 허세이든, 그는 자신이 하는 말에 한 치의 의심도 하지 않습니다. 여러 면에서 그의 확신은 정말 전염성이 강합니다."

"엔지니어들은 특히 그런 말에 중독됩니다." 그 사람은 말을 이었다. "매일 자신이 한 일을 돌아보면 불가능하다고 단정했던 것들이 실제로 이루어져 있거든요."

머스크의 전 측근 중 한 명이 몇 해 전 내게 해준 말과 크게 다르지 않았다. 그때 그는 목표를 추구하는 머스크의 노력을 신앙적 태도에 비유했다. 이런 환경에 매료되고 거기서 나오는 보상이 엄청나면 똑똑한 사람도 함정에 빠진다. 그런 함정이 숨기고 있는 파괴적인 영향은 내가 몸담은 언론계를 포함한 다른 산업에도 그리 낯선 현상이 아니다. 바로 일과 고행을 동일시하는 함정 말이다.

"일론 밑에서 일하면 고통이 따르고 수고스럽다는 것만큼은 확실했습니다." 그 전직 임원은 내게 그렇게 말했다. 고통이 보상을 초과하면 떠날 수밖에 없다. 몇 해 동안 많은 사람들이 몸으로 얻은 이런 교훈은 머스크가 운영하는 회사의 임원들에게만 나타나는 빠른 이직률로 이어졌다. 머스크에게는 사명이 전부였다. 여기에 온전히 동참하지 않는 사람들은 극복해야 할 장애물이었다.

"머스크와 함께 일하면서 그 사명에 도움을 주지 못하면 버려질 수 있다는 뜻입니다." 그 전직 임원은 그렇게 말했다.

책임이나 의무에는 원래 마찰이 따르게 마련이지만, 그런 마찰을 일으킬 것 같은 가령 내부 반대자나 기업 이사회나 규제 당국은 무슨 일이 있어도 피해야 하고 더 나쁘게는 무찔러야 할 상대다. 그렇다고 해도 그 이유는 여전히 의문으로 남는다. 머스크는 왜 복잡하고 혼란스럽고 제 기능을 못하는 세상의 문제를 다 해결하겠다고 마음먹었을까? 이를 통해 그는 무엇을 얻었을까?

이 책을 위해 자료를 수집하던 중 2023년에 전직 테슬라 관계자와 나눈 대화 한 대목이 떠올랐다. 이 관계자는 화성에 정착하려는 그의 야망을 만류해 봤지만 논리와 이성으로는 그를 굽힐 수 없었다고 했다.

"왜 화성에 가려는 겁니까?" 그는 머스크에게 물었다.

"다행성 종이 되어야 지구에 큰 운석이 떨어져도 살아남을 수 있으니까." 머스크는 그렇게 말했다.

전직 테슬라 관계자는 "인류로서 살아남는 것"이 얼마나 중요한 문제인지는 제쳐놓더라도 "(다음) 큰 충돌이 일어나기까지의 평균 시간은 수억 년"이라는 점을 상기시켰다. 그런 맥락에서 보면 지금 화성에 가든 2만 년 후에 가든 별 차이가 없다. "게다가 2만 년 후에는 화성에 가는 일이 식은 죽 먹기일 텐데, 왜 그걸 못 기다려 아주 어설픈 2000년 기술을 가지고 지금 가려는 겁니까?"

두 사람의 대화는 거기서 끝났다. 전직 테슬라 관계자는 머스크가 그 위업을 달성할 수 있는 장본인이 되고 싶어 한다고 결론지었다. 그는 이런 관점을 머스크의 성격 탓으로 돌렸다. 그것이 그의 행동 패턴에 부합한다고 말이다.

"언제가 됐든 그에게 중요한 것은 세상을 구하는 문제예요. 그보다 못한 것에는 관심을 기울일 필요가 없어요." 그는 내게 그렇게 말했다.

다 하지 못한 말

1990년대 중반의 일론 머스크는 20대의 스타트업 창업자였다. 학생 비자 신분으로 불법으로 일하며 그는 전화번호부 형태의 디렉터리 서비스를 온라인으로 제공하는 Zip2를 설립했다.[1] 어느 날 이 스타트업의 주요 투자자 중 한 사람이었던 파트너 데릭 프라우디언Derek Proudian이 조숙한 창업자와 점심을 함께하기 위해 케임브리지에 있는 Zip2 사무실에 들렀다. 그때 이미 머스크는 성공을 향한 무서운 추진력으로 최종 재정 후원자들의 마음을 사로잡았다고 프라우디언은 30년쯤 전의 일을 회고했다.

그날 오후 식당으로 가는 길에도 프라우디언의 머릿속은 온통 회사 생각뿐이었다. 그는 엔지니어를 영입해 상품의 규모를 키우고, 최고경영자를 물색하고, 100억 달러 규모를 예상하는 산업에서 기회를 찾을 궁리를 했다.

머스크가 구상하는 것은 더 큰 그림이었다. "글로벌 기업으로 만들 겁니다." 머스크는 그렇게 말했다고 프라우드언은 회고했다. Zip2는 "그 어느 곳보다 더 큰 기업이 될 것"이라고 했다.

"그러다 역대 최대 규모의 회사가 될 수도 있겠네." 프라우디언이 장난삼아 말했다. "하지만 지금 우리는 전화번호부에만 집중하고 있잖아. 거기에 실릴 소규모 사업체에도 별다른 관심을 끌지 못하고 말이야."

머스크의 마음은 엉뚱한 곳을 헤맸다.

"저에게는 더 큰 비전이 있습니다." 그는 그렇게 말했다.

프라우디언은 말을 끊고 화제를 돌리려 했다.

"아니, 선생님은 이해하지 못합니다." 머스크가 말을 잘랐다. "저는 알렉산더 대왕의 환생이라고요."

뭐라고?

프라우디언은 그를 다시 현실 세계로 데려와야 했다. "펜스를 넘기겠다고 풀스윙만 하면 삼진 당하기 쉽지 않을까?"

"제겐 사무라이 정신이 있습니다." 머스크는 선언했다. "실패하느니 차라리 할복할 겁니다."

그날 머스크는 프라우디언의 옹졸한 사고와 현실주의가 진짜 장애물이라고 생각했다. 요즘의 머스크는 연방 정부의 무능, 즉 능력주의를 포기하고 평범함을 선호하는 것이야말로 그의 궁극적 목표를 가로막는 장애물로 여기는 것 같다.

2024년 내선 캠페인은 머스크로시는 우주 차원의 도박이고, 아마도 그의 비즈니스 제국이 감당할 수 있는 어떤 사업보다 더 큰 책임을 맡을 수 있는 유일한 전환점이었을 것이다. 대선 시점에 머스크는 새로운 적이 인류를 화성에 진출시키려는 자신의 야망을 가로막는다고 확신하게 되었다. 그것은 테슬라에서 거액의 연봉을 조건으로 도박을 벌일 동기를 주었던 것과 같은 도전 과제였다. 트위터를 인수하려고 그렇게 무리수를 두었던 것도 사실 "워크 마인드 바이러스"를 퇴치하고 싶었기 때문이었다. 그 바이러스 퇴치라는 과제는 스페이스X가 항해할 방향을 알려주는 북극성이었다.[2]

"미국이 과잉 규제라는 무기를 동원해 서서히 목을 조르는 행위를 멈추지 않는 한, 우리는 결코 다행성 문명을 이룰 수 없다." 그는 그렇게 말하면서[3] 덧붙였다. "숨통을 조이는 과잉 규제의 횡포를 해결하지 않는 한 인류는 결코 화성에 도달할 수 없다."[4]

그리고 자욱한 먼지가 걷혔을 때, 머스크는 승리한 정당 편에 서 있었고 차기 대통령의 '최측근'이 되었다.[5]

이글을 쓰는 2024년 12월 현재, 일론 머스크는 자신을 억압하는 규제와 관료들에게 도전할 힘을 확보한 것처럼 보인다. 트럼프 행정부는 머스크와 비벡 라마스와미 Vivek Ramaswamy를 새로운 정부효율부 DOGE의 공동 책임자로 임명해, 머스크에게 정부를 재편할 기회를 주는 동시에 자율주행차에 대한 야망을 실현할 길도 열어주었다. 머스크의 준정부기관이 실제로 어느 정도의 권한을 갖게 될지는 의문이지만, 그가 트럼프에게 일정한 영향을 미치고 있는 것만은 분명하다. 머스크는 슈퍼팩 super-PAC ('특별정치활동위원회'라는 이름의 특정 후보 후원 단체—옮긴이)인 아메리카팩 America PAC을 통해 2억 7,500만 달러 이상을 쏟아부어 트럼프와 여러 공화당 의원들의 당선을 도왔다.[6]

머스크는 자신의 역할을 공식 발표하기 며칠 전에 자신과 자신의 기업을 조사했던 기관, 즉 SEC와 FTC를 '무력화'해야 한다고 발언 수위를 높였다.[7] 이제 그는 세계에서 가장 강력한 사람의 비호를 받아 "과도한 규제를 줄이고, 쓸모없는 지출을 삭감하고, 연방 기관

구조조정을 실시"하겠다는 비전을 제시했고, 아울러 이를 실행할 의무가 자신에게 있다고 믿는다.[8]

머스크가 정치나 통치의 영역에 발을 들일 것이라는 예측은 전부터 있었다. 그동안 밟아온 여정의 어느 순간을 놓고 보든 그가 자신의 재산과 권력을 걸고 벌였던 도박의 규모를 생각해 보면, 그에게는 원하는 것을 완전히 장악하거나 아니면 스스로 완전히 파멸 직전까지 돌진하는 것 두 가지 밖에 없었다. 그래도 변함없는 사실 한 가지가 있다. 피할 수 없는 존재라는 점이다.

그러나 이제 그는 권력의 새로운 정점에 도달했고, 판도 바뀌었다. 회사의 수익이나 직원들의 생계를 걸고 무모한 도박을 하는 것에 그치지 않는다. 그는 자신의 실존적 사고를 우리 사회 전체에 적용할 기세다. 머스크는 이해 충돌을 둘러싼 관련 규범 등 우리를 하나로 묶어주는 기본 규칙과 규제에 영향력을 행사하려 한다. 이 책 여러 곳에서 드러났듯이 이런 규정과 규제의 본래 의도인 질서와 관례의 보호라는 개념은 머스크의 관심사가 아니다. 특히 이런 규범을 그렇게 계속 떠받들 경우 인류는 빠르진 않아도 파멸을 향한 행진을 멈추지 않을 것이라고 그는 생각한다. 머스크는 그 행진이 이미 시작되었다고 믿는다.

머스크와 그의 심복들은 자신들의 궁극적인 목표를 추구하기 위해 경제나 시장 침체 등 단기적인 '고난'을 미국인들에게 부과하는 행위를 대수롭지 않게 여겼다.[9] 머스크의 최측근 중 한 사람은 정부효율부가 "집단적 희생"을 요구할 것이라고 엄포를 놓았다.[10]

그렇다면 그들의 목적은 무엇이냐는 질문만 남는다. 머스크가 대놓고 밝힌 화성 식민이라는 목표가 아니라면 집단적 희생은 무엇을 위한 것인가? 머스크는 대중을 위해 무엇을 했기에 자신의 무모한 도박에 함께 해달라고 청하고 또 그 요청에 수백만 명이 충성을 맹세하는가? 어떤 사람들은 그의 사업적 업적이 있기에 그런 믿음의 비약이 가능하다고 주장하겠지만, 그의 직책은 무슨 일이 있어도 대중에게 책임지지 않으려는 사람에게 주기에는 너무 엄청난 권력이다.

그리고 이런 공개적인 목표, 즉 인류의 행동반경을 넓히겠다는 고귀한 야망에 또 다른 걱정거리가 감춰져 있다면 그건 또 어쩔 것인가?

막상 선거가 시작되자 머스크는 위험을 감지한 듯했다. 그는 자신이 소유한 모든 것이 줄타기를 하고 있다고 느꼈다. 머스크는 국가와 자신에 닥칠 그 위험을 어떻게 여기는지 숨기지 않았다.

"나는 이번 선거가 하나의 전환점, 매우 중요한 운명의 갈림길이라고 생각합니다. 이번 선거 전까지 나는 정치에 개입하지 않았습니다." 그는 팟캐스터 조 로건에게 그렇게 말했다. "이번 선거에서 내가 정치적 활동을 벌인 이유는 트럼프가 당선되지 못할 경우 이 나라에서 민주주의가 실종될 것이라 생각했기 때문입니다. 양당 체제도 사라질 겁니다." 머스크는 그렇게 말하며 근거 없는 얘기를 늘어놓았다. 여당인 민주당이 "엄청난 수"의 불법 이민자를 경합주로 "유입하고" 있는데, 이는 선거인단 판세를 영구 유지하기 위한 정교한 음모의 일환이라는 주장이었다.

머스크는 자신의 모든 정치 활동이 그랬듯, 개인적 이해관계도 있음을 노골적으로 드러냈다.

"만약 트럼프가 패배한다면, 당신은 망한 겁니다." 터커 칼슨 Tucker Carlson은 2024년 10월 인터뷰에서 머스크에게 그렇게 말했다. "그가 지면 나도 끝장이죠." 머스크도 동의했다. "제 징역형이 얼마 정도일 것 같습니까? 아이들이나 볼 수 있을까요? 모르겠네요."[11]

웃자고 한 말이었지만, 머스크가 얼마나 위태로운 도박을 벌이고 있는지 짐작할 수 있는 대목이었다. 당시 머스크의 회사들 그리고 경우에 따라 머스크 자신도 법무부나 SEC, FTC, 연방 교통 규제 기관, 연방 통신위원회 등으로부터 조사를 받아야 하는 처지였고, 그 외에도 그의 PAC의 파격적인 유권자 지원 활동 방식은 일찌감치 일부의 눈살을 찌푸리게 만들고 있었다.[12]

그는 종종 그랬듯 이런 개인적인 걱정에 인류 전체를 끌어들여, 끝없는 미로 같은 규제 개입이 궁극적으로 인간의 실존적 문제 해결을 늦추고 인간이 가진 잠재 능력 전체를 억압한다고 주장했다.

서두에서 설명한 것처럼 〈스탠포드 철학 백과사전〉은 아인 랜드 철학의 핵심 교리를 이렇게 설명한다. 실제로 "생존은 유기체의 궁극적인 가치이자 '최종 목표 또는 결말이며 다른 모든 하위 목표는 수단'이기 때문에 그것은 다른 모든 가치를 평가하는 기준이다. 따라서 '유기체의 생명을 증진하는 것은 선이고, 그것을 위협하는 것은 악이다.'"[13]

약 30년 전 머스크가 자신을 알렉산더 대왕이라고 큰소리쳤을 때, 그것을 들은 사람은 실리콘밸리의 다른 사람들과 마찬가지로 당돌한 창업자의 일회성 허세라고 생각했다. 그러나 선거가 다가오자 머스크의 정신과 고집을 꿰뚫어 본 실리콘밸리 최초의 실세 중 한 사람인 프라우디인은 문득 이런 생각이 들었다고 했다. "아, 망했다."

그는 일론 머스크와 함께 했던 경험을 돌이켜보았다. 오만하고 주변에 제대로 적응하지 못하는 젊은이에게 흔히 보이는 무모함이라고 가볍게 여겼던 그의 이상한 감정 폭발과 즉흥적인 일회성 발언이 새로운 의미로 다가왔다.

"시장의 힘이 일론을 억제해 줄 것으로 생각했죠." 프라우디언은 그렇게 말했다. "주머니가 텅 빈 23살짜리 기업가였을 때는 그게 그렇게 심각한 문제라고 생각하지 않았습니다."

"내가 정말 걱정하는 이유는 이 사람이 무척 똑똑하고 돈도 엄청나게 많은데다 피도 눈물도 없는 사람이라는 걸 잘 알기 때문입니다. 그리고 지금 그런 우려가 내 눈앞에서 실제로 벌어지고 있고요."

우리는 이런 걱정에 귀를 기울여야 한다. 지금은 이런 말을 인정하는 분위기가 아니지만, 머스크가 그동안 보여준 해고 조치와 한때 당연히 여겼던 사업의 원칙을 기를 쓰고 무너뜨리는 행태의 영향은 그의 비즈니스 제국의 울타리 안에 그치지 않고 그 너머까지 확산하는 중이다.

머스크와 가까이 일해본 많은 사람들은 대체로 프라우디언과 생각이 비슷했다. 《머스크 리스크》에서 여러 차례 보여준 것처럼, 머스크는 때로 있을 수 있는 잘못을 저질러도 절대 인정하거나 굽히는 법이 없다.

머스크의 오만함 때문에 잠을 못 이루는 사람들도 있고, 머스크가 운영하는 회사의 말을 믿었다가 목숨을 잃은 사람들도 있다. 그 피해가 더 큰 무언가와 어떻게 연결되는지는 몰라도, 이 문제는 가볍게 다룰 일이 아니다. 어떤 사람들은 그가 장담한 기술을 믿었다가 목숨을 잃었고, 또 어떤 사람들은 인생이 뒤바뀌거나 경력을 망쳤으며, 또 다른 사람들은 그를 믿었다가 재정적 파탄을 맞기도 했다.

최근의 정치권 진출로 얻은 새로운 입지로 그가 그동안 언급했던 목표를 결국 달성하든 아니면 트럼프 행정부와의 관계가 어느 시점에서 틀어지든, 그는 일관되게 기회주의적 행동을 보일 것이다. 그래서 자신의 목표를 추구할 때 따라오는 피해를 대수롭지 않게 여길 뿐, 이를 줄이기 위한 노력에는 별다른 관심을 두지 않을 것이다. 따라서 그가 요즘 벌이고 있는 일들의 위험 수위는 그 어느 때보다 높다.

정부효율부가 자신의 기준에서 큰 성공을 거두더라도, 그는 그것으로 만족하지 않을 것이다. 지금까지 보여준 머스크의 행동 양식이 그런 예측을 가능하게 한다. 늘 그랬듯이 그는 계속해서 더 많은 권한과 직책을 추구하고 다음 혁신 사업에 올인할 것이다. 그리고 만약 정부효율부가 실패했을 때 그가 말한 '사무라이 정신'을 들먹이며 할복을 요구하면, 많은 사람들을 끌고 들어가 실패의 책임을 나누려 할지 모른다. 그런 다음 툭툭 털고 일어나 다시 시도할 것이다.

감사의 말

감사의 빚을 진 분들이 너무 많아 여기에 일일이 거론하기 어렵지만, 그래도 최선을 다해 이름만이라도 소개하고 싶다.

무엇보다도 내가 인터뷰할 수 있도록 시간을 허락해 준 모든 분들께 깊이 감사드린다. 이 이야기를 가능한 한 포괄적으로 전달하기 위해 제보를 수집하고 사실을 확인하고 반복적으로 문의를 하는 동안, 때로는 한 번 이상 때로는 아주 어색한 시간에 그분들은 기꺼이 시간을 내주었다. 여기에는 내 직책의 특성상 때로 나와 적대적인 관계에 있던 분들도 포함된다. 진실에 대한 그들의 인식과 헌신에 경탄을 금할 수 없다.

인터뷰는 대부분 익명으로 진행했는데, 이름을 밝히지 못한 내 취재원들은 여러 가지 사정을 얘기했다. 민감한 비공개 정보를 솔직하게 털어놓고 싶은 경우가 대부분이었지만 보복을 두려워하는 분도 있었다. 취재원들이 나와 기꺼이 얘기를 하는 이유는 오로지 그들이 전하는 사실을 내가 제대로 파악하는지 확인하기 위해서였다. 올바른 기사를 작성하도록 도움을 준 여러 취재원들께 깊이 감사드린다. 테슬라의 내부에서 일어난 일, 머스크와 워싱턴의 거래, 트위터 인수에 관한 이야기를 전달하는 데 이들 익명의 취재원들이 베풀어준 도움은 감사하다는 말 한마디로 감당하기 어렵다. 트위터를 다룬 부분, 특히 14장에서는 신뢰할 수 있는 취재원에게 크게 의존했다. 그분은 익명을 전제로 내부 문제를 솔직하게 이야기해 주었다. 특별한 언급이 없는 한, 본문에 출처를 밝히지 않은 인용문은 대부분 인터뷰나 서신에서 내가 직접 들은 말을 인용한 것이다.

나는 언론에 대한 머스크의 적대감, 온라인 트롤 군대가 사람들의 삶을 어지럽히는 방식 그리고 일부 사람들이 발언한 후 겪는 역풍 등을 상세히 설명하려 했다. 이 점을 늘 염두에 두었기에 나는 내 취재원과의 약속을 매우 무겁게 받아들이고 있다. 그들의 용기에 경외감을 느끼며 다시 한번 무한한 감사를 드린다.

머스크와 트위터와 테슬라를 다룬 기존의 학술적 결과물도 아주 큰 도움이 되었다. 아래의 저술은 모두 트위터나 테슬라, 머스크 자체를 철저하게 파헤치는 자료다.

- 《루디크러스, 테슬라와 일론 머스크, 그 숨겨진 신화 Ludicrous: The Unvarnished Story of Tesla Motors》, 에드워드 니더마이어 Edward Niedermeyer
- 《일론 머스크 Elon Musk》, 월터 아이작슨 Walter Isaacson
- 《일론 머스크, 미래의 설계자 Elon Musk: Tesla, SpaceX, and the Quest for a Fantastic Future》, 일론 머스크. 애슐리 반스 Ashlee Vance

- 《정신 나간 모드, 일론 머스크의 테슬라는 어떻게 석유 시대를 끝내기 위한 전기 혁명을 일으켰는가 Insane Mode: How Elon Musk's Tesla Sparked an Electric Revolution to End the Age of Oil》, 해미시 매켄지 Hamish McKenzie
- 《테슬라 전기차 전쟁의 설계자 Power Play: Tesla, Elon Musk, and the Bet of the Century》, 팀 히긴스 Tim Higgins
- 《캐릭터의 한계, 일론 머스크는 어떻게 트위터를 망가뜨렸나 Character Limit: How Elon Musk Destroyed Twitter》, 케이트 캉거 Kate Conger, 라이언 맥 Ryan Mac
- 《새를 두고 벌이는 싸움: 잭 도시, 일론 머스크, 그리고 트위터의 영혼을 위한 440억 달러의 싸움 Battle for the Bird: Jack Dorsey, Elon Musk, and the 44 Billion Fight for Twitter's Soul》, 커트 와그너 Kurt Wagner
- 《지독한 하드코어: 일론 머스크 트위터 속사정 Extremely Hardcore: Inside Elon Musk's Twitter》, 조이 시퍼 Zoë Schiffer

매일 머스크를 끈질기게 취재하는 기자들에게 항상 감사하며, 특히 처음부터 머스크를 진지하게 탐구해 온 테슬라 출입 동료 기자들과 전임 기자들에게 따로 감사의 인사를 전하고 싶다. 로라 컬라드니 Lora Kolodny, 데이나 헐 Dana Hull, 러스 미첼 Russ Mitchell, 리넷 로페즈, 드루 하웰, 팀 히긴스, 찰리 그랜트 Charley Grant, 에드 니더마이어, 레베카 엘리엇 Rebecca Elliott, 닐 부데트 Neal Boudette 등 많은 사람들이 열심히 취재했지만 우리 누구도 이 이야기가 어디로 갈지는 예측할 수 없었을 것이다.

제이다 친 Jada Chin은 고맙게도 책을 구성하고 정리하는 것부터 아이디어에 이르기까지 여러 의견을 제시해 주는 등 모든 면에서 지원을 아끼지 않았다. 우리 인생에서 가장 중요한 한 해 동안 이 프로젝트가 본질에서 벗어나지 않도록 모든 것을 참아준 그녀에 감사드린다. 당신이 있어서 나 자신을 믿을 수 있었다. 이번 달 말에 있는 당신 결혼식이 너무 기다려진다.

내 부모님 사바 시디키Sabah Siddiqui, 피라삿 시디키Firasat Siddiqui 에게 감사드린다. 두 분의 가치관과 직업윤리와 솔선수범, 주변 사람들에 베푸는 변함없는 관대함과 옳은 일에 대한 치열한 헌신은 저의 끝없는 영감의 원천입니다. 모든 것이 감사할 따름입니다.

《머스크 리스크》의 제작과 편집에 참여한 모든 분들께 감사드리며, 특히 편집장 팀 바틀렛Tim Bartlett 과 케빈 라일리Kevin Reilly에게 특별히 고맙다. 두 분은 단계 단계마다 나를 이끌어주었고 내가 부탁한 진지함과 속도감으로 더 나은 작품을 만들기 위해 끊임없이 애써주었다.

제인 디스텔Jane Dystel 은 내가 이 책을 쓸 생각으로 연락했을 때부터 이 프로젝트와 나를 믿어주었다. 그녀에게 무한한 감사를 표한다. 처음부터 내 아이디어를 진지하게 받아들인 리드 앨버고티Reed Albergotti, 니타샤 티쿠Nitasha Tiku, 에드 니더마이어에게도 고마움을 전한다.

〈워싱턴 포스트〉의 동료들도 더없이 고맙다. 캐머런 바Cameron Barr, 리즈 시모어Liz Seymour, 로리 몽고메리Lori Montgomery, 크리스티나 파사리엘로Christina Passariello, 에벌린 라루비아Evelyn Larrubia는 내가 이 프로젝트를 마무리할 수 있도록 휴가를 허락해 주었고, 내가 중간에 원고 마감일을 여러 차례 미루어도 너그럽게 이해해 주었다.

로라 스티븐스Laura Stevens는 머스크가 부상하는 과정을 기록하는 기자가 꼭 필요할 때 나타나 준 완벽한 편집자였다. 레이첼 러먼Rachel Lerman, 트리샤 타대니Trisha Thadani, 엘리자베스 드워스킨Elizabeth Dwoskin, 캣 자크제브스키Cat Zakrzewski, 드루 하웰, 게릿 드 빈크Gerrit De Vynck 와 그 외에 머스크와 그의 회사에 대한 대중의 생각을 풍부하게 전해준 많은 동료 기자들에게도 감사의 인사를 전한다. 또한 내가 흠모하던 기관에서 경력을 쌓을 수 있도록 도와준 전 지국 편집장 마이크 세멀Mike Semel과 빅토리아 베닝Victoria Benning 에게도 큰 감사를 드린다.

《머스크 리스크》 작업을 도와준 케네스 J. 실버Kenneth J. Silver, 다이앤 딜루비오Diane Dilluvio, 개브리얼 갠즈Gabrielle Gantz, 미셸 캐시먼Michelle Cashman, 로라 클라크Laura Clark, 리즈 블레이즈Lizz Blaise, 영 림Young Lim, 오마 차파Omar Chapa, 스티브 와그너Steve Wagner 에게도 감사의 인사를 전한다. 사실 확인을 담당한 벤 캘린Ben Kalin 은 함께 일하는 것 자체가 즐거울 뿐 아니라 중요한 시기에 침착하고 냉철한 태도로 내 중심을 잡아준 믿음직한 동료였다.

파라즈 시디키Faraaz Siddiqui 와 자흐라 파티마Zahra Fatima 두 분께 감사드린다. 두 분은 지칠 줄 모르는 추진력과 끈기와 가치에 대한 믿음이 무엇인지 몸소 보여주셨다. 내 두 번째 사무실이나 다름없었던 두 분의 아파트도 큰 도움이 되었다. 내 할머니 부슈라 유수프Bushra Yousuf 는 내게 절실했던 격려와 기도를 해주셨고, 이마안 유수프Imaan Yousuf 는 이 책 기획안의 초고를 읽고 피드백을 주셨다. 감사드린다. 내 할아버지 압둘 유수프Abdul Yousuf 박사는 내가 늘 마음속에 모시고 있는 분이다.

마리암 쿠라시Mariam Quraishi 는 내가 잘 알지 못하는 분야의 산업을 친절하게 소개해 주었다.

　새 가족이 된 스티브 친Steve Chin 과 사브리나 친Sabrina Chin, 엘사 친Elsa Chin에게도 고맙다. 이들은 수시로 나의 안부를 확인하고 내가 최선을 다할 수 있도록 도와주었다.

　마지막으로, 수년간 나의 멘토이자 글쓰기 코치였던 조 스타리타Joe Starita 와 스콧 윈터Scott Winter, 딘 흄Dean Hume에게 감사를. 이분들이 없었다면 이 모든 것이 불가능했을 것이다.

들어가는 말

1. @elonmusk, X, November 21, 2023. https://x.com/elonmusk/status/1726989224073896365.
2. @elonmusk, X, January 29, 2021. https://x.com/elonmusk/status/1355068728128516101.
3. "SEC: Musk's misleading statement caused significant market confusion and disruption," *CNBC*, September 27, 2018. https://www.youtube.com/watch?v=tNJhUTeTsa4.
4. *Joe Rogan Experience*, September 7, 2018. https://www.youtube.com/watch?v=ycPr5-27vSI.
5. "Ayn Rand," *Stanford Encyclopedia of Philosophy*, June 8, 2010. https://plato.stanford.edu/entries/ayn-rand/WhatEthiWhyDoWeNeedIt.
6. @elonmusk, X, June 5, 2022. https://x.com/elonmusk/status/1533410745429413888; elonmusk, X, December 13, 2022. https://x.com/elonmusk/status/1602734819225571328.
7. @elonmusk, X, May 19, 2022. https://x.com/elonmusk/status/1527356085090545664.
8. "Ayn Rand," *Stanford Encyclopedia of Philosophy*.
9. elonmusk, X, May 19, 2022. https://x.com/elonmusk/status/1824637108570521983.
10. Faiz Siddiqui, "How auto regulators played mind games with Elon Musk," *Washington Post*, March 27, 2022. https://www.washingtonpost.com/technology/2022/03/27/tesla-elon-musk-regulation/.
11. Ashlee Vance, *Elon Musk: Tesla, SpaceX, and the Quest for a Fantastic Future* (New York: Ecco, 2015).
12. @elonmusk, X, June 15, 2018. https://x.com/elonmusk/status/1007665949044928517.
13. Lisa Napoli, "Compaq Buys Zip2 to Enhance Altavista," *New York Times*, February 17, 1999. https://www.nytimes.com/1999/02/17/business/compaq-buys-zip2-to-enhance-altavista.html; elonmusk, X, April 2, 2021. https://x.com/elonmusk/status/1378139804647313411.
14. Sergei Klennikov, "8 Innovative Ways Elon Musk Made Money Before He Was a Billionaire," *Money*, August 8, 2017. https://money.com/8-innovative-ways-elon-musk-made-money-before-he-was-a-billionaire/.
15. Marc Fisher, Christian Davenport and Faiz Siddiqui, "Elon Musk, the Twitter deal and his quest to save 'all life on Earth,'" *Washington Post*, May 14, 2022. https://www.washingtonpost.com/business/2022/05/14/musk-twitter-deal-legacy/.

16. @elonmusk, X, July 29, 2022. https://x.com/elonmusk/status/1553029208057810945.
17. Faiz Siddiqui, "Tesla is like an 'iPhone on wheels.' And consumers are locked into its ecosystem," *Washington Post*, May 14, 2021. https://www.washingtonpost.com/technology/2021/05/14/tesla-apple-tech/.
18. @pkafka, X, April 7, 2023. https://x.com/pkafka/status/1644440081720045598.
19. Sanj Atwal, "Elon Musk suffers worst loss of fortune in history amid "market madness," Guinness World Records, January 6, 2023. https://www.guinnessworldrecords.com/news/2023/1/elon-musk-suffers-worst-loss-of-fortune-in-history-amid-market-madness-731988.
20. Faiz Siddiqui, "Twitter brings Elon Musk's genius reputation crashing down to earth," *Washington Post*, December 24, 2022. https://www.washingtonpost.com/technology/2022/12/24/elon-musk-twitter-meltdown-tesla/.
21. Kate Conger, Tiffany Hsu and Aaron Krolik, "Twitter Barred Them. What Happened When Elon Musk Brought Them Back?," *New York Times*, October 12, 2024.
22. @elonmusk, X, July 2, 2020; Jacob Kastrenakes and Mia Sato, "Elon Musk tells advertisers: 'Go fuck yourself,'" *The Verge*, November 29, 2023. https://www.theverge.com/2023/11/29/23981928/elon-musk-ad-boycott-go-fuck-yourself-destroy-x.
23. Faiz Siddiqui, "Musk's Twitter investors have lost billions in value," *Washington Post*, September 1, 2024.
24. Alexander Saeedy and Dana Mattioli, "Elon Musk's Twitter Takeover Is Now the Worst Buyout for Banks Since the Financial Crisis," *Wall Street Journal*, August 20, 2024. https://www.wsj.com/tech/elon-musks-twitter-takeover-is-now-the-worst-buyout-for-banks-since-the-financial-crisis-3f4272cb.
25. @munster_gene, X, December 30, 2024. https://x.com/munster_gene/status/1873853618430087460
26. Tom Krisher and Bernard Condon, "Tesla sales dropped 1.1% in 2024, its first annual decline in a dozen years," *AP*, January 2, 2025. https://apnews.com/article/tesla-sales-2024-drop-electric-vehicles-69af17c4e606625694af8293db25b2f3.

1. 워싱턴과 벌인 일론 머스크의 전쟁

1. Faiz Siddiqui, "Tesla sued by family of Apple engineer killed in Autopilot crash," *Washington Post*, May 1, 2019. https://www.washingtonpost.com/technology/2019/05/01/tesla-sued-by-family-man-killed-autopilot-crash/.
2. "Witness Group Attachment 2-Family Response to Request for Information," Huang, et al. v Tesla Inc., National Transportation Safety Board, March 20, 2019.
3. "Accident Report: Collision Between a Sport Utility Vehicle Operating With Partial Driving Automation and a Crash Attenuator Mountain View, California," NTSB, March 23, 2018. https://www.ntsb.gov/investigations/AccidentReports/Reports/HAR2001.pdf.
4. Michael Laris, "Tesla running on 'Autopilot' repeatedly veered toward the spot where

Apple engineer later crashed and died, federal investigators say," *Washington Post*, February 11, 2020.
5. Faiz Siddiqui and Trisha Thadani, "In 2018 crash, Tesla's Autopilot just followed the lane lines," *Washington Post*, April 7, 2024. https://www.washingtonpost.com/technology/2024/04/07/tesla-autopilot-crash-trial/.
6. Accident Report, NTSB, March 23, 20178.
7. Ibid.
8. Ibid.
9. Tom Krisher, "11 more crash deaths are linked to automated-tech vehicles," AP, October 18. 2022. https://apnews.com/article/technology-business-traffic-government-and-politics-a16c1aba671f10a5a00ad8155867ac92.
10. @elonmusk, X, December 27, 2020. https://x.com/elonmusk/status/1343112752512946176
11. "The Atlantic Meets the Pacific: Exploring the Mind of an Entrepreneur –Elon Musk & James Fallows," November 11, 2011. https://www.uctv.tv/shows/The-Atlantic-Meets-the-Pacific-Exploring-the-Mind-of-an-Entrepreneur-Elon-Musk-James-Fallows-22483.
12. Marc Fisher et al, "Elon Musk, the Twitter deal and his quest to save 'all life on Earth.'" https://www.washingtonpost.com/business/2022/05/14/musk-twitter-deal-legacy/.
13. Faiz Siddiqui, "How auto regulators played mind games with Elon Musk," *Washington Post*, March 27, 2022.
14. @elonmusk, X, October 19, 2021. https://x.com/elonmusk/status/1450653942938054656.
15. Faiz Siddiqui, "NTSB 'unhappy' with Tesla release of investigative information in fatal crash," *Washington Post*, April 1, 2018. https://www.washingtonpost.com/news/dr-gridlock/wp/2018/04/01/ntsb-unhappy-with-tesla-release-of-investigative-information-in-fatal-crash/.
16. Drew Harwell, "Elon Musk's highflying 2018: What 150,000 miles in a private jet reveal about his 'excruciating' year," *Washington Post*, January 29, 2019. https://www.washingtonpost.com/business/economy/elon-musks-highflying-2018-what-150000-miles-in-a-private-jet-reveal-about-his-excruciating-year/2019/01/29/83b5604e-20ee-11e9-8b59-0a28f2191131_story.html.
17. Brian Fung, "The technology behind the Tesla crash," *Washington Post*, July 1, 2016. https://www.washingtonpost.com/news/the-switch/wp/2016/07/01/the-technology-behind-the-tesla-crash-explained/.
18. Ibid.
19. Michael Laris, "No defect found in Tesla 'Autopilot' system used in deadly Florida crash," *Washington Post*, January 19, 2017. https://www.washingtonpost.com/local/trafficandcommuting/no-defect-found-in-tesla-autopilot-system-used-in-deadly-florida-crash/2017/01/19/36e4fa7c-de65-11e6-ad42-f3375f271c9c_story.html.
20. Bloomberg, "The Tesla Autopilot Crash Investigation: A Timeline," *Fortune*, April 14, 2018. https://fortune.com/2018/04/14/tesla-autopilot-crash-investigation-timeline/.

21. Lauren Botchan, "Wife of Tesla crash victim speaks out: 'I just want this tragedy not to happen again to another family,'" *ABC News*, April 11, 2018. https://abcnews.go.com/US/wife-tesla-crash-victim-speaks-tragedy-happen-family/story?id=54392855.
22. Dana Hull and Ryan Beene, "A Timeline of the Tesla Autopilot Crash Investigation," *Bloomberg*, April 12, 2018, https://www.bloomberg.com/news/articles/2018-04-12/a-timeline-of-the-tesla-autopilot-crash-investigation.
23. Lora Kolodny, "Federal agency says it booted Tesla from crash probe, but Tesla says it withdrew and will complain to Congress," *CNBC*, April 12, 2018. https://www.CNBC.com/2018/04/12/ntsb-revokes-tesla-status-as-a-party-to-crash-investigation.html.
24. David Shepardson, "Biden to tap No. 2 official to head U.S. auto safety agency," Reuters, October 20, 2021. https://www.reuters.com/business/autos-transportation/exclusive-biden-tap-no-2-official-head-us-auto-safety-agency-source-2021-10-19/.
25. Matt McFarland, "Tesla's latest Autopilot feature is slowing down for green lights, too," *CNN Business*, April 28, 2020. https://www.cnn.com/2020/04/27/tech/tesla-autopilot-stoplight/index.html.
26. Fred Lambert, "Tesla Twitter tries to 'cancel' Biden's NHTSA safety adviser over criticism of Autopilot / FSD Beta," *Electrek*, October 20, 2021. https://electrek.co/2021/10/20/tesla-twitter-tries-to-cancel-biden-nhtsa-safety-advisor-critics-autopilot-fsd/.
27. David Shepardson, "UPDATE 1-Veoneer says Cummings to resign from board after NHTSA appointment," Reuters, October 25, 2021. https://ca.finance.yahoo.com/news/1-veoneer-says-cummings-resign-171151660.html.
28. "Missy Cunnings is fighting to make sure you don't read this petition," *Whole Mars Catalog*, November 21, 2021. https://wholemars.net/2021/11/21/missy-cummings-is-fighting-to-make-sure-you-dont-read-this-petition/.
29. elonmusk, X, https://x.com/elonmusk/status/1450653942938054656.
30. @elonmusk, X, March 21, 2024. https://x.com/elonmusk/status/1770669199612170277.
31. @Safety, X, March 20, 2024. https://x.com/Safety/status/1770647182279921840.
32. @elonmusk, X, https://x.com/elonmusk/status/1486809727963123716.
33. Trisha Thadani, Rachel Lerman, Imogen Piper, Faiz Siddiqui and Irfan Uraizee, "The final 11 seconds of a fatal Tesla Autopilot crash," *Washington Post*, October 6, 2023. https://www.washingtonpost.com/technology/interactive/2023/tesla-autopilot-crash-analysis/.
34. Andrew J. Hawkins, "Tesla's 'Full Self-Driving' software is starting to roll out to select customers," *The Verge*, October 21, 2020. https://www.theverge.com/2020/10/21/21527577/tesla-full-self-driving-autopilot-beta-software-update.
35. Faiz Siddiqui, "How auto regulators played mind games with Elon Musk," *Washington Post*, March 27, 2022. https://www.washingtonpost.com/technology/2022/03/27/tesla-elon-musk-regulation/.

36. Faiz Siddiqui, "Tesla owners can now request 'Full Self-Driving,' prompting criticism from regulators and safety advocates," *Washington Post*, September 25, 2021. https://www.washingtonpost.com/technology/2021/09/24/tesla-full-self-driving/.
37. Ibid.
38. @elonmusk, X, September 25, 2021. https://x.com/elonmusk/status/1441837997645729794; https://www.teslarati.com/tesla-fair-chance-ntsb-chief-comments/.
39. @JenniferHomendy, X, October 22, 2021. https://twitter.com/JenniferHomendy/status/1451524796689358860.
40. Faiz Siddiqui, "NTSB chair expresses concern over Tesla 'inaction' on safety recommenda- tions in letter to Elon Musk," *Washington Post*, October 25, 221. https://www.washingtonpost.com/technology/2021/10/25/tesla-ntsb-musk/.

2. "힘들고 고통스러웠던 한 해"와 두둑한 보상

1. Tornetta et al. v. Musk et al., Post-Trial Opinion, January 30, 2024. https://corpgov.law.harvard.edu/2024/02/01/tesla-musk-case-post-trial-opinion/.
2. Ibid.
3. Ibid.
4. Tesla Annual Report 2017, United States Securities and Exchange Commission, February 22, 2018.
5. Ibid.
6. Dan Mangan, "Judge throws out Elon Musk's $56 billion Tesla pay package," *NBC News*, January 30, 2024.
7. Post-Trial Opinion, Richard J. Tornetta et al. v. Elon Musk et al., January 30, 2024.
8. @elonmusk, X, October 12, 2018. https://x.com/elonmusk/status/1050812486226599936.
9. Post-Trial Opinion, Richard J. Tornetta et al. v. Elon Musk et al., January 30, 2024.
10. Jena McGregor, "These Tesla investors want even bigger changes on its board," *Washington Post*, November 1, 2018. https://www.washingtonpost.com/business/2018/11/01/these-tesla-investors-want-even-bigger-changes-its-board/.
11. Tesla Schedule 14A Information, United States Securities and Exchange Commission, March 21, 2018. https://www.sec.gov/Archives/edgar/data/1318605/000119312518035345/d524719ddef14a.htm.
12. "Post-Trial Opinion," Tornetta v. Musk, January 30, 2024. https://courts.delaware.gov/Opinions/Download.aspx?id=359340.
13. Alexandria Sage and Ross Kerber, "Tesla shareholders approve CEO Musk's $2.6 billion compensation plan," Reuters, March 21, 2018. https://www.reuters.com/article/idUSKBN1GX0C0.
14. Lora Kolodny, "Tesla stock drops as Elon Musk gives bizarre earnings call," *CNBC*, May 2, 2018. https://www.CNBC.com/2018/05/02/tesla-stock-drops-as-elon-musk-gives-bizarre-earnings-call.html.
15. Mark Matousek, "Elon Musk just apologized to the analyst whose questions he called

'boring' and 'boneheaded' last quarter," *Business Insider*, August 1, 2018. https://www.businessinsider.com/elon-musk-apologizes-to-analyst-on-tesla-q2-earnings-call-2018-8.

16. @elonmusk, X, November 4, 2016. https://x.com/elonmusk/status/794578375415238656.
17. Emily Glazer, "Elon Musk Has Used Illegal Drugs, Worrying Leaders at Tesla and SpaceX," *Wall Street Journal*, January 6, 2024. https://www.wsj.com/business/elon-musk-illegal-drugs-e826a9e1.
18. Elon Musk, *Don Lemon Show*, March 18, 2024. https://www.youtube.com/watch?v=hhsfjBpKiTw.
19. @elonmusk, X, June 6, 2017. https://x.com/elonmusk/status/872260000491593728.
20. 20. Lindsey Bever, "Get more sleep, Arianna tells Elon. It's not an 'option,' he tells her in 2:30 a.m. tweet," *Washington Post*, August 20, 2018. https://www.washingtonpost.com/technology/2018/08/20/get-more-sleep-arianna-tells-elon-its-not-an-option-he-tells-her-am-tweet/.
21. @elonmusk, X, August 19, 2018. https://twitter.com/elonmusk/status/1031111742103814144.
22. Andrew Hawkins, "Elon Musk admits at trial that he ignored pleas to stop tweeting," *The Verge*, January 20, 2023. https://www.theverge.com/2023/1/20/23564629/elon-musk-twitter-testimony-securities-fraud-trial.
23. Grace Kay and Sindhu Sundar, "Read the email billionaire Ron Baron sent Elon Musk telling him to stop tweeting when angry: 'Get an ice cream cone. Just don't use Twitter', *Yahoo! Finance*, March 10, 2023. https://www.yahoo.com/lifestyle/read-email-billionaire-ron-baron-094200707.html.
24. In re Tesla Inc. Securities Litigation Document 639.
25. "Saudi Arabia's sovereign fund builds $2bn Tesla stake," *Financial Times*, August 7, 2018. https://www.ft.com/content/42ca6c42-a79e-11e8-926a-7342fe5e173f.
26. Ibid.
27. @elonmusk, X, August 7, 2018. https://x.com/elonmusk/status/1026872652290379776?lang=en.
28. David Gelles, James B. Stewart, Jessica Silver-Greenberg and Kate Kelly, "Elon Musk De- tails 'Excruciating' Personal Toll of Tesla Turmoil," *New York Times*, August 16, 2018. https:// www.nytimes.com/2018/08/16/business/elon-musk-interview-tesla.html.
29. @elonmusk, X, June 18, 2018.https://x.com/clonmusk/status/1008906087611883521.
30. @elonmusk, X, June 18, 2018. https://x.com/elonmusk/status/1008906087611883521.
31. Lora Kolodny, "Tesla production briefly halted by paint shop fire in Fremont factory," *CNBC*, April 5, 2018. https://www.CNBC.com/2018/04/05/tesla-production-briefly-halted-by-paint-shop-fire-in-fremont-factory.html.
32. Christian Davenport and Faiz Siddiqui, "How Elon Musk went from sleeping in the factory to being on the cusp of launching a crew into space," *Washington Post*, February 21, 2020. https://www.washingtonpost.com/technology/2020/02/21/how-elon-musk-

went-sleeping-factory-being-cusp-launching-crew-into-space/.
33. United States Securities and Exchange Commission vs. Elon Musk, Complaint, September 27, 2018. https://www.sec.gov/files/litigation/complaints/2018/comp-pr2018-219.pdf.
34. Ibid.
35. Ibid.
36. Ibid.
37. Drew Harwell and Renae Merle, "Tesla suspends share-trading after Elon Musk tweets he wants to take the carmaker private," *Washington Post*, August 7, 2018. https://www.washingtonpost.com/technology/2018/08/07/teslas-elon-musk-tweets-he-wants-take-carmaker-private/.
38. "Nasdaq 5200 Series: 5205. The Applications and Qualifications Process," Nasdaq Listing Center, March 12, 2009. https://listingcenter.nasdaq.com/rulebook/Nasdaq/rules/Nasdaq%205200%20Series/ten%20minutes/EQUALS/.
39. SEC complaint.
40. @elonmusk, X, August 7, 2018. https://twitter.com/elonmusk/status/1026894228541071360.
41. Faiz Siddiqui, "Musk, defending 'Funding secured' statement, downplays impact of tweets," *Washington Post*, January 20, 2023. https://www.washingtonpost.com/technology/2023/01/20/elon-musk-tesla-trial/.
42. @elonmusk, X, January 30, 2024. https://x.com/elonmusk/status/1752532343993323742.
43. "Report of Investigation Pursuant to Section 21(a) of the Securities Exchange Act of 1934: Netflix, Inc., and Reed Hastings," SEC, April 2, 2013. https://www.sec.gov/litigation/investreport/34-69279.htm.
44. Faiz Siddiqui, "Elon Musk found not liable in federal trial over 'Funding secured' tweet," *Washington Post*, February 3, 2023. https://www.washingtonpost.com/technology/2023/02/03/elon-musk-tesla-verdict/.
45. Dave Michaels, "SEC Probes Tesla CEO Musk's Tweets," *Wall Street Journal*, August 8, 2018. https://www.wsj.com/articles/sec-has-made-inquiries-to-tesla-over-elon-musks-taking-private-tweet-1533757570.
46. Kalman Isaacs et al., vs Elon Musk and Tesla, Class Action Complaint, August 10, 2018.
47. David J. Lynch and Drew Harwell, "Saudi oil money may give Elon Musk the private Tesla of his dreams," *Washington Post*, August 13, 2018. https://www.washingtonpost.com/business/economy/saudi-oil-money-may-give-elon-musk-the-private-tesla-of-his-dreams/2018/08/13/5a00a234-9f2c-11e8-83d2-70203b8d7b44_story.html.
48. Ibid.
49. Armani Sayed, "Everything We Know About the Death of Duangphet Phromthep—One of 12 Boys Rescued from a Thai Cave in 2018," Time, February 16, 2023. https://time.com/6256167/duangphet-phromthep-dies-thai-rescue-cave/.

50. Drew Harwell, "Elon Musk's 'pedo' attack rattles Tesla investors: 'This thing is unraveling,'" *Washington Post*, July 16, 2018. https://www.washingtonpost.com/technology/2018/07/16/elon-musks-pedo-attack-rattles-tesla-investors-this-thing-is-unraveling/; elonmusk, X, July 4, 2018. https://x.com/elonmusk/status/1014509856777293825.
51. @elonmusk, X, July 7, 2018. https://x.com/elonmusk/status/1015657378140704768.
52. @elonmusk, X, July 9, 2018. https://x.com/elonmusk/status/1016443130017505280.
53. Muktita Suhartono and Julia Jacobs, "Elon Musk Defends His Rejected Mini-Sub Plan for Thai Cave," *New York Times*, July 10, 2018. https://www.nytimes.com/2018/07/10/world/asia/elon-musk-thailand-cave-submarine.html.
54. Helier Cheung and Tessa Wong, "The full story of Thailand's extraordinary cave rescue," BBC, July 13, 2018. https://www.bbc.com/news/world-asia-44791998.
55. Jackie Wattles, "Elon Musk makes unfounded accusation against Thai cave rescuer," *CNN*, July 16, 2018. https://money.cnn.com/2018/07/15/technology/elon-musk-thai-cave-rescue/index.html.
56. Ibid.
57. Avi Selk, "Thai cave rescuer considers suing Elon Musk over deleted 'pedo' tweets," *Wall Street Journal*, July 16, 2018. https://www.washingtonpost.com/news/worldviews/wp/2018/07/15/elon-musk-insisting-he-helped-in-thai-cave-rescue-calls-actual-rescuer-a-pedo/.
58. Meagan Flynn, "Elon Musk claims 'pedo guy' is actually a South African insult that doesn't mean pedophile," *Washington Post*, September 17, 2019. https://www.washingtonpost.com/nation/2019/09/17/elon-musk-pedo-guy-thai-cave-rescue-lawsuit/.
59. Helen A.S. Popkin, "Elon Musk's 'Pedo Guy' Tweet Isn't Defamation, Jury Rules," *Forbes*, December 6, 2019. https://www.forbes.com/sites/helenpopkin/2019/12/06/elon-musks-pedo-guy-tweet-isnt-defamation-jury-rules/?sh=5cecf01834b0.
60. Shweta Ganjoo, "Is Elon Musk losing it, he just called the diver who rescued 12 Thai boys pedo," *India Today*, July 16, 2019. https://www.indiatoday.in/technology/news/story/is-elon-musk-losing-it-he-just-called-the-diver-who-rescued-12-thai-boys-pedo-1287286-2018-07-16.
61. Meagan Flynn, "Elon Musk claims 'pedo guy' is actually a South African insult that doesn't mean pedophile," *Washington Post*, September 17, 2019. https://www.washingtonpost.com/nation/2019/09/17/elon-musk-pedo-guy-thai-cave-rescue-lawsuit/.
62. Avi Selk, "Thai cave rescuer considers suing Elon Musk over deleted 'pedo' tweets," *Washington Post*, July 16, 2018. https://www.washingtonpost.com/news/worldviews/wp/2018/07/15/elon-musk-insisting-he-helped-in-thai-cave-rescue-calls-actual-rescuer-a-pedo/.
63. Grace Kay and Sindhu Sundar, "Read the email billionaire Ron Baron sent Elon Musk telling him to stop tweeting when angry: 'Get an ice cream cone. Just don't use Twitter,'" *Business Insider*, March 10, 2023. https://www.businessinsider.com/tesla-investor-

ron-baron-email-elon-musk-dont-tweet-angry-2023-3.
64. Unsworth vs. Musk, Plaintiff's Statement of Genuine Disputes in Opposition to Defendant's Motion for Summary Judgement, October 28, 2019. https://www.plainsite.org/dockets/download.html?id=285066911&z=db38aaa2.
65. Gene Munster, "An Open Letter to Elon Musk," July 17, 2018. https://deepwatermgmt.com/an-open-letter-to-elon-musk/.
66. Unsworth vs. Musk, Plaintiff's Statement of Genuine Disputes in Opposition to Defendant's Motion for Summary Judgement, October 28, 2019.
67. Jackie Wattles, "Lawyer: We're 'finalizing' a libel lawsuit against Elon Musk over 'pedo' tweet," *CNN Money*, August 29, 2018. https://web.archive.org/web/20211010181502/https://money.cnn.com/2018/08/29/news/elon-musk-libel-lawsuit-vern-unsworth/.
68. Ryan Mac, Mark Di Stefano and John Paczkowski, "In A New Email, Elon Musk Accused A Cave Rescuer Of Being A 'Child Rapist' And Said He 'Hopes' There's A Lawsuit," *BuzzFeed News*, September 4, 2018. https://www.buzzfeednews.com/article/ryanmac/elon-musk-thai-cave-rescuer-accusations-buzzfeed-email.
69. Unsworth vs. Musk, Plaintiff's Statement of Genuine Disputes in Opposition to Defendant's Motion for Summary Judgement, October 28, 2019.
70. Ibid.
71. Mac, et al., "In A New Email, Elon Musk."
72. Unsworth vs. Musk, Plaintiff's Statement of Genuine Disputes in Opposition to Defendant's Motion for Summary Judgement, October 28, 2019.
73. Ryan Mac, "The Cave Rescuer Suing Elon Musk Claims The Tesla CEO Fabricated Pedo-philia Claims Against Him," *BuzzFeed News*, October 8, 2019. https://www.buzzfeednews.com/article/ryanmac/unsworth-reply-elon-musk-fucking-idiot.
74. Ryan Smith, "Who Is Richard Tornetta? Thrash Metal Drummer Who Took Down Elon Musk," *Newsweek*, January 31, 2024. https://www.newsweek.com/elon-musk-lawsuit-56-billion-richard-tornetta-delaware-pay-deal-court-1865638.
75. "Elon Musk Charged With Securities Fraud for Misleading Tweets," SEC, October 1, 2018. https://www.sec.gov/newsroom/press-releases/2018-219.
76. "Elon Musk Settles SEC Fraud Charges; Tesla Charged With and Resolves Securities Law Charge," SEC, October 2, 2018. https://www.sec.gov/news/press-release/2018-226.
77. Ibid.
78. Mark Matousek, "A Tesla without Elon Musk as CEO is a good thing: Gene Munster," *Business Insider*, September 28, 2018. https://www.businessinsider.com/tesla-without-elon-musk-as-ceo-would-be-good-thing-gene-munster-2018-9.
79. Ibid.
80. Christian Davenport, "NASA to launch safety review of SpaceX and Boeing after video of Elon Musk smoking pot rankled agency leaders," *Washington Post*, November 20, 2018. https://www.washingtonpost.com/business/2018/11/20/nasa-launch-safety-review-spacex-boeing-after-video-elon-musk-smoking-pot-rankled-agency-leaders/.

81. Lora Kolodny, "Robyn Denholm replaces Elon Musk as Tesla's board chair," *CNBC*, November 8, 2018. https://www.CNBC.com/2018/11/08/robyn-denholm-will-replace-elon-musk-as-teslas-board-chair.html.
82. Sara Salinas, "Tesla's pick for a new chairwoman is boring, but that's exactly what the company needs," *CNBC*, November 8, 2018. https://www.CNBC.com/2018/11/08/tesla-chairwoman-robyn-denholm.html.
83. Elizabeth Lopatto, "If James Murdoch is the new Tesla chairman, that's bad news for Elon Musk," *The Verge*, October 12, 2018. https://www.theverge.com/2018/10/12/17965382/tesla-chairman-james-murdoch-board-director-rumors-elon-musk.
84. "Elon Musk," *60 Minutes*, December 9, 2018.
85. Tornetta v. Musk: Post-Trial Opinion, January 30, 2024. https://corpgov.law.harvard.edu/2024/02/01/tesla-musk-case-post-trial-opinion/.
86. Ibid.
87. Tim Levin, "Uber CEO: CEOs are paid too much," *Business Insider*, July 16, 2021. https://www.businessinsider.com/ceo-salary-pay-uber-dara-khosrowshahi-overpaid-executive-compensation-2021-7.
88. Emily Peck, "The fight over Apple CEO Tim Cook's $99M pay package," *Axios*, February 18, 2022. https://www.axios.com/2022/02/18/apple-tim-cook-pay-package-iss.
89. Kirsten Grind, Emily Glazer, Rebecca Elliott and Coulter Jones, "The Money and Drugs That Tie Elon Musk to Some Tesla Directors," *Wall Street Journal*, February 3, 2024. https://www.wsj.com/tech/elon-musk-tesla-money-drugs-board-61af9ac4.
90. Sissi Cao, "Who is Tesla's New Chair Robyn Denholm, the Australian Woman Replacing Elon Musk?," *Observer*, November 8, 2018. https://observer.com/2018/11/robyn-denholm-elon-musk-tesla-chair/.
91. *60 Minutes*, December 9, 2018.
92. Faiz Siddiqui, "How auto regulators played mind games with Elon Musk," *Washington Post*, March 27, 2022. https://www.washingtonpost.com/technology/2022/03/27/tesla-elon-musk-regulation/.
93. "Post-Trial Opinion," Tornetta v. Musk, January 30, 2024. https://courts.delaware.gov/Opinions/Download.aspx?id=359340.

3. 수포로 돌아가다

1. "Still on Top: Ford F-Series Retains Title of Best-Selling Truck for 46th Consecutive Year; Overall Best-Seller for 41st," Ford, January 3, 2023. https://media.ford.com/content/fordmedia/fna/us/en/news/2023/01/03/ford-f-series-is-americas-best-selling-truck-and-vehicle-once-ag.html.
2. Aaron Holmes, "People are saying the 'cybergirl' who introduced Elon Musk at Tesla's Cybertruck unveiling was girlfriend Grimes—here's the evidence," *Business Insider*, No-

vember 22, 2019. https://www.businessinsider.com/grimes-elon-musk-cybertruck-unveil-as-cybergirl-2019-11.

3. "People are saying the 'cybergirl' who introduced Elon Musk at Tesla's Cybertruck un- veiling was girlfriend Grimes—here's the evidence," *Business Insider*, November 22, 2019. https://www.businessinsider.in/slideshows/miscellaneous/people-are-saying-the-cybergirl-who-introduced-elon-musk-at-teslas-cybertruck-unveiling-was-girlfriend-grimes-heres-the-evidence/slidelist/72192271.cms.

4. "2014 Chevrolet Silverado Pickup debut," December 13, 2012. https://www.youtube.com/watch?v=XIej-CbknYo.

5. Ibid.

6. Sean Szymkowski, "GM Banks $17,000 Profit Per Pickup On Average," *GM Authority*, Au- gust 10, 2018. https://gmauthority.com/blog/2018/08/gm-banks-17000-profit-per-pickup-on-average/.

7. Greg Gilmore, "Mazda Designer Von Holzhausen Bolts for Tesla," *Autoweek*, August 4, 2008. https://www.autoweek.com/news/a2043726/mazda-designer-von-holzhausen-bolts-tesla/

8. Faiz Siddiqui, "Tesla's new 'Cybertruck' promised unbreakable windows. They broke onstage," *Washington Post*, November 22, 2019. https://www.washingtonpost.com/technology/2019/11/21/america-loves-pickup-trucks-can-elon-musk-win-drivers-over-with-tesla-cybertruck/.

9. Tim Higgins and Heather Somerville, "Tesla Unveiled a Bulletproof Pickup. Then the Window Broke," *Wall Street Journal*, November 22, 2019. https://www.wsj.com/articles/tesla-unveiled-a-bullet-proof-pickup-then-the-window-broke-11574444427.

10. Naomi Tajitsu, "Tesla's cybertruck launch takes hit as 'shatterproof' windows crack," Reuters, November 22, 2019. https://www.reuters.com/article/markets/teslas-cybertruck-launch-takes-hit-as-shatterproof-windows-crack-idUSL3N2821Y8/.

11. Vivian Ho, "Elon Musk's net worth plunges $768m in a day after cybertruck fiasco," *Guardianr*, November 22, 2019. https://www.theguardian.com/technology/2019/nov/22/elon-musk-net-worth-tesla-cybertruck.

12. Galen Gruman, "Steve Jobs' Wi-Fi meltdown at WWDC," *InfoWorld*, June 7, 2010. https://www.infoworld.com/article/2297843/steve-jobs-wi-fi-meltdown-at-wwdc.html.

13. Helena Andrews-Dyer, "Dave Chappelle brings Elon Musk onstage at comedy show and boos abound," *Washington Post*, December 12, 2022. https://www.washingtonpost.com/arts-entertainment/2022/12/12/dave-chappelle-elon-musk-booed/; Faiz Siddiqui, "Twitter repeatedly crashes as DeSantis tries to make presidential announcement," *Washington Post*, May 24, 2023. https://www.washingtonpost.com/technology/2023/05/24/elon-musk-ron-desantis-2024-twitter/.

14. Andrews-Dyer, "Dave Chappelle brings Elon Musk onstage at comedy show and boos abound," *Washington Post*, December 12, 2022. https://www.washingtonpost.com/arts-entertainment/2022/12/12/dave-chappelle-elon-musk-booed/.

15. @elonmusk, X, November 22, 2019. https://twitter.com/elonmusk/status/1198090787520598016.
16. @elonmusk, X, November 24, 2019. https://twitter.com/elonmusk/status/1198772995021406209.
17. Jason Torchinsky, "Tesla's Claim That Cybertruck Can Pull 'Near Infinite Mass' Is Hilar- ious Bullshit," Autopian, January 4, 2023. https://www.theautopian.com/teslas-claim-that-cybertruck-can-pull-near-infinite-mass-is-hilarious-bullshit/.
18. Carmen Reinicke, "'Looks weird . . . like, really weird': Wall Street isn't sold on Tesla's new Cybertruck design. Here's what 7 analysts think about the electric pickup," *Business Insider*, November 22, 2019. https://markets.businessinsider.com/news/stocks/tesla-cybertruck-analyst-reaction-live-demo-wall-street-puzzled-appearance-2019-11-1028712126.
19. Brett Smith, "Why Tesla's weird new Cybertruck could be a hit," *CNN* Business Perspectives, November 29, 2019. https://www.cnn.com/2019/11/29/perspectives/cybertruck-tesla-elon-musk/index.html.
20. @elonmusk, X, November 26, 2019. https://x.com/elonmusk/status/1199526897887195136.
21. Fred Lambert, "Exclusive: Tesla Cybertruck reaches 1.5 million pre-orders—Can it live up to the hype?," *Electrek*, November 22, 2022. https://electrek.co/2022/11/22/tesla-cybertruck-million-pre-orders-live-up-to-hype/.
22. @elonmusk, X, May 3, 2021. https://twitter.com/elonmusk/status/1389102532706848768.
23. Benjamin Spillman, "It's big, loud and secretive: We got a tour of Tesla's Gigafactory and here's how it works," *Reno Gazette Journal*, December 10, 2018. https://www.rgj.com/story/news/2018/12/10/reno-sparks-nevada-tesla-gigafactory-factory-model-3-sedan-jobs/2211115002/.
24. Ibid.
25. Kyle Field, "Tesla Model Y To Share ~76% Of Parts With Model 3, Be Built At Gigafacto- ries," *Clean Technica*, January 31, 2019. https://cleantechnica.com/2019/01/31/tesla-model-y-to-share-76-of-parts-with-model-3-built-at-gigafactories/.
26. Fred Lambert, "Tesla reduces Model Y prices, now starts below $50,000," *Electrek*, July 11, 2020. https://electrek.co/2020/07/11/tesla-model-y-price-drop/; Fred Lambert, "Tesla Model Y roof allegedly falls off brand new car—turning it into a convertible," *Electrek*, October 5, 2020. https://electrek.co/2020/10/05/tesla-model-y-roof-fall-off/.
27. Hamza Shaban, "Tesla to unveil Model Y crossover SUV March 14," *Washington Post*, March 4, 2019. https://www.washingtonpost.com/technology/2019/03/04/tesla-unveil-model-y-crossover-suv-march/.
28. Sean O'Kane, "Elon Musk is driving Tesla's Cybertruck prototype around Los Angeles," *The Verge*, December 9, 2019. https://www.theverge.com/2019/12/9/21002684/elon-musk-driving-cybertruck-footage-photos-nobu; "Jay Leno's Garage," *CNBC*, May 23, 2020.

29. "Tesla delays Cybertruck production due to supply chain constraints; new timeline is vague," *Electrek*, January 26, 2022. https://electrek.co/2022/01/26/tesla-delays-cybertruck-production-new-timeline-uncertain/.
30. Faiz Siddiqui, "Elon Musk says Tesla will not produce a new vehicle model in 2022, re- news prediction on Full Self-Driving," *Washington Post*, January 26, 2022. https://www.washingtonpost.com/technology/2022/01/26/tesla-elon-musk/.
31. @elonmusk, X, September 29, 2022. https://twitter.com/elonmusk/status/1575508498430820352.
32. Hamza Shaban, "Elon Musk: Tesla has moved from 'production hell' to 'delivery logistics hell'," *Washington Post*, September 17, 2018. https://www.washingtonpost.com/technology/2018/09/17/elon-musk-tesla-has-moved-production-hell-delivery-logistics-hell/.
33. Faiz Siddiqui and Rachel Lerman, "Elon Musk's role at Tesla questioned as Twitter occu- pies his attention," *Washington Post*, December 16, 2022. https://www.washingtonpost.com/technology/2022/12/15/elon-musk-tesla-twitter/.
34. Tim Stevens, "Waiting for Cybertruck: Some Tesla Customers Have Lost Faith During the Long Road to Production," *The Information*, August 19, 2023. https://www.theinformation.com/articles/waiting-for-cybertruck-some-tesla-customers-have-lost-faith-during-the-long-road-to-production.
35. @MKBHD, X, November 30, 2023. https://x.com/MKBHD/status/1730332614039368051.
36. Nik Berg, "World's Best-Selling Car Is the Tesla Model Y," *Hagerty*, January 26, 2024. https://www.hagerty.com/media/news/the-worlds-best-selling-car-is-the-tesla-model-y/.
37. @jimfarley98, X, December 12, 2023.
38. Bryan Hood, "Cybertrucks Aren't Rusting, It's 'Surface Contamination,' Tesla Engineer Says," *Robb Report*, February 22, 2024. https://robbreport.com/motors/cars/tesla-engineer-says-cybertrucks-isnt-rusting-1235519993/.
39. Brad Anderson, "Tesla Cybertruck's 'Guillotine' Panels Can Chop Off Carrots, But What About Your Fingers?," *Carscoops*, January 27, 2024. https://www.carscoops.com/2024/01/you-definitely-dont-want-to-get-your-finger-stuck-in-the-tesla-cybertruck-heres-why/.
40. @aaronjcash, X, April 20, 2024. https://x.com/aaronjcash/status/1781734760215408922.
41. JerryRigEverything, "How far can the CYBERTRUCK tow 11,000lbs in Freezing Weather?," YouTube, January 19, 2024. https://www.youtube.com/watch?v=yk_u9fbkoKM; WhistlinDiesel, "WhistlinDiesel Cybertruck Durability Test 1," YouTube, August 2, 2024, https://www.youtube.com/watch?v=PK_EJ3DyiiA; WhistlinDiesel, "Cybertruck Frames are Snapping in Half," August 22, 2024, https://www.youtube.com/watch?v=_scBKKHi7WQ.
42. TechRax, "How Deep Can Tesla Cybertruck Drive in Water? -Wade Mode Test," YouTube, February 20, 2024. https://www.youtube.com/watch?v=4lKAEHMvvxq.
43. Hyunjoo Jin, Norihiko Shirouzu and Ben Klayman, "Exclusive: Tesla scraps low-cost

car plans amid fierce Chinese EV competition," Reuters, April 5, 2024. https://www.reuters.com/business/autos-transportation/tesla-scraps-low-cost-car-plans-amid-fierce-chinese-ev-competition-2024-04-05/.
44. @elonmusk, X, February 28, 2024. https://x.com/elonmusk/status/1762716007913652650.

4. 마비된 이성

1. Chuck Squatriglia, "Tesla's Got the Factory, Now It Needs to Fill It," *Wired*, October 28, 2010. https://www.wired.com/2010/10/teslas-got-the-factory-now-it-needs-to-fill-it/.
2. Faiz Siddiqui, "The Bay Area ordered millions to shelter in place. Elon Musk had Tesla employees report to work anyway," *Washington Post*, March 19, 2020. https://www.washingtonpost.com/technology/2020/03/18/bay-area-ordered-millions-shelter-place-elon-musk-had-tesla-employees-report-work-anyway/.
3. David Close, "NBA suspends season after Jazz center Rudy Gobert tests positive for coronavirus," *CNN*, March 12, 2020. https://www.cnn.com/2020/03/11/us/nba-season-suspended-spt-trnd/index.html; Sandra Gonzalez, "Tom Hanks and Rita Wilson diag- nosed with coronavirus," *CNN*, March 12, 2020.
4. "Order of the Health Officer of the County of Alameda Directing All Individuals Living in the County to Shelter at Their Place of Residence Except That They May Leave to Provide or Receive Certain Essential Services or Engage in Certain Essential Activities and Work for Essential Businesses and Governmental Services; Exempting Individuals Experiencing Homelessness from the Shelter in Place Order but Urging Them to Find Shelter and Government Agencies to Provide It; Directing All Businesses and Governmental Agencies to Cease Non-Essential Operations at Physical Locations in the County; Prohibiting All Non-Essential Gatherings of Any Number of Individuals; And Ordering Cessation of All Non-Essential Travel," March 16, 2020. https://www.acgov.org/documents/Final-Order-to-Shelter-In-Place.pdf.
5. "Governor Gavin Newsom Issues Stay at Home Order," March 19, 2020. https://www.gov.ca.gov/2020/03/19/governor-gavin-newsom-issues-stay-at-home-order/.
6. @elonmusk, X, March 14, 2020. https://twitter.com/elonmusk/status/1239031946962808832.
7. Faiz Siddiqui, "The Bay Area ordered millions to shelter in place. Elon Musk had Tesla employees report to work anyway," *Washington Post*, March 19, 2020. https://www.washingtonpost.com/technology/2020/03/18/bay-area-ordered-millions-shelter-place-elon-musk-had-tesla-employees-report-work-anyway/; California Coronavirus deaths, John Hopkins University of Medicine, March 10, 2023. https://coronavirus.jhu.edu/region/us/california.
8. elonmusk, X, September 12, 2023. https://x.com/elonmusk/status/1701767282509111307.
9. Faiz Siddiqui, "Tesla to suspend operations at California factory following local intervention amid coronavirus outbreak," *Washington Post*, March 19, 2020. https://www.

washingtonpost.com/technology/2020/03/19/tesla-factory-closes-coronavirus/.
10. @elonmusk, X, September 12, 2023. https://x.com/elonmusk/status/1701767282509111307.
11. @elonmusk, X, March 6, 2020. https://x.com/elonmusk/status/1236029449042198528.
12. @elonmusk, X, March 19, 2020. https://twitter.com/elonmusk/status/1240758710646878208.
13. Fred Lambert, "Elon Musk says 'coronavirus panic is worse than virus itself'" in email to Tesla employees," *Electrek*, March 17, 2020. https://electrek.co/2020/03/17/elon-musk-tesla-coronavirus-panic-email/.
14. @elonmusk, X, March 16, 2020. https://x.com/elonmusk/status/1239650597906898947.
15. @elonmusk, X, March 20, 2020. https://x.com/elonmusk/status/1241054739921428480.
16. Faiz Siddiqui, "The return of erratic Elon Musk: During coronavirus, Tesla CEO spreads misinformation and over-promises on ventilators," *Washington Post*, April 29, 2020. https://www.washingtonpost.com/technology/2020/04/29/musk-tesla-coronavirus/.
17. Reed Albergotti and Faiz Siddiqui, "Ford and GM are undertaking a warlike effort to produce ventilators. It may fall short and come too late," *Washington Post*, April 4, 2020. https://www.washingtonpost.com/business/2020/04/04/ventilators-coronavirus-ford-gm/.
18. Neal E. Boudette, "Inside Tesla's Audacious Push to Reinvent the Way Cars Are Made," *New York Times*, June 30, 2018. https://www.nytimes.com/2018/06/30/business/tesla-factory-musk.html.
19. Faiz Siddiqui, "Elon Musk launches into expletive-laden rant, calling quarantine measures 'fascist,'" *Washington Post*, April 29, 2020. https://www.washingtonpost.com/technology/2020/04/29/tesla-earnings-2020/.
20. Faiz Siddiqui and Josh Dawsey, "Tesla's Elon Musk receives support from Trump as he reopens factory in defiance of county order," *Washington Post*, May 12, 2020. https://www.washingtonpost.com/technology/2020/05/11/musk-tesla-factory/.
21. Ibid.
22. Faiz Siddiqui, "The return of erratic Elon Musk: During coronavirus, Tesla CEO spreads misinformation and over-promises on ventilators," *Washington Post*, April 29, 2020. https://www.washingtonpost.com/technology/2020/04/29/musk-tesla-coronavirus/.
23. Lora Kolodny, "Tesla cancels plans to bring workers back to US car plant this week," *CNBC*, April 27, 2020. https://www.CNBC.com/2020/04/27/tesla-cancels-plans-to-bring-workers-back-to-us-car-plant-this-week.html.
24. Tesla, Inc. (TSLA) Q1 2020 Earnings Call Transcript, *The Motley Fool*, April 30, 2020. https://www.fool.com/earnings/call-transcripts/2020/04/30/tesla-inc-tsla-q1-2020-earnings-call-transcript.aspx.
25. Ibid.
26. "Tesla Q1 2020 Earnings Call (audio)," April 29, 2020. https://www.youtube.com/watch?v=vEvXfHHEdNc.
27. @elonmusk, X, April 29, 2020. https://twitter.com/elonmusk/status/1255380013488189440.

28. @elonmusk, X, May 1, 2020. https://twitter.com/elonmusk/status/1256239554148724737; Anna Almendrala, "Elon Musk Buys Gene Wilder's Former House in Bel Air For$6.75 Million," *HuffPost*, November 4, 2013. https://www.huffpost.com/entry/elon-musk-gene-wilder-house_n_4215105; elonmusk, X, May 1, 2020. https://x.com/elonmusk/status/1256256494447636480; elonmusk, X, May 4, 2020. https://x.com/elonmusk/status/1257508900812713984.

29. @elonmusk, X, May 1, 2020. https://x.com/elonmusk/status/1256239815256797184; Rachel Lerman, "Now all he needs is a throne: Elon Musk assumes title of Technoking of Tesla," *Washington Post*, March 15, 2021. https://www.washingtonpost.com/technology/2021/03/15/technoking-elon-musk-tesla/.

30. Rachel Lerman, "Elon Musk's baby name isn't just weird, it may be against California regu- lations," *Washington Post*, May 8, 2020. https://www.washingtonpost.com/technology/2020/05/08/musk-grimes-baby-name/.

31. @elonmusk, X, May 9, 2020. https://x.com/elonmusk/status/1259159878427267072.

32. "Identifying Critical Infrastructure During COVID-19," Cybersecurity & Infrastructure Security Agency, March 19, 2020. https://www.cisa.gov/topics/risk-management/coronavirus/identifying-critical-infrastructure-during-covid-19.

33. Taryn Luna and Phil Willon, "Gov. Gavin Newsom says reopening California will begin this week amid coronavirus crisis," *Los Angeles Times*, May 4, 2020. https://www.latimes.com/california/story/2020-05-04/california-reopening-coronavirus-gavin-newsom-phases-begin-retail-pickup.

34. Matt Kawahara, "Alameda County's health officer resigning to take top state epidemiol- ogy job," *San Francisco Chronicle*, June 30, 2020. https://www.sfchronicle.com/news/article/Alameda-County-s-health-officer-resigning-to-15375534.php.

35. @elonmusk, X, May 9, 2020. https://twitter.com/elonmusk/status/1259162367285317633.

36. @LorenaGonzalez, X, May 9, 2020. https://twitter.com/LorenaSGonzalez/status/1259287879177531392; elonmusk, X, May 10, 2020. https://twitter.com/elonmusk/status/1259638112688304129.

37. "Getting Back to Work," Tesla, May 9, 2020. https://www.tesla.com/blog/getting-back-work.

38. The Tesla Team, "Getting Back to Work," Telsa.com, May 9, 2020. https://www.tesla.com/blog/getting-back-work.

39. @elonmusk, X, May 11, 2020. https://twitter.com/elonmusk/status/1259945593805221891.

40. Faiz Siddiqui and Josh Dawsey, "Tesla's Elon Musk receives support from Trump as he reopens factory in defiance of county order," *Washington Post*, May 12, 2020. https://www.washingtonpost.com/technology/2020/05/11/musk-tesla-factory/.

41. Julian Glover, "Elon Musk says Fremont Tesla plant restarting prod," *ABC7News*, May 11, 2020. https://abc7news.com/tesla-elon-musk-fremont-factory/6172737/

42. Faiz Siddiqui and Josh Dawsey, "Tesla's Elon Musk receives support from Trump as he

reopens factory in defiance of county order," *Washington Post*, May 12, 2020.
43. Faiz Siddiqui, "Tesla gave workers permission to stay home rather than risk getting covid-19. Then it sent termination notices," *Washington Post*, June 25, 2020. https://www.washingtonpost.com/technology/2020/06/25/tesla-plant-firings/.
44. Ibid.
45. Faiz Siddiqui, "Hundreds of covid cases reported at Tesla plant following Musk's defiant reopening, county data shows," *Washington Post*, March 24, 2021. https://www.washingtonpost.com/technology/2021/03/12/hundreds-covid-cases-reported-tesla-plant-following-musks-defiant-reopening-county-data-shows/.
46. Faiz Siddiqui, "The return of erratic Elon Musk: During coronavirus, Tesla CEO spreads misinformation and over-promises on ventilators," *Washington Post*, April 29, 2020. https://www.washingtonpost.com/technology/2020/04/29/musk-tesla-coronavirus/.
47. Faiz Siddiqui, "Tesla fires three more, overriding guidance allowing workers to stay home during pandemic," *Washington Post*, July 1, 2020. https://www.washingtonpost.com/technology/2020/07/01/tesla-plant-firings/.
48. Faiz Siddiqui, "Hundreds of covid cases reported at Tesla plant following Musk's defiant re-opening, county data shows," *Washington Post*, March 24, 2021. https://www.washingtonpost.com/technology/2021/03/12/hundreds-covid-cases-reported-tesla-plant-following-musks-defiant-reopening-county-data-shows/.
49. Sergei Klebnikov, "Tesla Is Now The World's Most Valuable Car Company With A $208 Billion Valuation," *Forbes*, June 30, 2021. https://www.forbes.com/sites/sergeiklebnikov/2020/07/01/tesla-is-now-the-worlds-most-valuable-car-company-with-a-valuation-of-208-billion.
50. Lora Kolodny, "Tesla moves Automotive president Jerome Guillen to lead trucking business," *CNBC*, March 15, 2021. https://www.CNBC.com/2021/03/15/tesla-president-of-automotive-jerome-guillen-named-to-lead-trucking.html.
51. Rebecca Elliott, Emily Glazer and Tim Higgins, "Elon Musk Made Unusual Request in Falling Out With Top Tesla Lieutenant," *Wall Street Journal*, November 11, 2022. https://www.wsj.com/articles/elon-musk-made-an-unusual-request-in-fallout-with-a-top-lieutenant-11668140888.
52. Tesla: Form 8-K, United States Securities and Exchange Commission, June 3, 2021. https://www.sec.gov/Archives/edgar/data/1318605/000156459021031976/tsla-8k_20210603.htm.
53. Rebecca Elliott, Emily Glazer and Tim Higgins, "Elon Musk Made Unusual Request in Falling Out With Top Tesla Lieutenant," *Wall Street Journal*, November 11, 2022. https://www.wsj.com/articles/elon-musk-made-an-unusual-request-in-fallout-with-a-top-lieutenant-11668140888.

5. 군비 경쟁

1. Faiz Siddiqui and Greg Bensinger, "As IPO soars, can Uber and Lyft survive long

enough to replace their drivers with computers?," *Washington Post*, March 29, 2019. https://www.washingtonpost.com/technology/2019/03/29/even-with-ipo-billions-can-uber-lyft-survive-long-enough-replace-their-drivers-with-machines/.

2. "Elon Musk says had once reached out to Apple for acquiring Tesla," Reuters, December 22, 2020. https://www.reuters.com/article/us-apple-autos-elon-musk-idUKKBN28W2KF.

3. Fred Lambert, "Tesla (TSLA) bonds were oversubscribed by $300 million, $1.8 billion raised for Model 3 production," *Electrek*, August 11, 2017. https://electrek.co/2017/08/11/tesla-tsla-bonds-oversubscribed-model-3-production/; "Elon Musk says had once reached out to Apple for acquiring Tesla," Reuters, December 22, 2020; https://www.reuters.com/article/us-apple-autos-elon-musk-idUKKBN28W2KF; elonmusk, X, July 30, 2021. https://x.com/elonmusk/status/1421150913075503112.

4. Brad Jones, "An Investor Wants Tesla and Uber to Merge, with Musk as CEO," *Futurism*, August 22, 2027. https://futurism.com/an-investor-wants-tesla-and-uber-to-merge-with-musk-as-ceo.

5. Michael J. de la Merced and Kate Conger, "Uber Is Said to Aim for I.P.O. Valuation of Up to $100 Billion," *New York Times*, April 10, 2019. https://www.nytimes.com/2019/04/10/technology/uber-ipo.html; Faiz Siddiqui, "Self-driving Uber vehicle strikes and kills pedestrian," *Washington Post*, March 19, 2018. https://www.washingtonpost.com/news/dr-gridlock/wp/2018/03/19/uber-halts-autonomous-vehicle-testing-after-a-pedestrian-is-struck/.

6. Steve LeVine, "What it really costs to turn a car into a self-driving vehicle," *Quartz*, March 5, 2017. https://qz.com/924212/what-it-really-costs-to-turn-a-car-into-a-self-driving-vehicle.

7. Faiz Siddiqui, "Tesla floats fully self-driving cars as soon as this year. Many are worried about what that will unleash," *Washington Post*, July 17, 2019. https://www.washingtonpost.com/technology/2019/07/17/tesla-floats-fully-self-driving-cars-soon-this-year-many-are-worried-about-what-that-will-unleash/.

8. Kirsten Korosec, "Tesla plans to launch a robotaxi network in 2020," *TechCrunch*, April 22, 2019. https://techcrunch.com/2019/04/22/tesla-plans-to-launch-a-robotaxi-network-in-2020/.

9. Vikas Khare and Ankita Jain, "Predict the performance of driverless car through the cogni- tive data analysis and reliability analysis based approach," *Advances in Electrical Engineering*, Electronics and Energy, Volume 6, 2023. https://www.sciencedirect.com/science/article/pii/S2772671123002395.

10. @elonmusk, X, January 13, 2022.

11. Aaron Mok, "Tesla owners who just want a normal steering wheel on their Model S and Model X get their wish," *Business Insider*, January 7, 2023. https://www.businessinsider.com/tesla-offers-round-steering-wheel-option-yoke-replacement-complaints-2023-1.

12. "Autopilot and Full Self-Driving (Supervised)," Tesla. https://www.tesla.com/support/

autopilot.
13. "Early Estimate of Motor Vehicle Traffic Fatalities in 2022," NHTSA, April 2023. https:// crashstats.nhtsa.dot.gov/Api/Public/ViewPublication/813428.
14. @elonmusk, X, July 31, 2021. https://x.com/elonmusk/status/1421573785988309002.
15. Faiz Siddiqui, "How auto regulators played mind games with Elon Musk," *Washington Post*, March 27, 2022. https://www.washingtonpost.com/technology/2022/03/27/tesla-elon-musk-regulation/.
16. Drew Harwell, "As Elon Musk promises 'full self-driving,' experts worry Tesla is 'using consumers as guinea pigs'," *Washington Post*, June 11, 2018. https://www.washingtonpost.com/news/the-switch/wp/2018/06/11/elon-musk-promises-full-self-driving-tesla-soon-despite-autopilot-crashes/.
17. "Part 573 Safety Recall Report," NHTSA, February 15, 2023. https://static.nhtsa.gov/odi/rcl/2023/RCLRPT-23V085-3451.PDF.
18. Piede Wang, "Research on Comparison of LiDAR and Camera in Autonomous Driving," *Journal of Physics: Conference Series*, 2021. https://iopscience.iop.org/article/10.1088/1742-6596/2093/1/012032.
19. @elonmusk, X, March 27, 2022. https://x.com/elonmusk/status/1508167534821793792.
20. Victor Luckerson, "Steve Jobs Totally Dissed the Stylus 8 Years Before Apple Pencil," *Time*, September 10, 2015. https://time.com/4029142/steve-jobs-stylus/.
21. Faiz Siddiqui, "Tesla is putting 'self-driving' in the hands of drivers amid criticism the tech is not ready," *Washington Post*, October 22, 2020. https://www.washingtonpost.com/technology/2020/10/21/tesla-self-driving/.
22. Faiz Siddiqui, "What self-driving cars can't recognize may be a matter of life and death," *Washington Post*, November 11, 2019. https://www.washingtonpost.com/technology/2019/11/11/what-self-driving-cars-cant-recognize-may-be-matter-life-death/.
23. @Tesla_AI, X, October 4, 2024. https://x.com/Tesla_AI/status/1842143130302177380.
24. Trisha Thadani, Rachel Lerman, Imogen Piper, Faiz Siddiqui and Irfan Uraizee, "The final 11 seconds of a fatal Tesla Autopilot crash," *Washington Post*, October 6, 2023. https://www.washingtonpost.com/technology/interactive/2023/tesla-autopilot-crash-analysis/.
25. Soo Youn, "Tesla sued for 'defective' Autopilot in wrongful death suit of Florida driver who crashed into tractor trailer," *ABC News*, August 1, 2019. https://abcnews.go.com/Technology/tesla-sued-defective-autopilot-wrongful-death-suit-florida/story?id=64706707.
26. @elonmusk, X, August 20, 2019. https://twitter.com/elonmusk/status/1163903521701294081.
27. Andrej Karpathy bio, https://karpathy.ai/.
28. @elonmusk, X, May 23, 2019. https://twitter.com/elonmusk/status/1131746784315727872.
29. @elonmusk, X, August 20, 2019. https://x.com/elonmusk/status/1163903521701294081.
30. Isobel Asher Hamilton, "Tesla cars can now drive themselves to their owners with 'Smart

Sum- mon' but video shows the feature wreaking havoc," *Business Insider*, October 1, 2019. https:// www.businessinsider.com/teslas-smart-summon-feature-is-wreaking-havoc-2019-10.

31. TeslaJoy, September 27, 2019. https://x.com/TeslaJoy/status/1177766546921287680.
32. "Tesla Enhanced Summon in WalMart Traffic + CRAZY REACTION," Inside Tesla, September 29, 2019. https://www.youtube.com/watch?v=-dfpnL9OpzM&t=168s.
33. Isobel Asher Hamilton, "Tesla cars can now drive themselves to their owners with 'Smart Summon' but video shows the feature wreaking havoc," *Business Insider*, October 1, 2019.
34. @elonmusk, X, October 2, 2019. https://twitter.com/elonmusk/status/1179520622004588544.
35. @elonmusk, X, October 12, 2019. https://twitter.com/elonmusk/status/1183082764515414016.
36. @elonmusk, X, October 11, 2019. https://x.com/elonmusk/status/1182823556830253056.
37. Jameson Dow, "Tesla CEO Elon Musk talks self driving; $1,000 price increase coming Nov. 1," *Electrek*, October 11, 2019. https://electrek.co/2019/10/11/tesla-self-driving-price-increase-1000-november-1/.
38. @elonmusk, X, June 21, 2023. https://x.com/elonmusk/status/1671703741626499075; @Tesla_AI, X, September 3, 2024. https://x.com/Tesla_AI/status/1830868721641939445.
39. Michael Laris, "Tempe police release video of moments before autonomous Uber hit pedestrian," *Washington Post*, March 21, 2018. https://www.washingtonpost.com/news/dr-gridlock/wp/2018/03/21/tempe-police-release-video-of-moments-before-autonomous-uber-crash/.
40. Heather Somerville, "Homeless Arizona woman killed by Uber self-driving SUV was 'like everyone's aunt'," Reuters, March 20, 2018. https://www.reuters.com/article/us-autos-selfdriving-uber-victim/homeless-arizona-woman-killed-by-uber-self-driving-suv-was-like-everyones-aunt-idUSKBN1GW36P.
41. Michael Laris, "Pedestrian in self-driving Uber crash probably would have lived if braking feature hadn't been shut off, NTSB documents show," *Washington Post*, November 5, 2019. https://www.washingtonpost.com/local/trafficandcommuting/pedestrian-in-self-driving-uber-collision-probably-would-have-lived-if-braking-feature-hadnt-been-shut-off-ntsb-finds/2019/11/05/7ec83b9c-ffeb-11e9-9518-1e76abc088b6_story.html; Michael Laris, "U.S. oversight of self-driving cars falls short, NTSB says in review of Uber death," *Washington Post*, November 19, 2019. https://www.washingtonpost.com/local/trafficandcommuting/us-oversight-of-self-driving-cars-falls-short-ntsb-says-in-review-of-uber-death/2019/11/19/6e583448-0a3f-11ea-97ac-a7ccc8dd1ebc_story.html;
42. Daniel Wu, "A self-driving Uber killed a woman. The backup driver has pleaded guilty," *Washington Post*, July 31, 2023. https://www.washingtonpost.com/nation/2023/07/31/uber-self-driving-death-guilty/.
43. Brian Fung, "What to know about Uber's months of crises," *Washington Post*, June 21,

2017. https://www.washingtonpost.com/news/the-switch/wp/2017/04/18/from-deleteuber-to-hell-a-short-history-of-ubers-recent-struggles/; Mike Isaac, "What You Need to Know About DeleteUber," *New York Times*, Jan 31, 2017. https://www.nytimes.com/2017/01/31/business/delete-uber.html.

44. Susan Fowler, "Reflecting on one very, very strange year at Uber," Susanjfowler.com, February 19, 2017. https://www.susanjfowler.com/blog/2017/2/19/reflecting-on-one-very-strange-year-at-uber.
45. Anita Balakrishnan, "Here's the full 13-page report of recommendations for Uber," *CNBC*, June 13, 2017. https://www.CNBC.com/2017/06/13/eric-holder-uber-report-full-text.html.
46. Eric Newcomer, "In Video, Uber CEO Argues With Driver Over Falling Fares," *Bloomberg*, February 28, 2017. https://www.bloomberg.com/news/articles/2017-02-28/in-video-uber-ceo-argues-with-driver-over-falling-fares.
47. Travis M. Andrews and Sarah Larimer, "'I must fundamentally change and grow up': Uber CEO Travis Kalanick's big apology," *Washington Post*, March 1, 2017. https://www.washingtonpost.com/news/morning-mix/wp/2017/03/01/i-must-fundamentally-change-and-grow-up-uber-ceo-travis-kalanicks-big-apology/.
48. Elizabeth Dwoskin, "Uber founder Travis Kalanick resigns as CEO amid a shareholder revolt," *Washington Post*, June 21, 2017. https://www.washingtonpost.com/business/technology/2017/06/21/cecb34bc-564e-11e7-ba90-f5875b7d1876_story.html.
49. Cade Metz and Kate Conger, "Uber, After Years of Trying, Is Handing Off Its Self-Driving Car Project," *New York Times*, December 7, 2020. https://www.nytimes.com/2020/12/07/technology/uber-self-driving-car-project.html.
50. Alex Hern, "Uber execs including Travis Kalanick 'went to escort/karaoke bar'," *Guardian*, March 27, 2017. https://www.theguardian.com/technology/2017/mar/27/uber-execs-including-travis-kalanick-went-to-escortkaraoke-bar.
51. Faiz Siddiqui, "Tesla sells 'Self-Driving' cars. Is it fraud?," *Washington Post*, July 11, 2024. https://www.washingtonpost.com/technology/2024/07/11/elon-musk-tesla-full-self-driving/.
52. "Defendants Tesla, Inc., Tesla Lease Trust, And Tesla Finance Llc's Opposition To Plaintiffs' Motion For Preliminary Injunction And Provisional Class Certification," In Re Tesla Advanced Drive Assistance Systems Litigation, United States District Court Northern District of California, Oakland Division, April 5, 2023. https://driveteslacanada.ca/wp-content/uploads/2023/04/https-ecf-cand-uscourts-gov-doc1-035123009755.pdf.
53. Ibid.

6. "끝까지 싸워야 한다"

1. Faiz Siddiqui, "Tesla engaged in unfair labor practices, must reinstate fired worker and scrub Elon Musk tweet, NLRB says," *Washington Post*, March 25, 2021. https://www.

washingtonpost.com/technology/2021/03/25/tesla-nlrb-ruling/.

2. Tom Krisher, "Tesla picks Texas site for second US vehicle assembly plant," *Washington Post*, July 22, 2020. https://www.washingtonpost.com/climate-environment/tesla-picks-texas-site-for-second-us-vehicle-assembly-plant/2020/07/22/182379c4-cc64-11ea-99b0-8426e26d203b_story.html.

3. @realDonaldTrump, Truth Social, July 12, 2022. https://truthsocial.com/realDonaldTrump/posts/108636743295734643.

4. @elonmusk, X, July 2, 2020. https://twitter.com/elonmusk/status/1278764736876773383.

5. Ibid.

6. Christian Davenport and Faiz Siddiqui, "How Elon Musk went from sleeping in the factory to being on the cusp of launching a crew into space," *Washington Post*, February 21, 2020. https://www.washingtonpost.com/technology/2020/02/21/how-elon-musk-went-sleeping-factory-being-cusp-launching-crew-into-space/.

7. Bryan Logan, "One of Tesla's largest shareholders is urging Elon Musk to simmer down and focus after a tumultuous few weeks," *Business Insider*, July 12, 2018. https://www.businessinsider.com/large-tesla-shareholder-baillie-gifford-rebukes-elon-musk-urges-him-to-focus-2018-7; Faiz Siddiqui, "Elon Musk and the SEC resolve dispute over the Tesla CEO's tweets," *Washington Post*, April 26, 2019. https://www.washingtonpost.com/technology/2019/04/26/elon-musk-sec-resolve-dispute-over-teslas-ceos-tweets; Christian Davenport and Faiz Siddiqui, "How Elon Musk went from sleeping in the factory to being on the cusp of launching a crew into space," *Washington Post*, February 21, 2020. https://www.washingtonpost.com/technology/2020/02/21/how-elon-musk-went-sleeping-factory-being-cusp-launching-crew-into-space/.

8. Lora Kolodny, "Elon Musk found not liable in 'pedo guy' defamation trial," *CNBC*, December 6, 2019. https://www.CNBC.com/2019/12/06/unsworth-vs-musk-pedo-guy-defamation-trial-verdict.html.

9. Christian Davenport and Faiz Siddiqui, "How Elon Musk went from sleeping in the factory to being on the cusp of launching a crew into space," *Washington Post*, February 21, 2020.https://www.washingtonpost.com/technology/2020/02/21/how-elon-musk-went-sleeping-factory-being-cusp-launching-crew-into-space/.

10. @elonmusk, X, February 4, 2017. https://twitter.com/elonmusk/status/827928366711967745.

11. @elonmusk, X, April 25, 2022. https://x.com/elonmusk/status/1518569260523659266.

12. @elonmusk, X, May 30, 2022. https://x.com/elonmusk/status/1531297810758389760.

13. @LorenaSGonzalez, X, May 9, 2020. https://x.com/LorenaSGonzalez/status/1259287879177531392.

14. GerberKawasaki, X, May 10, 2020. https://x.com/GerberKawasaki/status/1259469698686578690.

15. Heather Somerville, "Elon Musk Moves to Texas, Takes Jab at Silicon Valley," *Wall Street Journal*, December 8, 2020. https://www.wsj.com/articles/elon-musk-to-discuss-

teslas-banner-year-despite-pandemic-silicon-valleys-future-11607449988.
16. @elonmusk, X, December 30, 2022. https://twitter.com/elonmusk/status/1608939190548598784.
17. @elonmusk, X, April 6, 2023. https://x.com/elonmusk/status/1644036581466992658.
18. @elonmusk, X, July 2, 2020. https://x.com/elonmusk/status/1278764736876773383.
19. Sinéad Baker, "Grimes told Elon Musk to turn off his phone and that she 'cannot support hate' in a now-deleted tweet, after he tweeted that 'pronouns suck'," *Business Insider*, July 25, 2020. https://www.businessinsider.com/grimes-tells-musk-cannot-support-hate-after-he-tweets-pronouns-2020-7.
20. Ibid.
21. Jeanne Whalen, David J. Lynch and Gerry Shih, "Trump's stunning decision to escalate trade wars with China and Mexico signals a turning point for U.S. policy," *Washington Post*, June 1, 2019. https://www.washingtonpost.com/business/economy/trumps-stunning-decision-to-escalate-trade-wars-with-china-and-mexico-signals-a-turning-point-for-us-policy/2019/05/31/d1e28270-83da-11e9-95a9-e2c830afe24f_story.html .
22. "There was never any intention to bring Tesla plant to Mexico, says," *CENoticias Financieras English*, December 16, 2020.
23. Jason Lalljee, "Elon Musk is speaking out against government subsidies. Here's a list of the billions of dollars his businesses have received," *Business Insider*, December 15, 2021. https:// www.businessinsider.com/elon-musk-list-government-subsidies-tesla-billions-spacex-solarcity-2021-12.
24. Philip Rucker and Jenna Johnson, "Trump announces U.S. will exit Paris climate deal, sparking criticism at home and abroad," *Washington Post*, June 1, 2017. https://www.washingtonpost.com/politics/trump-to-announce-us-will-exit-paris-climate-deal/2017/06/01/fbcb0196-46da-11e7-bcde-624ad94170ab_story.html.
25. Dan Robitski, "Elon Musk Just Got Majorly Called Out for Stealing Memes," *The Byte*., May 7, 2021. https://futurism.com/the-byte/elon-musk-stealing-memes.
26. Luc Olinga, "Elon Musk Picks High-Stakes Fight with Sen. Elizabeth Warren," *The Street*, December 20, 2022. https://www.thestreet.com/technology/elon-musk-picks-high-stake-fight-with-senator-elizabeth-warren.
27. @elonmusk, X, June 28, 2020. https://x.com/elonmusk/status/1277359833721655302.
28. @elonmusk, X, May 30, 2022. https://x.com/elonmusk/status/1531297810758389760.
29. @elonmusk, X, July 27, 2020. https://x.com/elonmusk/status/1287818109651431427.
30. @elonmusk, X, July 31, 2012. https://twitter.com/elonmusk/status/230507510929440768.
31. @elonmusk, X, June 1, 2020. https://x.com/elonmusk/status/1267409179339296768.
32. Sean O'Kane, "Tesla employees are holding a Juneteenth rally at the company's California factory," *The Verge*, June 18, 2020. https://www.theverge.com/2020/6/18/21296239/tesla-employees-juneteenth-protest-black-lives-matter-fremont-factory.
33. Lora Kolodny, "On the morning of Juneteenth, Tesla tells employees they can take the

day off unpaid," *CNBC*, June 19, 2020. https://www.CNBC.com/2020/06/19/tesla-tells-employees-they-take-juneteenth-off-unpaid.html.
34. Ibid.
35. Olivia Rubin, Alexander Mallin and Will Steakin, "7 hours, 700 arrests, 1 year later: The Jan. 6 Capitol attack, by the numbers," *ABC News*, January 6, 2022. https://abc7.com/jan-6-insurrection-us-capitol-riot/11428976/.
36. Gerrit De Vynck and Rachel Lerman, "YouTube suspends Trump, days after Twitter and Facebook," *Washington Post*, January 13, 2021. https://www.washingtonpost.com/technology/2021/01/12/trump-youtube-ban/.
37. @elonmusk, X, April 27, 2020. https://x.com/elonmusk/status/1254921937714905092.
38. Emma-Jo Morris and Gabrielle Fonrouge, "Smoking-gun email reveals how Hunter Biden introduced Ukrainian businessman to VP dad," *New York Post*, October 14, 2020. https:// nypost.com/2020/10/14/email-reveals-how-hunter-biden-introduced-ukrainian-biz-man-to-dad/.
39. @elonmusk, X, January 11, 2021. https://twitter.com/elonmusk/status/1348688644173934593.
40. @elonmusk, X, October 31, 2021. https://x.com/elonmusk/status/1454808104256737289.
41. @elonmusk, X, October 31, 2012. https://x.com/elonmusk/status/1454808104256737289.
42. Tesla Form 8-K, United States Securities and Exchange Commission, March 15, 2021. https://www.sec.gov/Archives/edgar/data/1318605/000156459021012981/tsla-8k_20210315.htm.
43. Faiz Siddiqui, "The government helped Tesla conquer electric cars. Now it's helping De- troit, and Elon Musk isn't happy," *Washington Post*, September 15, 2021. https://www.washingtonpost.com/technology/2021/09/15/tesla-biden-administration/.
44. Josh Dawsey, Eva Dou and Faiz Siddiqui, "How Elon Musk came to endorse Donald Trump," *Washington Post*, July 29, 2024. https://www.washingtonpost.com/technology/2024/07/29/musk-trump-endorsement-immigration/.
45. Edward Ludlow and Mark Gurman, "Elon Musk Says Biden Administration Is 'Biased' Against Tesla," *Bloomberg*, September 28, 2021. https://www.bloomberg.com/news/articles/2021-09-28/musk-says-biden-administration-is-biased-against-tesla.
46. @elonmusk, X, October 31, 2021. https://x.com/elonmusk/status/1454926841467256835.
47. Christian Davenport, "SpaceX makes history by launching Inspiration4, first all-civilian crew, to orbit," *Washington Post*, September 15, 2021. https://www.washingtonpost.com/technology/2021/09/15/spacex-launch-civilian-flight/.
48. @elonmusk, X, September 19, 2021. https://twitter.com/elonmusk/status/1439665626914635783.
49. Nandita Bose, David Shepardson and Raphael Satter, "Exclusive: Tesla's Musk meets top Biden officials on EVs in Washington," Reuters, January 27, 2023. https://www.reuters.com/business/energy/elon-musk-meets-top-biden-admin-officials-discuss-electrification-goals-2023-01-27/.
50. Amer Phillips, "What to know about the Texas abortion law," *Washington Post*, April

21, 2022. https://www.washingtonpost.com/politics/2021/09/01/texas-abortion-law-faq/.
51. Lora Kolodny and Kevin Breuninger, "Elon Musk declines to address Texas abortion law directly after Gov. Greg Abbott's comments," *CNBC*, September 2, 2021. https://www.CNBC.com/2021/09/02/texas-abortion-law-elon-musk-reacts-to-gov-greg-abbotts-comments.html.
52. @elonmusk, X, September 2, 2021. https://x.com/elonmusk/status/1433474893316722691.
53. RonWyden, X, November 6, 2021. https://x.com/RonWyden/status/1457110175932846080
54. @elonmusk, X, November 7, 2021. https://x.com/elonmusk/status/1457497438474981388.
55. "Inflation Reduction Act Guidebook," WhiteHouse.gov. https://www.whitehouse.gov/cleanenergy/inflation-reduction-act-guidebook/.
56. "Daughter Files to Change Last Name ... No Longer Wants to 'Be Related' to Him," *TMZ*, June 20, 2022. https://www.tmz.com/2022/06/20/elon-musk-daughter-name-change-transgender-court-filing/.
57. Dawn Ennis and Pilar Menendez, "Elon Musk's Daughter Disowns Him and Files to Ditch His Name," *Daily Beast*, June 20, 2022. https://www.thedailybeast.com/elon-musks-daughter-files-to-ditch-his-last-name/.
58. @elonmusk, X, December 16, 2020. https://twitter.com/elonmusk/status/1339255372956176384.
59. @jordanbpeterson, X, July 22, 2024. https://x.com/jordanbpeterson/status/1815427698703090085.
60. @elonmusk, X, July 22, 2024. https://x.com/elonmusk/status/1815519696424161361.
61. @vivllainous, Threads, July 25, 2024. https://www.threads.net/vivllainous/post/C91xFT8yhWo.
62. @vivllainous, Threads, July 23, 2024. https://www.threads.net/vivllainous/post/C9xjMJIygVN.
63. @elonmusk, X, April 3, 2022. https://x.com/elonmusk/status/1510485792296210434.
64. Ross Kerber and Hunjoo Yin, "Tesla cut from S&P 500 ESG Index, and Elon Musk tweets his fury," Reuters, May 19, 2022. https://www.reuters.com/business/sustainable-business/tesla-removed-sp-500-esg-index-autopilot-discrimination-concerns-2022-05-18/; Faiz Sidduiqi, "Jury orders Tesla to pay more than $130 million in dis- crimination suit, which alleged racist epithets and hostile work environment," *Washington Post*, October 5, 2021. https://www.washingtonpost.com/technology/2021/10/04/tesla-discrimination-case/.
65. "S&P Dow Jones Indices Announces April 2023 Rebalance of the S&P 500 ESG Index," S&P Dow Jones Indices, April 21, 2023. https://www.spglobal.com/spdji/en/documents/indexnews/announcements/20230421-1463609/1463609_s&p500esgindexreview-apr-2023.pdf.
66. @elonmusk, X, May 18, 2022. https://twitter.com/elonmusk/status/1526958110023245829.
67. @elonmusk, X, April 29, 2023. https://x.com/elonmusk/status/1652223973739098114.

68. @elonmusk, X, May 18, 2022. https://x.com/elonmusk/status/1526997132858822658.
69. @elonmusk, X, June 15, 2022. https://twitter.com/elonmusk/status/1536973965394157569.
70. @elonmusk, X, June 15, 2022. https://x.com/elonmusk/status/1536976484446904320.
71. @elonmusk, X, June 11, 2022. https://x.com/elonmusk/status/1546679818959278081; @elonmusk, X, July 11, 2022. https://x.com/elonmusk/status/1546669610509799424.
72. @elonmusk, X, June 11, 2022. https://x.com/elonmusk/status/1546679818959278081.
73. @SwipeWright, X, March 3, 2024. https://x.com/SwipeWright/status/1764426510255948195.
74. @elonmusk, X, April 28, 2022. https://twitter.com/elonmusk/status/1519852213698502656.
75. @elonmusk, X, May 12, 2022. https://twitter.com/elonmusk/status/1524883482836623373.
76. @elonmusk, X, March 5, 2022. https://x.com/elonmusk/status/1499976967105433600.
77. Ibid.
78. Matt Novak, "Read Elon Musk's Private Texts with Joe Rogan, Jack Dorsey, Larry Ellison, and More," *Gizmodo*, September 30, 2022. https://gizmodo.com/elon-musk-texts-joe-rogan-larry-elllison-dorsey-twitter-1849600155.
79. "Twitter Suspends The Babylon Bee," The Babylon Bee, March 22, 2022. https://babylonbee.com/news/twitter-has-shut-down-the-bee.
80. Dana Hull and Lisa Fleisher, "Musk's Texts Over Twitter Deal Included Ex-Wife Talulah Riley," *Bloomberg*, October 4, 2022. https://www.bloomberg.com/news/articles/2022-10-04/musk-s-texts-over-twitter-deal-included-ex-wife-talulah-riley.
81. Will Oremus, Elizabeth Dwoskin, Sarah Ellison and Jeremy B. Merrill, "A year later, Musk's X is tilting right. And sinking," *Washington Post*, October 27, 2023. https://www.washingtonpost.com/technology/2023/10/27/elon-musk-twitter-x-anniversary/.

7. 테슬라 대 어린이

1. @WholeMarsBlog, X, August 11, 2022. https://x.com/WholeMarsBlog/status/1557790148435140609.
2. @WholeMarsBlog, X, August 9, 2022. https://x.com/WholeMarsBlog/status/1557112809132945408.
3. @elonmusk, X, August 25, 2022. https://x.com/elonmusk/status/1562839680747388934.
4. @RealDanODowd, X, March 12, 2022. https://x.com/RealDanODowd/status/1502784004927508485.
5. Gerrit De Vynck and Faiz Siddiqui, "One of Tesla's biggest critics is funding a Super Bowl ad against it," *Washington Post*, February 11, 2023. https://www.washingtonpost.com/technology/2023/02/11/tesla-super-bowl-ad/.
6. Gerrit De Vynck, "The tech CEO spending millions to stop Elon Musk," *Washington*

Post, November 13, 2022. https://www.washingtonpost.com/technology/2022/11/13/dan-odowd-challenges-tesla-musk/.

7. Mike Schneider, "There are now more than 6 PR pros for every journalist," *MuckRack*, September 6, 2018. https://muckrack.com/blog/2018/09/06/there-are-now-more-than-6-pr-pros-for-every-journalist.
8. Aleda Stam, "Tesla reportedly eliminates PR department," *PRWeek*, October 6, 2020. https:// www.prweek.com/article/1696519/tesla-reportedly-eliminates-pr-department.
9. @SwayerMerritt, X. https://twitter.com/SawyerMerritt.
10. Michael Strong, "Tesla's Public Relations Team Gets the Ziggy," *The Detroit Bureau*, Octo- ber 6, 2020. https://www.thedetroitbureau.com/2020/10/teslas-pubic-relations-team-gets-the-ziggy/.
11. @elonmusk, X, April 10, 2023. https://x.com/elonmusk/status/1645565105256513540.
12. Faiz Siddiqui, "Elon Musk moved to Texas and embraced celebrity. Can Tesla run on Auto- pilot?," *Washington Post*, February 23, 2021. https://www.washingtonpost.com/technology/2021/02/23/musk-tesla-texas/.
13. Faiz Siddiqui, "How auto regulators played mind games with Elon Musk," *Washington Post*, March 27, 2022. https://www.washingtonpost.com/technology/2022/03/27/tesla-elon-musk-regulation/.
14. Simon Alvarez, "Tesla's Elon Musk slams paywalled news in recent media critique," *Teslarati*, March 28, 2022. https://www.teslarati.com/tesla-elon-musk-slams-paywalled-news/.
15. "Test Track—The Dangers of Tesla's Full Self-Driving Software," *Dan O'Dowd Media*, August 9, 2022. https://www.youtube.com/watch?v=nHIgawTRCv8.
16. Andrew J. Hawkins, "An open letter to the Tesla fan who wants to run over a kid to prove a point," *The Verge*, August 12, 2022. https://www.theverge.com/2022/8/12/23302850/tesla-full-self-driving-child-crash-open-letter.
17. Fred Lambert, "Tesla self-driving smear campaign releases 'test' that fails to realize FSD never engaged," *Electrek*, August 10, 2022. https://electrek.co/2022/08/10/tesla-self-driving-smear-campaign-releases-test-fails-fsd-never-engaged/.
18. @WholeMarsBlog, X, August 9, 2022. https://x.com/WholeMarsBlog/status/1557134727428993024.
19. Ibid.
20. @WholeMarsBlog, X, August 11, 2022. https://x.com/WholeMarsBlog/status/1557790148435140609
21. Andrew J. Hawkins, "An open letter to the Tesla fan who wants to run over a kid to prove a point," *The Verge*, August 12, 2022. https://www.theverge.com/2022/8/12/23302850/tesla-full-self-driving-child-crash-open-letter.
22. @WholeMarsBlog, X, August 14, 2022. https://x.com/WholeMarsBlog/status/1558876752062976000.
23. Lora Kolodny, "YouTube removes video by Tesla investors using kids in FSD Beta test,"

CNBC, August 19, 2022. https://www.CNBC.com/2022/08/19/youtube-removes-video-by-tesla-investors-using-kids-in-fsd-beta-test.html.

24. Faiz Siddiqui and Gerrit De Vynck, "Tesla demands removal of video of cars hitting child size mannequins," *Washington Post*, August 25, 2022. https://www.washingtonpost.com/technology/2022/08/25/tesla-elon-musk-demo/.
25. Faiz Siddiqui and Jeremy B. Merrill, "17 fatalities, 736 crashes: the shocking toll of Tesla's Autopilot," *Washington Post*, June 10, 2022. https://www.washingtonpost.com/technology/2023/06/10/tesla-autopilot-crashes-elon-musk/.
26. Trisha Thadani, Faiz Siddiqui, Rachel Lerman and Jeremy B. Merrill, "Tesla drivers run Autopilot where it's not intended—with deadly consequences," *Washington Post*, December 10, 2023. https://www.washingtonpost.com/technology/2023/12/10/tesla-autopilot-crash/.
27. Faiz Siddiqui, "'Boycott Tesla' ads to air during Super Bowl," *Washington Post*, February 11, 2024. https://www.washingtonpost.com/technology/2024/02/11/tesla-super-bowl-ads/.
28. @rohanspatel, X, December 13, 2023. https://x.com/rohanspatel/status/1734906088984584689.
29. Faiz Siddiqui, "'Boycott Tesla' ads to air during Super Bowl," *Washington Post*, February 11, 2024. https://www.washingtonpost.com/technology/2024/02/11/tesla-super-bowl-ads/.

8. "아예 정부를 갖고 노는군"

1. Lora Kolodny, "Tesla fired an employee after he posted driverless tech reviews on You-Tube," *CNBC*, March 17, 2022. https://www.CNBC.com/2022/03/15/tesla-fired-employee-who-posted-fsd-beta-videos-as-ai-addict-on-youtube.html.
2. Faiz Siddiqui, "Tesla sells 'Self-Driving' cars. Is it fraud?," *Washington Post*, July 11, 2024.
3. Lakshmi Varanasi, "Tesla faked a 2016 video promoting its self-driving technology, ac- cording to a senior company engineer's deposition testimony," *Business Insider*, January 17, 2023. https://www.businessinsider.com/tesla-faked-video-in-2016-promoting-self-driving-technology-report-2023-1.
4. Rob Stumpf, "Tesla Network Promises One Million Robotaxis on the Road by 2020," *The Drive*, April 23, 2019.
5. Cade Metz and Neal F. Boudette, "Inside Tesla as Elon Musk Pushed an Unflinching Vi- sion for Self-Driving Cars," *New York Times*, December 6, 2021. https://www.nytimes.com/2021/12/06/technology/tesla-autopilot-elon-musk.html.
6. Hyunjoo Jin, "Tesla video promoting self-driving was staged, engineer testifies," Reuters, January 18, 2023. https://www.reuters.com/technology/tesla-video-promoting-self-driving-was-staged-engineer-testifies-2023-01-17/.
7. Ibid.

8. Dana Hull and Sean O'Kane, "Musk Oversaw Video That Exaggerated Tesla's Self-Driving Capabilities," *Bloomberg*, January 19, 2023. https://www.bloomberg.com/news/articles/2023-01-19/elon-musk-directed-tesla-autopilot-video-saying-car-drove-itself-tsla.
9. "How Elon Musk knocked Tesla's 'Full Self-Driving' off course," *Washington Post*, March 19, 2023. https://www.washingtonpost.com/technology/2023/03/19/elon-musk-tesla-driving.
10. "Supply chain issues and autos: When will the chip shortage end?" J.P. Morgan, April 18, 2023. https://www.jpmorgan.com/insights/global-research/supply-chain/chip-shortage.
11. Faiz Siddiqui, "How Elon Musk knocked Tesla's 'Full Self-Driving,'" *Washington Post*, March 19, 2023. https://www.washingtonpost.com/technology/2023/03/19/elon-musk-tesla-driving/.
12. Ibid.
13. "Tesla Vision Update: Replacing Ultrasonic Sensors with Tesla Vision," Tesla.com, October 10, 2024. https://www.tesla.com/support/transitioning-tesla-vision.
14. Faiz Siddiqui, "Tesla's recent Full Self-Driving update made cars go haywire. It may be the excuse regulators needed," *Washington Post*, November 11, 2021. https://www.washingtonpost.com/technology/2021/11/08/tesla-regulation-elon-musk/.
15. Ibid.
16. Ibid.
17. "Part 573 Safety Recall Report," NHTSA, February 15, 2023. https://static.nhtsa.gov/odi/rcl/2023/RCLRPT-23V085-3451.PDF.
18. @elonmusk, X, October 24, 2021. https://twitter.com/elonmusk/status/1452345284483235841.
19. Faiz Siddiqui and Jeremy B. Merrill, "Tesla drivers report a surge in 'phantom breaking,'" *Washington Post*, February 2, 2022. https://www.washingtonpost.com/technology/2022/02/02/tesla-phantom-braking/.
20. Ibid.
21. "ODI Resume: Unexpected Brake Activation," NHTSA, February 16, 2022. https://static.nhtsa.gov/odi/inv/2022/INOA-PE22002-4385.PDF.
22. @elonmusk, X, February 12, 2022. https://x.com/elonmusk/status/1492667516275105792.
23. Faiz Siddiqui, "Tesla is putting 'self-driving' in the hands of drivers amid criticism the tech is not ready," *Washington Post*, October 22, 2020. https://www.washingtonpost.com/technology/2020/10/21/tesla-self-driving/.
24. "Tesla tempted drivers with 'insane' mode and now is tracking them to judge safety. Experts say it's ludicrous," *Washington Post*, October 10, 2021. https://www.washingtonpost.com/technology/2021/10/10/tesla-full-self-driving/.
25. Faiz Siddiqui, "Tesla issues recall of cars with 'Full Self-Driving' over crash risk" *Washington Post*, February 16, 2023. https://www.washingtonpost.com/

technology/2023/02/16/tesla-full-self-driving-recall/.
26. Grace Kay, "What it's like working at Tesla's Autopilot labeling facilities, where your key-strokes and bathroom breaks are tracked," *Business Insider*, September 3, 2024. https://www.businessinsider.com/tesla-autopilot-fsd-labeling-facilities-jobs-2024-9.
27. Ibid.
28. Faiz Siddiqui, "How Elon Musk knocked Tesla's 'Full Self-Driving' off course," *Washington Post*, March 19, 2023. https://www.washingtonpost.com/technology/2023/03/19/elon-musk-tesla-driving/.
29. The Tesla Team, "In Response to False Allegations," Tesla.com, February 16, 2023. https://www.tesla.com/blog/in-response-false-allegations.
30. "Tesla Vision Update: Replacing Ultrasonic Sensors with Tesla Vision," Tesla.com, December 5, 2024. https://www.tesla.com/support/transitioning-tesla-vision.
31. @elonmusk, X, February 5, 2022. https://x.com/elonmusk/status/1489841690601041924.
32. Simon Alvarez, "Tesla FSD beta takes on San Francisco's famed Lombard Street and its 8 hairpin turns," *Teslarati*, October 30, 2020. https://www.teslarati.com/tesla-fsd-beta-lombard-street-test-video/google_vignette.
33. @TeslaratiTesla_AI, X, October 4, 2024. https://x.com/Tesla_AI/status/1842143130302177380.
34. @Teslaratielonmusk, X, August 23, 2022. https://x.com/elonmusk/status/1562157209513066501.
35. Whole Mars Catalog, "Tesla Autopilot FSD Los Angeles to Silicon Valley Interventions," YouTube, January 4, 2021. https://www.youtube.com/watch?v=XPrsRM2cxGs.
36. Whole Mars Catalog, "First Drive with Tesla Full Self-Driving Beta 10.69: 35 minutes with zero takeovers in San Francisco," YouTube, August 21, 2022. https://www.youtube.com/watch?v=jCTssX2VdKA.
37. @ValueAnalyst1, X, June 1, 2023. https://twitter.com/ScottBeck68/status/1664290716669837317.
38. @elonmusk, X, https://x.com/elonmusk/status/1668877942141640704.
39. Kevin Smith, "Omar Cheats?!? Tesla FSD Beta Chat," YouTube, July 6, 2023. https://www.youtube.com/watch?v=tW4S0vk_-i8.
40. @WholeMarsBlog, X, June 7, 2024. https://x.com/WholeMarsBlog/status/1799276775912153403.
41. Faiz Siddiqui, "How Elon Musk knocked Tesla's 'Full Self-Driving'," *Washington Post*, March 19, 2023. https://www.washingtonpost.com/technology/2023/03/19/elon-musk-tesla-driving/.
42. Faiz Siddiqui and Jeremy B. Merrill, "17 fatalities, 736 crashes: The shocking toll of Tesla's Autopilot," *Washington Post*, June 10, 2023. https://www.washingtonpost.com/technology/2023/06/10/tesla-autopilot-crashes-elon-musk/.
43. "ODI Resume: Autopilot & First Responder Scenes," NHTSA, June 8, 2022. https://static.nhtsa.gov/odi/inv/2022/INOA-EA22002-3184.PDF.

44. Edward Ludlow and Dana Hull, "Tesla Cuts 200 Autopilot Workers as California Site Closes," *Bloomberg*, June 28, 2022. https://www.bloomberg.com/news/articles/2022-06-28/tesla-lays-off-hundreds-of-autopilot-workers-in-latest-staff-cut.
45. Mike Spector and Dan Levine, "Exclusive: Tesla faces U.S. criminal probe over self-driving claims," Reuters, October 27, 2022. https://www.reuters.com/legal/exclusive-tesla-faces-us-criminal-probe-over-self-driving-claims-sources-2022-10-26/.
46. Faiz Siddiqui, "Elon Musk says Tesla will not produce a new vehicle model in 2022, renews prediction on Full Self-Driving," *Washington Post*, January 26, 2022. https://www.washingtonpost.com/technology/2022/01/26/tesla-elon-musk/.
47. Rachel Lerman, Faiz Siddiqui and Christian Davenport, "Elon Musk tells Tesla, SpaceX workers to go back to office or go away," *Washington Post*, June 1, 2022. https://www.washingtonpost.com/technology/2022/06/01/elon-musk-tesla-office/.
48. @elonmusk, X, June 1, 2022. https://twitter.com/elonmusk/status/1531867103854317568.

9. 분위기 깨는 사람들

1. Jacob Bogage, "Tesla driver using autopilot killed in crash," *Washington Post*, June 30, 2016. https://www.washingtonpost.com/news/the-switch/wp/2016/06/30/tesla-owner-killed-in-fatal-crash-while-car-was-on-autopilot/.
2. Michael Laris, "Fatal Tesla crash tied to technology and driver failures, NTSB says," *Washington Post*, February 25, 2020. https://www.washingtonpost.com/local/trafficandcommuting/ntsb-says-driver-in-fatal-tesla-crash-was-overreliant-on-the-cars-/autopilot-system/2017/09/12/38e5f130-9730-11e7-82e4-f1076f6d6152_story.html.
3. Jacob Bogage, "Tesla driver using autopilot killed in crash," *Washington Post*, June 30, 2016. https://www.washingtonpost.com/news/the-switch/wp/2016/06/30/tesla-owner-killed-in-fatal-crash-while-car-was-on-autopilot/.
4. Hamza Shaban, "Tesla Model 3 Autopilot was active before deadly collision, federal investigators say," *Washington Post*, May 17, 2019. https://www.washingtonpost.com/technology/2019/05/17/tesla-model-autopilot-was-active-before-deadly-collision-federal-investigators-say/.
5. David Shepardson, "Tesla and U.S. regulators strongly criticized over role of Autopilot in crash," Reuters, February 25, 2020. https://www.reuters.com/article/us-tesla-crash/tesla-and-u-s-regulators-strongly-criticized-over-role-of-autopilot-in-crash-idUSKBN20J2B8/.
6. "Standing General Order on Crash Reporting," NHTSA, April 2023. https://www.nhtsa.gov/laws-regulations/standing-general-order-crash-reporting.
7. Farhang Heydari, "The Invisible Driver of Policing," *Stanford Law Review*, March 1, 2023. https://papers.ssrn.com/sol3/papers.cfm?abstract_id=4369747.
8. Nate Luce, "How the National Highway Traffic Safety Administration Enabled

Pretextual Traffic Stops," Vanderbilt Law School, April 11, 2024. https://law.vanderbilt.edu/how-the-national-highway-traffic-safety-administration-enabled-pretextual-traffic-stops/.

9. "U.S. DOT and IIHS announce historic commitment of 20 automakers to make automatic emergency braking standard on new vehicles," NHTSA, March 17, 2016. https://www.nhtsa.gov/press-releases/us-dot-and-iihs-announce-historic-commitment-20-automakers-make-automatic-emergency.

10. Harvey Rosenfield, Clarence Ditlow, and Joan Claybrook, "Re: January 12, 2016 Petition Requesting AEB Rulemaking," Consumer Watchdog, May 23, 2016, https://www.autosafety.org/wp-content/uploads/2016/01/Ltr-NHTSA-re-AEB-Petition-5-21-16-PM-FINAL.pdf.

11. Audrey LaForest, "Steven Cliff closer to getting NHTSA back to the business of safety," *Automotive News*, February 7, 2022. https://www.autonews.com/regulation-safety/nhtsa-step-closer-naming-steven-cliff-permanent-administrator/.

12. Trisha Thadani, Rachel Lerman, Imogen Piper, Faiz Siddiqui and Irfan Uraizee, "The final 11 seconds of a fatal Tesla Autopilot crash," *Washington Post*, October 6, 2023. https://www.washingtonpost.com/technology/interactive/2023/tesla-autopilot-crash-analysis/.

13. "Limitations and Warnings," Tesla Model 3 Owner's Manual. https://www.tesla.com/ownersmanual/model3/en_us/GUID-E5FF5E84-6AAC-43E6-B7ED-EC1E9AEB17B7.html.

14. Ibid.

15. "NHTSA Orders Crash Reporting for Vehicles Equipped with Advanced Driver Assistance Systems and Automated Driving Systems," NHTSA, June 29, 2021. https://www.nhtsa.gov/press-releases/nhtsa-orders-crash-reporting-vehicles-equipped-advanced-driver-assistance-systems.

16. Second-Amended-SGO-2021-01_2023-04-05.

17. "Part 573 Safety Recall Report," NHTSA, January 27, 2022. https://static.nhtsa.gov/odi/rcl/2022/RCLRPT-22V037-4462.PDF.

18. Faiz Siddiqui, "Silicon Valley pioneered self-driving cars. But some of its tech-savvy residents don't want them tested in their neighborhoods," *Washington Post*, October 3, 2019. https://www.washingtonpost.com/technology/2019/10/03/silicon-valley-pioneered-self-driving-cars-some-its-tech-savvy-residents-dont-want-them-tested-their-neighborhoods/.

19. "Full Self-Driving (Supervised)," Tesla Model Y Owner's Manual. https://www.tesla.com/ownersmanual/modely/en_us/GUID-2CB60804-9CEA-4F4B-8B04-09B991368DC5.html.

20. Ibid.

21. Ibid.

22. Andrei Nedelea, "Tesla FSD Now Has Selectable Modes: Chill, Average and Assertive," *Inside EVs*, January 12, 2022. https://insideevs.com/news/560209/tesla-fsd-self-

driving-profiles/.
23. Ibid.
24. ODI Resume: Tesla "Passenger Play," NHTSA, December 21, 2021.
25. Aaron Gregg and Faiz Siddiqui, "Tesla will recall more than 50,000 vehicles over software's 'rolling-stop' feature," *Washington Post*, February 1, 2022. https://www.washingtonpost.com/business/2022/02/01/tesla-recall-rolling-stop/.
26. Tesla NHTSA Recall No: 22V-037, https://static.nhtsa.gov/odi/rcl/2022/RCONL-22V037-8566.pdf.
27. Part 573 Safety Recall Report, NHTSA, February 15, 2023. https://static.nhtsa.gov/odi/rcl/2023/RCLRPT-23V085-3451.PDF.
28. Ibid.
29. "NHTSA letter to Tesla, Re: Vehicle May Fail to Stop at Stop Sign," January 31, 2022. https://static.nhtsa.gov/odi/rcl/2022/RCAK-22V037-9109.pdf.
30. @elonmusk, X, July 2, 2024. https://x.com/elonmusk/status/1808326181453775069.
31. "Tesla, Inc. Service Bulletin: Update Vehicle Firmware to Correct Seat Belt Chime Functionality," March 2, 2022. https://static.nhtsa.gov/odi/rcl/2022/RCRIT-22V045-4582.pdf.
32. Faiz Siddiqui, "How auto regulators played mind games with Elon Musk," *Washington Post*, March 27, 2022. https://www.washingtonpost.com/technology/2022/03/27/tesla-elon-musk-regulation/.
33. Fred Lambert, "Tesla owners are again losing heat in extreme cold as some heat pumps are failing badly," *Electrek*, January 12, 2022. https://electrek.co/2022/01/12/tesla-owners-losing-heat-extreme-cold-heat-pumps-failing-badly/.
34. Steven Loveday, "NHTSA Recall Clarifies Tesla Heat Pump Issue, Software Fix Coming," *InsideEVs*, February 9, 2022. https://insideevs.com/news/566343/tesla-heat-loss-nhtsa-solution/.
35. David Shepardson, "Tesla recalls over 500,000 U.S. vehicles to fix pedestrian warning sounds," Reuters, February 10, 2022. https://www.reuters.com/business/autos-transportation/tesla-recalls-nearly-579000-us-vehicles-over-pedestrian-warning-risk-sounds-2022-02-10/.
36. "Federal Motor Vehicle Safety Standard No. 141, Minimum Sound Requirements for Hybrid and Electric Vehicles," NHTSA, February 26, 2018. https://www.federalregister.gov/documents/2018/02/26/2018-03721/federal-motor-vehicle-safety-standard-no-141-minimum-sound-requirements-for-hybrid-and-electric.
37. Part 573 Safety Recall Report, NHTSA, February 15, 2023. https://static.nhtsa.gov/odi/rcl/2022/RCLRPT-22V063-8773.PDF.
38. Ibid.
39. @elonmusk, X, February 12, 2022. https://x.com/elonmusk/status/1492667516275105792.
40. "Automakers fulfill autobrake pledge for light-duty vehicles," Insurance Institute for Highway Safety (IIHS), December 21, 2023. https://www.iihs.org/news/detail/automakers-fulfill-autobrake-pledge-for-light-duty-vehicles.

41. "NHTSA Finalizes Key Safety Rule to Reduce Crashes and Save Lives," NHTSA, April 29, 2024. https://www.nhtsa.gov/press-releases/nhtsa-fmvss-127-automatic-emergency-braking-reduce-crashes.
42. "U.S. DOT and IIHS announce historic commitment of 20 automakers to make automatic emergency braking standard on new vehicles," NHTSA, March 17, 2016. https://www.nhtsa.gov/press-releases/us-dot-and-iihs-announce-historic-commitment-20-automakers-make-automatic-emergency.
43. "Statement by Ralph Nader On Tesla Full Self-Driving (FSD) technology," Nader.org, August 10, 2022. https://nader.org/2022/08/10/statement-by-ralph-nader-on-tesla-full-self-driving-fsd-technology/.

10. 트위터 매입의 대가

1. Jeremy B. Merrill, Rachel Lerman and Faiz Siddiqui, "Elon Musk sells roughly $5 billion in Tesla stock in series of whirlwind transactions," *Washington Post*, November 11, 2021. https://www.washingtonpost.com/technology/2021/11/10/elon-musk-tesla-stock/?msclkid=a76a08e2b45111ecb1fa721259515fe8.
2. @elonmusk, X, March 26, 2022. https://x.com/elonmusk/status/1507777261654605828; elonmusk, X, March 25, 2022. https://x.com/elonmusk/status/1507259709224632344.
3. @elonmusk, X, March 25, 2022. https://x.com/elonmusk/status/1507272763597373461.
4. @elonmusk, X, March 26, 2022. https://x.com/elonmusk/status/1507777913042571267.
5. Will Oremus, Elizabeth Dwoskin, Faiz Siddiqui and Reed Albergotti, "Elon Musk joins Twitter board, promises 'significant improvements'," *Washington Post*, April 5, 2022. https://www.washingtonpost.com/business/2022/04/05/elon-musk-twitter-board/.
6. Faiz Siddiqui, Douglas MacMillan and Aaron Gregg, "Elon Musk signals with $46.5 billion he's serious about buying Twitter," *Washington Post*, April 21, 2022. https://www.washingtonpost.com/business/2022/04/21/elon-musk-twitter-funding/.
7. Faiz Siddiqui, Elizabeth Dwoskin, Reed Albergotti and Gerrit De Vynck, "Elon Musk lines up growing list of investors to take over Twitter," *Washington Post*, June 1, 2022. https://www.washingtonpost.com/technology/2022/06/01/elon-musk-twitter-investors/.
8. Matt Rosoff, "Here are the people who texted Elon Musk to offer advice or money for the Twitter deal," *CNBC*, September 30, 2022. https://www.CNBC.com/2022/09/30/who-texted-elon-musk-to-get-involved-or-offer-advice-on-twitter-deal.html.
9. Exhibit H: Elon Musk Texts, Twitter v. Elon Musk, Case No. 2022-0613-KSJM, September 28, 2022.
10. Faiz Siddiqui, "Musk's Twitter investors have lost billions in value," *Washington Post*, September 1, 2024. https://www.washingtonpost.com/technology/2024/09/01/musk-twitter-investors-underwater/.
11. Exhibit H: Elon Musk Texts, Twitter v. Elon Musk, September 28, 2022.
12. Amanda Silberling and Taylor Hatmaker, "Here are some of the cringiest revelations

in the Elon Musk text dump," *TechCrunch*, September 29, 2022. https://techcrunch.com/2022/09/29/elon-musk-texts-discovery-twitter/.
13. Exhibit H: Elon Musk Texts, Twitter v. Elon Musk, September 28, 2022.
14. Ibid.
15. Faiz Siddiqui, "Musk's Twitter investors have lost billions in value," *Washington Post*, September 1, 2024.
16. Miles Klee, "Here are the people who lost millions backing Musk's Twitter takeover," *Rolling Stone*, August 22, 2024. https://www.rollingstone.com/culture/culture-features/twitter-x-shareholders-court-order-diddy-jack-dorsey-1235085804/.
17. Faiz Siddiqui, "Elon Musk is worth $270 billion. He'd buy Twitter with an IOU," *Washington Post*, April 22, 2022. https://www.washingtonpost.com/technology/2022/04/22/musk-twitter-financing-tesla/.
18. Meghan Bobrowsky, "Elon Musks's Share-Selling Spree Tops $15 Billion," *Wall Street Journal*, December 22, 2021. https://www.wsj.com/articles/elon-musks-share-selling-spree-tops-15-billion-11640229872.
19. Tesla Form 10-K, 2021, United States Securities Exchange Commission. https://www.sec.gov/Archives/edgar/data/1318605/000095017022000796/tsla-20211231.htm.
20. Faiz Siddiqui, "Elon Musk is worth $270 billion. He'd buy Twitter with an IOU," *Washington Post*, April 22, 2022. https://www.washingtonpost.com/technology/2022/04/22/musk-twitter-financing-tesla/.
21. Exhibit H: Elon Musk Texts, Twitter v. Elon Musk, September 28, 2022.
22. "Amendment No. 2 To Schedule 13d/A Under the Securities Exchange Act of 1934," United States Securities and Exchange Commission. April 13, 2022. https://www.sec.gov/Archives/edgar/data/1418091/000110465922045641/tm2212748d1_sc13da.htm.
23. Ibid.
24. "Amendment No. 2 To Schedule 13d/A Under the Securities Exchange Act of 1934," United States Securities and Exchange Commission. April 20, 2022.
25. @elonmusk, X, October 24, 2022. https://x.com/elonmusk/status/1584539176997122048.
26. "Elon Musk Equity Financing Commitment letter," April 25, 2022. https://www.sec.gov/Archives/edgar/data/1418091/000110465922049844/tm2213189d8_ex99-j.htm.
27. Reed Albergotti, "Elon Musk delayed filing a form and made $156 million," *Washington Post*, April 6, 2022. https://www.washingtonpost.com/technology/2022/04/06/musk-twitter-sec/.
28. Dave Michaels, "Elon Musk's Belated Disclosure of Twitter Stake Triggers Regulators' Probes," *Wall Street Journal*, May 11, 2022. https://www.wsj.com/articles/elon-musks-belated-disclosure-of-twitter-stake-triggers-regulators-probes-11652303894.
29. @elonmusk, X, December 12, 2024. https://x.com/elonmusk/status/1867357433493872874.
30. Daniel Davies, "Morning Coffee: Elon Musk's exhausted bankers contemplate bonus devastation. The Japanese bank that's hiring where others fear to tread," *efinancialcareers*, October 5, 2022. https://www.efinancialcareers.com/news/2022/10/elon-musk-twitter-bankers.

31. Douglas MacMillan, Reed Albergotti and Taylor Telford, "Musk gets help from tech titans and a Saudi prince in Twitter bid," *Washington Post*, May 5, 2022. https://www.washingtonpost.com/business/2022/05/05/musk-twitter-financing-ellison/.
32. @Alwaleed_Talal, X, October 7, 2015. https://x.com/Alwaleed_Talal/status/1514615956986757127.
33. @Alwaleed_Talal, X, April 14, 2022. https://x.com/Alwaleed_Talal/status/1514615956986757127.
34. @elonmusk, X, April 14, 2022. https://x.com/elonmusk/status/1514683079968931841.
35. Exhibit H: Elon Musk Texts, Twitter v. Elon Musk, September 28, 2022.
36. Faiz Siddiqui, "Musk's Twitter investors have lost billions in value," *Washington Post*, September 1, 2024. https://www.washingtonpost.com/technology/2024/09/01/musk-twitter-investors-underwater/.
37. @Alwaleed_Talal, X, May 5, 2022. https://x.com/Alwaleed_Talal/status/1522171641761046528.
38. Faiz Siddiqui, Reed Albergotti, Elizabeth Dwoskin and Rachel Lerman, "Elon Musk says Twitter deal is on hold, putting bid on shaky ground," *Washington Post*, May 13, 2022. https://www.washingtonpost.com/technology/2022/05/13/musk-twitter-bid/.
39. @elonmusk, X, April 21, 2022. https://x.com/elonmusk/status/1517215066550116354.
40. Amanda Silberling, "Here are some of the cringiest revelations in the Elon Musk text dump," *TechCrunch*, September 29, 2022. https://techcrunch.com/2022/09/29/elon-musk-texts-discovery-twitter/.
41. Twitter v. Elon Musk, Exhibit H: Elon Musk Texts, September 28, 2022.
42. Faiz Siddiqui, "How auto regulators played mind games with Elon Musk," *Washington Post*, March 27, 2022. https://www.washingtonpost.com/technology/2022/03/27/tesla-elon-musk-regulation/.
43. Sheila Dang, "Twitter estimates spam, fake accounts comprise less than 5% of users—filing," Reuters, May 2, 2022. https://www.reuters.com/technology/twitter-estimates-spam-fake-accounts-represent-less-than-5-users-filing-2022-05-02/./.
44. @elonmusk, X, May 13, 2022. https://x.com/elonmusk/status/1525049369552048129.
45. @elonmusk, X, May 13, 2022. https://x.com/elonmusk/status/1525080945274998785.
46. @AJDelgado13, X, May 13, 2022. https://x.com/AJDelgado13/status/152514410942559846 5?s=20.
47. Lora Kolodny, "Start-up investor Jason Calacanis raising millions of dollars for Musk's Twitter deal," *CNBC*, May 12, 2022. https://www.CNBC.com/2022/05/12/start-up-investor-jason-calacanis-raising-millions-for-twitter-stake.html.
48. Twitter v. Elon Musk, Exhibit H: Elon Musk Texts, September 28, 2022.
49. Ibid.
50. Faiz Siddiqui, Elizabeth Dwoskin, Reed Albergotti and Gerrit De Vynck, "Elon Musk lines up growing list of investors to take over Twitter," *Washington Post*, June 1, 2022. https://www.washingtonpost.com/technology/2022/06/01/elon-musk-twitter-investors/.

51. Ibid.
52. "Tesla Amendment No. 7 To Schedule 13d," United States Securities and Exchange Commission, May 24, 2022. https://www.sec.gov/Archives/edgar/data/1494730/000110465922064655/tm2216931d1_sc13da.htm.
53. Hamza Shaban and Faiz Siddiqui, "Here's who helped Elon Musk buy Twitter," *Washington Post*, December 24, 2022. https://www.washingtonpost.com/technology/2022/12/24/elon-musk-twitter-funders/.
54. Faiz Siddiqui, Jeff Stein and Joseph Menn, "U.S. exploring whether it has authority to review Musk's Twitter deal," *Washington Post*, November 2, 2022. https://www.washingtonpost.com/us-policy/2022/11/01/musk-twitter-treasury-department-review/.
55. Faiz Siddiqui, "Musk's Twitter investors have lost billions in value," *Washington Post*, September 1, 2024. https://www.washingtonpost.com/technology/2024/09/01/musk-twitter-investors-underwater/.

11. 출구 전략

1. Will Oremus and Elizabeth Dwoskin, "Twitter's new CEO is bringing an engineering background to a politics fight," *Washington Post*, December 1, 2021. https://www.washingtonpost.com/technology/2021/12/01/twitter-ceo-parag-agrawal/.
2. Jacob Carpenter, "Was Jack Dorsey an absentee CEO by the end of his Twitter tenure? The evidence keeps pointing to 'yes'," *Fortune*, September 2, 2022. https://fortune.com/2022/09/02/twitter-jack-dorsey-whistleblower-poll-absent-leadership/.
3. Will Oremus and Elizabeth Dwoskin, "Twitter's new CEO is bringing an engineering background to a politics fight," *Washington Post*, December 1, 2021. https://www.washingtonpost.com/technology/2021/12/01/twitter-ceo-parag-agrawal/.
4. Ibid.
5. @elonmusk, X, May 13, 2022. https://x.com/elonmusk/status/1525049369552048129.
6. @paraga, X, May 16, 2022. https://x.com/paraga/status/1526237578843672576.
7. @paraga, X, May 16, 2022. https://x.com/paraga/status/1526237580638859267.
8. @paraga, X, May 16, 2022. https://x.com/paraga/status/1526237581419040768.
9. @elonmusk, X, May 16, 2022. https://x.com/elonmusk/status/1526246899606601730.
10. Rob Wile, "Musk is not supposed to disparage Twitter while trying to buy it. He's doing it anyway," *NBC News*, April 27, 2022. https://www.nbcnews.com/business/business-news/elon-musk-slams-twitter-after-acquisition-deal-announced-rcna26244.
11. @elonmusk, X, May 16, 2022. https://x.com/elonmusk/status/1526250477456965634.
12. Sheila Dang, "Exclusive: Twitter is losing its most active users, internal documents show," Reuters, October 26, 2022. https://www.reuters.com/technology/exclusive-where-did-tweeters-go-twitter-is-losing-its-most-active-users-internal-2022-10-25/.
13. @elonmusk, X, April 9, 2022. https://x.com/elonmusk/status/1512802419301826575.

14. @elonmusk, X, February 1, 2020. https://x.com/elonmusk/status/1223754759921897472.
15. @elonmusk, X, February 1, 2020. https://x.com/elonmusk/status/1223756247612186625.
16. Faiz Siddiqui and Jeremy B. Merrill, "Elon Musk reinvents Twitter for the benefit of a power user: Himself," *Washington Post*, February 16, 2023. https://www.washingtonpost.com/technology/2023/02/16/elon-musk-twitter/.
17. @elonmusk, X, May 13, 2022. https://x.com/elonmusk/status/1525291586669531137.
18. @teslaownersSV, X, May 13, 2022. https://x.com/teslaownersSV/status/1525292556270985223.
19. @elonmusk, X, May 13, 2022. https://x.com/elonmusk/status/1525293103585718272.
20. @elonmusk, X, May 13, 2022. https://x.com/elonmusk/status/1525295117489229824.
21. @paraga, X, May 16, 2022. https://x.com/paraga/status/1526237589534953472.
22. Elizabeth Dwoskin, "In reversal, Twitter plans to comply with Musk's demands for data," *Washington Post*, June 8, 2022. https://www.washingtonpost.com/technology/2022/06/08/elon-musk-twitter-bot-data/.
23. "Letter from Skadden, Arps, Slate, Meagher & Flom LLP to Twitter, Inc.," June 6, 2022. https://www.sec.gov/Archives/edgar/data/1418091/000110465922068347/tm2217761d1_ex99-o.htm.
24. Ibid.
25. Elizabeth Dwoskin, "In reversal, Twitter plans to comply with Musk's demands for data," *Washington Post*, June 8, 2022. https://www.washingtonpost.com/technology/2022/06/08/elon-musk-twitter-bot-data/.
26. Elizabeth Dwoskin and Faiz Siddiqui, "Twitter is probing Elon Musk's social circle in broad legal requests," *Washington Post*, August 1, 2022. https://www.washingtonpost.com/technology/2022/08/01/musk-twitter-subpoena/.
27. Faiz Siddiqui, Ellen Francis and Taylor Telford, "Elon Musk says deal can't 'move forward' until Twitter proves bot numbers," *Washington Post*, May 17, 2022. https://www.washingtonpost.com/technology/2022/05/17/elon-musk-twitter-deal-proof-bots/.
28. Rachel Lerman, "Five reasons the Elon Musk deal to buy Twitter could still fall apart," *Washington Post*, April 28, 2022. https://www.washingtonpost.com/technology/2022/04/28/elon-musk-twitter-deal-risks/.
29. Elizabeth Dwoskin, Cat Zakrzewski, Will Oremus and Joseph Menn, "Twitter lawyer long weighed safety, free speech. Then Musk called her out," *Washington Post*, May 10, 2022. https://www.washingtonpost.com/technology/2022/05/09/twitter-lawyer-censor-musk/.
30. Gerrit De Vynck, Faiz Siddiqui and Rachel Lerman, "Elon Musk files to back out of Twitter deal," *Washington Post*, July 8, 2022. https://www.washingtonpost.com/technology/2022/07/08/musk-deal-sec/.
31. Faiz Siddiqui and Gerrit De Vynck, "Elon Musk's deal to buy Twitter is in peril," *Washington Post*, July 7, 2022. https://www.washingtonpost.com/technology/2022/07/07/

elon-musk-twitter-jeopardy/.

32. Richard Lawler, "It's looking more like Elon Musk could bail on buying Twitter," *The Verge*, July 7, 2022. https://www.theverge.com/2022/7/7/23199137/elon-musk-twitter-spam-account-bot-data-breakup.

33. Art Raymond, "Is Elon Musk's $44B Twitter deal about to implode?," *Deseret News*, July 8, 2022. https://www.deseret.com/u-s-world/2022/7/8/23200422/is-elon-musks-44-billion-twitter-chase-about-to-implode-spam-accounts-tesla-spacex-legal-battle.

34. Lauren Hirsch, "Twitter is ready for a legal battle to force Elon Musk to buy the company," *New York Times*, July 8, 2022. https://www.nytimes.com/2022/07/08/business/musk-twitter-deal.html.

35. Kerry Flynn, "Elon Musk's Twitter deal becomes debate topic on the platform," *Axios*, July 8, 2022. https://www.axios.com/pro/media-deals/2022/07/08/elon-musk-twitter-deal-debate.

36. Faiz Siddiqui and Elizabeth Dwoskin, "Musk's countersuit contains aggressive new claims. Twitter is rebutting them," *Washington Post*, August 4, 2022. https://www.washingtonpost.com/technology/2022/08/04/elon-musk-twitter/.

37. "Tesla Amendment No. 9 To Schedule 13d," United States Securities and Exchange Commission, July 8, 2022. https://www.sec.gov/Archives/edgar/data/1418091/000110465922078413/tm2220599d1_sc13da.htm.

38. "Letter from Skadden, Arps, Slate, Meagher & Flom LLP to Twitter, Inc.," July 8, 2022. https://www.sec.gov/Archives/edgar/data/1418091/000110465922078413/tm2220599d1_ex99-p.htm.

39. Faiz Siddiqui, "Twitter adopts 'poison pill' intended to thwart Elon Musk's takeover bid," *Washington Post*, April 16, 2022. https://www.washingtonpost.com/technology/2022/04/15/twitter-poison-pill/.

40. @btaylor, X, July 8, 2022. https://x.com/btaylor/status/1545526087089696768.

41. Twitter v. Elon Musk, X Holdings I, Inc. and X Holdings II, Inc., Verified Final Complaint. https://www.documentcloud.org/documents/22084487-final-verified-complaint?responsive=1&title=0.

42. Elizabeth Dwoskin and Rachel Lerman, "Twitter sues Elon Musk, setting stage for epic legal battle," *Washington Post*, July 12, 2022. https://www.washingtonpost.com/technology/2022/07/12/twitter-elon-musk-lawsuit/.

43. Twitter v. Elon Musk, X Holdings I Inc. and X Holdings II, Inc., Verified Final Complaint.

44. Faiz Siddiqui and Elizabeth Dwoskin, "Musk's countersuit contains aggressive new claims. Twitter is rebutting them," *Washington Post*, August 4, 2022. https://www.washingtonpost.com/technology/2022/08/04/elon-musk-twitter/.

45. Kevin Allen, "Chancellor Kathaleen McCormick '04 J.D. of the Delaware Court of Chancery delivers inaugural Patricia O'Hara Distinguished Lecture in Law & Business," University of Notre Dame Law School, December 8, 2022. https://law.nd.edu/

news-events/news/kathaleen-mccormick-delaware-court-of-chancery-patricia-ohara-lecture-law-business/.

12. 구명줄

1. Elizabeth Dwoskin and Gerrit De Vynck, "Judge grants Elon Musk an October court date, in early win for Twitter," *Washington Post*, July 19, 2022. https://www.washingtonpost.com/technology/2022/07/19/twitter-elon-musk-trial/.
2. Joseph Menn, Elizabeth Dwoskin and Cat Zakrzewski, "Former security chief claims Twitter buried 'egregious deficiencies'," *Washington Post*, August 23, 2022. https://www.washingtonpost.com/technology/interactive/2022/twitter-whistleblower-sec-spam/.
3. Faiz Siddiqui, Elizabeth Dwoskin, Cat Zakrzewski and Rachel Lerman, "New whistleblower allegations could factor into Twitter vs. Musk trial," *Washington Post*, August 23, 2022. https://www.washingtonpost.com/technology/2022/08/23/twitter-musk-trial-whistleblower/.
4. Joseph Menn, Elizabeth Dwoskin and Cat Zakrzewski, "Former security chief claims Twitter buried 'egregious deficiencies'," *Washington Post*, August 23, 2022. https://www.washingtonpost.com/technology/interactive/2022/twitter-whistleblower-sec-spam/.
5. Ibid.
6. Matt Robinson and Zeke Faux,"When Elon Musk Tried to Destroy a Tesla Whistleblower," *Bloomberg*, March 13, 2019. https://www.bloomberg.com/news/features/2019-03-13/when-elon-musk-tried-to-destroy-tesla-whistleblower-martin-tripp?embedded-checkout=true.
7. Faiz Siddiqui, Elizabeth Dwoskin, Cat Zakrzewski and Rachel Lerman, "New whistleblower allegations could factor into Twitter vs. Musk trial," *Washington Post*, August 23, 2022. https://www.washingtonpost.com/technology/2022/08/23/twitter-musk-trial-whistleblower/.
8. Ibid.
9. @elonmusk, X, August 23, 2022. https://x.com/elonmusk/status/1562135640598528000.
10. Ibid.
11. Faiz Siddiqui, "Judge grants Musk request for additional data in Twitter trial," *Washington Post*, August 25, 2022. https://www.washingtonpost.com/technology/2022/08/25/musk-twitter-trial/.
12. Ibid.
13. Rachel Lerman and Faiz Siddiqui, "Judge will let Musk add whistleblower claims to case against Twitter," *Washington Post*, September 7, 2022. https://www.washingtonpost.com/technology/2022/09/07/musk-twitter-trial-no-delay/.
14. Twitter v. Elon Musk, et al., Verified Complaint, September 8, 2022. https://cdn.arstechnica.net/wp-content/uploads/2022/09/public-version-of-amended-musk-counterclaims-twitter-v-musk.pdf.
15. Rachel Lerman and Faiz Siddiqui, "Judge will let Musk add whistleblower claims to

case against Twitter," *Washington Post*, September 7, 2022.

16. Faiz Siddiqui, "Elon Musk's texts reveal what led to Twitter bid, before deal fell apart," *Washington Post*, September 30, 2022. https://www.washingtonpost.com/technology/2022/09/30/elon-musk-texts-twitter/.

17. Rachel Lerman and Faiz Siddiqui, "Judge will let Musk add whistleblower claims to case against Twitter," *Washington Post*, September 7, 2022. https://www.washingtonpost.com/technology/2022/09/07/musk-twitter-trial-no-delay/.

18. Jessica Karl, "The Twitter Whistleblower Doesn't Help Elon Musk's Case Much," *Bloomberg*, August 23, 2022. https://www.bloomberg.com/opinion/articles/2022-08-23\/twitter-whistleblower-doesn-t-help-elon-musk-s-case-much.

19. Matt Levine, "AMC Goes APE," *Bloomberg*, August 23, 2022. https://www.bloomberg.com/opinion/articles/2022-08-23/amc-goes-ape.

20. @AnnMLipton, X, August 23, 2022. https://x.com/AnnMLipton/status/1562018598046121985.

21. @AnnMLipton, X, August 23, 2022. https://x.com/AnnMLipton/status/1562028247298318336.

22. Matt Levine, "AMC Goes APE," *Bloomberg*, August 23, 2022. https://www.bloomberg.com/opinion/articles/2022-08-23/amc-goes-ape.

23. "Read the Letter Elon Musk Sent to Twitter with More Reasons to Terminate His Buyout," *Bloomberg*, August 30, 2022. https://www.bloomberg.com/news/articles/2022-08-30/full-text-read-elon-musk-s-aug-29-letter-to-twitter-to-terminate-deal.

24. "Letter from Skadden, Arps, Slate, Meagher & Flom LLP to Twitter, Inc.," August 29, 2022. https://www.sec.gov/Archives/edgar/data/1494730/000110465922095765/tm2224790d1_ex99-q.htm.

25. "Letter from Skadden, Arps, Slate, Meagher & Flom LLP to Twitter, Inc.," September 9, 2022. https://www.sec.gov/Archives/edgar/data/1418091/000110465922098972/tm2225585d1_ex99-r.htm.

26. Clare Duffy, "Elon Musk has publicly filed updated counterclaims against Twitter based on whistleblower disclosure," *CNN Business*, September 15, 2022. https://www.cnn.com/2022/09/15/tech/elon-musk-twitter-amended-counterclaims/index.html.

27. Twitter v. Elon Musk, et al., Defendants' Verified Counterclaims, Answer, and Affirmative Defenses to Plaintiff's Verified Complaint, July 29, 2022.

28. William T. Quillen and Michael Hanrahan, "A Short History of the Court of Chancery," The Widener University School of Law, 1993. https://courts.delaware.gov/chancery/history.aspx.

29. Lewis Black, Jr., "Why Corporations Choose Delaware," Delaware Department of State Division of Corporations, 2007. https://corpfiles.delaware.gov/pdfs/whycorporations_english.pdf.

30. Ellen Bardash, "'The Time Has Come' for Musk Discovery Sanctions, Twitter's Lawyers

Say," Law.com, September 27, 2022. https://www.law.com/delbizcourt/2022/09/27/the-time-has-come-for-musk-discovery-sanctions-twitters-lawyers-say/.

31. Ellen Bardash, "Special Master Appointed to Resolve Twitter-Musk Discovery Disputes" Law.com, September 30, 2022. https://www.law.com/delbizcourt/2022/09/30/special-master-appointed-to-resolve-twitter-musk-discovery-disputes/?slreturn=20231027222848.

32. "Elon Musk deposition in Twitter fight rescheduled for first week of October," *Guardianr*, September 27, 2022. https://www.theguardian.com/technology/2022/sep/27/elon-musk-deposition-twitter-takeover-deal.

33. Jef Feeley, Ed Hammond and Kurt Wagner, "Musk Revives $44 Billion Twitter Bid, Aiming to Avoid Trial," *Bloomberg*, October 4, 2022. https://www.bloomberg.com/news/articles/2022-10-04/musk-proposes-to-proceed-with-twitter-deal-at-54-20-a-share.

34. "Letter from Skadden, Arps, Slate, Meagher & Flom LLP to Twitter, Inc.," October 3, 2022. https://www.sec.gov/Archives/edgar/data/1418091/000110465922105787/tm2227435d1_ex99-s.htm.

35. Jef Feeley, Ed Hammond and Kurt Wagner, "Musk Revives $44 Billion Twitter Bid, Aiming to Avoid Trial," *Bloomberg*, October 4, 2022. https://www.bloomberg.com/news/articles/2022-10-04/musk-proposes-to-proceed-with-twitter-deal-at-54-20-a-share.

36. Elizabeth Dwoskin, Faiz Siddiqui and Gerrit De Vynck, "Twitter-Musk trial delayed as sides argue over money and trust," *Washington Post*, October 6, 2022. https://www.washingtonpost.com/technology/2022/10/06/twitter-musk-court-postpone/.

37. Ibid.

38. Matt O'Brien and Barbara Ortutay, "Judge delays Twitter trial, gives Musk time to seal buyout," Associated Press, October 6, 2022. https://apnews.com/article/elon-musk-twitter-inc-technology-business-934a3b2429bed8cfeadfa6567a2e5256.

39. Elizabeth Dwoskin, Faiz Siddiqui and Gerrit De Vynck, "Twitter-Musk trial delayed as sides argue over money and trust," *Washington Post*, October 6, 2022. https://www.washingtonpost.com/technology/2022/10/06/twitter-musk-court-postpone/.

40. Olivia Raimonde and Paula Seligson, "Twitter Buyout Revives $12.5 Billion Headache for Wall Street Banks," *Bloomberg*, October 4, 2022. https://www.bloomberg.com/news/articles/2022-10-04/twitter-lbo-revives-12-5-billion-headache-for-wall-street-banks.

41. Elizabeth Dwoskin, Faiz Siddiqui and Gerrit De Vynck, "Twitter-Musk trial delayed as sides argue over money and trust," *Washington Post*, October 6, 2022. https://www.washingtonpost.com/technology/2022/10/06/twitter-musk-court-postpone/.

42. Giulia Morpurgo and Paula Seligson, "Banks on Twitter Deal Extend Debt Commitments to One Year," *Bloomberg*, April 26, 2022. https://www.bloomberg.com/news/articles/2022-04-26/banks-on-twitter-deal-extend-debt-commitments-to-one-year.

43. Elizabeth Dwoskin, Faiz Siddiqui, Gerrit De Vynck and Jeremy B. Merrill, "Documents detail plans to gut Twitter's workforce," *Washington Post*, October 20, 2022. https://www.washingtonpost.com/technology/2022/10/20/musk-twitter-acquisition-staff-cuts/.
44. Ibid.
45. Laura Cooper and Alexander Saeedy, "Elon Musk's Twitter Takeover Debt to Be Held by Banks Amid Turbulent Markets," *Wall Street Journal*, October 21, 2022. https://www.wsj.com/articles/elon-musks-twitter-takeover-debt-to-be-held-by-banks-amid-turbulent-markets-11666377716.
46. @elonmusk, X, October 26, 2022. https://x.com/elonmusk/status/1585341984679469056.
47. Faiz Siddiqui, "Elon Musk dubs himself 'Chief Twit,' visits Twitter HQ with deal set to close," *Washington Post*, October 28, 2022. https://www.washingtonpost.com/technology/2022/10/26/musk-twitter-deal-chief-twit/.
48. WalterIsaacson, X, October 27, 2022. https://x.com/WalterIsaacson/status/1585666128713371649.
49. Faiz Siddiqui, "Elon Musk dubs himself 'Chief Twit,' visits Twitter HQ with deal set to close," *Washington Post*, October 28, 2022. https://www.washingtonpost.com/technology/2022/10/26/musk-twitter-deal-chief-twit/.
50. Ed Hammons and Ed Ludlow, "Musk Tells Twitter Staff He Doesn't Plan to Cut 75% Of Jobs (1)," *Bloomberg*, October 27, 2022. https://news.bloomberglaw.com/mergers-and-acquisitions/musk-tells-twitter-employees-he-doesnt-plan-to-cut-75-of-jobs.

13. "단지 트위터를 다시 재미있게 만들고 싶을 뿐"

1. Parag Agrawal, Ned Segal, Vijaya Gadde, and Sean Edgett v. Elon Musk et al., Complaint for Severance Benefits, Equitable Relief, and Statutory Penalties (Erisa), March 4, 2024. https://s3.amazonaws.com/jnswire/jns-media/47/13/15482202/NORCALAgrawalvMusk.pdf.
2. Ibid.
3. Faiz Siddiqui and Elizabeth Dwoskin, "Elon Musk acquires Twitter and fires top executives," *Washington Post*, October 28, 2022. https://www.washingtonpost.com/technology/2022/10/27/twitter-elon-musk/.
4. Cat Zakrzewski, Faiz Siddiqui and Joseph Menn, "Musk's 'free speech' agenda dismantles safety work at Twitter, insiders say," *Washington Post*, November 22, 2022. https://www.washingtonpost.com/technology/2022/11/22/elon-musk-twitter-content-moderations/.
5. @elonmusk, X, October 27, 2022. https://x.com/elonmusk/status/1585841080431321088.
6. Faiz Siddiqui, Elizabeth Dwoskin and Gerrit De Vynck, "Elon Musk's planned Twitter layoffs are imminent," *Washington Post*, October 29, 2022. https://www.washingtonpost.com/technology/2022/10/29/elon-musk-twitter-takeover/.

7. Ibid.
8. Cat Zakrzewski, Faiz Siddiqui and Joseph Menn, "Musk's 'free speech' agenda dismantles safety work at Twitter, insiders say," *Washington Post*, November 22, 2022. https://www.washingtonpost.com/technology/2022/11/22/elon-musk-twitter-content-moderations/.
9. Lora Kolodny, "Elon Musk has pulled more than 50 Tesla employees into his Twitter takeover," *CNBC*, October 31, 2022. https://www.CNBC.com/2022/10/31/elon-musk-has-pulled-more-than-50-tesla-engineers-into-twitter.html.
10. Elizabeth Dwoskin and Faiz Siddiqui, "Musk's inner circle worked through weekend to cement Twitter layoff plans," *Washington Post*, October 31, 2022. https://www.washingtonpost.com/technology/2022/10/31/elon-musk-twitter-layoffs.
11. Cat Zakrzewski, Faiz Siddiqui and Joseph Menn, "Musk's 'free speech' agenda dismantles safety work at Twitter, insiders say," *Washington Post*, November 22, 2022. https://www.washingtonpost.com/technology/2022/11/22/elon-musk-twitter-content-moderations/.
12. Chris Kirkham, Hyunjoo Jin and Abhirup Roy, "The inside story of Elon Musk's mass firings of Tesla Supercharger staff," Reuters, May 15, 2024. https://www.reuters.com/business/autos-transportation/inside-story-elon-musks-mass-firings-tesla-supercharger-staff]-2024-05-15/.
13. Elizabeth Dwoskin and Faiz Siddiqui, "Musk's inner circle worked through weekend to cement Twitter layoff plans," *Washington Post*, October 31, 2022. https://www.washingtonpost.com/technology/2022/10/31/elon-musk-twitter-layoffs/.
14. "NAACP President and CEO, Derrick Johnson, Issues Statement on Facebook Oversight Board's Decision to Uphold the Ban on Donald Trump," NAACP, May 5, 2021. https://naacp.org/articles/naacp-president-and-ceo-derrick-johnson-issues-statement-facebook-oversight-boards.
15. Rebecca Hersher, "What Happened When Dylann Roof Asked Google For Information About Race?," NPR, January 10, 2017. https://www.npr.org/sections/thetwo-way/2017/01/10/508363607/what-happened-when-dylann-roof-asked-google-for-information-about-race.
16. Naomi Nix, Drew Harwell and Cat Zakrzewski, "Musk meeting with civil rights groups upsets his fans," *Washington Post*, November 2, 2022. https://www.washingtonpost.com/technology/2022/11/02/musk-twitter-bans-trump/.
17. Drew Harwell, Taylor Lorenz and Cat Zakrzewski, "Racist tweets quickly surface after Musk closes Twitter deal," *Washington Post*, October 28, 2022. https://www.washingtonpost.com/technology/2022/10/28/musk-twitter-racist-posts/.
18. Reis Thebault, Danielle Paquette and Justine McDaniel, "Paul Pelosi attack video shows break-in, assault with hammer," *Washington Post*, January 27, 2023. https://www.washingtonpost.com/nation/2023/01/27/paul-pelosi-attack-video/.
19. Elizabeth Dwoskin and Faiz Siddiqui, "Elon Musk deleted a tweet about Paul Pelosi. Here's why that matters," *Washington Post*, October 31, 2022. https://www.

washingtonpost.com/technology/2022/10/30/musk-deleted-tweet-pelosi/.
20. Stan Greene, "The Awful Truth: Paul Pelosi Was Drunk Again, And In a Dispute With a Male Prostitute Early Friday Morning," *Santa Monica Observer*, October 29, 2022. https:// www.smobserved.com/story/2022/10/29/opinion/the-awful-truth-paul-pelosi-was-drunk-again-and-in-a-dispute-with-a-male-prostitute-early-friday-morning/7191.html.
21. Drew Harwell, Taylor Lorenz and Cat Zakrzewski, "Racist tweets quickly surface after Musk closes Twitter deal," *Washington Post*, October 28, 2022.
22. Kurt Wagner, Edward Ludlow, Jackie Davalos, and Davey Alba, "Twitter Limits Content-Enforcement Work as US Election Looms," *Bloomberg*, October 31, 2022. https://www.bloomberg.com/news/articles/2022-11-01/twitter-limits-content-enforcement-tools-as-us-election-looms.
23. Grace Kay, "The Twitter manager who went viral for sleeping on the floor of company HQ survived Elon Musk's layoffs," *Business Insider*, November 7, 2022. https://www.businessinsider.com/manager-viral-sleeping-twitter-elon-musk-takeover-survived-layoffs-2022-11.
24. @esthercrawford, X, November 2, 2022. https://x.com/esthercrawford/status/1587709705488830464.
25. @esthercrawford, X, November 2, 2022. https://x.com/esthercrawford/status/1587819812301918209.
26. Naomi Nix, Nitasha Tiku, Will Oremus and Faiz Siddiqui, "Elon Musk's Twitter bid frustrates employees. That's a risk for him," *Washington Post*, April 15, 2022. https://www0.washingtonpost.com/technology/2022/04/14/twitter-employees-elon-musk/.
27. @elonmusk, X, October 30, 2022. https://x.com/elonmusk/status/1586831721386766337.
28. E11lizabeth Dwoskin, Faiz Siddiqui, Gerrit De Vynck and Jeremy B. Merrill "Documents detail plans to gut Twitter's workforce," *Washington Post*, October 20, 2022. https://www.washingtonpost.com/technology/2022/10/20/musk-twitter-acquisition-staff-cuts/.
29. Elizabeth Dwoskin and Faiz Siddiqui, "Musk's inner circle worked through weekend to cement Twitter layoff plans," *Washington Post*, October 31, 2022. https://www.washingtonpost.com/technology/2022/10/31/elon-musk-twitter-layoffs/.
30. Faiz Siddiqui, "Elon Musk begins mass layoffs at Twitter," *Washington Post*, November 4, 2022. https://www.washingtonpost.com/technology/2022/11/03/elon-musk-twitter-layoffs/.
31. @elonmusk, X, November 2, 2022. https://x.com/elonmusk/status/1587670513819729920.
32. Naomi Nix, Drew Harwell and Cat Zakrzewski, "Musk meeting with civil rights groups upsets his fans," *Washington Post*, November 2, 2022. https://www.washingtonpost.com/technology/2022/11/02/musk-twitter-bans-trump.
33. @elonmusk, X, November 2, 2022. https://x.com/elonmusk/status/1587668703834955778.
34. Faiz Siddiqui, "Elon Musk begins mass layoffs at Twitter," *Washington Post*, November 4, 2022. https://www.washingtonpost.com/technology/2022/11/03/elon-musk-

twitter-layoffs/.

35. Faiz Siddiqui, Naomi Nix and Will Oremus, "Advertisers fleeing, workers in fear: Welcome to Elon Musk's Twitter," *Washington Post*, November 4, 2022. https://www.washingtonpost.com/technology/2022/11/04/twitter-layoffs-musk/.
36. @elonmusk, X, November 4, 2022. https://x.com/elonmusk/status/1588538640401018880.
37. @stillgray, X, November 4, 2022. https://x.com/stillgray/status/1588560500023267328.
38. @elonmusk, X, November 4, 2022. https://x.com/elonmusk/status/1588613591275827200.
39. Faiz Siddiqui, "Elon Musk begins mass layoffs at Twitter," *Washington Post*, November 4, 2022. https://www.washingtonpost.com/technology/2022/11/03/elon-musk-twitter-layoffs/.
40. Ibid.
41. Barbara Ortutay and Matt O'Brien, "Twitter slashes its staff as Musk era takes hold on platform," *Associated Press*, November 5, 2022. https://apnews.com/article/elon-musk-twitter-inc-business-layoffs-c0334da78b3af9faf2f43cf3f6e52ffa.
42. Teddy Amenabar, "'Not a tweep anymore.' Twitter layoffs likely to exact an emotional toll," *Washington Post*, November 4, 2022. https://www.washingtonpost.com/wellness/2022/11/04/layoffs-stress-anxiety-twitter/.
43. Ibid.
44. Elon Musk, *CNBC*, May 16, 2023.
45. Alex Heath and Mia Sato, "Elon Musk's Twitter layoffs leave whole teams gutted," *The Verge*, November 4, 2022. https://www.theverge.com/2022/11/4/23439790/elon-musk-twitter-layoffs-trust-and-safety-teams-severance.
46. Faiz Siddiqui, Naomi Nix and Will Oremus, "Advertisers fleeing, workers in fear: Welcome to Elon Musk's Twitter," *Washington Post*, November 4, 2022. https://www.washingtonpost.com/technology/2022/11/04/twitter-layoffs-musk/.
47. Lora Kolodny and Laren Feiner, "Read Elon Musk's first email to all Twitter employees: Remote work over, company needs subscriptions to survive downturn," *CNBC*, November 10, 2022. https://www.CNBC.com/2022/11/10/read-elon-musks-first-email-to-all-twitter-employees.html.
48. @elonmusk, X, November 1, 2022. https://x.com/elonmusk/status/1587498907336118274.
49. Ibid.
50. @elonmusk, X, November 1, 2022. https://x.com/elonmusk/status/1587500060853424129.
51. Rachel Lerman and Cat Zakrzewski, "Elon Musk's first big Twitter product paused after fake accounts spread," *Washington Post*, November 11, 2022. https://www.washingtonpost.com/technology/2022/11/11/twitter-fake-verified-accounts/.
52. Drew Harwell, "A fake tweet sparked panic at Eli Lilly and may have cost Twitter millions," *Washington Post*, November 14, 2022. https://www.washingtonpost.com/technology/2022/11/14/twitter-fake-eli-lilly/.
53. Rachel Lerman and Cat Zakrzewski, "Elon Musk's first big Twitter product paused after fake accounts spread," *Washington Post*, November 11, 2022. https://www.washingtonpost.com/technology/2022/11/11/twitter-fake-verified-accounts/.

54. Victor Ordonez and Stephanie Wash, "Meeting audio reveals Musk told Twitter staff either return to office or 'resignation accepted'," *ABC 7 News*, November 11, 2022. https://abc7news.com/elon-musk-audio-recording-ends-remote-work-twitter-return-to-office-email-employees/12440688/.
55. Joseph Menn, Cat Zakrzewski, Faiz Siddiqui, Nitasha Tiku and Drew Harwell, "Twitter's content moderation head quits as departures alarm the FTC," *Washington Post*, Novem- ber 10, 2022. https://www.washingtonpost.com/technology/2022/11/10/twitter-security-resignations.
56. @elonmusk, X, October 4, 2022.

14. "지옥의 레벨 2에 오신 것을 환영합니다"

1. Faiz Siddiqui and Jeremy B. Merrill, "Musk issues ultimatum to staff: Commit to 'hardcore' Twitter or take severance," *Washington Post*, November 16, 2022. https://www.Washington Post.com/technology/2022/11/16/musk-twitter-email-ultimatum-termination/.
2. Ibid.
3. Lora Kolodny, "Elon Musk demands Twitter staff commit to 'long hours' or leave: Read the email," *CNBC*, November 16, 2022. https://www.CNBC.com/2022/11/16/elon-musk-demands-twitter-staff-commit-to-long-hours-or-leave.html.
4. Joseph Menn, Nitasha Tiku, Faiz Siddiqui and Cat Zakrzewski, "Hundreds said to have opted to leave Twitter over Musk ultimatum," *Washington Post*, November 18, 2022. https://www.washingtonpost.com/technology/2022/11/17/twitter-musk-easing-rto-order/.
5. Clare Duffy and Oliver Darcy, "Twitter employees head for the exits after Elon Musk's 'extremely hardcore' work ultimatum," *CNN Business*, November 18, 2022. https://www.cnn.com/202 2/11/17/tech/twitter-employees-ultimatum-deadline/index.html.
6. Joseph Menn, Nitasha Tiku, Faiz Siddiqui and Cat Zakrzewski, "Hundreds said to have opted to leave Twitter over Musk ultimatum," *Washington Post*, November 18, 2022.
7. Ibid.
8. Joseph Menn and Cat Zakrzewski,"Musk summons engineers to Twitter HQ as millions await platform's collapse," *Washington Post*, November 18, 2022. https://www.washingtonpost.com/technology/2022/11/18/twitter-death-watch-chaos-resignations/.
9. Ibid.
10. Will Oremus, "Musk, defending his Tesla pay, says he'll shift focus from Twitter," *Washington Post*, November 16, 2022. https://www.washingtonpost.com/technology/2022/11/16/elon-musk-tesla-trial-pay/.
11. Ibid.
12. Ibid.

13. Hunjoo Jin and Tom Hals, "Elon Musk says he will find a new leader for Twitter," Reuters, November 16, 2022. https://www.reuters.com/technology/elon-musk-says-he-expects-reduce-his-time-twitter-court-testimony-2022-11-16//.
14. Will Oremus, "Musk, defending his Tesla pay, says he'll shift focus from Twitter," *Washington Post*, November 13, 2022. https://www.washingtonpost.com/technology/2022/11/16/elon-musk-tesla-trial-pay/.
15. David Shepardson and Hyunjoo Jin, "Senator Warren, Tesla investor turn up heat over Musk's Twitter role," Reuters, December 19, 2022. https://www.reuters.com/world/us/us-senator-questions-tesla-board-chair-over-musk-purchase-twitter-2022-12-19//.
16. Faiz Siddiqui and Rachel Lerman "Elon Musk's role at Tesla questioned as Twitter occupies his attention," *Washington Post*, December 16, 2022. https://www.washingtonpost.com/technology/2022/12/15/elon-musk-tesla-twitter/.
17. "Letter from Senator Elizabeth Warren to Tesla Board," December 18, 2022. https://www.warren.senate.gov/imo/media/doc/2022.12.18 Letter to Tesla Board on Musk Concerns.pdf.
18. Lora Kolodny, "SpaceX, Tesla, and Boring Company execs are helping Elon Musk at Twitter, records reveal," *CNBC*, December 8, 2022. https://www.CNBC.com/2022/12/08/spacex-tesla-and-boring-company-execs-helping-musk-at-twitter.html.
19. @elonmusk, X, December 19, 2021. https://x.com/elonmusk/status/1472754632325795843.
20. @elonmusk, X, March 18, 2023. https://twitter.com/elonmusk/status/1637193767697408001.
21. @elonmusk, X, December 14, 2021. https://x.com/elonmusk/status/1470858546153762819.
22. Cat Zakrzewski, Faiz Siddiqui and Joseph Menn, "Musk's 'free speech' agenda dismantles safety work at Twitter, insiders say," *Washington Post*, November 22, 2022. https://www.washingtonpost.com/technology/2022/11/22/elon-musk-twitter-content-moderations/.
23. Seth Dillon, "Twitter Suspends *The Babylon Bee*," The Babylon Bee, March 22, 2022. https://babylonbee.com/news/twitter-has-shut-down-the-bee.
24. Cat Zakrzewski, Faiz Siddiqui and Joseph Menn, "Musk's 'free speech' agenda dismantles safety work at Twitter, insiders say," *Washington Post*, November 22, 2022. https://www.washingtonpost.com/technology/2022/11/22/elon-musk-twitter-content-moderations/.
25. @elonmusk, X, November 18, 2022. https://x.com/elonmusk/status/1593673339826212864.
26. @pwnsdx, X, December 21, 2022. https://x.com/pwnsdx/status/1605442608603463680.
27. Faiz Siddiqui, "Twitter brings Elon Musk's genius reputation crashing down to earth," *Washington Post*, December 24, 2022. https://www.washingtonpost.com/technology/2022/12/24/elon-musk-twitter-meltdown-tesla/.
28. @elonmusk, X, April 9, 2022. https://x.com/elonmusk/status/1512785529712123906.
29. Joseph Menn, "Elon Musk uses QAnon tactic in criticizing former Twitter safety chief,"

Washington Post, December 12, 2022. https://www.washingtonpost.com/technology/2022/12/12/musk-child-porn-qanon/.

30. Cat Zakrzewski and Faiz Siddiqui, "Elon Musk's 'Twitter Files' ignite divisions, but haven't changed minds," *Washington Post*, December 3, 2022. https://www.washingtonpost.com/technology/2022/12/03/elon-musk-twitter-files/.
31. @elonmusk, X, November 28, 2022. https://x.com/elonmusk/status/1597336812732575744.
32. Express, "Irritable Bar Syndrome," *Washington Post*, August 22, 2013. https://www.washingtonpost.com/express/wp/2013/08/22/irritable-bar-syndrome/.
33. Mike Isaac and Ryan Mac, "As Elon Musk Cuts Costs at Twitter, Some Bills Are Going Unpaid," *New York Times*, November 22, 2022. https://www.nytimes.com/2022/11/22/technology/elon-musk-twitter-cost-cutting.html.
34. "Musk orders Twitter to cut infrastructure costs by $1 billion—sources," Reuters, November 3, 2022. https://www.reuters.com/technology/musk-orders-twitter-cut-infrastructure-costs-by-1-bln-sources-2022-11-03/.
35. Ryan Mac, Mike Isaac and Kate Conger, "Musk Shakes Up Twitter's Legal Team as He Looks to Cut More Costs," *New York Times*, December 13, 2022. https://www.nytimes.com/2022/12/13/technology/elon-musk-twitter-shakeup.html.
36. Ina Fried, "Exclusive: Apple to pause advertising on X after Musk back antisemitic post," *Axios*, November 17, 2023. https://www.axios.com/2023/11/17/apple-twitter-x-advertising-elon-musk-antisemitism-ads.
37. Gerrit De Vynck and Adela Suliman, "Elon Musk courts Twitter advertisers as he seeks new streams of revenue," *Washington Post*, November 1, 2022. https://www.washingtonpost.com/technology/2022/11/01/elon-musk-twitter-verification-stephen-king/.
38. Faiz Siddiqui, "Twitter brings Elon Musk's genius reputation crashing down to earth," *Washington Post*, December 24, 2022. https://www.washingtonpost.com/technology/2022/12/24/elon-musk-twitter-meltdown-tesla/.
39. @elonmusk, X, November 28, 2022. https://x.com/elonmusk/status/1597336812732575744.
40. Cat Zakrzewski and Faiz Siddiqui, "Elon Musk's 'Twitter Files' ignite divisions, but haven't changed minds," *Washington Post*, December 3, 2022. https://www.washingtonpost.com/technology/2022/12/03/elon-musk-twitter-files/.
41. @mtaibbi, X, December 2, 2022. https://x.com/mtaibbi/status/1598828932395978752.
42. @mtaibbi, X, December 2, 2022. https://x.com/mtaibbi/status/1598829996264390656.
43. Faiz Siddiqui, "Twitter brings Elon Musk's genius reputation crashing down to earth," *Washington Post*, December 24, 2022. https://www.washingtonpost.com/technology/2022/12/24/elon-musk-twitter-meltdown-tesla/.
44. Ibid.
45. Cat Zakrzewski, "Employees prevented Musk from breaking federal Twitter order, FTC finds," *Washington Post*, February 21, 2024. https://www.washingtonpost.com/technology/2024/02/21/x-twitter-jordan-ftc-musk/.
46. Ryan Mac, Mike Isaac and Kate Conger, "Musk Shakes Up Twitter's Legal Team as

He Looks to Cut More Costs," *New York Times*, December 13, 2022. https://www.nytimes. com/2022/12/13/technology/elon-musk-twitter-shakeup.html.

47. @DonLemon, X, March 13, 2024. https://x.com/donlemon/status/1767975678484558306.
48. @elonmusk, X, November 6, 2022. https://twitter.com/elonmusk/status/1589414958508691456.
49. Drew Harwell and Faiz Siddiqui, "Musk bans Twitter account tracking his jet, threatens to sue creator," *Washington Post*, December 14, 2022. https://www. washingtonpost.com/technology/2022/12/14/elonjet-twitter-suspension-jack-sweeney-talks/.
50. Ibid.
51. @elonmusk, X, December 14, 2022. https://x.com/elonmusk/status/1603190155107794944.
52. Drew Harwell and Taylor Lorenz, "Musk blamed a Twitter account for an alleged stalker. Police see no link," *Washington Post*, December 18, 2022. https://www. washingtonpost.com/technology/2022/12/18/details-of-musk-stalking-incident/.
53. @drewharwell, X, December 14, 2022. https://x.com/drewharwell/status/1603133549032669185.
54. Paul Farhi, "Musk suspends journalists from Twitter, claims 'assassination' danger," *Washington Post*, December 16, 2022. https://www.washingtonpost.com/ media/2022/12/15/twitter-journalists-suspended-musk/.
55. elonmusk, X, December 15, 2022. https://twitter.com/elonmusk/status/1603573725978275841.
56. Paul Farhi, "Musk suspends journalists from Twitter, claims 'assassination' danger," Wash- ington Post, December 16, 2022. https://www.washingtonpost.com/ media/2022/12/15/twitter-journalists-suspended-musk/.
57. @elonmusk, X, December 15, 2022. https://twitter.com/elonmusk/status/1603587970832793600.
58. Drew Harwell and Taylor Lorenz, "Musk blamed a Twitter account for an alleged stalker. Police see no link," *Washington Post*, December 18, 2022. https://www. washingtonpost.com/technology/2022/12/18/details-of-musk-stalking-incident/.
59. Jeremy Barr and Sarah Ellison, "Musk unsuspends some reporters on Twitter. But their companies never left," *Washington Post*, December 17, 2022. https://www.washingtonpost. com/media/2022/12/17/musk-twitter-journalist-suspension-media-react/.
60. @bariweiss, X, December 12, 2022. https://x.com/bariweiss/status/1602364197194432515.
61. @bariweiss, X, December 12, 2022. https://x.com/bariweiss/status/1603788344470556674.
62. @elonmusk, X, December 16, 2022. https://x.com/elonmusk/status/1603797171572117505.
63. @bariweiss, X, December 16, 2022. https://x.com/bariweiss/status/1603908561741889536.
64. Filip Timotija, "'Twitter Files' journalist Matt Taibbi: Musk proved to be 'very disappointing' on free speech issue," *The Hill*, March 16, 2024. https://thehill.com/ homenews/media/4536394-twitter-files-journalist-matt-taibbi-musk-disappointing-free-speech/.
65. Dalton Bennett, Samuel Oakford, Gerrit De Vynck and Monique Woo, "From Jared

Kushner to Salt Bae: Here's who Elon Musk was seen with at the World Cup," *Washington Post*, December 20, 2022. https://www.washingtonpost.com/investigations/2022/12/20/elon-musk-spotted-world-cup-final/.

66. Emma Roth, "Twitter abruptly bans all link to Instagram, Mastodon, and other competitors," *The Verge*, December 18, 2022. https://www.theverge.com/2022/12/18/23515221/twitter-bans-links-instagram-mastodon-competitors.
67. @paulg, X, December 18, 2022. https://x.com/paulg/status/1604556563338887168.
68. Faiz Siddiqui, Cat Zakrzewski and Marisa Iati, "After backlash, Elon Musk is staking his leadership on a Twitter poll," *Washington Post*, December 19, 2022. https://www.washingtonpost.com/technology/2022/12/18/twitter-policy-links-to-social-sites/.
69. @Snowden, X, December 18, 2022. https://x.com/Snowden/status/1604606914372984832.
70. @elonmusk, X, December 18, 2022. https://x.com/elonmusk/status/1604588904828600320.
71. @elonmusk, X, December 18, 2022. https://x.com/elonmusk/status/1604593057676300288.
72. @elonmusk, X, December 18, 2022. https://twitter.com/elonmusk/status/1604616426114932737.
73. @elonmusk, X, December 18, 2022. https://twitter.com/elonmusk/status/1604616863673208832.
74. @elonmusk, X, November 18, 2022. https://twitter.com/elonmusk/status/1604617643973124097.
75. @elonmusk, X, November 18, 2022. https://x.com/elonmusk/status/1593767953706921985.
76. @elonmusk, X, November 23, 2022. https://twitter.com/elonmusk/status/1595473875847942146.
77. @elonmusk, X, November 6, 2021. https://x.com/elonmusk/status/1457064697782489088.
78. Robert Frank, "Elon Musk faces a $15 billion tax bill, which is likely the real reason he's selling stock," *CNBC*, November 7, 2021.https://www.CNBC.com/2021/11/07/elon-musk-faces-a-15-billion-tax-bill-which-is-likely-the-real-reason-hes-selling-stock.html.
79. @elonmusk, X, November 6, 2021. https://x.com/elonmusk/status/1457064697782489088.
80. @elonmusk, X, November 6, 2021. https://x.com/elonmusk/status/1457066048944066565.
81. Jeremy B. Merrill, Rachel Lerman and Faiz Siddiqui, "Elon Musk sells roughly $5 billion inTesla stock in series of whirlwind transactions," *Washington Post*, November 11, 2021. https://www.washingtonpost.com/technology/2021/11/10/elon-musk-tesla-stock/.
82. @elonmusk, X, December 15, 2022. https://x.com/elonmusk/status/1603609466301059073.
83. @elonmusk, X, December 17, 2022. https://x.com/elonmusk/status/1603982891179839488.
84. @elonmusk, X, December 18, 2022. https://x.com/elonmusk/status/1604650028999405568.
85. Faiz Siddiqui, Cat Zakrzewski and Rachel Lerman, "No word from Musk on whether he will resign. He lost a poll he said he's abide," *Washington Post*, December 19, 2022

https://www.washingtonpost.com/technology/2022/12/19/musk-twitter-ceo-poll/.
86. @elonmusk, X, February 12, 2023. https://x.com/elonmusk/status/1624876021433368578.
87. Faiz Siddiqui, Cat Zakrzewski and Rachel Lerman, "No word from Musk on whether he will resign. He lost a poll he said he's abide," *Washington Post*, December 19, 2022. https://www.washingtonpost.com/technology/2022/12/19/musk-twitter-ceo-poll/.
88. @elonmusk, X, December 19, 2022. https://twitter.com/elonmusk/status/1604981780548767744.
89. @elonmusk, X, December 19, 2022. https://x.com/elonmusk/status/1604985324505030658.
90. @elonmusk, X, December 20, 2022. https://x.com/elonmusk/status/1605372724800393216.
91. Faiz Siddiqui, "At Elon Musk's 'brittle' Twitter, tweaks trigger massive outages," *Washington Post*, March 6, 2023. https://www.washingtonpost.com/technology/2023/03/06/elon-musk-twitter-outages.
92. Walter Isaacson, *Elon Musk* (New York: Simon & Schuster, 2023), 445.
93. Ibid., 513.
94. @elonmusk, X, March 6, 2023. https://x.com/elonmusk/status/1632794008060567552.
95. Elizabeth Dwoskin, "Twitter experiences a widespread global outage," *Washington Post*, December 28, 2022. https://www.washingtonpost.com/technology/2022/12/28/twitter-global-outage/.
96. Walter Issacson, *Elon Musk* (New York: Simon & Schuster, 2023), 517.
97. Faiz Siddiqui, "Twitter repeatedly crashes as DeSantis tries to make presidential announcement," *Washington Post*, May 24, 2023. https://www.washingtonpost.com/technology/2023/05/24/elon-musk-ron-desantis-2024-twitter/.
98. Walter Issacson, *Elon Musk* (New York: Simon & Schuster, 2023), 517.
99. Marianna LeVine, Faiz Siddiqui, Hannah Knowles, Tirsh Thadani and Drew Harwell, "Trump returns to X with technical glitches, softball questions from Musk," *Washington Post*, August 12, 2024. https://www.washingtonpost.com/technology/2024/08/12/trump-returns-x-elon-musk-interview/.

15. "일론 머스크 정도면 하고 싶은 대로 다 하고 나 몰라라 해도 되는 겁니까?"

1. Will Oremus, "Musk, defending his Tesla pay, says he'll shift focus from Twitter," *Washington Post*, November 16, 2022. https://www.washingtonpost.com/technology/2022/11/16/elon-musk-tesla-trial-pay/.
2. Samantha Delouya, "Elon Musk changed his name to 'Mr. Tweet' on Twitter after a lawyer accidentally called him that during a Tesla shareholder trial," *Business Insider*, January 23, 2023. https://www.businessinsider.com/lawyer-calls-elon-musk-mr-tweet-during-tesla-trial-twitter-2023-1.
3. Faiz Siddiqui, "Elon Musk stands by 'Funding secured' tweet in trial testimony," *Washington Post*, January 23, 2023. https://www.washingtonpost.com/

technology/2023/01/23/elon-musk-tesla-trial/.
4. Renae Merle, "Tesla's Elon Musk settles with SEC, paying $20 million fine and resigning as board chairman," *Washington Post*, September 29, 2018. https://www.washingtonpost.com/business/2018/09/29/teslas-elon-musk-settles-with-sec-paying-million-fine-resigning-board-chairman/.
5. Faiz Siddiqui, "Elon Musk found not liable in federal trial over 'Funding secured' tweet," *Washington Post*, February 3, 2023. https://www.washingtonpost.com/technology/2023/02/03/elon-musk-tesla-verdict/.
6. Faiz Siddiqui, "Musk, defending 'Funding secured' statement, downplays impact of Tweets" *Washington Post*, January 30, 2023. https://www.washingtonpost.com/technology/2023/01/20/elon-musk-tesla-trial/.
7. Rebecca Elliott, "Elon Musk Flags Tweets' Limitations in Tesla Trial," *Wall Street Journal*, January 20, 2023. https://www.wsj.com/articles/elon-musk-among-next-set-of-witnesses-in-tesla-tweets-trial-11674192908.
8. Faiz Siddiqui, "Musk, defending 'Funding secured' statement, downplays impact of Tweets" *Washington Post*, January 30, 2023. https://www.washingtonpost.com/technology/2023/01/20/elon-musk-tesla-trial/.
9. Transcript of Trial Proceedings, Re Tesla, Inc. Securities Litigation, February 3, 2023.
10. Michael Liedtke and the Associated Press, "In trial, Elon Musk is cast as a liar who cost regular Tesla shareholders millions of dollars," *Fortune*, January 18, 2023. https://fortune.com/2023/01/18/elon-musk-trial-tesla-funding-secured-tweet-shareholders/.
11. Faiz Siddiqui, "Elon Musk found not liable in federal trial over 'Funding secured' tweet," *Washington Post*, February 3, 2023. https://www.washingtonpost.com/technology/2023/01/20/elon-musk-tesla-trial.
12. Transcript of Trial Proceedings, Re Tesla, Inc. Securities Litigation, February 3, 2023.
13. @elonmusk, X, February 3, 2023. https://x.com/elonmusk/status/1621653950947799042.
14. Faiz Siddiqui, "Elon Musk found not liable in federal trial over 'Funding secured' tweet," *Washington Post*, February 3, 2023. https://www.washingtonpost.com/technology/2023/02/03/elon-musk-tesla-verdict/.
15. Gerrit De Vynck and Cat Zakrzewski, "Musk's celebrity lawyer now plays key role in Twitter overhaul," *Washington Post*, November 6, 2022. https://www.washingtonpost.com/technology/2022/11/06/alex-spiro-musk-twitter-lawyer/.
16. Faiz Siddiqui, "Elon Musk found not liable in federal trial over 'Funding secured' tweet," *Washington Post*, February 3, 2023. https://www.washingtonpost.com/technology/2023/02/03/elon-musk-tesla-verdict/.
17. Erick McCormick, "Tesla Trial: did Musk's tweet affect the firm's stock price," *Guardian*, January 23, 2023. https://www.theguardian.com/technology/2023/jan/28/tesla-trial-elon-musk-what-you-need-to-know-explainer.
18. Faiz Siddiqui, "Elon Musk found not liable in federal trial over 'Funding secured' tweet," *Washington Post*, February 3, 2023. https://www.washingtonpost.com/

technology/2023/02/03/elon-musk-tesla-verdict/.
19. @elonmusk, X, February 1, 2023. https://x.com/elonmusk/status/1620664851663319042.
20. Faiz Siddiqui, "Musk's securities fraud trial begins over Tesla 'Funding secured' tweet," *Washington Post*, January 17, 2023. https://www.washingtonpost.com/technology/2023/01/17/elon-musk-tesla-trial/.
21. Zoë Schiffer and Casey Newton, "Yes, Elon Musk created a special system for showing you all his tweets first," *Platformer*, February 14, 2023. https://www.platformer.news/yes-elon-musk-created-a-special-system/.
22. Faiz Siddiqui and Jeremy B. Merrill, "Elon Musk reinvents Twitter for the benefit of a power user: Himself," *Washington Post*, February 16, 2023. https://www.washingtonpost.com/technology/2023/02/16/elon-musk-twitter/.
23. @elonmusk, X, February 17, 2023. https://x.com/elonmusk/status/1626556852816470024.
24. @elonmusk, X, February 14, 2023. https://x.com/elonmusk/status/1626520156469092353.
25. Faiz Siddiqui and Jeremy B. Merrill, "Elon Musk reinvents Twitter for the benefit of a power user: Himself," *Washington Post*, February 16, 2023. https://www.washingtonpost.com/technology/2023/02/16/elon-musk-twitter/.
26. Ibid.
27. Ibid.
28. Elon Musk, *Don Lemon Show*, March 18, 2024.
29. @elonmusk, X, February 14, 2023. https://x.com/elonmusk/status/1625695877326340102.
30. Arjun Kharpal, "Elon Musk aiming to appoint his successor as Twitter CEO by the end of 2023," *CNBC*, February 15, 2023. https://www.CNBC.com/2023/02/15/elon-musk-aiming-to-appoint-new-twitter-ceo-by-end-of-2023.html.
31. Rachel Lerman, Taylor Telford and Faiz Siddiqui, "Elon Musk is unfathomably rich. Her's where his money is stashed," *Washington Post*, June 15, 2024. https://www.washingtonpost.com/technology/2024/02/01/elon-musk-wealth-net-worth-companies/.
32. Sanj Atwal, "Elon Musk suffers worst loss of fortune in history amid 'market madness,'" *Guinness World Records*, January 6, 2023. https://www.guinnessworldrecords.com/news/2023/1/elon-musk-suffers-worst-loss-of-fortune-in-history-amid-market-madness-731988.
33. Aditya Soni and Eva Mathews, "Tesla shares suffer New Year's hangover on demand worries, delivery issues," Reuters, January 3, 2023. https://www.reuters.com/business/autos-transportation/tesla-shares-start-2023-lower-worries-over-weak-demand-logistical-issues-2023-01-03/.
34. Faiz Siddiqui, "Elon Musk says he's sleeping on a couch at Twitter and his dog is in charge," *Washington Post*, April 12, 2023. https://www.washingtonpost.com/technology/2023/04/12/elon-musk-twitter/.
35. Katharine Schwab, "San Francisco Is Investigating the Bedrooms Elon Musk Installed At Twitter For Possible Code Violations," *Forbes*, December 7, 2023. https://www.forbes.com/sites/katharineschwab/2022/12/06/elon-musk-twitter-bedrooms-san-

francisco-investigation/?sh=50f3f7c1af15.
36. Faiz Siddiqui, "Elon Musk says he's sleeping on a couch at Twitter and his dog is in charge," *Washington Post*, April 12, 2023. https://www.washingtonpost.com/technology/2023/04/12/elon-musk-twitter/.
37. @elonmusk, X, May 11, 2023. https://x.com/elonmusk/status/1656748197308674048.
38. @elonmusk, X, May 12, 2023. https://x.com/elonmusk/status/1657108798480470018.
39. @elonmusk, X, May 12, 2023.https://x.com/elonmusk/status/1657050349608501249.
40. @elonmusk, X, July 23, 2023. https://x.com/elonmusk/status/1682964919325724673.
41. @elonmusk, X, July 25, 2023.https://x.com/elonmusk/status/1683946564115394561.
42. "Brightly flashing 'X' sign removed from the San Francisco building that was Twitter's headquarters," *Associated Press*, August 1, 2023.https://apnews.com/article/twitter-x-sign-lightup-san-francisco-elon-musk-fa81d70c13c98a2cc7f03c2561a01258.

16. 제한적인 오토파일럿

1. @elonmusk, X, July 2, 2020. https://x.com/elonmusk/status/1278764736876773383.
2. Faiz Siddiqui and Jeremy B. Merrill, "17 fatalities, 736 crashes: the shocking toll of Tesla's Autopilot," *Washington Post*, June 10, 2022. https://www.washingtonpost.com/technology/2023/06/10/tesla-autopilot-crashes-elon-musk/.
3. Sean O'Kane, "Tesla ignored safety board's Autopilot recommendations, chairman says," *The Verge*, February 25, 2020. https://www.theverge.com/2020/2/25/21152984/tesla-autopilot-safety-recommendations-ignored-ntsb-crash-hearing.
4. @elonmusk, X, February 12, 2023. https://x.com/elonmusk/status/1624873453949014017.
5. Faiz Siddiqui and Jeremy B. Merrill, "17 fatalities, 736 crashes: the shocking toll of Tesla's Autopilot," *Washington Post*, June 10, 2022. https://www.washingtonpost.com/technology/2023/06/10/tesla-autopilot-crashes-elon-musk/.
6. Ibid.
7. Trisha Thadani, Faiz Siddiqui, Rachel Lerman and Jeremy B. Merrill, "Tesla drivers run Autopilot where it's not intended—with deadly consequences," *Washington Post*, December 10, 2023. https://www.washingtonpost.com/technology/2023/12/10/tesla-autopilot-crash/.
8. Ashley Halsey, "NTSB says driver in fatal Tesla crash was overreliant on the car's 'Autopilot' system," *Washington Post*, September 12, 2017. https://www.washingtonpost.com/local/trafficandcommuting/ntsb-says-driver-in-fatal-tesla-crash-was-overreliant-on-the-cars-autopilot-system/2017/09/12/38e5f130-9730-11e7-82e4-f1076f6d6152_story.html.
9. Trisha Thadani, Faiz Siddiqui, Rachel Lerman and Jeremy B. Merrill, "Tesla drivers run Autopilot where it's not intended—with deadly consequences," *Washington Post*, December 10, 2023. https://www.washingtonpost.com/technology/2023/12/10/tesla-autopilot-crash/.

10. Faiz Siddiqui, Leo Sands, Aaron Gregg, Trisha Thadani and Rachel Lerman, "Tesla con- ducts largest-ever recall for 'insufficient' safety controls after exclusive Post report on Autopilot," *Washington Post*, December 13, 2023. https://www.washingtonpost.com/technology/2023/12/13/tesla-autopilot-recall/.
11. Ibid.
12. @rohanspatel, X, December 13, 2023. https://x.com/rohanspatel/status/1735154510484431333.
13. "Update Vehicle Firmware to Prevent Driver Misuse of Autosteer," Tesla.com. https://www.tesla.com/support/vehicle-firmware-prevent-autosteer-misuse.
14. Geoffrey A. Fowler, "Testing Tesla's Autopilot recall, I don't feel much safer—and neither should you," *Washington Post*, December 31, 2023. https://www.washingtonpost.com/technology/2023/12/31/tesla-autopilot-recall-test/.
15. Nora Eckert and Ben Foldy, "Tesla's Recall Fix for Autopilot Irritates Drivers, Disappoints Safety Advocates," *Wall Street Journal*, January 29, 2024. https://www.wsj.com/business/autos/teslas-recall-fix-for-autopilot-irritates-drivers-disappoints-safety-advocates-f9ca0eb4.

17. 벌거벗은 테크노킹

1. Tornetta et al. v. Musk et al., Post-Trial Opinion, January 30, 2024. https://corpgov.law.harvard.edu/2024/02/01/tesla-musk-case-post-trial-opinion/.
2. Ibid.
3. @elonmusk, X, January 30, 2024. https://x.com/elonmusk/status/1752455348106166598.
4. @elonmusk, X, February 1, 2024. https://x.com/elonmusk/status/1753271394408829106.
5. @elonmusk, X, February 7, 2024 https://x.com/elonmusk/status/1755260480514293867.
6. @elonmusk, X, January 30, 2024. https://x.com/elonmusk/status/1752491924848820595.
7. @elonmusk, X, February 1, 2024. https://x.com/elonmusk/status/1752922071229722990.
8. @elonmusk, X, February 14, 2024. https://x.com/elonmusk/status/1757924482885583112.
9. Tom Krisher, "Elon Musk's Neuralink moves legal home to Nevada after Delaware judge invalidates his Tesla pay deal," *Associated Press*, February 10, 2024. https://apnews.com/article/elon-musk-neuralink-brain-implant-corporate-move-nevada-delaware-09c2eee2 69beebccf9a701f21ea2b9f7.
10. @TeslaBoomerMama, X, December 5, 2024. https://x.com/TeslaBoomerMama/status/1864847823902236884.
11. @elonmusk, X, June 13, 2024. https://x.com/elonmusk/status/1801278941698703399.
12. Tesla: Form 8-K, United States Securities and Exchange Commission, June 13, 2024. https://www.sec.gov/Archives/edgar/data/1318605/000110465924071439/tm2413800d31_8k.htm.
13. Tornetta v. Musk et al., Opinion Awarding Attorneys Fees and Denying Motion to Revise the Post-Trial Opinion, December 2, 2024.
14. Trisha Thadani and Faiz Siddiqui, "Judge rejects Elon Musk's $56 billion pay package,

de- spite shareholder vote," *Washington Post*, December 2, 2024. https://www.washingtonpost.com/technology/2024/12/02/elon-musk-pay-package-rejected-tesla-delaware/.

15. @elonmusk, X, December 2, 2024. https://x.com/elonmusk/status/1863740336331170304.
16. @breakingbaht, X, November 15, 2023. https://x.com/breakingbaht/status/1724892505647296620.
17. @elonmusk, X, November 15, 2023. https://x.com/elonmusk/status/1724908287471272299.
18. @elonmusk, X, November 15, 2023. https://x.com/elonmusk/status/1724932619203420203.
19. @elonmusk, X, November 15, 2023. https://x.com/elonmusk/status/1724933980276084909.
20. Eric Hananoki, "As Musk endorses antisemitic conspiracy theory, X has been placing ads for Apple, Bravo, IBM, Oracle and Xfinity next to pro-Nazi content," *Media Matters*, November 11, 2023. https://www.mediamatters.org/twitter/musk-endorses-antisemitic-conspiracy-theory-x-has-been-placing-ads-apple-bravo-ibm-oracle.
21. Eli Tan, "This is the growing list of companies pulling ads from X," *Washington Post*, November 20, 2023. https://www.washingtonpost.com/technology/2023/11/17/elon-musk-x-companies-pulling-ads-anti-semitism/.
22. @elonmusk, X, November 21, 2023. https://x.com/elonmusk/status/1725714414907928696.
23. Frances Vinall and Timothy Bella, "Musk's X sues Media Matters after report shows ads next to pro-Nazi posts," *Washington Post*, November 21, 2023. https://www.washingtonpost.com/business/2023/11/21/musk-media-matters-x-lawsuit-ken-paxton/.
24. @GerberKawasaki, X, November 16, 2023. https://x.com/GerberKawasaki/status/1725219518186995834.
25. @GerberKawasaki, X, November 16, 2023. https://x.com/GerberKawasaki/status/1725224994983022602.
26. @elonmusk, X, November 15, 2023. https://x.com/elonmusk/status/1724932619203420203.
27. @elonmusk, X, November 15, 2023. https://x.com/elonmusk/status/1724896736412660188.
28. @elonmusk, X, January 13, 2024. https://x.com/elonmusk/status/1746999488252703098.
29. Gerrit De Vynck, "Elon Musk targets advertisers who boycott X with expletive-filled rant," *Washington Post*, November 29, 2023. https://www.washingtonpost.com/technology/2023/11/29/elon-musk-advertiser-dealbook/.
30. Lora Kolodny, "Elon Musk claims advertisers are trying to 'blackmail' him, says 'Go f——— yourself '," *CNBC*, November 29, 2023. https://www.CNBC.com/2023/11/29/elon-musk-to-advertisers-who-are-trying-to-blackmail-him-go-f————yourself.html.
31. Ibid.
32. Ibid.
33. Dan Primack, "Elon Musk's X gets another valuation cut from Fidelity," *Axios*,

December 20, 2023. https://www.axios.com/2023/12/31/elon-musks-x-fidelity-valuation-cut.

34. Faiz Siddiqui, "Elon Musk's uphill battle to win greater control of Tesla," *Washington Post*, January 28, 2024. https://www.washingtonpost.com/technology/2024/01/28/elon-musk-tesla-control/.
35. Al Root, "Tesla Cybertrucks Are Rusting. There Are Fixes for That," *Barron's*, February 18, 2024. https://www.barrons.com/articles/tesla-cybertrucks-rusting-fixes-f10209fb.
36. @elonmusk, X, December 12, 2022. https://x.com/elonmusk/status/1602278477234728960.
37. @chazman, X, February 7, 2020. https://x.com/chazman/status/1755366988870725901.
38. @elonmusk, X, February 7, 2024. https://x.com/elonmusk/status/1755411084939501860.

다 하지 못한 말

1. Maria Sacchetti, Faiz Siddiqui and Nick Miroff, "Elon Musk, enemy of 'open borders,' launched his career working illegally," *Washington Post*, October 27, 2024. https://www.washingtonpost.com/business/2024/10/26/elon-musk-immigration-status/.
2. @elonmusk, X, November 7, 2024. https://x.com/elonmusk/status/1854576310699348325.
3. @elonmusk, X, October 19, 2024. https://x.com/elonmusk/status/1847731937168826582.
4. @elonmusk, X, October 19, 2024. https://x.com/elonmusk/status/1847775059823218967.
5. @elonmusk, X, November 11, 20224. https://x.com/elonmusk/status/1856073530137526564.
6. Julia Ingram, "Elon Musk spends $277 million to back Trump and Republican candidates," *CBS News*, December 6, 2024. https://www.cbsnews.com/news/elon-musk-277-million-trump-republican-candidates-donations/.
7. @elonmusk, X, November 10, 2024. https://x.com/elonmusk/status/1855810991709475099.
8. @realDonaldTrump, X, November 13, 2024. https://x.com/realDonaldTrump/status/1856658569124262092.
9. Rob Wile and Lora Kolodny, "Elon Musk asks voters to brace for economic 'hardship,' deep spending cuts in potential Trump Cabinet role," *CNBC*, October 30, 2024. https://www.nbcnews.com/business/economy/economy-if-trump-wins-second-term-could-mean-hardship-for-americans-rcna177807
10. jason, X, November 22, 2024. https://x.com/Jason/status/1860016850240680355.
11. Elon Musk, *TCN*, October 7, 2024. https://www.youtube.com/watch?v=k89aYdZOC_I.
12. Faiz Siddiqui and Rachel Lerman, "Musk has long history of squabbles, investigations with federal agencies," *Washington Post*, November 15, 2024. https://www.washingtonpost.com/business/2024/11/15/elon-musk-trump-government-efficiency-agencies-investigations/

13. "Ayn Rand," *Stanford Encyclopedia of Philosophy*, June 8, 2010. https://plato.stanford.edu/entries/ayn-rand/WhatEthiWhyDoWeNeedIt.053-1

찾아보기

⟨60분⟩ 87
IBM 397
K5 글로벌 255
X 22, 25, 48, 57, 110, 144, 191, 203, 329, 346, 367, 381~383, 393, 395, 397~399, 401
X.com 18
Zip2 18, 407~408

ㄱ

가디, 비자야 311, 313
⟨가디언⟩ 99
거버, 로스 26, 107, 118~120, 159, 161, 163, 251, 317, 342, 397~399
"경찰 단속의 보이지 않는 운전자" 232~233
고해상 지도 141, 220
공화당 22, 156, 158, 161, 164, 171, 177, 355, 409

구글 32, 34, 141
그라시아스, 안토니오 64, 84~85, 125, 179, 331~332, 341, 349, 375
그라임스 (클레어 부셰) 90, 122, 163, 180
그라임스, 마이클 259
그레이록 254
그레이엄, 폴 360
그리핀, 캐시 345
그린힐스 소프트웨어 183
글로버, 줄리아나 79
기네스북 기록 21, 379
기엔, 제롬 93~94, 102, 104, 107~108, 113, 117~120, 125, 128~130, 167, 332

ㄴ

나사NASA 83
나스닥 68~69

네이더, 랄프 212, 227~232, 234, 244, 248~249
네트워크감염연구소 317
노예해방 기념일 166
뉴럴링크 164, 313, 394
뉴섬, 개빈 114, 117, 123
〈뉴스위크〉 81
〈뉴욕 타임스〉 65, 74, 184, 208, 284, 320, 350, 354~355, 399
〈뉴욕 포스트〉 168, 348, 353
뉴욕증권거래소 69

ㄷ

다임러 그룹 35, 118
대침체 19, 34
〈더 버지〉 196, 284
던 프로젝트 184, 194, 201~202
데이비스, 스티브 349
〈데일리 비스트〉 173
〈데일리 메일〉 284
데일리 와이어 284
〈데저릿 뉴스〉 284
덴홈, 로빈 84~86, 342
델라웨어 형평법원 60, 85, 88, 286, 288~289, 291, 295, 302~303,

340, 391
도시, 잭 256, 273, 303, 417
도요타 자동차 128, 200, 232
도요타, 쇼이치로 232
도지코인 278
〈디 애틀랜틱〉 35
디산티스, 론 99, 177, 365~367
디즈니 397
딜북 서밋 399

ㄹ

라마스와미, 비벡 409
라이다 47, 49, 137, 141, 143, 209
라이트, 콜린 178
라일리, 탈룰라 180, 343
랜드, 아인 15~16, 412
러시아 179, 379
레노, 제이 106
레먼, 돈 63, 356, 378~379
레빈, 맷 297~299
로건, 조 80~81, 83, 122, 164~165, 256, 411
로빈슨, 라샤드 315~317, 322~323, 328
로사, 앨런 352, 256

로스, 요엘 275, 331~336,
　　343~345, 348, 366~367
〈로스앤젤레스 타임스〉 123
로이스, 마크 91
로즈카인드, 마크 228~229,
　　234~235, 239, 248
롬바드가 219, 221
〈리노 개짓 저널〉 104~105
리틀턴, 글렌 69, 373
리프트 133
립튼, 앤 297~298

모건스탠리 26, 101, 257, 259,
　　261~262, 269, 305
미 교통부 170, 206, 233
미 법무부 225, 231, 240, 412
미국 도로교통안전국 NHTSA
　　36~37, 41, 44~45, 49, 54, 140,
　　149, 155, 202~203, 213~214,
　　228~236, 238~240, 242~248,
　　385~389
〈미디어 매터스〉 396~397
미첼, 틸먼 202, 386~387

ㅁ

마론, 토드 57, 59
마스토돈 358~360
매코믹, 캐서린 59, 85, 290~292,
　　295~296, 303~305, 309,
　　391~395
머독, 제임스 85
머스크, 킴벌 13, 60, 86, 113, 120
머시, 네이선 167
머지 (피터 잿코) 292~293,
　　295~301, 303~304
먼스터, 진 77, 82
메리트, 소여 191
메츠, 알렉산드라 394

ㅂ

바빌론 비 179~180, 277, 343~345
바이낸스 256, 263~264, 271
바이든, 조 45, 155~156, 165, 168,
　　170~171, 173, 177~178, 180,
　　235, 238, 343, 349, 353
반명예훼손연맹 ADL 315, 396, 398
배너, 제러미 50, 144~145, 150,
　　230
배런, 론 64, 76
뱅크먼-프리드, 샘 259~260
버널, 존 205~206, 209, 216~219,
　　221, 224
〈버즈피드 뉴스〉 78~79

버철, 제러드 77~79, 262, 269, 333
베이조스, 제프 18, 189, 193
베이커, 제임스 355~356
보링컴퍼니 313, 349
볼보 149~150
브라운, 이안 346~347
브라운, 조슈아 데이비드 40~41, 229~230
〈블레이드 러너〉 94
〈블룸버그〉 209, 225, 297, 299, 304~305, 317
〈비즈니스 인사이더〉 62, 83, 101, 148

ㅅ

사우디 국부펀드 64, 71~72
사우디 왕가 254, 263, 271~272
사이버트럭 90~91, 94, 96, 99~103, 105~112, 157, 225, 401
색스, 데이비드 256, 313
〈샌타모니카 옵서버〉 316
섬월트, 로버트 31~32, 36~40, 42~45, 51, 386
셔펠, 데이브 99~100
소킨, 앤드루 로스 400

스노든, 에드워드 360
스레드 174~175
스마트 호출 139, 145, 147~149
   향상된 스마트 호출ASS 148~149
스미스, 케빈 210~211, 223
스위니, 잭 356~358
스타링크 179, 363
스탈, 레슬리 87
스통크스 270~271
스페이스X 19, 21, 40, 43, 57, 59, 73~74, 81, 83, 161, 170~171, 225, 319, 349, 367, 370, 394, 409
스피로, 알렉스 312, 315, 333, 344, 355~356, 370, 373~375

ㅇ

아그라왈, 파라그 273~275, 279, 299, 303, 311
아놀드, 데이브 64, 190
아이작슨, 월터 308, 365~366, 416
아폴로 글로벌 매니지먼트 306
아프샤, 오미드 125, 263
아후쟈자, 디팍 68
알왈리드 빈 탈랄 알 사우드 254,

256, 263~264, 271~272

애벗, 그렉 레그 162, 172

애플 14, 30, 34, 86, 91, 99, 132, 142, 172, 208, 230, 350, 365, 397

〈액시오스〉 86

앤드리슨 호로위츠와 세쿼이아 256, 263

야카리노, 린다 381, 398, 400

《어떤 속도에서도 안전하지 않다》 212, 228

언스워스, 버논 74~79, 82, 140

에렌프라이스, 아이라 55~56, 84, 86

엘루스와미, 아쇼크 208, 216

엘리슨, 래리 254, 256~257, 262, 271, 370

연방거래위원회 FTC 139, 293, 298, 351

연방교통안전위원회 NTSB 29, 31, 36, 38~41, 44, 50~54, 150, 156, 230, 245, 402

연방수사국 FBI 206, 209, 335

오다우드, 댄 182~185, 193~195, 200~204, 227, 387

오만 19~20, 23, 163, 332, 412~413

오토파일럿 29~33, 36~37, 40~41, 43~44, 46, 50~51, 53, 136, 138~141, 144~145, 147, 150, 170, 181, 183, 198, 202, 207~209, 212, 215~216, 222~224, 229~230, 235, 237~239, 313, 342, 385~390, 401~402

올인 서밋 283

와이든, 론 172~173

와이스, 배리 354, 358

완전자율주행 FSD 33~34, 37, 46, 51~52, 133, 140~141, 144~145, 148 ,181~183, 185, 193~195, 199~201, 205, 210~211, 214~217, 220~223, 225, 234~235, 240~241, 248~249, 387, 402

우버 14, 32, 86, 131~133, 149~153

우크라이나 전쟁 363, 379

워런, 엘리자베스 342

〈워싱턴 포스트〉 14, 18, 51~52, 75, 83, 96, 120, 122, 145, 150, 189, 193, 202, 209, 213, 237, 243, 253, 259, 261~262, 271, 274, 282~284, 292, 294, 299, 305~308, 313, 320, 324, 327, 339~341, 355, 358, 366, 373, 375, 377~378, 380, 386, 388~340, 418

워크맨, 발레리 케이퍼스 166~167

〈월스트리트 저널〉 25, 52, 62, 71,

86, 99, 129~130, 258, 262, 287, 307, 373, 390

웨이모 209, 220

윌슨, 비비안 제나 173~175

유튜브 29, 53, 120, 185, 194~195, 197, 201, 205, 222, 351

유튜브 채널 AI어딕트 205 이, 하워드 386~387

인사이드EV 220, 242

인스타그램 358~360

인플레이션 170, 178, 379

인플레이션 감축법 173,

〈일렉트렉〉 194, 201, 246

409~410, 414

제너럴모터스GM 35, 91, 113, 117, 155, 220, 322

존스, 데니스 32, 36, 38, 42~43

존슨, 데릭 315, 323

중국 115~116, 164, 256, 262, 264, 329, 338

증권거래법 70

증권거래위원회SEC 12~13, 48, 70~71, 82, 84, 88, 130, 159~160 162~163, 252, 260, 262, 285, 289, 304, 371, 409, 412

지머, 존 133~134

ㅈ

자동긴급제동AEB 211, 219, 234, 248

자동차연구센터 101

잡스, 스티브 14, 26, 99, 142

잿코, 피터 "머지" 292~293, 295~301, 303~304

전미자동차노조UAW 155~156, 171

전미유색인종지위향상협회NAACP 315, 323

정부효율부Department of Government Efficiency, DOGE 9, 17,

ㅊ

〈챈서리 데일리〉 287, 290, 301, 308

청정대기법 36

첸, 에드워드 372

ㅋ

카지, 오마 45~47, 142, 181~183, 186, 191, 194~201, 215, 222~224, 226, 387

카타르 264, 363

국부펀드 262, 271

투자청 256, 359

카파시, 안드레이 146~147

칼라캐니스, 제이슨 132, 265, 268~269, 283, 313

캘러닉, 트래비스 131, 150~152

커밍스, 미시 45~50, 103

커크혼, 재커리 117, 121, 169

컬러오브체인지 315, 322, 328

코로나19 팬데믹 105, 113~116, 120, 127~128, 156, 160, 165, 167~168, 209, 217, 280, 336, 393

쿡, 팀 86, 132, 273

크라이슬러 35~36, 66, 132, 155

크로퍼드, 에스더 318~319

크루즈 컨트롤 33, 238

클레이브룩, 조안 227~234

클리프, 스티븐 155, 235~240, 242~245, 248, 385, 387~388

킹덤홀딩컴퍼니 255~256

E

타이비, 맷 353, 359

텔러, 샘 64, 67

테슬라

붐박스 247

모델 2 111~112

모델 3 19, 40, 45, 61, 65~66, 90, 103~105, 107~108, 110, 131~132, 145, 159, 193, 197, 199, 219, 237~238, 313, 318

모델 S 19, 35, 40, 93, 132

모델 X 29~30, 93, 95, 132, 207, 213, 230

모델 Y 19, 90, 92, 105~108, 110, 157, 194, 213, 219, 386

테크노킹 27, 169~170, 254, 392, 399

리콜 111, 211, 214, 243~248, 387, 389, 401

재택 근무 217, 225, 242

로드스터 19, 35, 92, 106, 108, 112, 182~183

테슬라 라지 220

테슬라라티 220

태국 동굴 구조 82, 160, 280, 375

토네타, 리처드 60, 81

토네타 대 머스크 59

트럼프, 도널드 9, 14, 119~120, 126, 151, 157~158, 160, 164, 168, 170~171, 177, 179, 188, 191~192, 235, 247, 255, 277, 321, 353, 359, 361, 367, 409,

411, 413

트위터 파일 348, 353, 355, 358~359, 366

특수목적회사 SPV 268

ㅍ

파리기후협약 164

〈파이낸셜 타임스〉 64~65

파크, 테드 199~200

파텔, 로한 53~54, 156, 172~173, 202, 389

팬, 에리카 123, 126

팬텀 브레이킹 현상 211, 213~214

퍼블릭 시티즌 228

페이스북 29, 70, 168, 359

페이지, 엘리엇 343

펠로시, 폴 316, 395

포드 35, 94, 110, 117, 155

포럿, 니콜라스 372, 374, 376

폰 홀츠하우젠, 프란츠 93~94, 96~98, 100

프라우디언, 데릭 407~408, 412~413

프라이스, 티머시 69, 372

프로젝트 Y 285

프링글, 로렌 287~288, 290, 293, 298, 301~303, 308~309

플로레스, 마이라 177

플로이드, 조지 166~167, 175

피터슨, 조던 174~175, 343, 345

픽업트럭 24, 89~90, 92~94, 96, 99, 102, 104~106, 108, 110~111, 161

ㅎ

하먼디, 제니퍼 50~54, 386

하워드, 제임스 76~78

하웰, 드루 357~358, 417~418

하츠, 조지 347, 360

허츠버그, 일레인 149~150

허핑턴, 아리아나 63, 152

호프먼, 리드 254, 262

환경, 사회, 지배구조 ESG 176

황, 월터 29, 31, 50~51, 136, 208, 230, 385